媒介
回归与创新

胡泳 著

郑州大学出版社

图书在版编目(CIP)数据

媒介：回归与创新 / 胡泳著 . — 郑州：郑州大学
出版社，2023.2
ISBN 978-7-5645-8747-5

Ⅰ . ①媒… Ⅱ . ①胡… Ⅲ . ①传播媒介—研究 Ⅳ .
① G206.2

中国版本图书馆 CIP 数据核字（2022）第 096328 号

媒介：回归与创新
MEIJIE：HUIGUI YU CHUANGXIN

策划编辑	邰　毅	封面设计	陆红强
责任编辑	邰　毅	版式制作	九章文化
责任校对	吴　静	责任监制	李瑞卿

出版发行	郑州大学出版社	地　　址	郑州市大学路40号（450052）
出 版 人	孙保营	网　　址	http://www.zzup.cn
经　　销	全国新华书店	发行电话	0371-66966070
印　　刷	唐山玺诚印务有限公司		
开　　本	655 mm × 965 mm　1/16		
印　　张	27.25	字　　数	370千字
版　　次	2023年2月第1版	印　　次	2023年2月第1次印刷

书　　号	ISBN 978-7-5645-8747-5	定　　价	88.00元

本书如有印装质量问题，请与本社联系调换。

目　录

网络既创造又破坏

从禁忌中解放出来的知识和智慧，颠覆现状的技术精神、政治力量和艺术灵感，经由互联网走向我们，然而技术如火，网络既创造又破坏。

每个人都是媒介出口

每个人都是媒介出口，这在历史上从未有过，因此也潜藏着巨大风险。

没有慷慨就没有互联网

你需要在社交媒体上刷存在感，但也要让别人讲述他们的故事。整个互联网都建立在慷慨的基础之上，没有慷慨就没有互联网。

信息越流通，社会越强健

在一个技术社会里，广泛的秘密性最终会导致事故的发生和恶化；为了避免技术和社会灾难，自由的信息交流是必须的。

群体对话与群体行动

在人类历史上第一次，我们的交流工具支持群体对话与群体行动。社交
网络赋予个人前所未有的权力去影响世界。

网络既创造又破坏

从禁忌中解放出来的知识和智慧，颠覆现状的技术精神、政治力量和艺术灵感，经由互联网走向我们，然而技术如火，网络既创造又破坏。

众声喧哗的时代到来了

面对批评网络公共领域的声音，我们要回答的问题是，互联网是否过于混乱或者过于集中，以至于在民主对话方面很难比大众媒体做得更好。

一种新的信息流动空间的出现

关于《众声喧哗：网络时代的个人表达与公共讨论》[①]这本书，首先要从两个我在写书过程中亲身经历的故事谈起。

2006年，我在央视财经频道打造的一档全新真人秀节目任总编辑，第一个故事就发生在我们节目组中。

《赢在中国》是中央电视台财经频道在2006年推出的一档创业选拔节目，在全国范围内对创业者进行海选，经过层层考核脱颖而出的5名优胜者，最终将获得由风险投资商提供的创业资本。

2006年8月3日0时05分，《赢在中国》一位入围3000名的选手在栏目雅虎官方网站（http://win.cn.yahoo.com）留下"生命中最后的博客"后失去联系。这位来自新疆的选手名叫谭曼生，他在这篇题为"一个'赢在中国'选手的没落"的博客中说：

今天是8月2号，农历的七月初九，牛郎与织女在前晚已经相会过了。而此际的我坐在陌生的城市，坐在陌生的电脑前敲打着键盘，

[①] 胡泳：《众声喧哗：网络时代的个人表达与公共讨论》，桂林：广西师范大学出版社，2003年［2008年］。

写我可能是人生最后的博客。因为我还不知道能不能挨到明天，我的人生的火焰将在今夜的黎明前坠灭。我的口袋里在缴了10块钱的网费之后就只有9块钱了，我想在走向黎明前用它来做自己最后的早餐。

这篇博客立刻引起了众多关注，栏目组联系湖南（谭的家乡）、新疆（谭此前工作所在地）和陕西（谭上网写博客的地方）的媒体以及一些网友开始联合寻人行动，以挽救一个可能绝望的生命。

经历了60多个小时的苦苦期待与寻找，8月5日18时29分，谭曼生终于在《赢在中国》官方网站现身。他在题为"谢谢！谢谢！！谢谢！！！"的博客中说："面对死亡，我不知道怎么去感谢关心我的人！面对活着，面对劫后余生，我要向你们鞠躬致谢！"

《华商报》记者在事后采访中追问谭曼生写博客的情形时，他的回答饶有兴味："博客是写给自己的，没想到有那么多人看。"[①]

第二个故事，来自我在中国人民大学国际关系学院政治系就读博士时，系主任张鸣教授同院长李景治教授的一场"笔墨官司"。2007年3月12日，张鸣在新浪博客上称，因两次触怒院长李景治而可能将"被迫离开人民大学"。3月13日，他补充说，之所以把自己的事在博客上登出来，"不是申冤，也不是想炒作"，只是想说明"现在的大学，其行政化和衙门的程度，达到了何种地步"。3月14日，他发表"我为什么和领导结下梁子"，称大学与官场没有区别。

从3月16日到3月20日，国际关系学院网站在显著位置刊登四封公开信，回应张鸣言论。其中说，"我们坚决反对张鸣教授这种处理问题的方式，也坚决反对在媒体上'打乱仗'的做法，……任何单位都有程度不同的问题，但是把单位内部的问题拿到媒体上大事炒作，张鸣教授在

---

① 《专访曼生：自己有了勇气　感谢关心我的人》，《华商报》2006年8月7日。

国内开了个先例"。张鸣教授"到处说自己是一个受害者，实际上由于他在网络和媒体上发表的言论和许多不明真相的网友的跟帖，学校和国际关系学院以及不少无辜的老师才成了最大的受害者，而张鸣教授才是真正侵害别人的人"。

3月16日，张鸣被撤职。3月30日，张鸣在致"各位网友"的信中说："'张鸣事件'已经落幕，希望大家不要纠缠此事本身，把视线放远一点，参加'学术行政化，大学衙门化'的讨论，分析其病状、危害，找出解决之道。"

谭曼生把写给自己的东西贴在一个人人都可以看到的公共网站上，接着对人们看到以后的反应和行动持完全惊讶的态度；"张鸣事件"中，一个当事人把单位的具体事件放在公共大平台上进行讨论，就一个单位、一个部门的问题向公众寻找解决问题的资源，而另一个当事人则利用学院的官方网站来回应。这典型地说明了在互联网中，公共空间与私人空间的混淆与交叉已经到了什么程度。一种新的信息流动空间的出现，在我们尚未完全准备好的情况下，已经开始改写我们的生活体验。

博客的个人性与公共性

由此，我开始思考博客的个人性与公共性的双重特性问题。自2005年，博客开始在中国兴起。博客日志构成了网页/BBS/电子邮件的一种组合体，既可用作单向也可用作双向的传播，博客读者的互动程度也可因其意愿而定。他们可以只是阅读帖子，也可以探索链接；他们可以把自己的分析和意见连同额外的信息发给原帖的作者，还可以同这个作者以及更多的读者展开对话。博客日志的编辑过程在博客之间发生，它是公开的，实时的，经由链接、评论和引用联系为一体。

一位资深博主说："个性和有趣的链接是博客日志成为好的读物的两

个条件。"①埃文·威廉姆斯（Evan Williams），Blogger写作软件的发明者之一，认为"博客的概念包含三点：经常性、简洁性和个性"。②他们不约而同地指出了个性对博客的重要性。博客日志提供了一种流动的和鲜活的自我表现形式，从而给博主的生活带来了新的意义。例如，我们可以看到成千上万的妇女记录她们初为人母的心情，癌症患者和得了其他不治之症的人叙述自己与病魔斗争的经历，通过对自己的"通过仪式"（rite of passage）的日常记录，博主们给自己的生活阶段和生命周期赋予了形式与意义。

由此来看，博客作为日志，是一种非常个人化的媒体。这在实证研究上也被证实。大部分私人日记都相当孤立，也只有很少的人阅读，但它们毫无疑问地构成了博客日志的主体。赫林（H. C. Herring）等人2004年的抽样调查发现，70.4%的博客日志是私人日记形式的，"作者在其中报告他们的生活以及内心的想法和感情"。

调查还发现，样本中平均每篇博客日志只有0.3条评论，1/3的博客日志没有任何链接。这和人们通常认定的博客圈的互联性和对话性都相反。赫林等人指出："常见的叙述夸大了博客链接、互动和关注外部事件的程度，低估了博客日志作为一种个性化、私密化的个人表达形式的重要性。"③

2003年10月，网络咨询公司Perseus的另一项调查发现，"典型的博

---

① Rhodes, John S. (2002). "In the Trenches with a Weblog Pioneer: An Interview with the Force Behind Eatonweb, Bitgitte F. Eaton." In Rodzvilla, John (Ed.) *We've Got Blog: How Weblogs Are Changing Our Culture*. Cambridge, MA: Perseus, 102.

② Turnbull, Giles. (2002). "The State of the Blog Part Two: Blogger Present." In Rodzvilla, John (Ed.) *We've Got Blog: How Weblogs Are Changing Our Culture*. Cambridge, MA: Perseus, 82.

③ Herring, S. C., Scheidt, L. A., Bonus, S. & Wright, E. (2004). "Bridging the Gap: A Genre Analysis of Weblogs." *Proceedings of the 37th Hawaii International Conference on System Sciences (HICSS-37)*, Los Alamitos: IEEE Computer Society Press.

客日志是一个十几岁的女孩子书写的，一个月更新两次，向她的朋友和同学报告她生活中的种种"。调查还指出，92.4%的博客日志是由30岁以下的年轻人创建的。女性比男性更喜欢写日志，在托管日志中，女性作者的比例为56%，男性为44%。不过，对博客的性别差异尚未取得定论，这种不确定性来自研究者调查的博客人群不同。[①]

中国互联网协会政策与资源工作委员会博客研究组在2006年9月发布《2006年中国博客调查报告》，其中发现：从网民建博客的目的可以看出，绝大多数网民（83.5%）建博客是为了"记录自己的心情"，从这个角度看，博客的"私人日记"身份更为明显；但同时不可忽视的一点是：超过60%的用户同时提到了"表达自己的观点"。另外值得关注的一点是：虽然是个人日记，照道理大多数人应该不会愿意与他人分享，而更愿意个人保存，而调查却显示：只有17.8%的用户表示"不希望太多的人看自己的博客"，而"非常关注点击量"的博客则达到了30%。[②] 由此来看，博客的内容虽然是个人生活与心路的记录，但是从记录的目的看，更多的是在传播个人的观点，而不是纯粹地为记录而记录。

总的来说，尽管反馈机制是存在的，博客作者对自己的读者所知甚少。他们只能通过三种办法了解读者：阅读对帖子的评论，检查谁登录了自己的博客，检查引用情况。然而，一个人写博客时间的长短，与其是否了解谁在读他的博客之间不存在关系。换言之，即使是那些写了很长时间博客的人，也照样不清楚自己的读者。对博客作者而言，存在着核心读者

---

① Perseus blog survey，原文见 http://www.perseus.com/blogsurvey/thebloggingiceberg.html，现已删除，可参见 "The Blogging Iceberg: Of 4.12 Million Weblogs, Most Little Seen and Quickly Abandoned, According to Perseus Survey." *Business Wire*, Oct 6, 2003, https://www.businesswire.com/news/home/20031006005562/en/Blogging-Iceberg-4.12-Million-Weblogs-Quickly-Abandoned。

② 中国互联网络信息中心：《2006年中国博客调查报告》，2006年9月。

和边缘读者的区分。他们通常熟悉自己的核心读者，但这些人只占读者总体的很小一部分，然而，作者却往往会从这一小部分读者的角度来考虑更广泛的读者。这在隐私方面具有重大含义，即作者很可能在和亲密朋友交流的时候，忘记了很多圈外的人因此看到了他们不应该看到的内容。

许多人阅读博客是因为他们不信任或不喜欢传统媒体。他们并不完全回避传统媒体，但对那些充满偏见的、肤浅的新闻反感已极。他们把博客当作传统媒体的替代物，因为他们认为博客能够刊发传统媒体忽略或掩饰的东西，而对媒体报道的东西，博客可以提供批判性的审视。

所以，在很大程度上，博客的定义要看它不是什么，而不只是看它是什么：它不是传统媒体。我们清晰地看到，博客不仅仅是一种个人媒体，它具有公共性。博客可以动员公民集结在一个事业下，引发社会和政治的变化。例如，在华南虎事件①中，"拍虎英雄周正龙"的行为被网民揭穿，众多博客的矛头由"正龙造假"直指"官员护假"，网络打假风起云涌，官员"网络化生存"的时代开始来临。

"共有媒体"：从公众角度对媒体的定义

十分明显，博客提供了一个与传统形式极为不同的表达的论坛。它是个人化的，但同时又能达到广大的受众。它不像传统媒体那样有专业化的把关人把关，而是依赖于个人用户在一个持续的基础上产生内容。它能够形成很强的自我感，这是在线日记的书写特性所决定的；然而，

---

① 一起修图造假事件，发生于 2007 年 10 月 3 日。陕西省安康市镇坪县城关镇文彩村村民周正龙宣称拍摄到濒危动物野生华南虎的照片。陕西省林业厅当月 10 号确认照片所拍确为华南虎。但照片公布后，照片和其中老虎的真实性受到了许多质疑。2007 年 11 月，照片中的老虎被发现与一张年画上的老虎极为相似，但陕西省林业厅相关官员坚持照片上的老虎为真，引发网民和民众的强烈质疑，并对政府的公信力产生怀疑。2008 年 6 月 29 日，陕西省人民政府新闻发布会通报周正龙所拍摄照片中"老虎"实为老虎纸画。

所书写的信息又是公开的，能够在大范围内传播，这使得博客又可以成为一种大众传播工具。

博客显示了一种私人信息与公共信息的矛盾性组合，因而，它挑战了我们对公共空间与私人空间的传统理解。新的媒介技术使个人拥有了把个性化的体验向广大公众传播的力量，在其不断以各种形式向社会渗透的过程中，私人空间变成了公共性的，而部分公共空间又被私人化了。

这些事例反映出新媒体的某种根本特性：由于数字媒体兼具印刷、视听媒体的功能，并且还能发挥人际传播的功能（这却是过去印刷、视听等大众媒体做不到的），它构成了一种单向交流和多向交流同时发生的媒体。传统上人们会把公共交流和私人交流区分开来：你可以在酒吧间里说些你永远也不会在电视上说的话。然而互联网不仅仅是一个私人之间传递讯息的通道，而且是一个公共空间。打个比方，客厅和卧室现在似乎并为一处了。

在以博客为代表的新媒体中，无论从社会层面还是法律层面上，私人的界限都尚未清晰地建立起来，新的公共规范也尚未形成，致使个人在遇到公私纠缠的情况时，采取的是一种模糊的态度和随机应变的方法。这种模糊性和随机性构成了《众声喧哗》一书的研究问题的起点，即网络空间是公域还是私域、公域与私域又该如何界定的问题。

在这种新的信息流动空间中，公众不仅没有形体，甚至也没有空间位置；与此同时，"私人的"也变得模糊难辨，一方面个人隐私受到前所未有的威胁，另一方面新媒体又成为人们重构自我的工具。我把各种基于数字技术、集制作者/销售者/消费者于一体、消解了传统的信息中介的媒体系统称为"共有媒体"，它具有超文本、多媒体与互动性三大特征，具体种类包括电子邮件列表、讨论组、聊天、博客、播客、维基系统、社会性软件与虚拟社区、协同出版、XML联合、对等传播、视频分享、大型多人在线角色扮演游戏等。

在旧的媒体系统中，媒体是一种国家和公司所有物，个人没有办法参与到媒体中。让媒体从幕后走出是第一步。第二步是区别公众与受众的不同。受众是被动的，而公众则富于参与性。我们需要一种从公众角度对媒体的定义。

"共有媒体"正是这样一种从公众角度对媒体的定义。我们不应该再把媒体生产者和消费者分成不同的角色来谈论，现在，我们可以把他们视作依照新规则彼此互动的参与者。超文本、多媒体与互动性三大特征都需要从这三方面来理解。

超文本能制造出不同文本间的联系，比事物间联系更重要的是人与人的联系；网络多媒体的娱乐价值不能仅用网民们的所看所听来衡量，也要把握他们在网上从事的活动，观察这些活动对发展网民自己的个人叙事有哪些直接影响。而网络互动性所造成的个人自主性是一种实际的生活体验，并非书斋里的哲学概念。

首先，个人可以不必经他人允许或与他人合作而自行独立做很多事情。他们可以创造自己的表达，寻求自己需要的信息，大幅度减少对20世纪的商业性大众媒体的依赖。其次，同样重要的是，个人可以同他人结成松散的联系以从事更多的活动，这种联系不必是正式组织中的那种稳定持久的关系，但它绝非不能达成有效的合作。随着相距遥遥的个人之间形成的合作越来越普遍，共同开展网络事业的想法有了良好的实践可能，个人自己能够选择的项目范围也大幅增加了。

如果过去的媒体消费者被假定为被动的，共有媒体的消费者是主动的；如果过去的消费者是可以预期的，停留在媒体机构指定他们停留的地方，共有媒体的消费者是迁移性的，对电视和其他主流媒体的忠诚度日益下降；如果过去的消费者是彼此分开的个人，共有媒体的消费者具有更多的社交关系；如果过去的消费者是寂静和不可见的，共有媒体的消费者现在公开发出了很多声音。

网络上的公共领域是否可能

在"共有媒体"这一新概念下，《众声喧哗》一书主要论述了三个问题：共有媒体对个人表达和公共讨论的影响；在共有媒体中，公与私的区分如何充满了流动性和多变性；共有媒体在帮助建立中国的公共领域方面的重大作用。

我使用公民共和主义框架，来分析在新的共有媒体中，传统的公私两分作为一种社会建构，如何在社会变化和政治辩驳的双重压力下被重构。所谓公民共和主义传统，就是把公共生活的核心看作公民在自由、平等的基础上，积极参与集体决策和集体行动的过程。在这个意义上，"公共的"也就是"政治的"。但此框架下的政治含义指的并不是国家的行政管理，而是意味着一个讨论、争辩、协商、集体决策并一致行动的世界。公共领域首先是一个参与性的自我决定、审慎选择和自觉合作的领域，所有这些都是在同等的人中间进行的，其逻辑同市场和国家都判然有别。阿伦特（Hannah Arendt）的公共空间，哈贝马斯（Jürgen Habermas）的公共领域，都是循着这样的理路提出来的。他们划出了一个公民的活跃地带，就像"公共的"（也就是政治的）不能被仅仅限于国家一样，在国家以外的社会生活也不能简单地被归属于"私人的"，还存在第三种中间性的空间。

以往关于单纯的、统一的公共领域的习惯认识，以及与之相应的一整套理念，如典型的公众舆论、人人称许的"共同善"和鲜明的公私区分，全部都变得过时了。公共生活被"重新封建化"，但不是在哈贝马斯的意义上，而是打破了旧有的单一性，不同的"亚领域"的混合组成了"一幅大小有异、互叠互联的公共领域的复杂的镶嵌图"。[1]互联网以其超

---

① Keane, John (2000). "Structural Transformations of the Public Sphere." In Hacker, Kenneth L. & van Dijk, Jan (Eds.) *Digital Democracy: Issues of Theory and Practice*. London: Sage, 70-89.

链接的联系和多个既重叠又互联的论坛，构成了这种新的结构的完美典范。这种情形又被新旧媒体间的交叉参照和互相丰富所补充。

那么，在共有媒体中，这些不同的"亚领域"是会继续碎片化，还是会走向统一？在现代社会中，作为社会生活基础的共同利益是不是能够形成，一直是值得存疑的问题，而从现在的情形来看，互联网似乎加剧了社会的碎片化；互联网鼓励异议，然而这些异议很难导致共识。

然而，笔者强调，在观察互联网上的公共领域时，我们应该将其同受到结构性局限的大众媒体的公共领域相比较。计算、通信和存储成本的下降，使世界人口的可观部分获得了从事信息和文化生产的物质手段，个人可以有效地在公共领域中开展传播，由被动的读者和听众转变成发言者和对话的参与者。共有媒体使得任何地方的任何人都可以在自己的实际生活中，用自己的眼睛观察周围的社会环境，从而可能为公共讨论注入一种想法、一个批评或是一种关注。网络化公共领域的不同形式，使得所有人都有发言、询问、调查的出口，而不必依赖于媒体机构。我们看到了新的、分权化的方式，在履行监督的功能，在展开政治讨论和组织，在影响议题和话语。一言以蔽之，"从前作为受众的人们"[1]现在成了政治对话的潜在贡献者和政治舞台的潜在行动者。

但是，也必须认识到，正在成型的网络公共领域不是没有问题的。有人指出在互联网的爆炸式成长中，获得注意力将和在大众媒体语境下一样困难。尽管媒体在发生变化，但精英人士仍掌管一切。有人担心信息源的分散与选择性的关注交织在一起，令人只会追随自己赞同的新闻源，这将导致更多缺乏节制的极化现象，从而使真正参与所产生的民主

---

[1] 纽约大学新闻系教授杰·罗森的表述，见 Rosen, Jay (Jun 27, 2006). "The People Formerly Known as the Audience." PressThink blog, http://archive.pressthink.org/2006/06/27/ppl_frmr.html.

进程陷入崩溃。① 还有人从社会网络分析中发现，同质偏好（homophily）让个体在网上更倾向于与自己相似的人交往和建立联结，它固然构成群体行动的必要条件，但也可能加强群体间的边界，改变社会知识的分布，让个人更加确定自己的信念和偏好，这在极端情况下会使得解决不同行动者之间的问题变得更加困难，从而减少社会的相互依存、共识和公共利益。② 有人担心网络造就了一代暴民，使得网络"本来可以成为一个民意表达的空间，现在却成为暴虐滋生的温床；本来可以成为社会建设性意见传达的窗口，现在却成为一部分人发泄的通道"。③ 更有人恐惧基于对人类弱点利用的数字互联社会，与大众监控结合在一起，可能意味着一九八四式的奥威尔（George Orwell）反乌托邦的完美实现。④

所以，我们要回答的问题是，互联网是否过于混乱或者过于集中，以至于在民主对话方面很难比大众媒体做得更好。网络拓扑学的确显示了"每个人都是一个小册子作者"或者"每个人都可以站在肥皂箱上演讲"的想法的虚幻，因为你固然可以讲，但有没有人听是另外一回事。网络不平等性的发现让很多人对网络公共领域的作用产生怀疑，但必须指出，怀疑者使用了错误的基线。在复杂的、大型的民主政体中，从来就不可能出现每个人都可以说话、每个人又能被听到的状况。拿来比较的基线应该是传统大众媒体的单向结构。如果说网络公共领域能够吸纳

---

① Anderson, Janna & Rainie, Lee (Feb 21, 2020). "Concerns About Democracy in the Digital Age." Pew Research Center, https://www.pewresearch.org/internet/2020/02/21/concerns-about-democracy-in-the-digital-age/.

② Page, Scott (2008). *The Difference: How the Power of Diversity Creates Better Groups, Firms, Schools, and Societies*. Princeton, NJ: Princeton University Press.

③ 邬江、谷泉：《网民何以成为"网络暴民"？》，《网络传播》2006 年第 8 期。

④ Anderson, Janna & Rainie, Lee (Feb 21, 2020). "Concerns About Democracy in the Digital Age." Pew Research Center, https://www.pewresearch.org/internet/2020/02/21/concerns-about-democracy-in-the-digital-age/.

更多的观点，能够颠覆少数人的话语霸权，能够提供难以收买的意见平台，那么我们就可以说，网络公共领域在结构上对大众媒体主导的公共领域具有优越性。

还有一点，是我想特别予以强调的：在政治自由有限的国家中，互联网拥有相对较大的民主潜力。在这些国家里，互联网不只是在传统媒体之外的信息传播和动员的又一个出口，当其他出口被阻塞或被缩紧时，互联网以其有效性和灵活性，成为促使政治更加具有公共性、更加民主的工具。

由于较少受到社会习俗和制度化的政治权威的限制，互联网使得中国原本隐身的民意变得高度可见。如果说，在现实世界里，很多中国人是"沉默的大多数"的一部分，那么，在互联网上，他们获得了发言的机会，并且采取着自己认为应该采取的行为。近年来，网民言论之活跃已达到前所未有的程度，不论是国内重大事件还是国际重大事件，均能马上形成网上舆论，甚至达到各级部门、机构以至公众人物无法忽视的地步，这种状况是前几年根本无法想象的。这意味着，中国舆论场出现了一种结构性变化，不再是"主导舆论"的一统天下，而是在民间崛起了一股堪与官方舆论相抗衡的话语力量。

中国互联网发展的三大隐忧

中国互联网已经告别了以简单普及为主的粗放扩张时代，走向了与其他行业更加精细融合的时代。然而，三大隐忧横亘路上：垄断造成的企业创新隐忧；传统监管模式造成的产业发展隐忧；戾气造成的社会建设隐忧。

2010—2015年
中国互联网从粗放扩张走向精细融合

2015年，是中国官方所称的"十二五"结束之年，中国互联网来到一个重要转折点上。

根据中国互联网络信息中心（CNNIC）发布的第37次《中国互联网络发展状况统计报告》，截至2015年12月，中国网民规模达6.88亿，互联网普及率达到50.3%，半数中国人已接入互联网。中国手机网民规模达6.2亿，网民中使用手机上网人群占比由2014年底的85.8%提升至90.1%。[①]

2010年被定义为中国移动互联网元年，从这一年开始，移动互联呼啸而至，其增长速度惊人。在2014年上半年，中国网民的上网设备中，手机使用率达到83.4%，首次超越传统PC整体使用率（80.9%）。[②]越来

[①] 第37次《中国互联网络发展状况统计报告》，中国互联网络信息中心（CNNIC），2016年1月22日，http://www.cac.gov.cn/cnnic37/。

[②]《CNNIC：中国网民规模6.32亿 手机网民首超PC》，新浪科技，2014年7月21日，https://www.yicai.com/news/3996371.html。

越多的用户从PC端向手机端转移，过半手机网民因为使用手机减少了对电脑的使用。手机网民每天上网4小时以上的比例达36.4%，这也意味着每天有2亿左右的网民通过手机上网超过4小时[1]，对PC端已经产生重大冲击。手机应用软件爆发式增长，应用商店规模迅速扩大，中国成为世界上最大的移动互联网市场，意味着网民将越来越多地使用手机进行信息获取和发布、社会交往、娱乐、购物、支付和工作。

2006—2013年，网络零售复合增长率达到90%，2013年的总量约占社会消费品零售总额的8%。[2]在2013年底，中国就已超越美国成为全球最大的网络零售市场。[3]截至2015年6月底，网购在网民中的渗透率达56%，中国网络购物用户规模为3.74亿，已超过英法德意四国人口总和。[4]互联网不仅创造了全新的商业消费模式，而且以迅雷不及掩耳之势，攻到此前看似距离互联网甚为遥远的产业的城池面前，成为"大门口的野蛮人"。例如，互联网金融产品余额宝开户数破亿，截至2014上半年规模达到5741亿，把各大银行吓出一身冷汗。以微信、QQ为代表的OTT服务对电信运营商的核心业务产生严重威胁，互联网企业整体市值第一次超越传统电信企业整体市值。[5]中国移动2013年销售收入1005亿美元，是阿里巴巴的15倍，市值却只比阿里2014年上市时略高一点。移动互联网的企业大部分市值都是销售收入的10倍甚至20倍，而电信运营商的市值

---

① 胡泳：《"中国＋互联网"，双向的改变》，《光明日报》2016年4月23日。

② 阿里研究院：《2014年网络零售新增长点之背景篇》，http://www.199it.com/archives/289433.html。

③ 孟凡新：《从"十二五"看"十三五"——中国电商发展数字解读》，http://www.mofcom.gov.cn/article/zt_dzsw135/lanmutwo/201612/20161202432919.shtml。

④ 第36次《中国互联网络发展状况统计报告》，中国互联网络信息中心（CNNIC），2015年7月，http://www.cac.gov.cn/2015-07/23/c_1116018727.htm。

⑤ 姜奇平：《2014中国互联网总结及2015展望》，eNet，2014年12月23日，http://www.enet.com.cn/article/2014/1223/A20141223431526.shtml。

却是其销售收入的两倍不到。[①]

　　在2010—2015年这五年里，中国互联网企业以巨大热情登陆资本市场，并登上全球企业市值排行榜，互联网巨头腾讯、阿里巴巴成功跻身全球市值千亿美元企业阵营。阿里巴巴2014年在美国上市，市值超过2300亿美元，融资额高达217.7亿美元，创下美国最大IPO纪录，成为仅次于谷歌（Google）的全球第二大互联网企业。其后阿里巴巴市值一度突破3000亿美元（18373.2亿元人民币），逼近名列全国第二的北京市的GDP（19500.6亿元）。据工业和信息化部（"工信部"）副部长尚冰在2015年中国互联网大会开幕论坛上披露的数据显示，截至2015年6月底，92家境内外上市互联网企业的市值规模突破5.1万亿。在全球互联网企业市值前十强中，中国本土公司占四席——阿里巴巴、腾讯、百度、京东；而在全球互联网公司前三十强中，中国互联网公司达到12家，占比40%。[②]

　　在截至2016年3月31日的财年末，按阿里集团在中国零售市场上的商品交易总额（GMV）计算，该集团已经成为"全球最大的零售经济体"，年度营收超过沃尔玛。在截至1月31日的2015财年，沃尔玛的营收为4821亿美元。[③]截至2015年12月31日，微信和WeChat合并月活跃账号数达到6.97亿，用户覆盖200多个国家和20多种语言的使用者，成为中国电子革命的代表，覆盖90%以上的智能手机，是人们不可或缺的日常通信工具。[④]通过支付宝和微信进行的数字支付在2016年实现了近3万

①《邬贺铨：移动互联网将成创新之巅》，《深圳特区报》2014年11月17日，http://www.cae.cn/cae/html/main/col35/2014-12/05/20141205113008058662059_1.html。

②《中国互联网企业的灿烂"十二五"》，中国网信网，2015年10月27日，http://www.cac.gov.cn/2015-10/27/c_1116945594.htm。

③《阿里巴巴超沃尔玛成全球最大零售公司》，腾讯科技，2016年4月7日，https://tech.qq.com/a/20160407/002672.htm。

④《腾讯发布2015微信用户数据报告》，腾讯云，2018年5月23日，https://cloud.tencent.com/developer/article/1133980。

亿美元支付额，比前四年增长了20倍。[①]此外，2014年中国的快递数也已经超过美国。[②]以上这些不容忽视的指标都说明了中国在数字经济上的巨大竞争力。

中国互联网公司挟互联网和资本之威，正在把触角伸到各个领域：从媒体出版，到广告营销；从物流、交通，到餐饮、旅游；从医疗、教育，直至金融、能源、房地产和制造业。互联网的强烈冲击波造成一个个产业的电商化。

2015年3月，中国政府在工作报告中提出"互联网+"概念，旨在通过互联网带动传统产业发展。国务院于2015年先后发布了《关于促进云计算创新发展培育信息产业新业态的意见》《中国制造2025》《物流业发展中长期规划（2014—2020年）》等文件，全力助推"互联网+"的发展。

以上种种显示，中国互联网已经告别了以简单普及为主的粗放扩张时代，走向了与其他行业更加精细地融合的时代。中国也正式崛起为世界互联网大国。

2016—2020年
中国互联网的下沉与渗透

随着经济的不断发展，技术成本的不断降低，媒介平台的不断繁荣，越来越多的人以便利且廉价的方式接入网络，进行文化的生产与消费。2015年之后兴起的短视频便是明证。自2015年快手APP火爆，到抖音

---

① Dickey, Lauren (Jun 30, 2017). "The WeChat Phenomenon: Social Media with Chinese Characteristics." *The Diplomat*, https://thediplomat.com/2017/06/the-wechat-phenomenon-social-media-with-chinese-characteristics/.

②《我国快递年业务量突破500亿件 连续五年居世界第一》，新华网，2018年12月28日，http://www.xinhuanet.com/fortune/2018-12/28/c_1210026369.htm。

APP的强势入局，短视频逐渐成为流行表达。日活跃用户增长势如破竹，直追综合视频；日均启动次数及日均使用时长均超过综合视频及视频直播。25~35岁人群占比增长趋势显著，内容逐渐多元丰富，与多领域交叉渗透，成为一种互联网生活方式。

但随着2019年5G商用元年的到来，人们深知此前令人炫目的爆发还都只是前奏。5G网络具有高速度、大容量、低延迟的特点，这将导致各行业发生巨大变化。作为成熟的5G应用场景，视频在未来将拥有更广阔的前景。借助5G网络，UHD、4K、8K和120帧等高质量视频内容将受到消费者的欢迎，而VR、AR、交互式视频和基于AI的视频内容将成为接下来的热门。付费视频内容还将产生智能分发模式（例如广告）的变化，大数据和AI的使用可以令视频内容定位到合适的受众群体，这将提高视频收入。

作为移动互联网最后一座仍在增长的金矿，QuestMobile数据显示，截至2019年6月，短视频总体MAU（月活跃用户数）8.21亿，同比增速32%，与之相比，长视频总体MAU 9.64亿，同比增速2.4%，二者差距正在持续缩小，这也是短视频超过手机游戏（MAU 6.91亿）、在线音乐（MAU 6.58亿）、在线阅读（MAU 3.64亿）之后，最后待攻克的一个堡垒。

除了用户量，在人均时长方面，短视频也在进一步攻城略地，月人均时长超过22小时，同比上涨8.6%。相比之下，长视频、手机游戏、在线音乐、在线阅读月人均时长同比均在下降，尤其是在线阅读，从11.6小时下降至8.4小时，降幅达到28%。[①]

短视频崛起之外，用户下沉成为2016—2020年中国互联网发展的重要趋势。中国互联网用户当中，20~29岁年龄层占比最高，而30岁以下

---

① 《2019短视频行业半年洞察报告》，QuestMobile，2019年8月6日，https://new.qq.com/omn/20190806/20190806A068T000.html。

的用户使用互联网，有一些独有的特点。比如，他们明显更加青睐短视频平台。年轻群体也更懂得利用平台为生活创造便捷。根据QuestMobile的报告，30岁以下的"懒人群"用户（指虽不出门，但使用手机调动生活服务的人群，主要为外送服务和上门服务）占比为75.3%，30~40岁的用户占比为19.6%，41岁以上的用户占比为5.1%。[①]可见，30岁以下的用户群体的现实生活更加依赖平台服务。

除了年龄差异，还有地区差异，不同经济水平的地区对媒介的使用偏好也有所不同，这直接导致了近五年来中国互联网强劲的下沉势头。抖音、拼多多、快手等媒介在大城市的使用频率并不高，但是在中小城市却十分受欢迎。

从对产品和服务的偏好来看，三线及以下的城镇地区对娱乐休闲等功能使用更多。例如，三、四线城市网络视频使用时长超一线城市，观影人群看电影的频率超过一、二线城市。创新工场的管理合伙人汪华指出，中国互联网的第三波人口红利是三、四线城市家庭主流消费人群，也就是所谓的"小镇中年"。"他们是中国最后进入移动互联网的4~5亿人口……掌握了家庭消费决策能力，大部分没有背负一、二线城市人群的高房贷压力，可支配资金比一、二线城市人群高。"[②]由于三、四线城市的人们生活工作压力都不及一线城市，用户可支配时间较多，用在看视频、玩游戏等上面的时间相应更多。

所谓用户下沉是指网络平台将业务扩展到三线及以下城市或农村地区，以扩大用户量，开拓新市场。用户下沉的主要原因是，互联网传统业务（电商、内容平台等）在一、二线城市部署的格局已经较为完善，

---

① 《QuestMobile2018"懒宅经济"报告：24岁以下年轻人点起了外卖、看起了手漫……》，QuestMobile，2018年9月28日，http://www.tmtpost.com/3501752.html。

② 《创新工场汪华：小城"中年"的背后　是移动互联网的最后一波红利》，界面新闻，2017年11月30日，https://www.jiemian.com/article/1782529.html。

迫切需要寻找新的市场。从消费潜力来看，一、二线城市之外的居民才是中国人口的主要组成部分，而他们也有相对充足的可支配时间和金钱。数据显示："中国三线及以下城市的消费者占全国的七成以上，GDP占全国的59%，同时三线及以下城市也贡献着中国三分之二的经济增长。"[1]

一、二线城市与三线及以下城市和广大农村地区的发展状况存在巨大差异，反映中国经济发展的断层现象。相应地，不同经济水平的地区市场条件不同，市场之间信息流通度不及市场内部高，这反过来成为互联网业务开拓市场的机会。将平台用户从一、二线城市扩展到三、四、五线城市和农村地区，实现用户下沉，由此成为竞争的必由之路。

从现实来看，用户下沉所带来的巨大能量已经为市场证明。2018年7月26日，拼多多在纳斯达克挂牌上市，这家2015年9月才成立的公司在最短的时间内吸引了近3亿的年活跃用户，创造了1987亿元的年成交额。拼多多的消费群体以三线及以下地区的消费者为主，由此可见非一、二线城市的人群对互联网产品服务的巨大需求。

2016年以来，三、四、五线城市及乡村地区的下沉市场成为各大移动互联网平台迅速增长的主要动力之一，淘宝、京东、美团等大多数新用户来自三线及以下城市。在下沉市场争夺中，除了拼多多，还有快手、抖音、今日头条等异军突起，成为最大受益者。

一方面，移动互联网"下沉"推动内容生产"下沉"，下沉用户喜爱的泛娱乐内容成为2019年短视频内容生产的重点；另一方面，短视频的普及，让下沉用户从观赏消费者变成了内容生产者，移动互联网正在成为市井文化新的发源地和重塑乡村文化的新场域。

同时，下沉竞争与信息资讯"视频化"两大势头相遇，也释放了视

---

[1]《营销新关注　三、四、五线人群成为重要消费群体》，AdTime，2018年9月5日，https://www.sohu.com/a/252137513_498848。

频平台的电商带货能力。直播与电子商务相结合引发的带货风潮无疑为企业的市场营销提供了新的渠道，抖音、快手和淘宝上的实时销售，堪称又一次领先世界的商业和技术创新。2019年被称为"电商直播元年"，"直播带货"成为增长迅速的新经济业态。截至2020年3月，我国网络直播用户规模达5.60亿。[①] 在新冠肺炎流行高峰期，仅在2020年2月，淘宝网上的新增商家数环比增长了719%。[②] 4月，时年48岁的互联网名人罗永浩举行了首场直播卖货，吸引了5000万观众，在三个小时之内，销售额就达到了惊人的1.1亿。[③]

这些新的发展表明，中国主力用户的互联网化已经完成，适龄人群的互联网普及也已经告捷。

高歌猛进中的三大隐忧

然而，一片高歌猛进之中，中国互联网尚有隐忧存焉。择其大者，主要隐忧有三。

垄断造成的企业创新隐忧

互联网时代呼唤的是开放、包容和自由竞争，互联网也应该是协作和共享的平台。可是与其背道而驰的想要一家独大的垄断逻辑，却开始逐渐在中国互联网公司的竞争中显现，并且呈愈演愈烈之势。

观察产业现实，更准确地说，中国的互联网由几家巨头主宰。它们

[①] 第45次《中国互联网络发展状况统计报告》，2020年4月28日，http://www.cac.gov.cn/2020-04/27/c_1589535470378587.htm。

[②] 《淘宝：2月新开直播商家环比增长719%》，新浪财经，2020年3月3日，https://finance.sina.com.cn/roll/2020-03-03/doc-iimxxstf6088074.shtml。

[③] 《罗永浩直播卖货销售额1.1亿 近5000万人围观，抖音请值了？》，新浪财经，2020年4月2日，https://finance.sina.com.cn/chanjing/gsnews/2020-04-02/doc-iimxyqwa4613082.shtml。

彼此采取很多不正当竞争行为，造成中国互联网不能完全互联互通。阿里巴巴"从数据接口切掉一切微信来源"；新浪微博禁止进行微信公众号推广；微信屏蔽来往分享链接、快的红包，腾讯被指"选择性开放"；淘宝则不仅屏蔽微信的链接跳转，也排斥其他的导购外链，同时还屏蔽百度的抓取。在这个过程中，屏蔽甚至成为这些互联网公司心照不宣的共识。这一方屏蔽那一方，是不愿意为其贡献流量；那一方屏蔽这一方，则是要成就自己的"入口"规模——归根到底都是为了自身利益。可是，在这些你来我往的狙击中，用户的利益何在？

中国的互联网行业集中度急剧升高，阿里控制电商入口，百度领先搜索入口，腾讯主导社交入口，BAT展开了密集的并购、投资和合纵连横，互联网生态格局愈发呈现出BAT赢家通吃的结果。中国互联网的版图在三家的频频动作下开始分明，然而，这是否会导致基本的自由竞争属性的丧失？

不得不说，百度、阿里和腾讯三家的竞争策略充斥着远古时代的荒蛮气息，以资本为铁蹄，以战略版图的疆界为诉求，压缩小型创新团队的成长空间。对于小公司而言，创新本身不再重要，重要的是谁能成为三家战略版图中的一块。由此造成的现实情况是，它们一拥而上地做某一种可能让BAT感兴趣的模式，大量资源拥挤其中，造成了整体创新资源的失衡。

2015年被称为中国互联网的"合并之年"，四大合并——滴滴快的、58赶集、美团大众点评、携程去哪儿，都是资本收紧、市场承压、业务重度重合下的被迫之举。这其中的一个鲜明特性是，除了资本的推动，不管哪宗合并案，背后都有BAT三巨头的身影。在可见的将来，中国互联网还是BAT等大平台的天下。就算会产生新的挑战者，它们也只会同BAT站在一边，而不是取代它们。

2018年，阿里投资了160家公司总计1800亿元，腾讯投资了170家公司总计900亿元。①2019年1月24日，胡润研究院发布《2018胡润大中华区独角兽指数》，共收录186家独角兽企业，《财经》记者统计发现，2018年国内市场超过半数的独角兽与BAT均存在直接或间接的股权关系。值得注意的是，在估值超过300亿元人民币的独角兽中，和阿里、腾讯有关的独角兽企业占比达到三分之二。②汉能投资创始人陈宏说："今天能产生一家自己做又不依赖头部的企业，在阿里系、腾讯系之外变得越来越难了。"③

2020年，《新财富》列举了一系列数字，显示腾讯、阿里已建成20万亿生态圈：通过近年5000亿~6000亿元规模的投资并购，腾讯与阿里巴巴分别构筑了10万亿市值的生态圈，五年间膨胀了10倍。两大10万亿帝国的成型，来自高强度投资。每在经营上赚100元，腾讯会全部进行净投资，阿里巴巴会投出80元，亚马逊（Amazon）会投出63元，而谷歌、脸书（Facebook）会投55元，微软（Microsoft）只会投30元。

全球586家独角兽公司中，腾讯投出了将近1/10，高达52家，仅次于红杉资本；而阿里系（阿里、蚂蚁、云锋）投资了44家。相比之下，谷歌只投资了7家，亚马逊投资了2家，苹果（Apple）一家未投。腾讯位列前十大股东的41家上市公司，总市值高达5.4万亿元，相当于科创板的体量，超过了其自身4.6万亿的市值。中国前三十大APP，七成隶属AT旗下。10亿中国网民的移动生活被腾讯、阿里合围。④

当然，还是有一些后起公司杀出重围，打破了传统BAT三家独大的

① 《"TA"主宰个人数据　谨防支配地位滥用》，人民网，2019年9月5日，http://m.people. cn/n4/2019/0905/c3351-13162011.html。

② 《资本游戏：腾讯阿里投资全对比》，36氪，2019年4月18日，https://36kr.com/p/5195748。

③ 管艺雯：《阿里资本十年》，凤凰科技，2018年8月22日，https://www.huxiu.com/ article/258758.html。

④ 陶娟：《收割者：腾讯阿里的20万亿生态圈》，《新财富》，2020年11月11日，https:// www.iyiou.com/analysis/202011111011037。

局面。但是，新老巨头彼此竞争的手段并没有太大变化，互相屏蔽的手法不断攀上新高。例如，在所谓"头腾大战"中，微信朋友圈看不到好友分享的抖音短视频链接，腾讯应用宝无法搜索抖音推出的视频社交，而抖音则屏蔽腾讯旗下最热门的游戏。随着这两年直播带货的火爆，短视频APP领域中的两大巨头抖音和快手对电商市场也开始觊觎。快手不仅全线下架拼多多链接，并开始逐步屏蔽淘宝链接。抖音方面则宣布，抖音直播间将不支持第三方来源商品，淘宝、京东商品自2020年10月起将无法接入抖音。与此同时，围绕支付方式的大战也愈演愈烈，用户原本可使用多种支付方式，但由于平台竞争的原因，选择开始受限。

互联网巨头不仅是攻到传统行业城下的"野蛮人"，现在在很大程度上也成为初创企业面前的"野蛮人"。在美国，互联网平台型大公司一般都通过收购的方式来增加自己平台的创新应用。而在中国，媒体报道称，大平台往往用一种粗犷的拷贝和剽窃做法掠夺创新公司的成果。一位初创企业的领导者对《第一财经日报》道出中国小公司的生存困境："现在很多新兴的互联网公司都不敢与互联网巨头进行深入沟通和交流。毕竟巨头的人力物力强大得多，拷贝的速度也很快，创新功能甚至还可能超过原来的创意公司。"[①]这样的情形显示，中国互联网巨头通过平台化扩展获取越来越多用户的同时，却更加背离互联网的开放特性。相互不兼容似乎已经成为中国互联网的特色，这种不兼容正在对创业创新的动力与热情造成损害。

2021年被业界普遍视为"反垄断"大年，缘于2020年12月召开的中央经济工作会议明确将"强化反垄断和防止资本无序扩张"列为2021年八项重点任务之一，强调反垄断、反不正当竞争是完善社会主义市场经

---

① 孙燕飚：《大鱼随意拷贝　扼杀小鱼创新》，《第一财经日报》，2010年11月11日，http://tech.sina.com.cn/i/2010-11-11/01434851914_3.shtml。

济体制、推动高质量发展的内在要求。2021年11月18日，国家反垄断局正式挂牌，从国家市场监管总局的内设机构升级为国务院新设的国家局。

在顶层设计完善的同时，监管层对互联网行业的反垄断监管措施不断加强。

2021年1月20日，中国人民银行发布《非银行支付机构条例（征求意见稿）》，明确了分类监管要求，加强备付金管理，并强化了支付领域反垄断监管措施。

2021年2月7日，国务院反垄断委员会就《反垄断法》适用问题发布《关于平台经济领域的反垄断指南》，明确了平台经济反垄断执法的基本原则和分析思路，尽管不具有严格的法律约束力，但在当下阶段为平台经济领域经营者依法合规经营提供了明确的指引。《指南》以"垄断协议""滥用市场支配地位行为""经营者集中""滥用行政权力排除、限制竞争"四个方面作为切入点，定义了平台经济领域的垄断行为；厘清平台经济领域相关市场的界定，明确规制基于算法共谋的垄断协议，细化认定市场支配地位的考虑因素，确立平台构成必需设施的考虑因素；规定"二选一"和"大数据杀熟"，或者通过补贴、折扣、优惠、流量资源支持等激励性方式限定交易，都有可能被认定存在垄断行为。

2021年3月15日，市场监管总局出台《网络交易监督管理办法》，针对直播带货售后、自动续费、虚构数据和平台"强制二选一"等备受关注的问题，制订了一系列制度规则。

2021年4月，为了规范平台主体责任履行不力、主播言行失范、虚假宣传、数据造假等突出问题，国家互联网信息办公室（"网信办"）等七部门联合发布《网络直播营销管理办法（试行）》，一方面将网络直播营销中"台前幕后"各类主体、"线上线下"各项要素纳入监管范围，另一方面明确细化直播营销平台、直播间运营者、直播营销人员、直播营销人员服务机构等参与主体各自的权责边界。

2021年7月26日，市场监管总局等七部门以规范性文件的形式，联合印发《关于落实网络餐饮平台责任、切实维护外卖送餐员权益的指导意见》，对保障外卖送餐员正当权益提出全面具体要求。《意见》从劳动收入、考核制度、派单机制、劳动安全等10个方面，要求切实维护外卖送餐员正当权益。例如，在保障劳动收入方面，要求平台建立与工作任务、劳动强度相匹配的收入分配机制；不得将"最严算法"作为考核要求，应通过"算法取中"等方式，合理确定订单数量、准时率、在线率等考核要素，适当放宽配送时限。

2021年8月17日，市场监管总局起草了《禁止网络不正当竞争行为规定（公开征求意见稿）》，要求经营者不得利用数据、算法等技术手段，通过影响用户选择或者其他方式，实施流量劫持、干扰、恶意不兼容等行为，妨碍、破坏其他经营者合法提供的网络产品或者服务正常运行。

2021年10月29日，市场监管总局进一步起草《互联网平台分类分级指南（征求意见稿）》《互联网平台落实主体责任指南（征求意见稿）》，将互联网平台分为三级：超级平台、大型平台和中小平台。其中，超级平台在中国的上年度年活跃用户不低于5亿；核心业务至少涉及两类平台业务；上年底市值（估值）不低于10000亿元；平台具有超强的限制商户接触消费者（用户）的能力。同时，从类型上，互联网平台被划分为六大类，即网络销售类平台、生活服务类平台、社交娱乐类平台、信息资讯类平台、金融服务类平台、计算应用类平台。《落实主体责任指南》总共35条内容，其中有9条主要针对超大型平台，尤其在反垄断和不正当竞争行为方面，对互联网平台提出了明确要求。

2022年8月1日，新修改的《反垄断法》施行。这是《反垄断法》自2008年实施以来的首次修改，贯彻落实中央关于强化反垄断和防止资本无序扩张的决策部署。根据平台经济领域竞争方式和特点，进一步明确了反垄断相关制度在平台经济领域中的适用规则。修订版明确竞争政策基础地位，加大惩罚力度，提升违法成本，特别强化了对基于数据、算法、技术以及平台规则等新型滥用市场支配地位行为的监管，新增纵向垄断协议下的部分豁免规则，同时，加强对经营者集中行为的监管。①

反垄断行动已经改变大型互联网企业的运营方式。比如，它们不再能强迫商家仅在自家平台上销售；而大规模并购的门槛现在也有所提高。这可能加剧竞争，尤其是社区团购等新增长领域的竞争。

监管造成的产业发展隐忧

随着互联网基础设施的完善、互联网用户规模的不断扩大以及信息化技术的迅猛发展，中国互联网商业模式逐步演进，政府规制不断加强，互联网法制亦进入建设期。在互联网进入早期，以门户网站为代表的简单商业模式占据主流，覆盖人群规模较小；随后，Web 2.0媒体开始迅猛发展，逐渐削弱传统媒体的地位和作用，政府部门开始对网络媒体实行更大力度的监管；电子商务、网络广告、游戏、网络视频等互联网产业发展迅猛之时，政府随即采取措施优化产业发展环境，力图控制"有害和非法的信息"。在今天，互联网产业全面渗透、冲击传统行业，商业模式变得更加复杂，传统的行政监管模式显然不能适应互联网时代发展的潮流，网络空间治理体系亟待完善。

2013年末，中国共产党十八届三中全会通过的《中共中央关于全面深化改革若干重大问题的决定》提出依法管理网络的16字方针，即"积极利用、科学发展、依法管理、确保安全"，加大依法管理网络力度，加快完善互联网管理领导体制，确保国家网络和信息安全。

---

① 关于中国互联网法律法规的梳理，主要参考了中国信通院《互联网法律白皮书》（2017—2021）。

此后，一系列监管措施出台，可以看到政府开始将互联网治理作为社会治理的至关重要的一环。

2014年2月27日，中央网络安全和信息化委员会在北京成立，组长由中共中央总书记习近平担任。值得注意的是，在中央网络安全和信息化委员会成立之前，互联网管理的领导者仅仅是一个临时性机构：全国互联网站管理工作协调小组（简称"互联网协调小组"）。中央网络安全和信息化委员会的成立，标志着网络空间安全上升到国家战略层面。国家也重视对IT/互联网产业等发展环境的优化，进而实现互联网对社会经济的整体拉动，并从技术层面和产业层面对网络空间实施引导和管理。

2014年8月，国务院授权网信办负责全国互联网信息内容管理工作，并负责监督管理执法。2014年9月，网信办主任在采访中表明，"再好的车都要有刹车"，直言互联网管理中制动机制的必要性。网信办由此进入立"法"密集期，"微信十条""账号十条"和"约谈十条"先后出台。

2014年10月，中国共产党十八届四中全会通过《中共中央关于全面推进依法治国若干重大问题的决定》，提出要"加强互联网领域立法，完善网络信息服务、网络安全保护、网络社会管理等方面的法律法规，依法规范网络行为"[①]，立法部门动作频仍。

1.网络信息服务领域

2015年8月28日，《互联网视听节目服务管理规定》修订后由国家新闻出版广电总局颁布，第七条规定："从事互联网视听节目服务，应当依照本规定取得广播电影电视主管部门颁发的《信息网络传播视听节目许可证》（以下简称《许可证》）或履行备案手续。未按照本规定取得广播

---

① 中国政府网，2014年10月28日，http://www.gov.cn/zhengce/2014-10/28/content_2771946.htm.

电影电视主管部门颁发的《许可证》或履行备案手续，任何单位和个人不得从事互联网视听节目服务。"2016年4月25日，国家新闻出版广电总局发布《专网及定向传播视听节目服务管理规定》，针对互联网电视发展中出现的问题，进一步强化从平台到终端的管理。[①]

2016年3月10日起，《网络出版服务管理规定》开始施行，取代2002年6月27日颁布的《互联网出版管理暂行规定》。管理规定对网络出版服务许可、网络出版服务管理、监督管理、保障与奖励以及法律责任做出说明。从事网络出版服务，必须依法经过出版行政主管部门批准，取得《网络出版服务许可证》，有效期为五年。

2016年6月25日，网信办发布《互联网信息搜索服务管理规定》，规范互联网信息搜索服务；6月28日，网信办发布《移动互联网应用程序信息服务管理规定》，规范移动互联网应用程序信息服务管理。11月4日，网信办发布《互联网直播服务管理规定》，对互联网直播服务发展和规范做出规定。

2016年11月7日通过的《网络安全法》对"网络信息安全"进行了专章规定，要求网络运营者依法加强对其用户发布的信息的管理，发现法律、行政法规禁止发布或者传输的信息，应当立即停止传输该信息，采取消除等处置措施，防止信息扩散，保存有关记录，并向有关主管部门报告。

2017年3月1日，《电影产业促进法》实施，规定通过互联网、电信网、广播电视网等信息网络传播电影的，还应当遵守互联网、电信网、

---

① 此规定于2021年10月进行了修订，其所称的专网及定向传播视听节目服务，"是指以电视机、手机等各类固定、移动电子设备为接收终端，通过局域网络及利用互联网架设虚拟专网或者以互联网等信息网络为定向传输通道，向公众定向提供广播电视节目等视听节目服务活动，包括以交互式网络电视（IPTV）、专网手机电视、互联网电视等形式从事内容提供、集成播控、传输分发等活动"。

广播电视网等信息网络管理的法律、行政法规的规定。

2017年5月2日，网信办公布了新修订的《互联网新闻信息服务管理规定》，主要对互联网新闻信息服务许可管理、网信管理体制、互联网新闻信息服务提供者主体责任等进行了修订。一是适应信息技术应用发展的实际，对通过互联网站、论坛、博客、微博客、公众账号、即时通信工具、网络直播等形式提供互联网新闻信息服务，进行统一的规范和管理。二是将许可事项修改为"提供互联网新闻信息服务"，包括互联网新闻信息采编发布服务、转载服务、传播平台服务三类。三是完善管理体制，将主管部门由"国务院新闻办公室"调整为"国家互联网信息办公室"，增加了"地方互联网信息办公室"的职责规定，为省级以下网信部门赋予了互联网新闻信息服务管理职责。四是强化互联网新闻信息服务提供者的主体责任，明确了总编辑及从业人员管理、信息安全管理、平台用户管理等要求。五是增加用户权益保护的内容，规定了个人信息保护、禁止互联网新闻信息服务提供者及其从业人员非法牟利、著作权保护等相关内容。

2017年8月25日，网信办发布《互联网论坛社区服务管理规定》与《互联网跟帖评论服务管理规定》，规范互联网论坛社区服务与互联网跟帖评论服务。2017年9月7日，网信办发布《互联网用户公众账号信息服务管理规定》和《互联网群组信息服务管理规定》，规范互联网用户公众账号信息服务与互联网群组信息服务。

2017年10月30日，网信办公布《互联网新闻信息服务单位内容管理从业人员管理办法》，规定"互联网新闻信息服务单位内容管理从业人员，不得利用互联网新闻信息采编发布、转载和审核等工作便利从事广告、发行、赞助、中介等经营活动，谋取不正当利益等"。

对2011年施行的《互联网文化管理暂行规定》，文化部于2017年12月15日予以修订，对网络文化单位的主体准入、内容管理、经营规范及违法处罚等内容做了具体规定，以加快全国网络文化市场监管平台建设。《互联网文化管理暂行规定》的管理对象主要是通过互联网生产、传播和流通的文化产品，包括专门为互联网而生产的网络音乐娱乐、网络游戏、网络演出剧（节）目、网络表演、网络艺术品、网络动漫等。

2017年12月15日，文化部通过新修订的《网络游戏管理暂行办法》，加强网络游戏管理，规范网络游戏经营秩序，对网络游戏的研发、推广、运营、消费、终止等全流程经营活动进行了制度规范。

2018年2月2日，网信办发布《微博客信息服务管理规定》，从平台资质、主体责任、实名认证、分级分类管理、保证信息安全、建立健全辟谣机制、加强行业自律和建立信用体系等各个方面做出了全面具体的规定。

2018年11月和2019年1月，网信办先后发布《具有舆论属性或社会动员能力的互联网信息服务安全评估规定》和《区块链信息服务管理规定》，明确提供相关信息服务的主体须承担的内容安全管理义务。

2019年1月，中国网络视听节目服务协会发布《网络短视频平台管理规范》及《网络短视频内容审核标准细则》，从机构监管和内容审核两个层面为规范短视频传播秩序提供了依据；2019年2月，国家广播电视总局发布《未成年人节目管理规定》，将未成年人节目管理工作纳入法治化轨道，引导、规范节目创作、制作和传播。

2019年2月，网信办出台的《金融信息服务管理规定》正式施行，明确金融信息服务提供者从事互联网新闻信息服务、法定特许或者应予以备案的金融业务须取得相应资质。

2019年11月，网信办、文化和旅游部、国家广播电视总局联合发布《网络音视频信息服务管理规定》，明确要求网络音视频信息服务提供者依法取得法律、行政法规规定的相关资质。

自2020年3月1日起，网信办发布的《网络信息内容生态治理规定》

开始施行，旨在通过规范五大主体——网络信息内容生产者、网络信息内容服务平台、网络信息内容服务使用者、网络行业组织、各级网信部门（会同有关主管部门）营造良好网络生态，鼓励发布弘扬正能量的信息，不得涉及违法信息，防范抵制不良信息。对于何为不良信息，第七条进行了部分列举，并以"其他对网络生态造成不良影响的内容"条款兜底。

2021年1月8日，网信办就《互联网信息服务管理办法（修订草案征求意见稿）》向社会公开征求意见。修订版明确将中国境内利用境内外网络资源向境内用户提供互联网信息服务纳入管辖范围，以防范利用境外网络资源面向境内实施的违法行为；将互联网信息服务按照是否经营电信业务进行划分（仍采取许可证和备案制），不同于现行的经营性和非经营性的类别区分；对于从事互联网新闻信息服务——文化、出版、视听节目，以及教育、医疗保健、药品和医疗器械等不同领域的互联网信息服务，在许可获取方面做出了更具体的规定。

2021年1月22日，网信办发布新修订的《互联网用户公众账号信息服务管理规定》，共23条，包括公众账号信息服务平台信息内容和公众账号管理主体责任、公众账号生产运营者信息内容生产和公众账号运营管理主体责任、真实身份信息认证、分级分类管理、行业自律、社会监督及行政管理等条款，要求规范电商销售、广告发布、知识付费、用户打赏等经营行为，加强对原创信息内容的著作权保护。

自2021年6月1日起施行的《中华人民共和国未成年人保护法》，因应小学生、初中生上网比例远高于同期全国人口的互联网普及率的局面，专章规定"网络保护"，尤其是对未成年人在网络空间中可能遭受的网络违法侵害、不良信息影响、个人隐私泄露、网络沉迷成瘾等四个主要侵害类型和风险，进行重点防范和规制。对政府、学校、家庭、网络产品和服务提供者等不同主体，从网络素养教育、网络信息内容管理、个人信息保护、网络沉迷预防和网络欺凌防治等多方面做了全面规定。8月30日，国家新闻出版署发布《关于进一步严格管理切实防止未成年人沉迷网络游戏的通知》，进一步限制向未成年人提供网络游戏服务的时段时长，要求网络游戏企业大幅压缩向未成年人提供网络游戏的时间，严格落实网络游戏账号实名注册和登录要求。11月29日，文化和旅游部发布《关于加强网络文化市场未成年人保护工作的意见》，提出提高识别未实名认证未成年人用户账号能力，严格保护个人信息，阻断有害内容，严禁借"网红儿童"牟利，规范"金钱打赏"，优化未成年人网络使用控制功能等要求。

随着算法在信息服务中的重要性日益增加，网信办等四部门联合发布《互联网信息服务算法推荐管理规定》，于2022年3月1日起正式施行。规定要求，算法推荐服务提供者应当坚持主流价值导向，积极传播正能量，不得利用算法推荐服务从事违法活动或者传播违法信息，应当采取措施防范和抵制传播不良信息；建立健全用户注册、信息发布审核、数据安全和个人信息保护、安全事件应急处置等管理制度和技术措施，配备与算法推荐服务规模相适应的专业人员和技术支撑；定期审核、评估、验证算法机制机理、模型、数据和应用结果等；建立健全用于识别违法和不良信息的特征库，发现违法和不良信息的，应当采取相应的处置措施；加强用户模型和用户标签管理，完善记入用户模型的兴趣点规则和用户标签管理规则；加强算法推荐服务版面页面生态管理，建立完善人工干预和用户自主选择机制，在重点环节积极呈现符合主流价值导向的信息；规范开展互联网新闻信息服务，不得生成合成虚假新闻信息或者传播非国家规定范围内的单位发布的新闻信息；不得利用算法实施影响网络舆论、规避监督管理以及垄断和不正当竞争行为。

2022年3月1日起施行的《互联网宗教信息服务管理办法》明确规定，互联网宗教信息服务只能由政府批准、并获得特别许可证的宗教团体在政府批准的网站上提供，任何组织或者个人不得在互联网上传教，不得开展宗教教育培训、发布讲经讲道内容或者转发、链接相关内容，不得在互联网上组织开展宗教活动，不得直播或者录播宗教仪式。

2022年6月14日，网信办发布新修订的《移动互联网应用程序信息服务管理规定》。监管范围内的信息服务，包括即时通信、新闻资讯、知识问答、论坛社区、网络直播、电子商务、网络音视频、生活服务等类型，涵盖当下所有C端互联网产品。对于信息发布、即时通信类的APP，新规定要求对注册用户进行基于手机号码、身份证号码或统一社会信用代码等方式的真实身份信息认证，不得为拒绝实名或虚假注册用户提供服务。新规定要求APP应当对信息内容呈现结果负责，不得生产传播违法信息，自觉防范和抵制不良信息。APP提供者上线具有舆论属性或者社会动员能力的新技术、新应用、新功能，应当按照国家有关规定进行安全评估。

2022年6月27日，网信办发布《互联网用户账号信息管理规定》。规定明确了账号信息注册和使用规范，要求互联网信息服务提供者应当制定和公开互联网用户账号信息管理规则、平台公约，明确账号信息注册、使用和管理相关权利义务。互联网个人用户注册、使用账号信息，含有职业信息的，应当与个人真实职业信息相一致；互联网机构用户注册、使用账号信息，应当与机构名称、标识等相一致。互联网信息服务提供者为互联网用户提供信息发布、即时通信等服务的，应当进行真实身份信息认证；应当对互联网用户在注册时提交的和使用中拟变更的账号信息进行核验；应当在账号信息页面展示合理范围内的互联网用户账号的互联网协议地址归属地信息，便于公众为公共利益实施监督。

2022年9月，网信办、工信部、市场监管总局联合发布《互联网弹窗信息推送服务管理规定》，紧盯弹窗新闻信息推送、弹窗信息内容导向、弹窗广告等重点环节，着力解决利用弹窗违规推送新闻信息、弹窗广告标识不明显、广告无法一键关闭、恶意炒作娱乐八卦、推送频次过多过滥、推送信息内容比例不合理、诱导用户点击实施流量造假等问题。

2022年11月，网信办修订了2017年《互联网跟帖评论服务管理规定》，明确提出，"对新闻信息提供跟帖评论服务的，应当建立先审后发制度"。此次修订将"使用"跟帖评论服务也明确划入规制对象范围。跟帖评论服务的定义也有所扩充，在评论、回复、留言、弹幕等原有方式外，"点赞"被明确为一种跟帖评论服务的提供方式。管理规定要求跟帖评论服务提供者应与公众账号生产运营者在服务协议中明确其跟帖评论管理权限及相应责任，督促其切实履行管理义务。这意味着将原本统归于跟帖评论服务提供者的管理责任部分转移到公众账号生产运营者。它要求"建立健全跟帖评论审核管理、实时巡查、应急处置、举报受理等信息安全管理制度，及时发现处置违法和不良信息，并向网信部门报告"。

同月，网信办、工信部、公安部联合发布《互联网信息服务深度合成管理规定》，将深度合成技术定义为"利用深度学习、虚拟现实等生成合成类算法制作文本、图像、音频、视频、虚拟场景等网络信息的技术"。规定强调不得利用深度合成服务从事法律、行政法规禁止的活动。深度合成服务提供者对使用其服务生成或编辑的信息内容，应当添加不影响使用的标识。提供智能对话、合成人声、人脸生成、沉浸式拟真场景等生成或者显著改变信息内容功能的服务的，应当进行显著标识，避免公众混淆或者误认。要求任何组织和个人不得采用技术手段删除、篡改、隐匿相关标识。

2.网络安全保护领域

2014年4月，习近平在主持召开中央国家安全委员会第一次会议时提出总体国家安全观，要求构建涵盖11种安全的国家安全体系，其中科技安全、信息安全与网络安全密切相关。

2015年7月1日，新的《中华人民共和国国家安全法》通过，第二十五条明确规定，国家建设网络与信息安全保障体系，提升网络与信息安全保护能力，加强网络和信息技术的创新研究和开发应用，实现网络和信息核心技术、关键基础设施和重要领域信息系统及数据的安全可控；加强网络管理，防范、制止和依法惩治网络攻击、网络入侵、网络窃密、散布违法有害信息等网络违法犯罪行为，维护国家网络空间主权、安全和发展利益。此外，全国人大常委会相继制定了《中华人民共和国反间谍法》《中华人民共和国反恐怖主义法》《中华人民共和国境外非政府组织境内活动管理法》《中华人民共和国国家情报法》《中华人民共和国保守国家秘密法》等一系列涉及国家安全领域的综合性或专门性法律。

2015年8月公布《中华人民共和国刑法修正案（九）》，将《刑法修正案（七）》的"出售、非法提供公民个人信息罪"和"非法获取公民个人信息罪"整合为"侵犯公民个人信息罪"，放宽了该项罪名的成立条件；进一步加强对公民个人信息的保护，明确网络服务提供者履行网络安全管理的义务，同时增加了编造、传播虚假信息犯罪的规定。

2016年11月出台《中华人民共和国网络安全法》，与加强国家安全的举措相呼应，标志着政府加强了对国内网络系统安全、数据安全和个人信息的监管。与《国家安全法》首次明确提出的"网络空间主权"的概念相一致，《网络安全法》同样规定了"维护网络空间主权"。它对关键信息基础设施保护制度进行了规定，要求对重要行业和领域，以及其他一旦遭到破坏、丧失功能或者数据泄露，可能严重危害国家安全、国计民生、公共利益的关键信息基础设施，在网络安全等级保护制度的基础上实行重点保护。该法还规定了"数据留存"制度，明确了关键信息基础设施领域个人信息和重要数据跨境传输的规则。《网络安全法》统一了"个人信息"的定义和范围，确立了个人信息收集使用的基本规则，规定了相关主体的个人信息保护义务，更为重要的是，明确了违反个人信息保护的法律责任，弥补了《全国人民代表大会常务委员会关于加强网络信息保护的决定》中没有罚则的不足。第二十八条还规定：网络运营者应当为公安机关、国家安全机关依法维护国家安全和侦查犯罪的活动提供技术支持和协助。

修订后的《中华人民共和国无线电管理条例》，自2016年12月1日起施行，旨在加强无线电管理，维护空中电波秩序，有效开发、利用无线电频谱资源。

2016年12月16日，工信部制定《移动智能终端应用软件预置和分发管理暂行规定》，重点对智能终端生产企业的移动智能终端应用软件（简称APP）预置行为，以及互联网信息服务提供者提供的移动智能终端应用软件分发服务进行规范。

2017年3月15日通过的《中华人民共和国民法总则》明确在民事权利一章中写入"自然人的个人信息受法律保护"，结束了个人信息保护规定散落于公法或司法解释中零碎条文的现状，成为个人信息民事保护领域的基本规范依据。

2017年8月16日，工信部通过《互联网域名管理办法》，旨在加强互联网基础资源管理，维护网络与信息安全。

2017年10月30日，《互联网新闻信息服务新技术新应用安全评估管理规定》由网信办正式公布，其宗旨是规范开展互联网新闻信息服务新技术新应用安全评估工作，维护国家安全和公共利益，保护公民、法人和其他组织的合法权益。

2017年12月29日，全国信息安全标准化技术委员会发布《信息安全技术、个人信息安全规范》（GB/T 35273—2017），2018年正式实施，以国家标准的形式，规定了个人信息保护领域的法律术语，明确了收集、保存、使用、共享、转让、公开披露等个人信息处理活动应遵循的原则和安全要求。

2018年4月18日，工信部公布《中华人民共和国无线电频率划分规定》，根据国内无线电业务发展规划和相关部门意见对卫星移动业务、空间研究业务、移动业务、卫星固定业务、射电天文业务等内容进行修订，依法管理无线电频谱资源。

2019年8月23日，网信办正式发布《儿童个人信息网络保护规定》，这是我国第一部专门针对儿童网络保护的立法，明确了儿童专门保护协议、内部管理专员、儿童监护人同意、加密存储和最小授权访问等儿童个人信息保护具体要求。

2019年8月28日，网信办等四部门发布《云计算服务安全评估办法》，目标是提高党政机关、关键信息基础设施运营者采购使用云计算服务的安全可控水平，降低采购使用云计算服务带来的网络安全风险，增强党政机关、关键信息基础设施运营者将业务及数据向云服务平台迁移的信心。

2019年10月，全国人大常委会通过《中华人民共和国密码法》，鼓励和规范密码技术的研究开发和应用管理，进一步保障网络与信息安全。这是我国密码领域的第一部法律。

2019年11月，网信办等四部委联合发布《APP违法违规收集使用个人信息行为认定方法》，旨在规范监管部门对APP违法收集使用个人信息行为的认定，也为企业合法收集使用个人信息提供参考。

2020年2月5日和13日，中国人民银行分别正式发布新修订的金融行业标准《网上银行系统信息安全通用规范》（JR/T 0068—2020）和金融行业标准《个人金融信息保护技术规范》（JR/T 0171—2020）。3月6日，国家市场监督管理总局、国家标准化管理委员会发布新版国家标准《信息安全技术、个人信息安全规范》（GB/T 35273—2020），"个人信息控制者"被定义为"有能力决定个人信息处理目的、方式等的组织或个人"。

2020年6月1日，《网络安全审查办法》开始施行，要求关键信息基础设施运营者采购网络产品和服务，影响或可能影响国家安全的，应当按照该办法进行网络安全审查。

2020年10月，全国人大常委会通过的《出口管制法》，明确了对特定物项（包括对特定物项的技术资料等）出口实施许可制度，以出口管制的形式明确了我国重要数据的出境要求，补充完善了国家整体数据安全制度。而随着网络空间大国的博弈，各国的网络立法都加强域外效力的规定，设置"长臂管辖"。我国为此也加强了涉外领域的法律建设。2021年1月9日，商务部公布《阻断外国法律与措施不当域外适用办法》，从及时报告、评估确认、发布禁令、司法救济和处罚几个层面对阻断外国法律与措施不当域外适用做出制度安排。该办法与2020年9月商务部颁布的《不可靠实体清单规定》共同构成针对境外法律、境外措施、境外实体的不当适用或违法行为的应对闭环。2021年6月10日，全国人大常委会通过《反外国制裁法》，旨在提升我国应对外部风险挑战的法治能力。

2021年1月1日生效的《中华人民共和国民法典》中增加了隐私权和个人信息保护章节，包括增加了个人因数据隐私权受到侵犯而提起民事诉讼的权利，这将提高中国数据主体对数据隐私权的意识。《民法典》中增加隐私权章节是出台个人信息保护法的基石，它将网络虚拟财产也纳入保护范围，平衡民事权益保护与技术创新利益。

2021年3月，网信办、工信部、公安部、国家市场监督管理总局联合制定《常见类型移动互联网应用程序必要个人信息范围规定》，明确了39种常见类型APP的必要个人信息范围，明确APP运营者不得因用户不同意收集非必要个人信息，而拒绝用户使用APP基本功能服务。

2021年4月，工信部会同公安部、市场监管总局起草了《移动互联网应用程序个人信息保护管理暂行规定（征求意见稿）》。意见稿确立了在具体应用场景中的"知情同意""最小必要"两项重要原则，并列明了APP开发运营者、APP分发平台、APP第三方服务提供者、移动智能终端生产企业和网络接入服务提供者在APP个人信息保护方面的具体义务。

2021年6月10日，《中华人民共和国数据安全法》正式发布，2021年9月1日起实施。它是为了规范数据处理活动，保障数据安全，促进数据开发利用，保护个人、组织的合法权益，维护国家主权、安全和发展利益而制定的法律。它也明确了国家在数据领域的对等反歧视措施，为我国公平参与建立数据全球治理规则提供保障。

2021年7月13日，工信部等三部门印发《网络产品安全漏洞管理规定》，首次从产品视角管理漏洞，通过对网络产品漏洞的收集、研判、追踪、溯源，立足于供应链全链条，对网络产品进行全周期的漏洞风险跟踪。

2021年8月16日，网信办、国家发展和改革委员会、工信部、公安部、交通运输部联合发布《汽车数据安全管理若干规定（试行）》，明确了汽车数据的范围、类型、生命周期环境和处理原则，对个人信息和重要数据提出了安全要求，旨在规范汽车数据处理活动，保护个人、组织的合法权益。

2021年8月17日，《关键信息基础设施安全保护条例》正式发布。该条例的出台旨在建立国家关键信息基础设施安全保护制度，任何个人和组织不得实施非法侵入、干扰、破坏关键信息基础设施的活动，不得危害关键信息基础设施安全。

2021年8月20日，千呼万唤的《中华人民共和国个人信息保护法》在人大常委会表决通过，并于2021年11月1日起正式施行。《个人信息保护法》从自然人个人信息的角度出发，针对法律适用范围、个人信息保护的权利内容、个人信息处理者的职责和义务等制度进行了明确规定，成为中国第一部专门规范个人信息保护的法律，对我国公民的个人信息权益保护以及各组织的数据隐私合规都将产生直接和深远的影响。

2021年9月23日，工信部印发《物联网基础安全标准体系建设指南（2021版）》。指南提出建立物联网基础安全标准体系，明确物联网终端、网关、平台等关键基础环节安全要求。物联网基础安全标准体系包括总体安全要求、终端安全、网关安全、平台安全、安全管理五大类标准。

2021年10月8日，全国信息安全标准化技术委员会发布《汽车采集数据处理安全指南》，规定了对汽车采集数据进行传输、存储和出境等处理活动的安全要求。

2021年11月14日，网信办公布《网络数据安全管理条例（征求意见稿）》，对网络数据处理活动中涉及的个人信息保护、重要数据安全管理、跨境数据流动规范等进行了全方位、多层次的细化规定。

2022年2月15日，由网信办等十三部门联合修订发布的《网络安全审查办法》正式施行。办法将网络平台运营者开展数据处理活动影响或者可能影响国家安全等情形纳入网络安全审查范围，并明确要求掌握超过100万用户个人信息的网络平台运营者赴国外上市必须申报网络安全审查。

2022年9月1日，网信办公布《数据出境安全评估办法》，意在规定和管理向境外提供（包括跨境访问）在中国境内运营中收集和产生的重要数据和个人信息。

与此同时，工信部正在对2013年出台的《电信和互联网用户个人信息保护规定》进行修订，强化应用程序关键责任链的管理，进一步健全个人信息保护制度体系。

3.网络社会管理领域

在网络社会管理领域，开展了一系列立法活动，以调整网络社会关系的制度规范。互联网行业管理立法也在不断增订，以完善行业管理手段。

2013年3月，国务院实施《征信业管理条例》。12月，央行出台《征信机构管理办法》，规范征信机构、信息提供者和信息使用者的行为。2014年，国务院发布了我国首部国家级的社会信用体系建设专项规划《社会信用体系建设规划纲要（2014—2020年）》，加快建设社会信用体系。2021年9月，中国人民银行公布《征信业务管理办法》，对信用信息范围、采集、整理、保存、加工、提供、使用、安全、跨境流动和业务监督管理进行了规定，清晰界定了信用信息，并强调要加强个人和企业信息主体权益保护，保障信息安全。

2013年10月修订的《中华人民共和国消费者权益保护法》赋予消费者通过网络交易平台的求偿权，消费者通过网络交易平台购买商品或者接受服务，其合法权益受到损害的，可以向销售者或者服务者要求赔偿；同时规定经营者采用网络、电视、电话、邮购等方式销售商品，消费者有权自收到商品之日起7日内退货，且无须说明理由。

2014年12月24日，商务部公布《网络零售第三方平台交易规则制定程序规定》。在该规定出台之前，没有成文的规定对第三方平台进行全面规范的管理，网络零售平台经营者大多数都是按照自己的意愿来制定相关规则约束商家。该规定对网络零售第三方平台管理做出了有针对性的规范。

2015年4月修订的《中华人民共和国食品安全法》，首次明确了网购食品过程中网络食品交易第三方平台提供者的责任。2019年10月11日，国务院颁布修订后的《食品安全法实施条例》，明确网络食品交易第三方平台提供者妥善保存入网食品经营者的登记信息和交易信息的义务。

2015年12月28日，为了让市场备受关注的网络支付服务有章可循，央行出台了《非银行支付机构网络支付业务管理办法》。根据办法，在中华人民共和国大陆地区注册的非银行支付机构（例如支付宝和微信支付）对客户实行实名制管理以及对其账户进行相应风险限制，所有用户需要实名登记才能使用网络支付业务，因此该政策被媒体解读为网络支付实名制。

2015年修订的《中华人民共和国广告法》首次明确，所有依托互联网的广告活动，都将纳入监管范畴。2016年9月1日起施行的《互联网广告管理暂行办法》，列举了当前典型的四种互联网广告类型，并加入了第5项兜底条款；针对互联网广告的发布者特别做出定义，还对广告需求方平台、媒介方平台和广告信息交换平台做出定义，并就其权利和义务做出特别规定；从广告主和广告的审核查验、广告购买、广告发布到发布后他方信息监管等各个环节，也均做出规定。同时"叫停"某些违规互联网广告行为。2018年10月再次修订的广告法要求利用互联网从事广告活动，不得影响用户正常使用网络，同时应当显著标明关闭标志，确保一键关闭。2021年11月，市场监管总局在修订《互联网广告管理暂行办法》的基础上，起草了《互联网广告管理办法（公开征求意见稿）》，要求互联网广告应当具有可识别性，能够使消费者辨明其为广告。通过互联网媒介，以竞价排名、新闻报道、经验分享、消费测评等形式，或者附加购物链接的形式推销商品、服务的，应当显著标明"广告"。同时规定，以启动播放、视频插播、弹出等形式发布的互联网广告，应当显著标明关闭标志，确保一键关闭。

2016年3月21日，住建部、公安部废止了1997年颁布的《城市出租汽车管理办法》，意味着传统出租车管理模式开始退出历史舞台。7月28日，交通运输部等七部委联合印发《网络预约出租汽车经营服务管理暂行办法》，赋予网络平台合法身份，成为我国第一部关于网络预约出租汽车管理的规定。

2017年12月29日，交通运输部会同工信部、国家标准化管理委员会联合组织制定《国家车联网产业标准体系建设指南》，有目的、有计划、有重点地指导智能网联汽车标准化工作，加快构建包括整车及关键系统部件功能安全和信息安全在内的智能网联汽车标准体系。2018年4月3日，工信部、公安部、交通运输部联合发布了《智能网联汽车道路测试管理规范（试行）》，对测试主体、测试驾驶人及测试车辆、测试申请及审核、测试管理、交通违法和事故处理等方面做出规定。

2018年2月26日，交通运输部发布《网络预约出租汽车监管信息交互平台运行管理办法》，加强网络预约出租汽车监管信息交互平台的运行管理工作，要求网约车平台公司在取得相应经营许可的次日零时起，直接向部级平台传输相关基础静态信息以及订单信息、经营信息、定位信息、服务质量信息等运营数据。2018年5月24日，交通运输部发布《出租汽车服务质量信誉考核办法》，进一步完善出租汽车信用管理体系，首次将网络约租车新业态纳入考核；从网络约租车司机个人与网络约租车平台公司两个方面入手，明确要求网络约租车和巡游车均应开展服务质量信誉考核，出租汽车行政主管部门要根据驾驶员考核周期内的综合得分情况，评定服务质量信誉考核等级。

从2017年出台的《互联网药品信息服务管理办法》，到2018年颁布的《互联网诊疗管理办法（试行）》《互联网医院管理办法（试行）》和《远程医疗服务管理规范（试行）》，再到2019年12月1日开始实施的《中华人民共和国药品管理法（第二次修订）》中有关网络销售处方药的规定，互联网医疗政策逐步明朗。

2018年1月1日，新修订的《中华人民共和国反不正当竞争法》（以下简称《反不正当竞争法》）正式实施。第十二条专门针对互联网领域的不正当竞争行为进行规定，具体包括：（一）未经其他经营者同意，在其合法提供的网络产品或者服务中，插入链接、强制进行目标跳转；（二）误导、欺骗、强迫用户修改、关闭、卸载其他经营者合法提供的网络产品或者服务；（三）恶意对其他经营者合法提供的网络产品或者服务实施不兼容；（四）其他妨碍、破坏其他经营者合法提供的网络产品或者服务正常运行的行为。这一条款对互联网领域的不正当竞争案件提供了更为明确的法律依据。2019年4月,《反不正当竞争法》再次修订,对侵犯商业秘密行为的定义更为完善,在传统的不正当获取商业秘密手段的基础上,将电子侵入纳入侵权手段之一。

2018年5月1日,《快递暂行条例》实施,是我国第一部专门针对快递业的行政法规,针对寄件人隐私保护、快件丢失后如何索赔等问题,进行了明确规定。

2018年7月,国务院发布《国务院关于加快推进全国一体化在线政务服务平台建设的指导意见》,要求国家政务服务平台建设统一电子印章、统一电子证照等公共支撑系统,应用基于商用密码的数字签名等技术。自此,全国各地陆续开始实现各类证照的电子化,涉及营业执照、驾驶证、行驶证、出入境证件(港澳通行证、台湾通行证、护照)、残疾人证、出生证、居住证、低保证等30余项证明文件。电子证照实现了各类证明线上提交资料、线上审核、线上发放的便捷办理方式,在电子证照的应用普及中,电子签名发挥了关键性作用。2015年和2019年两次修订的《中华人民共和国电子签名法》为电子法律文书的有效性认定提供了司法依据。

2019年1月1日,《中华人民共和国电子商务法》正式实施,系我国电商领域首部综合性法律。它显著增加了平台经营者的义务和责任,并规定了一系列措施以保护消费者和知识产权。重点包括五方面内容:一是拓展了调整对象,将微商等新型电子商务经营者纳入监管;二是对平台责任的规定更加完善和严格,提高了平台的审慎注意义务;三是明确了电子商务中的主体登记制度;四是更加注重细节方面对电商用户的权益保护;五是对市场竞争秩序严加监管,确保消费者的自主选择权、市场经营主体的营业自主权。

2019年10月22日,国务院发布《优化营商环境条例》,对新兴产业实行包容审慎监管。加强保护市场主体,包括依法保护市场主体经营自主权和企业经营者人身财产安全，严禁违反法定权限、程序对市场主体和经营者个人的财产实施查封、扣押等行政强制措施；保障各类市场主体平等使用生产要素、平等享受国家支持政策；建立健全知识产权侵权惩罚性赔偿制度和维权援助等机制。

2020年3月，中共中央、国务院印发《关于构建更加完善的要素市场化配置体制机制的意见》，将数据作为新的生产要素单独列出，对数字经济发展起到基础性和支撑性的关键作用。

在知识产权保护方面，2020年10月和11月，十三届全国人大常委会相继通过了关于修改《中华人民共和国专利法》和《中华人民共和国著作权法》的决定，在加强专利信息公共服务体系建设、提供专利基础数据方面做出明确规定，并进一步明确了涉及数字技术应用的相关法律规则。

2020年11月2日，银保监会、央行官网发布《网络小额贷款业务管理暂行办法（征求意见稿）》，在网络小贷公司注册资本金、贷款金额和用途、联合贷款等方面提出具体要求。

人工智能是一项飞速发展的新技术，从立法层面看，由于认识还未成熟，国内未出台针对人工智能产业发展进行全方位规范的专门性立法，而是以人工智能伦理规范为起点，作为立法的前期探索。2019年6月，国家新一代人工智能治理专业委员会发布了《新一代人工智能治理原则——发展负责任的人工智能》，提出了人工智能治理的框架和行动指南，旨在更好地协调人工智能发展与治理的关系，确保人工智能安全可控可靠，推动经济、社会及生态可持续发展，共建人类命运共同体。[①]2021年1月5日，由全国信息安全标准化技术委员会秘书处编制的《网络安全标准实践指南——人工智能伦理安全风险防范指引》正式发

---

① 参见中国信通院：《互联网法律白皮书》（2017—2019）。

布。针对人工智能可能产生的伦理安全风险问题，该指引为组织或个人开展人工智能研究开发、设计制造、部署应用等相关活动提供了规范指引。依据规定，部署应用者应以清楚明确且便于操作的方式向用户提供拒绝、干预及停止使用人工智能的机制，并尽可能提供非人工智能的替代选择方案。9月25日，国家新一代人工智能治理专业委员会发布了指导性的《新一代人工智能伦理规范》，旨在将伦理道德融入人工智能全生命周期，为从事人工智能相关活动的自然人、法人和其他相关机构等提供伦理指引。该规范提出了增进人类福祉、促进公平公正、保护隐私安全等六项基本伦理要求以及人工智能管理、研发、供应、使用等特定活动的十八项具体伦理要求。

随着数字化的大面积普及，老年人的数字困境问题进入视线。2020年12月24日，工信部发布《互联网应用适老化无障碍改造专项行动方案》，部署相关产品和服务措施。2021年4月6日，工信部发布《互联网站适老化通用设计规范》和《移动互联网应用（APP）适老化通用设计规范》，明确适老版界面、单独的适老版APP中严禁出现广告内容及插件，也不能随机出现广告或临时性的广告弹窗，同时禁止诱导下载、诱导付款等诱导式按键。6月30日，工信部发布《移动终端适老化技术要求》《移动终端适老化测试方法》《智能电视适老化设计技术要求》三项标准，侧重于解决老年人使用手机、平板电脑等智能终端产品过程中遇到的各种困难。

对于上述的种种监管努力，我们一则以喜，一则以忧。喜的是，依法治网，可以推动中国互联网健康有序发展；忧的是，所通过的法律法规大多监管有余而保护不足。

互联网的确需要通过法律和政策层面的因素制约一些不健康的发展或者有危害的内容，但是在采取这些制约的同时需注意，它们不应该成为对互联网创新和活力的束缚。例如，在互联网电视行业，比起当下的严格监管所造成的市场萎缩，也许更需要的是制定统一的规则让市场自由发展，政府应做好裁判而不是看门人。

又如，数据和网络安全法规的加强可能导致业务禁用和财务处罚。滴滴的例子就表明应用程序有可能被从应用商店下架，而这对多数企业而言都是重大风险。

而且，监管更趋严格可能使大型企业受益，因为与小型同业相比，他们具备更丰富的资源和技术来应对监管要求。

个人信息保护尤其值得关注。尽管此一方面的力度很大，但实际记录好坏参半。我们可以看到，某些收集信息的公务机构守法意识薄弱，既未严格遵守与个人信息相关的合规要求，包括信息收集及使用规范、安全保障措施和监督及检查等，也没有在信息泄露发生之后，采取相应的补救措施，致使信息被泄露者处于一种"呼救无门"的困境中。

除了用户知情权等伦理性权利之外，《网络安全法》特别明确了用户对自己数据的"自我决定权"。该法第43条规定，个人发现网络运营者违反法律、行政法规的规定或者双方的约定收集、使用其个人信息的，有权要求网络运营者删除其个人信息，网络运营者应当采取措施予以删除。

可是，一旦个人信息收集者不是网络运营者而是公务机关，打的也是公共利益的旗号，那么个人隐私受到侵犯以及个人信息被泄露似乎就具有了某种正当借口。实际上，我国的相关法律同样赋予了个人信息主体事中、事后的反对、限制、删除的权利。这样的规定体现了一种个人信息风险动态平衡的思路，鼓励个人主动参与到风险治理的过程中。隐私权不是绝对的，但是干预隐私必须是为了达成正当目的，具有必要性及相称性，并且符合明确、公开的法律框架。现实中，虽然保护条款写在法律之中，但以公共利益为名，践踏隐私的情况俯拾皆是。

判定公共利益止于何处、个人隐私又始自哪里，本身就是一个重大的公共利益课题。为此，我曾提出达成公共利益与个人隐私平衡的三原则：将公共利益视为隐私的例外；如果出于公共利益的考虑而确有必要对隐私进行处理，那么在处理过程中，必须为基本的公民权利和个人利益确立适当的保障；坚持公平的信息应用。[①]以这些准则来衡量，2020年以来中国的公共卫生危机中，相当多的信息收集是不规范的，以至于2020年2月4日，针对多发的患者及其接触者信息泄露事件，网信办不得不发布《关于做好个人信息保护利用大数据支撑联防联控工作的通知》，明确收集联防联控所必需的个人信息应参照国家标准《个人信息安全规范》，坚持最小范围原则。

在个人信息保护的一个重要方面，人脸识别所带来的问题日益凸显。2021年"3·15晚会"曝光人脸识别技术滥用乱象以及"人脸识别第一案"[②]，均体现出人脸识别技术广泛应用与个人信息保护之间的尖锐矛盾。眼下人脸识别之所以被滥用，是因为有些使用已经明显超出公共利益范畴。目前在中国，人脸识别技术已被广泛运用在社会多个层面上。

为了严防考生作弊，中国多个省份在高考期间启用了人脸识别系统。很多大学也将人脸识别技术应用于校园出入人员身份验证以及图书馆出入验证。地方政府在公租房安装人脸识别系统，预防公租房违规转租。同时，人脸识别门禁系统广泛进入城市社区。出租车公司运用人脸

---

① 胡泳：《达成公共利益与个人隐私平衡的三原则》，《新闻战线》2020年第5期（上），第68—70页。

② 2019年4月27日，郭兵与妻子向杭州野生动物世界购买双人年卡，并留存相关个人身份信息、拍摄照片及录入指纹。后野生动物世界向包括郭兵在内的年卡消费者群发短信，表示将入园方式由指纹识别变更为人脸识别，要求客户进行人脸激活，否则将无法正常入园。因双方就入园方式、退卡等相关事宜协商未果，郭兵遂提起诉讼，要求确认野生动物世界店堂告示、短信通知中相关内容无效，并以野生动物世界违约且存在欺诈行为为由要求赔偿年卡卡费、交通费，删除个人信息等。2020年11月20日，浙江富阳法院公开开庭宣判该案，人称"中国人脸识别第一案"。2021年4月9日，该案获得终审判决，动物园被要求删除郭兵的面部特征信息，同时删除指纹识别信息。

识别系统，加强出租车驾驶员管理。诸多银行在办理业务以及登录其专有APP时，强行要求用户进行人脸识别。在公安系统，人脸识别技术与照片数据相结合，能准确获取人脸信息。

所有这些活动，在要求必须使用个人生物信息作为登录方式时，背后是否有相关的法律法规为依据？2021年7月27日，最高人民法院发布司法解释《关于审理使用人脸识别技术处理个人信息相关民事案件使用法律若干问题的规定》，从人格权和侵权责任角度，明确了滥用人脸识别技术处理人脸信息行为的性质和责任，将经营场所滥用人脸识别技术进行人脸辨识、人脸分析，违反单独同意，或者强迫、变相强迫自然人同意处理其人脸信息等社会反映强烈的几类行为，明确界定为侵害自然人人格权益的行为。这意味着，信息处理者若以捆绑、强迫自然人同意等手段获得人脸识别授权，法院将不予支持。

我们只是最近才向肆意发展的人脸识别行业发出警告。最高法院援引郭兵的案件，宣布必须保护消费者的隐私不为无端的人脸追踪所损害。上述规定的第十二条提到生物识别数据删除（权）的问题，很明显是对郭兵案的一种回应。虽然该规定对什么是必要的使用含糊其词，但诉讼带来的经济处罚的威胁可能会遏制一些过度行为。它也为民众提供了一个框架，如果他们觉得自己的隐私受到了侵犯，可以提出起诉。

但"人脸识别第一案"不会是终局，那些不加选择蜂拥而上的人脸识别产品与服务应当对适用的必要性进行更多的合规考量，并进行个人信息影响评估，真正将隐私保护设计入产品之中。

从这些例子可以看到，中国互联网立法更多还是体现为用公权力手段维护网络秩序，而在互联网领域，实际上有很多地方采取私权保护的手段会更为有效。管制本身具有自我增强的特性，只要有了一个开端，制度和约束总是趋向于越来越多、越来越具体、越来越严格，这在一定程度上会对网上自生自发的力量产生伤害。回顾中国互联网的早期开拓史，"先发展，后管理"的理念和规制路径对于探索和实验，无疑形成了最佳保障。从过去二十余年的发展来看，中国积极的高科技政策推动了互联网在新兴领域的探索。国内率先兴起的是硬件制造业，如联想电脑、华为网络设备和智能手机；而后崛起的则以互联网高科技服务业为主，逐渐渗透到其他行业和整个社会之中。希望中国互联网今后的路径，仍然能够保持市场作用和政府作用相对结合较好的传统。

2022年6月，在反垄断持续一年多之后，中国政府明确，对平台经济实施常态化监管，大型平台整改工作或将暂告一段落，打消市场对互联网平台经济监管不确定性的担忧，有望缓解监管政策矫枉过正风险。

戾气造成的社会建设隐忧

互联网为中国人历史性地提供了表达空间，但却未能造成理想的言说环境。

韩少功在《马桥词典》中，提出一个有意思的概念叫作"话份"，意指语言权利，或者说在语言总量中占有一定份额的权利。握有话份的人，他们操纵的话题被众人追随，他们的词语、句式、语气等被众人习用，而这种习用，到了众人连自己都不知的地步。有最大话份的人，当然是当权者，他们"拥有自己强大的语言体系，总是伴随着一系列文牍、会议、礼仪、演说、典籍、纪念碑、新概念、宣传口号、艺术作品，甚至新的地名或新的年号等等，以此取得和确立自己在全社会的话份"。[①]

这种话份的最好象征物，就是大喇叭。凡是对"文革"岁月有记忆的人都知道，曾几何时，中国每个村头，每条街道，每个车间，每间学校，每个广场，都矗立着一个个高高在上的"大喇叭"。"大喇叭"的那头连着官府衙，这头对着你我他，其最根本的功能在于向我们"喊话"。

---

① 韩少功:《马桥词典》，合肥：安徽文艺出版社，2013年，第216页。

打破这种"万口一词、万言一腔"的局面、让我们真正拥有了"说话的权利"的东西，不是别的，就是互联网。互联网带来了什么呢？

在2012年3月6日的记者会上，当时的中国外长杨洁篪在阐述有关中国的外交政策时提出："这个世界是一个很不平衡的世界，有人拿着大喇叭，有人只有小喇叭，有人没有喇叭。"①

把这段话用来形容有了互联网以后的中国，也不无贴切：当一些人还在"煞有介事"地拿"大喇叭"喊话的时候，我们每个人都获得了拥有一支"小喇叭"的可能性。（当然，弱势群体也伴随着技术和表达能力的障碍。大多数穷困者和为数不少的少数群体如老年人并不能有效地使用互联网，很多人甚至难以接触到数字媒体。）"话份"获得了民主化。一瞬间，前所未有的兴奋激荡全身，人们举起形色各异、长短不一的"小喇叭"，谈论家长里短，传播声色犬马，非议朝政，臧否人物，千军万马，千言万语，但就是再也汇不成一句话。

这是一个崭新的时代，它的核心特征，正如我的一本书的书名所说——"众声喧哗"。从鸦雀无声到众声喧哗，这种进步的意义和价值是怎么说也不过分的。

钱钢说："多灾多难的中国百姓，有隐忍沉默的传统。但改革开放三十年来，政府还利于民，人民权利意识苏醒，鸦雀无声，变为众声喧哗。百姓有种种诉求，诉求有时也会以非理性的方式表达。"②

首先要承认，这是个重大突破：隐忍沉默的传统在中国几千年历史上第一次被打破，而且，一旦打破，再重归沉默就成为不可能。其次，多年鸦雀无声之后，大家不太会说话，常常情感战胜理智；或者，只会

---

① 《外交部部长杨洁篪：这是一个不平衡的世界》，中国经济网，2012年3月7日，http://finance.sina.com.cn/roll/20120307/071611530991.shtml。

② 钱钢：《以最大仁厚面对灾民情绪》，财新网，2008年5月16日，http://economy.caixin.com/2008-05-16/100101700.html。

说"话份"垄断年代流传下来的那些"混账话";或者,只顾自己说,而不听别人如何说,凡此种种,都是再正常不过的情形,完全不值得大惊小怪。

学会说话的唯一方式,是在一个可以说话的空间里不断练习。而更为核心的前提,则是要成"人"。只有"人",才会说真话,"非人"不会说真话。有"人"的独立,才会有社会的独立;有"人"的主体性,才会有国家的正当性。最终,对"说真话"的呼唤,指向的是如何建构起自我认知,具备自己的主体性。

互联网中的对话,只有在真实的、适当的、真诚的态度下,才可以成为自由而可持续的。今天的中国互联网上,非理性的表达很多,对此忧心忡忡的智者不少,比较悲观者如茅于轼甚至说:"中国占人口一半多的人,还处于'文革'状态,或皇权统治状态。基本上不懂得现代社会的处事原则。要么是一些缺乏理性的'文革'战士,要么是逆来顺受的奴隶状态。这从网上很多的发言可以看出来。"①

戾气十足的公共对话遍及网络空间:名人对骂,公知约架,只有站队,不见是非。整体而言,网络语言的粗鄙化,对互联网形成公共领域的能力构成严重挑战,也使寻找社会共识的努力格外艰难。

当下网络的整体粗鄙化,是全社会弥漫的戾气在互联网空间的真实折射,又同社会转型期的种种矛盾和挑战息息相关。如果说前两个隐忧是互联网本身存在或因互联网得以强化的问题,第三个隐忧则是互联网作为媒体投射出来的社会现实问题。属于互联网自身的问题,我们可以通过技术的、法律的手段予以解决,但属于社会的问题,只能通过社会建设和治理,才能从根本上予以解决。

---

① 茅于轼:《中国社会的深刻危机和可怕现状》,载茅于轼、岑科、李高阳:《茅于轼:无悔的历程》,杭州:浙江人民出版社,2010年。

一场又一场的骂战喧嚣终会平息，但它们对于互联网生态带来的损害却是长期性的。在"革命"和"战斗"文化的浸淫之下所形成的思维定式和话语惯性导致人们在网络上很难展开公共说理，议论和批评动辄变成人身攻击和意气之争，凸显了公民理性的缺失和民主对话的低能。互联网对话，追求的应该是人的自由平等和尊严价值，而不是唯我独尊、压制异见，更不是语言暴力的宣泄。专研博弈论的诺贝尔奖经济学奖得主罗伯特·约翰·奥曼（Robert John Aumann）证明，如果人们能够充分交流，而且都是理性的，那么人们之间不可能在给定事件的判断上存在不一致。换言之，如果是两个理性而真诚的真理追求者争论问题，争论的结果必然是二人达成一致。由此，如果争论不欢而散，那么其中必然有一方是虚伪的或是有偏见的，这种偏见使得他们漠视那些令人不愉快的或与已形成的观念不相符的信息。[①]互联网中的对话，只有在理性和真诚的态度下，才可以成为自由而可持续的。

对话的意义是怎么夸大也不过分的，因为它构成了人类生活的本质特征。政治意见和社会共识绝不可能私下形成；它们只有在一个公共语境下，经由论证、对话和辩驳，才能形成、检验和扩大。而论证、对话和辩驳应如何展开，需要思考、尝试、训练和推动；同时，还需要宽容、宽厚和宽松的政治文化，需要一个习惯于自由的人口。

我们衷心希望，中国的互联网在新的成长中，能够克服以上三种隐忧，增强自由竞争的创新活力，发挥体制的弹性和包容，努力通过对话沟通降低社会转型的成本。唯其如此，互联网才会成为推动中国向前和向上的伟大力量。

---

① Aumann, Robert J. (1976). "Agreeing to Disagree." *The Annals of Statistics* 4(6):1236-1239.

中国互联网二十五年：自由的向往，信任的呼唤

从禁忌中解放出来的知识和智慧，颠覆现状的技术精神、政治力量和艺术灵感，经由互联网走向我们，然而技术如火，网络既创造又破坏。

中国互联网的"盗火"

1996年春，中国最早的ISP瀛海威公司在中关村零公里处打出"中国人离信息高速公路还有多远？向北1500米"的巨幅广告牌。彼时，很多人还压根没听说过"信息高速公路"这个词。创始人张树新的豪言壮语，在写稿还依靠纸笔的那个年代，听起来像是一个遥远的幻想。

我就想弄清楚这幻想到底是远还是近。这一年1月30日出版的《三联生活周刊》，发表了我的7000字长篇报道——《Internet离我们有多远？》。在详细介绍了互联网的发展脉络与社会影响后，我提出一个疑问：对于当时家用电脑只有70万台的中国来说，能够一转身就跨入信息时代、并与发达国家站在同一起跑线上吗？

1996年，我的全部心思都在推广互联网上。我为《三联生活周刊》撰写《1996年环球第一商战》封面故事，描绘微软与网景的浏览器大战；我翻译出版了尼葛洛庞帝（Nicholas Negroponte）的《数字化生存》①，这本书一时洛阳纸贵，成为很多人踏上网络之旅的指路"圣经"；我甚至独自一人撰写了一本十几万字的增刊《时代英雄》（与海南出版社合作），专门介绍盖茨（Bill Gates）、乔布斯（Steve Jobs）、布兰德（Stewart

---

① 尼古拉·尼葛洛庞帝：《数字化生存》，胡泳、范海燕译，海口：海南出版社，1996年。

Brand）等15位推动数字化时代的企业家和思想家。是年底，我在《三联生活周刊》开设"数字化生存"专栏，这是继王小波之后，《三联生活周刊》开设的第二个专栏。这个专栏的第一篇文章是《风云突变，人机重开战》，评论卡斯帕罗夫（Garry Kasparov）与"深蓝"（Deep Blue）的国际象棋大战。

1997年，我完成了《网络为王》，这是第一本向中国人全面介绍互联网的专著。①亚信公司的田溯宁正在敷设ChinaNet骨干网，他买了几千本送给各省的官员，因为他觉得这是最好的可以帮助互联网在中国普及的读本。田溯宁后来记得，当他到偏远省份跟地方大员游说应该如何加快建设信息高速公路的时候，对方让他去找交通厅。

是年，在张树新的推动下，《数字化生存》作者尼葛洛庞帝第一次正式访华，国务院信息办组织"数字化信息革命报告会"，开启了中国互联网启蒙第一课：无论在政府、商业还是公众层面，都唤醒了互联网意识。伴随着中国与国际互联网的互联互通，中国开始全面进入互联网时代。

互联网像催化剂

这一年的秋天，我到瑞士留学，拥有了自己的第一个电子邮箱，也初次经历网络订票的神奇。在异国他乡的我渴望在网上看到中文内容，费尽千辛万苦，唯一能找到的是一家叫作Chinabyte的网站。

1998年，我从瑞士归来，在《三联生活周刊》的选题会上，提出应该关注一下风险投资这个话题。风险投资？没听说过。选题最终未获批准。彼时，瀛海威因为缺乏合适的融资机制，张树新正面临被资本方逼迫出局的困境；而拿到风险投资的张朝阳，则正式创办了搜狐。这一年成立的还有新浪、网易和腾讯，商业网站正式成为我国互联网版图的主

---

① 胡泳、范海燕：《网络为王》，海口：海南出版社，1997年。

要力量。

等到1999年1月，尼葛洛庞帝再次访华时，活动赞助商已经变成了张朝阳和他的搜狐，而瀛海威渐成历史。率先在中国开启门户模式的搜狐公司在中国大饭店举办盛大的仪式，授予尼葛洛庞帝"搜狐天使"的荣誉称号。就在我上台正式聘请尼氏为"数字论坛"总顾问之前，听到身后有人嘀咕："一个外国大老爷们，叫的哪门子天使？"

是的，彼时的中国没有几个人知道天使投资。这就是中国互联网的"盗火"阶段。"盗火"这个隐喻，喻示着人和技术的复杂关系。从禁忌中解放出来的知识和智慧，颠覆现状的技术精神、政治力量和艺术灵感，经由互联网走向我们，然而技术如火，网络既创造又破坏。

进入新世纪，网络改变中国人生活的深度和广度，超乎想象。二十五年之前，网络意味着新生活；而二十五年之后，网络变成了生活本身。互联网像催化剂，在促进一拨拨年轻人飞速成熟的同时，也促进社会构成的改变：打破以往的社会资源分配方式，人们获得了前所未有的创业机会、前所未有的话语权和前所未有的生活可能性。

互联网太重要了

《庄子·齐物论》说："方生方死，方死方生。"互联网颠覆了许多旧事物，而旧的腐烂当然也孕育着新的种子。托克维尔（Alexis de Tocqueville）对此的描述是："每个人都在自己的环境中焦虑兴奋，努力改变处境：追求更好的东西是普遍现象；但这是一种使人焦虑忧伤的追求，引人去诅咒过去，梦想一种与眼前现实完全相反的情况。"[①] 讨论互联网给国家和个人带来的改变，首先要把互联网置于这种焦虑、这种对未来的不确定性以及

---

① 亚历克西·德·托克维尔：《旧制度与大革命》，冯棠译，北京：商务印书馆，1992年，第三篇，第四章。

这种浪漫化的想象之中来观照。

互联网从诞生的最初时刻起，就一直与乌托邦与反乌托邦的图景与修辞纠缠不休。随着ICT技术的使用、功能与影响日益扩大，个人的与公共的生活悉被覆盖，政治、经济、社会、文化等无不囊括其中。过去一度我们对网络带来的这个世界，存在一种"数字二元论"的看法，即将现实与虚拟截然两分，好似《黑客帝国》（*The Matrix*）里的母体和锡安。然而今天看来，这种数字二元论可以抛弃了。因为母体就是锡安，互联网就是社会，它们已然难以分割地混杂在一起。

当互联网已变成社会，数字二元论被打破之后，原来的一切与新引入的事物并不能水乳交融，现实的制度体系对虚拟空间形成很多矛盾、冲突、限制的因素。因此，这样的一个前所未有的数字变局到底会在何种程度上冲击经历漫长的历史方演化出来的制度体系，这是我们现在迫切需要回答的问题。这个问题可能非常具体，具体到交通部到底应该出台一个什么样的专车政策、对外卖小哥和快递小哥应该予以怎样的劳动保护；但是它也可能宏大到文明变迁、社会走向。

兹事体大，互联网在改变我们，我们也需要改变互联网。尽管有很多值得骄傲之处，但任何跟随互联网最新发展的人都清楚，我们身处的世界将不会仅仅因为一张网络将数亿人连接在一起，就自动变得更加自由、民主、公正和繁荣。

如果我们想要一个支持人权、负责任的治理、社会正义和经济正义的信息环境，那么我们的信息技术以及影响和运作技术的制度就必须以能够反映和加强上述价值的方式予以结构化和治理。而推动制度变迁的乃是人，准确地说，是在信息社会里成长起来的新公民。

公民之所以成为"新"的，是因为他们现在可以利用ICT技术对公共政策发言，为自己坚信的事业聚集力量，通过大规模协作完成共同性的工作，以及在整个社会中展开互助。我们把可以从事这些活动的公民称为"数字公民"。进入数字公民的行列必须满足两个要件：一是必须具备广泛的技能、知识以及能够轻易地使用网络；二是有意愿在网上参与社会建设、政治进程以及对平等的经济机会的追求。

这样的要件很自然地会把很多人排除在外，比如那些没有受过教育和不存在可行的上网方式的人。国际电信联盟统计显示，全球仍有近30亿人口没有接入互联网，其中大多数来自发展中国家。[①]中国则仍然有4亿人口生活在网络之外[②]，刨去低龄、高龄人群和残障人士，尚有过亿的处于收入最低端的人和不能阅读及写作、缺乏基本的网络技能的人，与网络相隔天堑。这也表明，不断缩小数字鸿沟，仍然是中国政府的要务之一。

然而，能上网，不等于就可以做一个合格的数字公民。网络素养成为一个社会发展健康的公民文化的瓶颈。一方面先行者在利用新技术促进社会转变，特别是少数群体第一次获得机会挑战主流话语，为自身争取权益；另一方面网上充斥不负责任的言辞和暴戾情绪，理性的公共讨论和建设性的批评甚为少见，达成共识也更加不易。加上互联网的超地理特性对族群认同形成压力，如何进行有意义的参与、对话，如何加强多元化的共存，都是数字公民的头疼问题。

二十多年前，我们谈论互联网的时候，使用的多是美好的词汇，如民主、平等、自由等，今天的话语则充满了监控、安全、隐私等，所以我们实际上换了一种相当不同的方式在讨论互联网。2019年，在万维网发明30周年之际，蒂姆·伯纳斯－李爵士（Sir Tim Berners-Lee），这位万维网的缔造者，发起了一项全球行动计划，以保护网络免受政治操纵、

[①] 《全球有近30亿人未接入互联网，外交部：弥合数字鸿沟是紧迫任务》，澎湃新闻，2022年11月17日，https://finance.sina.com.cn/chanjing/cyxw/2022-11-17/doc-imqqsmrp6550586.shtml。

[②] 《4亿多人为何不上网？"非网民"如何拥抱互联网时代？》，新华每日电讯，2021年2月4日，https://www.chinanews.com.cn/sh/2021/02-04/9404152.shtml。

虚假新闻、隐私侵犯和其他可能使世界陷入"数字恶托邦"的威胁。[①]

　　互联网正站在一个关键的十字路口上，要想将网络保留为权利、发展和商业的开放性全球平台，需要保障自由、建立信任。自从前美国国家安全局（NSA）承包商爱德华·斯诺登（Edward Snowden）开始发布NSA及其英国同行从事大规模监视的证据以来，对互联网自由的全球信任已经烟消云散。

　　根据一家智库的报告，全球互联网的言论自由和隐私度连续九年下降。报告称："除了在选举期间促进宣传和虚假信息的传播外，社交媒体平台还使得收集和分析有关整个人口的大量数据成为可能。""互联网自由的未来取决于我们修复社交媒体的能力。"[②]

　　对网络平台的信任，是近年出现的崭新问题。我们已有的制度信任不是为数字时代设计的，它主要是在工业革命期间发明的。

　　我们往往容易迷失在技术带来的兴奋之中，而常常看不到意外的后果。但是，把我们自己托付给这些平台的非预期问题，现在正开始逐步显现出来。最终，我们将需要像保护环境一样，开展一场全球性的保护互联网运动，以便令政府和企业对公民的响应更快和更多。

　　如果说此前互联网对中国社会所发挥的巨大影响，系经由无数个人的努力汇聚而成；那么，中国互联网未来的面貌，也终将由不断扩大的数字公民所决定。个人是互联网的灵魂，只有你我他，每一个人都努力，才能把互联网变成我们想要的样子——一个更宽容、更自由、更安全的地方。

----

① Sample, Ian (Nov 24, 2019). "Tim Berners-Lee Unveils Global Plan to Save the Web." *The Guardian*, https://www.theguardian.com/technology/2019/nov/24/tim-berners-lee-unveils-global-plan-to-save-the-internet.

② Molla, Rani (Nov 5, 2019). "The Internet Is Getting Less Free." *Vox*, https://www.vox.com/recode/2019/11/5/20947419/internet-freedom-report-2019-social-media-election-interference-surveillance.

无所不在的数字化并没有带来世界大同
——答 Matters 读者

但凡科技业和营销产业允诺给你一个"更有意义"的体验，就是你产生怀疑的开始。面对如此重要的与新的数据驱动技术相关的大量炒作，以及由此带来的希望和恐惧，我们需要积极参与塑造我们的技术未来。

Cheng Xi-nan：胡老师您好。第一个问题，有一种说法是，互联网是现实社会的延伸，我们可以从各国不同的互联网环境中窥见其现实社会的一部分，请问这种说法是刻板印象还是已经得到明确支持的观点？

胡泳：互联网现在不只是现实社会的延伸，不存在互联网与现实社会的对立。它们现在是一体的。

Cheng Xi-nan：所以，从改变互联网环境入手，也能够改变现实社会，对吗？

胡泳：是的，必须打破数字二元论的迷思。所谓数字二元论的意思是，认为现实社会和数字社会是两分的。数字空间与现实空间并非两个独立空间，相反，原子与比特混合构成增强现实。

Cheng Xi-nan：第二个问题。关于硬件同软件于教育上的投资（或许会有涉及 STEM 教育的问题），您认为教育主管方和涉及教育的社会各界，该如何缩小数字鸿沟？其他国家有无实例可参考？提出此问，是因为联想到中小学阶段本地与北京、江浙两地区间在教育上的差异。如数学实验室，利用专门程序辅助学习几何代数，江浙地区新世纪初开始全面推行，而本地顶尖高中几年前才刚引入。还有关于个人计算机及互联网的操作，特别是江浙，当上述两地的同龄人已开始运用各类软件甚至尝试编程时，我们许多人只会打游戏，仅会操作少数软件，有关编程的内容直到高中才接触。当看到关于人工智能的教科书率先在上海出版时，我感到深深的寒意，觉得差距如果不靠外界的帮扶，那么同龄人间的差距就不再只是经济上的了。

胡泳：你说的不平等现象不仅中国大量存在，在全球都是普遍存在的。为了了解哪些措施可能有效消除这样的数字鸿沟，有必要将问题予以分类，至少可以分成三类。

第一类，我们可以称为"缺失的链接"，那些身处偏远农村或贫困地区的学生，对他们来说，上网是有限且昂贵的。对于这些群体，国家需要为网络访问提供经济的和技术的解决方案。

第二类可以称为"荒地"，ICT的特性自身衍生出了这类问题。女性、老年人，以及一些少数民族，发现网络过于机械、孤立和复杂。为了吸引这些群体更多使用网络，软件需要重新设计，应用需要多样化，电脑游戏需要更具想象力。社会要引导那些避开ICT的群体逐步接近ICT。

第三类是"异社会"，学生来自社会边缘，比如留守儿童。这些学生需要指导才能利用ICT提供的资源和机会。这些学生的数字鸿沟不是简单的设备差异，不只是投资于硬件、软件和网络就能解决的。相反，必须致力于解决其背后的社会不平等问题。

来自学校内部和家庭内部的差异，会影响学生的学业期望和自主学习的能力。而学生的自学能力，是让一些学生比其他学生更能够从来自ICT这样的开放式资源获得更多利益的关键因素。国家旨在缩小学校教育的数字鸿沟的努力，必须关注所有这些因素。

佳凝：谢谢胡泳老师的分享！您在文章中，强调填平数字鸿沟的重要性。请问您如何看待最近引发热议的通过直播让贫苦地区学生与优质高中的学生同步上课的教育实验?

胡泳：数字鸿沟的问题在于，如果你不能够迈过这条鸿沟，你无法成为数字社会合格的一员，因而也就无法享受数字社会带来的种种利益。也因此，任何致力于缩小或者填平这一鸿沟的努力，都是值得鼓励的。

纪小城：胡老师好，对于您提到的公共讨论问题，据我观察，人们似乎在匿名状态下更容易发表非理性的言论。如果从促进理性交流的目的出发，您认为平台应该鼓励一定程度上的"实名制"（包括笔名等）吗？以及您觉得怎样的鼓励方式是可以接受的呢？

胡泳：我本人当然是反对平台实名制的，人们有匿名的正当理由。目前是强制实名制，其能否增加讨论的理性尚可怀疑，但显然已经在其他方面影响了言论表达。不过互联网的整体发展趋势是实名化，原因无他，因为随着我们的生活日益网络化，我们需要可以被鉴别的数字身份。20世纪90年代早期赛博空间刚刚兴起的时候，人们赞颂这是一个可以让你重新构筑自我身份的地方——你可以变成一个全新的人。然而到现在，当你的受众在不停地关注着你时，你无法变换身份了。

李湘：胡泳老师好，有人说互联网上半场是流量和用户增量的竞争，围绕C端不断挖掘新的消费商业模式，下半场是存量市场的竞争，开发已有用户新的商业价值。您怎么看待这个上、下半场的互联网发展说法？又怎么看待产业互联网这个概念？

胡泳：互联网下半场的概念，显然是新的互联网巨头为了颠覆既有格局、证明自己存在的价值而发明出来的说法。产业互联网，则是互联网渐渐基础设施化，渗透其他产业的一个必然结果。我个人认为，现在迫切需要关注的，不是互联网的上下半场问题，而是互联网的下一个大场问题，即人工智能的登台。

李湘：我在百度云智学院待过一段时间，很多从事IT的技术工作者以及从事人工智能解决方案研发的青年人，都觉得技术是中立的；要怎么样跟这群人交流，普及技术背后的伦理与社会问题？您怎么看待程序员在未来世界或在互联网民主建设方面的作用？

胡泳：我在AI加速器给从事人工智能创业的企业家上课时说过，几千年来简单抽象的东西，对很多人来说在很大程度上无关紧要的哲学思考，现在是我们这个时代的核心问题。程序员要思考这些问题，人工智能的开发者要思考这些问题。

一个学员后来写道："胡老师讨论人工智能的伦理和哲学意义，说实话，大家边听边在处理公司繁杂的公务，他在那儿强调法律、人文、社会学、伦理、哲学等思考的重要性，而我们，一群创业中的人，忙着研究变现的人，听得进去的占少数，毕竟我们觉得替代人类的通用人工智能还太远。可是，编辑基因造人新闻的出现让我想起了那堂课，科技发展太快，社会伦理、法律、哲学，等等，的确突然变得有意义了。"

包括程序员反抗"996"的问题，都是对他们的现实教育。某种意义上来说，是现实让他们醒悟，还不是说教。

加一：老师好，我有好几个小小的想法。数字化生存的我们如何认识"个体"生存的价值呢？我们当然是人（一个行为主体、一个有思想的动物），但同时我们在别人眼中只是一个随时调配的数据。这里就会产生一种身份认同危机，大家好像在接受互联网的同时顺其自然接受了"显性数据"的身份。我觉得这是一个必须认真思考的问题，互联网产生的很多问题都来源于此。但我并不知道自己思考得对不对，我在想大家接受一个新事物的时候（而且这个新事物具有革命性意义）有没有怀疑过自我身份的合法性。

胡泳：你说得很对，我们现在日益异化为"行走的、活的"数据。

一些开放数据运动的倡导者开始意识到这样的问题，鼓励人们对大数据现象本身发展出一种批判性方法——批判性公民科学（critical citizen science）。公民科学旨在实现科学民主化和促进普遍、公平地获取科学数据和信息。就大数据而言，批判性公民科学要求人们检查和质疑在大数据机器中对他们世界中的事物的描述，以及代表他们的偏好对未来进行干预的能力。

需要注意，对数据的应用也存在不平等。那些拥有较强文化和经济资本的企业或人，能够让大数据为自己服务，而其他主体则难以甚至无法从大数据中获益。

潔平：胡泳老师好，以前读过您写的关于知乎与公共理性的论文①，想问问您如何看待今天的知乎，您觉得是哪些因素改变了它？

胡泳：当时我们讨论知乎，是因为相对于高度过滤和小圈子化的微信，知乎门槛的下放和过滤的消减，有助于构建社区成员共同的认知和经验——缺乏这种认知和经验，良好的公共领域就难以建立，也无助于推动公民社会的发展。此外，知乎平台的信息易得性能让人更方便快捷地找到知识内容，获取准确链接，对于公共领域知识的丰盈起到了积极作用。个人觉得，知乎在第二点上仍然是有建树的，但第一点可能更需努力。

佳禾：请教老师，您认为互联网应该完全地去中心吗？您觉得时下热门的去中心化技术和应用，对您关切的几个主题有什么明确、可实现的价值呢？

胡泳：虽然区块链技术打出分布式信任的旗号，但根据互联网的发

---

① 胡泳、茹西子：《知乎：中国网络公共领域的理性试验田》，《新闻爱好者》2016 年第 2 期。

展历程，分布式网络也能把我们带往集中化，早先的良好意图会变味。以亚马逊、阿里巴巴或Facebook为例，它们开始时构成一种商业或信息民主化的方式，但它们现已成为控制有价值的和敏感的数据的集中化庞然大物。因此，新的信任范式最终面临着与旧信任范式相同的挑战。

与此同时，有去中心的努力，就有再中心化的冲动。Blockchain（区块链）也是可能演化成"Great"Blockchain的。

帮帮："Great"Blockchain是什么意思呢？

胡泳：互联网作为一种去中心技术，会催生Great Firewall；区块链作为新的去中心技术，也难保不成为Great Blockchain。

Beryl：想请教胡老师，您提到"曾经对全球互联网的乐观情形有误判"，那您认为这个情况会继续糟下去吗？或者说目前什么方向的发展有可能会改变这样糟糕的情况？

胡泳：我认为"糟下去"会是接下来比较长期的一个发展趋势。所以，虚拟现实的发明者杰伦·拉尼尔（Jaron Lanier）已经号召大家删除社交媒体账号；伯纳斯-李看到他的创造物发展为从假新闻到大规模监控的大杂烩，网络理想大幅度贬值，为了改变这一点，也提出了自己的解决计划。也许最根本的解决之道是重新设计互联网。

光盐：如果能够重新设计互联网，大概会是什么样子？

胡泳：其实可能就是，当权钱阶层力图将互联网予以再中心化的时候，我们通过改变互联网的结构，实现和今天不一样的做法。例如，给予个人而不是政府或者大企业以数据的控制权。伯纳斯-李设计了称为Solid的技术，鼓励开发人员构建依赖于该技术的应用程序，允许用户拥有和移动其数据。用户无须将其数据移交给Facebook之类的平台，而是将其私下存储，那些应用程序必须向用户请求其所需的内容。[①]

Dfinity的互联网计算机提供了另一种选择。它是一种分布式技术，分散在由独立的数据中心组成的网络中，允许软件在互联网的任何位置上运行，而不是在越来越受大型公司控制的服务器农场（server farm）中运行，例如Amazon Web Services或谷歌云。这种互联网计算机同样需要第三方开发人员努力制作杀手级应用。[②]

还有其他的类似技术努力，而所有这些努力都借鉴了区块链、Tor这样的匿名网络和BitTorrent这样的对等服务所体现的技术自由主义理想。

这个理想最终想要实现当然很难。伯纳斯-李谈论了很多有关纠正互联网进程的想法。然而，你要想到他和其他人面对的是由谷歌和亚马逊等巨头推动的互联网惯性。虽然伯纳斯-李是万维网的发明者，但发明网络是一回事，重塑它是另一回事。

重新设计互联网与怀旧无关。少数公司的统治地位以及支持它们的广告技术已经扭曲了我们的沟通方式，使公众表达陷入了仇恨言论和虚假信息的严重压制，并颠覆了隐私的基本规范。这些技术巨头无法触及的在线空间很少，而在其生态系统之外蓬勃发展的应用程序或服务也非常少。

致力于重新设计互联网的人相信，再次使互联网成为自由市场将导致创新繁荣，就像我们在dot-com时代看到的那样，创业企业积极探索不依赖于随意处理个人数据的新赚钱方式。谷歌、Facebook和亚马逊都是在

---

① Orphanides, K. G. (Feb 15, 2019). "How Tim Berners-Lee's Inrupt Project Plans to Fix the Web." *Wired*, https://www.wired.co.uk/article/inrupt-tim-berners-lee.

② Heaven, Will Douglas (Jul 1, 2020). "A Plan to Redesign the Internet Could Make APPs That No One Controls." *MIT Technology Review*, https://www.technologyreview.com/2020/07/01/1004725/redesign-internet-apps-no-one-controls-data-privacy-innovation-cloud/.

巴洛式的赛博空间下成立的，这并非偶然。①只不过这些公司的有效垄断扼杀了最初产生它们的那种创新。

要改变现在互联网的进程，除了技术，在法律上需要加强隐私保护，迫使公司转向更分散的模式。欧盟全面推进的2018隐私规则，即《通用数据保护条例》（GDPR），要求高科技公司向用户提供对其个人信息的更多控制权，否则将因不遵守该规定而受到数十亿美元的罚款，就是一个很好的例子。

和技术一样，法律进程也会异常艰难，不得不在以下方面采取一系列棘手的平衡措施：

> 在无力保护公民的兑水规则与扼杀科技行业创新的严厉干预之间；
> 在保护言论自由和确保免受有害和仇恨内容的侵害之间；
> 在允许超级巨头在以赢家通吃的网络效应为特征的市场中发展和繁荣与防止它们扼杀竞争而成为旧式垄断者之间；
> 在允许收集和分析有助于公司创造更好产品的个人数据与听任对个人数据的滥用之间。

最后，我想说的是，无论互联网最后变成什么样，用户自己都要在乎。伴随着隐私丑闻的不断发生，用户可能越来越意识到，保护在线隐私是不可能的。你需要有意限制自己的在线活动，更改你的在线行为方式。

光盐：我想请教胡老师，在现在个性化推荐的趋势下，人们从接受信息的那一刻起，感知的互联网世界仿佛就是各不相同的，这样的不相

---

① Barlow, John Perry (1996). "A Declaration of the Independence of Cyberspace." https://www.eff.org/cyberspace-independence. 该宣言已由李旭、李小武译成中文。见约翰·P. 巴洛：《"网络独立宣言"》，载高鸿钧主编：《清华法治论衡》第四辑，北京：清华大学出版社，2004年。

同也就在造成更多的撕裂。想请问您对个性化推荐的看法，也想请问在这样的情境下，彼此不同的人们是否还有在网络上寻求共识的突破口？

胡泳： 目前算法推送的信息是狭窄的、标签化的，可以说个性化推荐是反对共性和共通感的。英国伯明翰法学院的卡伦·杨（Karen Yeung）使用"超级助推"（hypernudge）一词来描述适应性强、不断更新和到处渗透的算法驱动系统，这些系统为我们提供一种此前从未有过的可能性，即通过创建量身定制的世界观来定义我们的选择范围。①

这样的结果是造成一种特殊的"信任网络"，网络避开陌生人，并以家庭、亲密朋友和小团体成员的社交圈为基地，在其中强烈的身份认同，会使跨越界限的共识很难达成。

如果我们观察数据驱动的服务，它其实从根本上促成了生产和消费方式的变化，其标志是"大规模预测基础上的个性化"替代了"大众化"。这里面一个奇特的场景是，尽管个性化被描述为带来了消费者的"赋权"，但实际上目前流行的大多是"伪个性"，或者是被包装的"同一性"。因为个性化实践依赖于通过挖掘数据集而对个人进行数字化分析，以推断和预测他们的品位、兴趣、偏好和脆弱性，这类实践促进并加剧了数字画像绘制者与数字服务对象之间的权力不对称，从而也就增加了前者对后者的利用和剥削机会。这种做法也会系统化地将"低价值"的个体予以边缘化甚至排除出局。

此外，"大规模预测基础上的个性化"也会推动自恋心态的加剧，从而造成社会团结与社会资本的流失。随着时间的流逝，个人的自恋倾向和特质可能会激发更大的自恋文化，人们开始相信自我迷恋和自己应享权利的有效性。在这种自恋文化中，个人的主观需求、看法和欲望是第一位的，

---

① Yeung, Karen (2017). "'Hypernudge': Big Data as a Mode of Regulation by Design." *Information, Communication & Society* 20(1):118-136.

最后导致共同身份感和集体目标的破坏，促进社会孤立和分裂。

加一：老师，我觉得"个性化"是一个迷思。大多数人是没有"个性"的（我认为），但互联网去中心化表面上好像使个体拥有高度的抉择权。被人（或者算法）建构自我个性来认识自己的存在，尤其是主打个性化这类平台太奇怪了，明明是将人限制在内容平台上，却拿人的稀缺"个性"做幌子。

屾：一个小小的不成熟的想法——个性是一个相对的概念，环境的不同与大小是个性程度的划分前提。在某一内容平台上，相对于大量信息的小众信息对个人而言是否就是一种个性？在众多内容平台的互联网中，同质化的内容平台便不存在个性，但若是放眼各个领域，相对于技术或其他领域而言内容是否又可以成为一种个性？

另一点，技术的美好形容词或许是试图用来掩盖技术背后价值的一种手段。个人赞同技术不是中立的说法，其积极与消极取决于背后设计与操作的主体所赋予的价值观念。（但是否也可能存在技术自主的发展而超出人的控制范围？）

加一：我定义的个性可能不太一样，（按我自己的标准）是真正具备独立思考、不人云亦云、对事件具有自己的见解这类。只有具备独立思考的能力（前提），才有可能发展出"自我个性"。（我这个定义有点抽象，是按照我自己对个性的理解参与讨论的，所以在交流中可能会存在误解。）

但我突然想到"技术决定论"的定义。技术由人所创造，但一经诞生，自身的发展逻辑便由不得人。人反过来会受到技术的限制和制约，无论是现在流行的算法还是未来的物联网。所有"好"的出发点，都需要以怀疑的眼光去看待。

胡泳：是的。但凡科技业和营销产业允诺给你一个"更有意义"的体验，就是你产生怀疑的开始。面对如此重要的与新的数据驱动技术相关的大量炒作，以及由此带来的希望和恐惧，我们需要积极参与塑造我们的技术未来，追问自己这样一些问题：什么是好的数字生活？现在投放给我们的闪闪发亮的数字生活愿景是我们想要的吗？如果不是的话，怎样确立能够帮助我们调整方向的社会和技术治理机制，以培育和维持对于个人和社区在数据驱动蓬勃发展时代至关重要的基本价值观？

每个人
都是媒
介出口

每个人都是媒介出口，这在历史
上从未有过，因此也潜藏着巨大
风险。

无冕之王是怎样失去衣服的?

今天的新闻教育,不能进行新闻理想的教育,而必须进行新闻理想破灭的教育。

2013年8月的最后一周,我应邀担任腾讯微博客座总编辑,其中有一个环节是"总编三人行",由我邀请新媒体艺术家岳路平和自媒体行动者"滤镜菲林"一起对热点事件进行新媒体式的解读。我们谈到传统媒体的转型问题,岳路平断言:"我觉得要把传统媒体改造成为新媒体,就像要把恐龙改造成为黄雀,是不可能完成的任务。让传统媒体去死吧。给他们一个体面的葬礼、一部体面的历史就可以。"后来我们的对话以《传统媒体:知识的殡葬业》为题发在微信上,在被"滤镜菲林"这位《南方周末》前记者转给传统媒体朋友看时,遭到痛骂。

"2013安平中国·北京大学公益传播奖"设立了一个自媒体创新奖,9月底结果揭晓,《中国新闻周刊》记者朱雨晨对其提出质疑,由此在北大的一个公益微信群里引发了一场有关传统媒体和传统公益何去何从的讨论。岳路平不改初衷,以进化论式的逻辑,宣称新媒体与新公益乃是另一个新世界,"在大家或主动或被动地从原子世界向比特世界迁移的路上,谁会被淘汰?"

朱雨晨用一组妙喻来形容这个其实有点残酷的淘汰过程,就是"天足""裹足"与"解放脚"。面对互联网,"我们这一代媒体人,本质上是'天足'和'三寸金莲'之间的过渡状态。所以,可谓之'解放脚'"。

在如此逻辑、这些比喻的背后,其实有一种残酷性。一代媒体人的

"过渡"，必定充满惶惑、焦虑与痛苦。恰好《新京报传媒研究》约我谈传统媒体人的转型问题，就此梳理一下这个"过渡"过程，也是想以我个人二十余年的经历现身说法。自认对这种"过渡"，起码有些经历，也有些感触。

说到经历，我在人民日报社和CCTV的大院里都待过，也做过中国最早的市场化媒体之一《三联生活周刊》，然后在20世纪90年代中期大肆鼓吹互联网，在2000年纳斯达克（Nasdaq）崩盘前夕离开传统媒体去做网站，亲身体会了我称之为过去三十五年中国媒体变化的两大驱动力：一是商业化，二是数字化。

这里有大时代的变迁，也有个人职业选择的兴衰。我在20世纪80年代立志做记者的时候，一支笔似乎还有神奇的力量，整个国家也处在一个"纯真年代"，人人都怀有热切的希望，使命和理想都还是响当当的褒义词。然而，等到世纪之交的时候，无论在个体还是国家层面，这种盛况都不复存在。2003年，我给《经济观察报》的一篇专栏写道："说到传统的媒体工作者，有一点是可以肯定的：他们的物质收益会下降，精神收成也会大大歉收。可能他们现在会发现，多年以来大家说他们是无冕之王，伴随新媒体的兴起，大家会说这个无冕之王是没有穿衣服的。"[1]

无冕之王到底是怎样失去衣服的呢？

褪去华服的第一只手：商业化

褪去无冕之王华服的第一只手，叫作商业化。

在1992年之后，中国把经济发展放在压倒一切的位置上，在媒体中，出现了日益强劲的、有潜力带来巨大变化的商业化力量。国家支持的减少，意味着新闻机构要为读者和广告而战，许多"边缘"媒体——相对

---

[1] 胡泳：《虚幻的公共空间》，《经济观察报》2003年2月3日。

于充当党和政府的新闻喉舌的"主流"媒体而言——开始缓慢崛起，完全依靠市场竞争生存。在中华人民共和国历史上，媒体第一次被当成商业来经营。这一变化，既有深刻的经济影响，也有不小的政治意义。

我在20世纪90年代中期加入《三联生活周刊》(老周刊人亲切地叫它《生活》)的时候，此前的首任执行主编钱钢曾提出"三界共生，系统运作"，即依靠新闻界、文学界和学术界，共同打造一本品质优秀的新闻周刊。"其办刊过程，将是融合'三界'优长，改变学科思维习性，推动人才相互砥砺、相互激发，形成新的共生群落的过程。"①这个充满人文色彩的理想，在商业化的大潮之下，显然没能实现。

"三界共生"成为泡影之后，《生活》十年完成的转型，是由精英文化本位到大众文化本位也就是消费文化本位，这正是大众媒体发展的内在逻辑所决定的。因为大众媒体是市场的产物，而市场告诉我们，20世纪90年代以来，大众文化比精英文化更为有力地参与着对中国社会的构造过程。在这种情况下，三联书店原有的文化积淀变成了某种包袱甚至"污染源"，要文化还是要新闻(更准确地说，是社会新闻)成了问题。编辑部当然有论争，主创者的个人好恶也对杂志方向的偏移发生了影响，但从根本上来说，是时势最终驱使《生活》走向新闻化：开始是"法制文学"，更直接的界定是"黄赌毒"；接下来是贪官，是对权力及其运作的观察；再接下来，是娱乐、体育、消费，等等。

1995年以后，《生活》曾经长期蛰伏在北京东城的一个小胡同里，胡同的名字叫作"净土胡同"，那是一个给《生活》的许多记者和编辑都留下了深刻印迹的地方。"净土"，虽是巧合，却似乎很能涵盖当初卷入《生活》创刊过程的一群理想主义者欲为这本杂志框定的场域。只不过事情的发展超乎预想，《生活》在实践中经历的却是一个不折不扣的"走出净

---

① 胡泳：《十年一刊：从文化年代到媒体年代》，《读书》2005年第9期。

土"的过程。对三联这样的精英文化重镇来说，驻守净土似乎并不太难，但走出来，则需要脱胎换骨。

就在这样的场景之中，网络闯入了。

褪去华服的第二只手：数字化

脱去无冕之王华服的第二只手，叫作数字化。

1995年9月底，在北京东城逼仄的净土胡同的粗陋编辑部里苦干了一个月之后，我欢天喜地地迎来了"十一"的假期。"又得浮生半日闲"，哪里去转转呢？我在清华大学当老师的一位亲戚邀我去他那里上网。上网？这个"网"是什么东西、"上"了以后又能干什么呢？我至今清楚地记得打开位于清华大学工程力学系的那台主机时的情景：我感到醍醐灌顶、灵魂出壳，如果我的生命中曾经有过"天启"般的时分的话，那一刻就应该算是了。

网络能够令我在任何时间内与任何地方的人对话，它"消灭了工业化时代的两大特征即火车和钟表"（我在事后的一篇短文中这样断言），还有比这更大的奇迹吗？科幻小说家布鲁斯·斯特林（Bruce Sterling）的描述如此契合我的心境："每次打开Internet，我总是陷入发现的狂喜。就好像火山灰覆盖的阴冷之地突然爆裂，从中走出盛大的狂欢节游行队伍。"与互联网的第一次亲密接触，彻底改变了我的人生轨迹。

随着我对互联网的认识越来越强烈，我想向中国人介绍网络之种种的热情也日益高涨。1996年1月，我一口气写了一篇万字长文《Internet离我们有多远？》，是时，北京电报局拥有1000个左右互联网用户，其中个人用户300个。文章在《生活》发表后，我接到一个陌生的电话，自称是海南出版社，希望我能将这篇文章扩展一下，出一本有关网络的专题著作。我说我特别想写这本书——这就是1997年初出版的《网络为王》，它是第一部向中国人全面介绍互联网的书。在我潜心写作《网络为王》

时，海南出版社正在整批量大规模地引进海外版权书，他们请我帮忙看看什么样的书值得翻译引进。我们一起去版权代理公司看英文样书的时候，我发现了尼葛洛庞帝写的 *Being Digital*，尽管这本书混杂在很多书中，但我一眼就选中了它。

我的直觉就是，这本书会成为20世纪90年代的《第三次浪潮》。恰好在中国需要互联网启蒙的时候出现了这本书，这种历史的转折点不是轻易会有的。当时我正在写作《网络为王》，但立刻决定停下自己的写作来翻译它。出版社一开始要仿效台湾的译法把它叫作《数位革命》，但我坚持用《数字化生存》，为的是强调"生存"这一概念。

"计算不再只和计算机有关，它决定我们的生存。"《数字化生存》虽然是20世纪90年代出版的，但是首先必须放在20世纪80年代的语境下来谈论。80年代之所以重要，是因为我们完成了重新认识世界这样一个使命，同晚清时期林则徐、魏源等人第一次"睁眼看世界"很相似。所谓相似是指，中国人从闭关锁国的状态中醒过来，最早看到的就是西方的科技。高科技在晚清时表现为洋人的船坚炮利，中国想要迎头赶上，不料甲午海战打破了这个幻想，本来以为只要有了新式海军，有了外国大炮，就可以和列强平起平坐，这种迷梦被粉碎了，继而才开始寻求制度、文化层面的革新。而80年代的核心主题，其实就是关于国家富强的讨论。当时大家还没有意识到，西方的现代化也有很多问题，一般比较直线的思维就是，西方走过的路必定是我们要走的路，现代化就是西方化或者美国化。所以这是一次焦虑之旅，我们总要经历一个从技术层面到达制度层面最后又到达文化层面的过程。

90年代再次提出生存问题，尽管是技术层面上的，依然会打动人们内心那根弦。今天我们倒可以回归《数字化生存》的价值本身，因为当年它的流行，是由超乎这本书的本质之外的一些情绪决定的。我们没有时间和精力来思考新技术的前景，想的几乎都是如何适者生存，怎样快速追上新浪潮，倾举国之力把中国的信息高速公路建起来，让中国人用上互联网。

等到中国人大规模用上了网络，互联网开始给我们的社会构成留下明显的印迹。其中很重要的一个层面是技术应用的代际差异。

众声喧哗的时代，"铁匠"何为

朱雨晨用"天足"与"裹足"的不同来形容一代媒体人的变化，其实，在互联网思想界，早有人用另外一组比喻来强调"数字化代沟"的出现：互联网造就了所谓"数字化原住民"（digital natives）和"数字化移民"（digital immigrants）的分别。前者根本就是与科技一起诞生的，也一起长大，通过同化过程，早就视科技为他们生活环境的一部分，与周遭的其他事物融为一体。一个简单的事实是，对许多孩子而言，使用电脑就好像呼吸一样自然。而后者对科技却必须经历截然不同且较为艰难的学习过程。他们好像现实世界中新到一地的人，必须想出各种办法来适应面前的崭新数字化环境。

正是因为新的"代沟"——它分开的不是两群年纪不同的人，而是两种截然不同的文化——的出现，我们进入了一个"众声喧哗"的时代。政治精英、经济精英与文化精英都要学会面对网络时代的众声喧哗，放下自己的架子，媒体人在这个时代的转型的痛苦，实际是整个精英世界崩塌的一部分。

对于媒体人的痛苦与救赎，我常引用的比喻是："铁匠在啤酒中洒下眼泪，悲叹自己没有办法在铁路时代卖马蹄，但是这并不会使他们的马蹄更受欢迎。那些学习变成机械师的铁匠才会保住自己的饭碗。"①

---

① 这个比喻来自知名博客和科幻小说家科利·多克特罗（Cory Doctorow），转引自 Tapscott, Don & Williams, Anthony D. (2008). *Wikinomics: How Mass Collaboration Changes Everything.* New York: Portfolio, 286.

学习变成机械师的第一步，是首先克服自己对"打铁"的偏爱。那些持专业化观点的人们，很难理解非专业制造的一些东西怎么可能影响到他们。媒体行业里有一种自恋的偏见：他们认真对待过的威胁仅仅来自其他专业媒介出口，无论是报纸、电视或者广播电台。当业余爱好者开始自己制作内容，这种偏见令媒体进行了错误的防御。全世界一些顶尖的媒体人都不太能够理解这些变化，更不必说做出应对。为什么会发生这样的事呢？答案同专业化的自我定义的实质有关。

萧伯纳（George Bernard Shaw）有句话：所有的专业都是针对普通人的阴谋。克莱·舍基（Clay Shirky）对何为专业有一番解读[1]，对思考媒体的专业性很有启发意义，简单概括如下：

有关专业的第一条法则是：每项职业的存在，都是为了解决一个要求某种专业能力的难题。驾驶一辆赛车需要特殊训练，因而赛车驾驶者是专业人员。驾驶一辆普通汽车则不要求其驾驶者属于任何职业，因为它足够简单，大多数成年人只要接受一点点训练就能上手了。大多数职业存在是因为某种稀缺资源需要持续的管理：图书管理员负责整理书架上的书籍，报纸的管理者们负责决定哪些内容发到头版。在这些案例中，资源的稀缺导致了对专业阶层的需求——图书馆的数目总是远小于其读者之数，频道总是太少而观众太多。这些情况下，专业人士变成看门人，同时提供和控制有关信息、娱乐、通信或其他短效商品的通道。

将某件事称为一项职业，意味着要去定义它不仅仅是一份工作的那些地方。以报纸为例，职业行为不仅受商业规则指导，还应符合一套额外的标准，诸如报纸是什么，报纸应该雇怎样的人和怎样运营，什么是好的新闻，诸如此类。这些标准并非应顾客而是应行业里某些专业人士

---

① Shirky, Clay (2008). *Here Comes Everybody: The Power of Organizing Without Organizations*. New York: Penguin, 57-59.

的要求执行的。由此可以导出有关专业的第二条法则：任何职业的关键在于其成员之间的关系。

在一个行当里，成员们只是部分地以为公众服务为指针。如同加州大学洛杉矶分校社会学家詹姆斯·Q.威尔逊（James Q.Wilson）在他的权威著作《官僚体制》（Bureaucracy）中所指出的，"专业人士是这样一种人，他们从参照群体获得重要的职业性回报，这个群体只接纳有限成员，每个人都必须接受过正式的专业化教育，并且接受这个群体对于正确行动所定义的守则"。① 很长的一个定义，但其中两个关键点适用于新闻记者（还有律师和会计师等）：一个专业人员学习的方式使他和人群中的大多数区别开来，当考虑怎样完成他的工作的时候，他关注同行们的评价和客户评价一样多，或者关注前者比后者更多。

第三条法则：一项职业，对于其成员会变成理解他们所处世界的一种方式。专业人士们通过同职业内其他成员创造的镜头看世界。例如，对于新闻记者来说，普利策奖（Pulitzer Prize）的报偿主要在于其他专业人士的认可。

很多时候专业评价的内在连贯性是好事情——我们不仅想要高标准的教育和能力，我们还希望这些标准是由同职业其他人士产生和贯彻的。不过有时候，职业化观点可能造成不利，阻止了最关键的利益攸关方——恰巧是专业人士自身——理解有关他们职业的重大结构性改变。特别在一个职业基于某种资源稀缺而产生的情况下，比如图书管理员或电视节目制作人，相关职业人士通常是最后发现这种稀缺已经成为过去的人。

第四条法则：任何职业，尤其是那些已经存在很久、让人们感觉它

---

① Quoted in Shirky, Clay (2008), *Here Comes Everybody: The Power of Organizing Without Organizations*. New York: Penguin, 58.

们似乎从来都在的职业，其成员们有一种倾向，将对于特定问题的临时解决方案等同于有关世界的深刻事实。几乎媒体行业的所有从业者都曾这样想。近年内传播成本的瓦解使媒体行业首当其冲、损失惨重。从前把文字、图像、声音从创作者送到消费者是很困难的，无论是做印刷出版还是唱片发行，多数媒体企业都涉及对于信息传输问题的昂贵和复杂的管理。通过解决这些问题，媒体企业得以实现对于各种媒介的相对控制，并从公众那里获取可观的利润。然而现在生产、复制、发行的问题都大大简单起来，结果，对媒体的控制不再完全掌握在职业人士的手中。

今天，每个拥有电脑的人都有了不受限制的完美的复制能力，互联网所引入的是出版的大规模业余化（mass amateurization），以及从"为何出版这个"向"何不出版这个"的转变。大规模业余化给传统媒体提出了问题："当复制和发行的成本消失时情况会怎样？当出版变得完全普通，用户自身可以轻易发布，媒体的作用在哪里？"

不久以前，"新闻"还只意味两件不同的事——有新闻价值的事件和新闻媒体所报道的事件。在此环境中，判定一件事是否构成新闻靠的是职业判断。关于这种体制一直存在不满，比如媒体报道的一些事件并不具备新闻价值，以及有新闻价值的事件未被报道或者报道不充分。不过尽管有那些抱怨，新闻价值和出版之间的基本链接继续存在，因为在过去似乎没有别的选择。这个链接现在中断了。从现在开始，新闻可以不借助传统媒体而闯入公众意识。真的，新闻媒体现在往往因为某件事已经通过其他途径闯入公众意识而结果只好报道它了。

许多人抱怨网络的乱象，他们正确地懂得每个互联网信息出口的可信赖程度要低于历时已久的媒体。许多专业媒体人对专业门槛的坍塌感到愤怒和不解，他们无法忍受信息世界的鱼龙混杂、泥沙俱下。然而他们没能懂得的是"自出版"的轻易程度，这意味着更大数量的信息出口。同一个想法发布在几十个甚至几百个地方会有一种放大效应，能胜过较小数目的职业化媒介的观点。这倒不是说单纯重复就能使一个想法变得正确；业余出版甚至比传统媒体更依赖纠错式论证。然而可叹的是：没有那么多人来纠错，而错误也多得纠正不过来。

新闻的变化不是从一种类型的新闻机构移动到另一种类型，而是新闻的定义发生了改变：它从一种机构特权转变为一个信息传播生态系统的一部分，各种正式的组织、非正式的集体和众多个人都杂处在这个生态系统当中。

Media，而不是Message

通常情况下职业性的自我设想与自我保护是有价值的，却可能在许多革命性时刻变成不利因素，因为职业人士总是会担心他们所从事的职业可能受到威胁。多数情况下对职业的威胁也同样是对社会的威胁；我们不愿意看到成为外科医生或飞行员的标准有任何松懈。然而有些情况下，威胁一种职业的变革可能对社会有利，例如印刷机的推广使用。即便出现了这种情形，职业人士通常更关心的是自我保护而不是社会进步。过去的遗产现在成为瓶颈。

因为资源稀缺，出版曾经是严肃的职业，而对于不感受这类稀缺而成长的一代，写出来的字自身并无特别意义。亚当·斯密（Adam Smith）在《国富论》（*The Wealth of Nations*）中指出，虽然水比起钻石对于人的生命要远为重要，但因其稀少，钻石却远较水为昂贵。现在，钻石终于跌到了水价：如果每个人都能做某件事（比如自由写作和发布），则无论它多么重要，都已不够稀罕，而不能让人为它掏钱。

20世纪的媒介作为一种单一事件发展着：消费。在那个时代，鼓舞媒介的问题是"如果我们生产得更多，你会消费得更多吗"？曾经对于这个问题的普遍回答都是"是"，因为人们平均每年都会消费更多的电视资源。但实际上媒介就像铁人三项运动，有三种不同的事件：人们喜欢消费，但他们也喜欢创造和分享。

我们总是喜欢所有这三种活动，但直到最近为止，大众媒介依然只回报其中的一种。喜欢创造的意思是："看我做了什么！"喜欢分享的意思是："看我发现了什么！"到21世纪，我们终于有了除能消费外还支持创造和分享的媒体，在将一个世纪主要用于媒体消费之后，另外两种能力重现了。

因为我们正在越来越多地创造和分享媒介，因此我们不得不重新学习这个词能代表什么。"媒介"（media）简单而言就是任何传播中的中间层，无论它如字母表般久远还是像手机般现代。它也是人与人之间的中间层，所以我们强调其中的创造和分享潜力。

最直接并相对中庸的媒介定义是过去盛行多年的来自媒介消费模式的概念：媒介涉及商业的集合，从报纸杂志到广播电视，媒介用特殊的方式来创造材料，用特殊的方式来赚钱。然而今天，我们不能仅仅使用"媒介"一词来指代这些过时的商业模式和内容材料。我们平衡消费与创造和分享的能力以及彼此联系的能力，正在把人们对媒介的认识从一种特殊的经济行业转变为一种有组织的廉价而又全球适用的创造和分享工具。

行文至此，想起多日前我和岳路平在微信上就艺术进行的一番对话。看似谈艺术，实际对媒体人也非常切题。路平认为，如果在"艺术家序列"里观察，陈丹青是最重视"Message"的，蔡国强和徐冰是最重视"Media"的。所以陈丹青比较受"启蒙性很强"的记者、作家喜欢。因为中国的作家和记者几乎都对Media的设计、生产和再生产麻木，非常迷恋Message。

路平接着说，他不看好过度注重Message的艺术家。他对艾未未有个酷评："艾未未是一个最狡猾的艺术家（当然他自己也许并没有意识到这一点），艾未未的行动的有效性几乎都来自Media，但是大家误以为是Message。"

其实，今天，旧媒体人、新媒体人、自媒体人也是一样，行动的有效性都来自Media而不是Message。路平说，作为一个媒介革命者，不能有旧Message的乡愁。这也是我为什么一直在说，今天的新闻教育，不能进行新闻理想的教育，而必须进行新闻理想破灭的教育。

新闻无所不在，而新闻编辑室却在死亡

每个人都是媒介出口，这在历史上从未有过，因此也潜藏着巨大风险。

新闻的"4P"

美国皮尤研究中心（Pew Research Center）2018年10月发布的一项调查显示，社交媒体首次超过印刷报纸成为美国人的新闻来源：五分之一的美国成年人表示，他们经常通过社交媒体获取新闻，这一比例略高于经常从印刷报纸获取新闻的比例（16%）。电视仍然是最受欢迎的新闻消费平台，尽管自2016年以来它的使用量有所下降。新闻网站是第二大最常见的来源，其次是广播，然后是社交媒体网站和印刷报纸。

如果综合考虑在线新闻的使用情况（即经常从新闻网站或社交媒体获取新闻的美国人所占的百分比），在线新闻已然逼近了电视（43%的成年人从新闻网站或社交网站获取新闻，而电视为49%），仅差6个百分点。具体来说，在线新闻网站在30到49岁之间的美国人中更为流行，这个年龄段的大约十分之四（42%）的人经常从网站和新闻应用程序中获取新闻。18至29岁的年轻人中约有四分之一（27%）从新闻网站获得新闻，成为该年龄段新闻获取的第二常用平台。对于这些年轻人来说，社交媒体是最受欢迎的新闻平台——36%的人经常在那里获取新闻，超过新闻网站、电视（16%）、广播（13%）和印刷品（2%）。[1]

---

[1] Shearer, Elisa (Dec 10, 2018). "Social Media Outpaces Print Newspapers in the U.S. As a News Source." Pew Research Center, https://www.pewresearch.org/fact-tank/2018/12/10/social-media-outpaces-print-newspapers-in-the-u-s-as-a-news-source/.

美国的调查表明，人们与新闻的关系在发生变化，而处于变化中心的是互联网与移动技术。在今天的多平台媒介环境中，新闻演进为"3P"状态：

　　第一，新闻是可携带的（portable）：大量手机用户现在通过手机获取新闻，无论是通过网站的移动版、新闻应用程序还是社交媒体。手机已变成有力的新闻获取工具。

　　第二，新闻成为可定制的（personalized）：互联网用户会进行新闻定制，混合不同的新闻源，设定自己感兴趣的题目，"我的日报"（The "Daily Me"）开始成形。

　　第三，新闻成为可参与的（participatory）：参与性媒体大量涌现，它是指受众可以在收集、报告、分析和传播内容的过程中发挥积极作用的媒体。许多互联网用户对新闻的生成有所贡献，比如发表自己的评论，或是在像Facebook、Twitter这样的社交媒体中加以分享传播。人们还使用社会化网络对新闻予以过滤和评估。

　　也许我们还可以在"3P"之上再加一个"P"：新闻正变得无所不在（pervasive）。经由移动互联网设备彼此高度互联，我们得以在任何地方和任何时间获取新闻。随着视频显示器变得更快、更便宜、更聪明，它还有可能嵌入各种物品——不论是建筑物、交通工具还是厨房用具。我们面临着信息的汪洋大海。

　　在很大程度上，人们的新闻体验特别是网上的新闻体验，正在变成共享的社会经验：人们在电子邮件中互相交换links，在社交网站的feeds中张贴新闻，在Twitter的tweets中传播故事，在论坛中讨论新闻事件的意义。值得今天的新闻工作者高度关注的是，新闻消费现在演变为社会参与和社会驱动的活动。公众毫无悬念地成为新闻过程的一部分。

　　如果观察得足够仔细，我们可以说，获取新闻一向就是一种社会行为。例如，很多人关心新闻是因为他们喜欢和别人一起议论天下大事。

当然，有一部分人会更自觉地把紧跟新闻看作公民的一项义务。而且，从来都不乏这样的情形：人们依赖身边的人告诉自己世界上发生了什么事。在网上，所有这些行为都变得更加普及了。有位网友在微博上感叹："不上微博觉得社会多美好，上了微博觉得社会太黑暗了，没有安全感！"其实，社会还是那个社会，只不过他关注了此前没有关注的人，读到了此前没有发现过的links/feeds/tweets。

在一个新闻可以持续不断地得到更新、大家又可以随时随地获取它们的媒介环境中，世界会发生怎样的变化？这是一个值得所有人深思的问题。抛开别的不说，它首先冲击的是传统的新闻编辑室。

"没有记者，你如何知道事件的真相？"

美剧《新闻编辑室》（*The Newsroom*，2012）讲述了一个虚构电视台"亚特兰蒂斯有线新闻台"（简称ACN）台前幕后的故事。编剧亚伦·索尔金（Aaron Sorkin）称，他就是要"呈现一个理想主义的、浪漫的、虚张声势的群体的样子，该群体有时可笑，但总是乐观向上，不过却经常被看作玩世不恭"。[①]

理想主义、精英主义、专业精神，这是一些提到索尔金笔下的新闻人不得不言及的词汇，以至于《新闻编辑室》被形容为一封写给新闻界的情书。美国一些从业者认为它对新闻界的刻画并不准确，但在中国，此剧被很多新闻记者热捧，因其触动了他们心底沉积的块垒。

现实中，大洋两岸的新闻编辑室其实都在沉沦。以美国而言，自2008年以来，新闻编辑室的就业率下降了26%。根据皮尤研究中心对美

---

① Goldberg, Lesley (Jun 21, 2012). " 'The Newsroom's' Aaron Sorkin on Idealism, Keith Olbermann and His Private Screening for the Media Elite." *The Hollywood Reporter*, https://www.hollywoodreporter.com/live-feed/newsroom-aaron-sorkin-jeff-daniels-hbo-340523.

国劳工统计局数据的分析，在这一时期，报纸的工作机会急剧减少，而数字原生新闻机构的工作机会却大大增加。[①]从2004年到2020年，美国失去了四分之一的报纸，共计2100家，其中包括70份日报和2000多份周报或非日报。[②]若干历史悠久的报纸一日关张，剩下的也有很多风光不再：从日报改为周报，从大报走向免费，既无力监督地方政府，也无法让公民对社区和世界形成有利的认识。

造成这种衰落的原因可能我们都耳熟能详：从印刷到像素的突变，替代性信息来源的指数级增长，生活习惯和阅读习惯的转换，分类广告被网络抢走所导致的生命线中断，不一而足。然而，纸媒的衰落究竟意味着什么？却没有多少人能够说清。

在我们失去记者、编辑、跑口路线和各种版面之后，我们也会失去新闻、信息、与自己所在的城市和社会的联系，最终，我们将失去自己。因为报纸并不仅仅是生意，它还是一种公民信任。

2016年奥斯卡最佳影片《聚焦》（*Spotlight*）用极其朴实的手法，告诉我们为什么伟大的新闻编辑室仍然重要。制片人妮可·洛克林（Nicole Rocklin）回答《南方周末》的采访时说："因为有了社交媒体和网络就不需要记者的想法是很可怕的。没有记者，你如何知道事件的真相？"[③]

大多数社交媒体和网站对评论的胃口很大，但对事实验证却退避三

---

① Walker, Mason (Jul 13, 2021). "U.S. Newsroom Employment Has Fallen 26% Since 2008." Pew Research Center, https://www.pewresearch.org/fact-tank/2021/07/13/u-s-newsroom-employment-has-fallen-26-since-2008/.

② Abernathy, Penelope Muse (Jun 8, 2020). "News Deserts and Ghost Newspapers: Will Local News Survive？" https://www.usnewsdeserts.com/reports/news-deserts-and-ghost-newspapers-will-local-news-survive/the-news-landscape-in-2020-transformed-and-diminished/vanishing-newspapers/.

③ 王菲宇：《"你以为性侵幼童的牧师会被绳之以法？"——专访奥斯卡最佳影片《聚焦》制作人妮可·洛克林》，《南方周末》2016年4月28日，http://www.infzm.com/content/116762。

舍。有句讽刺的话说：观点太多了，事实明显不够用。

我们需要记者，我们需要新闻，问题是，我们还没有找到为负责任的、有野心的、昂贵的新闻支付报酬的方法。

从断层到缓坡

我们需要新闻，但我们却不再养活新闻。关于这个困境并不存在简单的答案。在很长一段时间里，新闻记者听上去是坚实稳定的职业，不过细究之下，其职业定义仍与特定的生产形式有关。

新闻记者是谁呢？按《牛津英语大词典》（*Oxford English Dictionary*）的定义，"新闻记者"就是"为报纸或杂志写稿，或者准备新闻给广播电台或电视播出的人"。这真是一个奇怪的定义，因为它几乎没描述新闻工作的内容而只强调了雇佣关系。按照这种定义，不为媒体机构工作的不算作新闻记者，而不拥有生产能力的也不算是媒体机构。这个定义管用过若干年，因为新闻记者、媒体机构和生产能力之间的联结非常紧密。只要出版或播出成本昂贵，媒体机构的数量就会少。只要它们的数量少，为之登记并确定其雇佣的新闻记者也较容易。虽然模糊，这个定义展示了人们希望新闻记者在现代社会中拥有某种特权——需要有一个讲真话的职业阶层，他们拥有受保护的言论自由，以充当社会的守望者。规定这些特权时，我们不必担心它们会用得太普遍，因为在过去不是每个人都能成为出版商和广播人。

新闻记者的特权基于先前媒体资源的稀缺。从前容易确定媒体机构是谁的时候，也容易确定谁是新闻记者。我们可以将他们看作一个职业类别（因而也是小众的、精英化的）。然而先前的稀缺已经不复存在了。由于新近出现的丰富的表达选择，可能与新闻报道关联的媒介出口变得越来越多——从前是报纸和电视，现在有了博客、视频博客（video blogging）、播客（podcasting）、微博客，等等。但是后面这些项目却大有不同，因为它们不存在内置的稀缺性质（built-in scarcity）。每个人都能成为出版商和广播者了（并经常这么做）。

这里显现的模式很简单——像"新闻记者"这样看上去固定、持久的职业类别，与之紧密联系的却是因印刷装备费用造成的偶然稀缺。有时这种稀缺的历史达几十年之久，甚至几个世纪之久，但它仍然只是偶然性的，而当某种稀缺逐渐消除，看上去稳定的职业类别则失去了依据。这不是说职业新闻工作者不存在了，但它的确意味着，职业和业余两个群体之间的主要区别已经消失了。曾经的断层现在只表现为一个缓坡。

过去的出版需要有使用印刷机的条件，结果出版行为只局限于人群中很小的一部分，要达到地理上有限区域之外的人群则受到的限制更多。而现在，只要连上互联网，每个用户都有机会使用一个免费和全球性的平台。这些传播工具不仅价格更便宜，并且更好用。它们比从前那些工具灵活得多，因而尤其适用于创新性用途。广播电台、电视和传统的电话都靠少数商业化公司运营，后者以昂贵的硬件与便宜的消费者终端设备相连，而这些设备并没有太多功能。新的模式则假定终端设备都是智能型，这意味着人们可以提出和探索新的传播与协调模式而无须事先获得任何人的许可，这是许多传统媒体最感恐怖的一点。如互联网协会（the Internet Society）前任理事斯科特·布拉德纳（Scott Bradner）所说的，"互联网意味着你在尝试任何事前都无须说服其他人认同"。[①]

如今，一个人拥有一部手机或一张电脑键盘就成了一个人的媒体（在中国被叫作"自媒体"），自我出版变得稀松平常。这一场技术发展有些类似读写能力（literacy）的普及，它从一群职业人士开始，深入整个社会各部分，并使大多数公民都有条件获得这个能力。

---

① Quoted in Shirky, Clay (2008). *Here Comes Everybody: The Power of Organizing Without Organizations*. New York: Penguin, 77.

媒体是社会的连接组织

在这种情况下，像克莱·舍基所说的，媒体变成了社会的连接组织（connective tissue）。[1]

我们已经失去通信媒体和广播媒体之间的清晰界线。在过去，和少数认识的人讲话和对许多不认识的人讲话是很不一样的。在出现互联网之前，谈到媒体，我们是在谈两种不同的东西：广播媒体（broadcast media）和通信媒体（communications media）。广播媒体这个术语强调信息从一个中央位置向外广泛发送，而无论其媒体形式。它包括广播电台和电视，但也包括报纸和电影，设计用来发布消息并让所有人都收到（或是在某些情形下，让所有的买家或订户能看到）。从概念上讲，广播媒体形似扩音喇叭，将单向的信息放大，从一个发送者传输到许多接收者。

另一方面，从电报、电话到传真这类通信媒体则是设计用来促进双向沟通的。通信媒体在概念上更像一根管子，从这一端发出的信息只是给在另一端的特定接收者的。

通信媒体过去是用于一个发送者和一个接收者之间。这是一个一对一的模式——我说你听，然后你说我听。广播媒体过去则处于一个发送者和许多接收者之间，并且接收者不可能直接回应。这是一个一对多的模式——我不停地讲，你能做的只是选择听下去或者换台离开。

直到不久以前我们才有了多对多的模式，这时的通信工具使得群组交谈成为可能。电子邮件是最早支持这种模式的真正简单和全球性的工具（不过此后有许多其他工具都被发明出来了，如文本短信和即时聊天工具）。

---

[1] Shirky, Clay (2011). "Means." In Bauerlein, Mark (Ed.) *The Digital Divide: Arguments for and against Facebook, Google, Texting, and the Age of Social Networking*. New York: Jeremy P. Tarcher/Penguin, 329.

以前的媒体也可以被分为公共媒体（如一小组专业人士制作的视觉化或印制的传播信息）和个人媒体（如普通人的信件或电话）。而现在这两种模式已然融合在一起。数字网络不断增加着所有媒体的流动性（fluidity）。原本只能在单向公共媒体（如书籍和电影）和双向个人媒体（如电话）间选择，如今扩张出了第三个选项：从个人到公众的可延展的双向媒体操作。各个群体可以在像广播一样的媒体环境下交流对话。这项新的选择在原有的广播媒体和通信媒体间架起了一座桥梁。

无论广播媒体还是通信媒体，抑或公共媒体或个人媒体，所有的媒体都可以相互转化。由于共享数字编码的缘故，声音可以转换为文本，而文本可以化身视频；而不管何种形式，都可以轻而易举地将它们拷贝下来，并插入其他表现方式。一封用于对话的电子邮件，可以被参与者公布出来；一篇本来供公共消费的文章可以在社交媒体群组里引发私下的争论，而这些讨论的部分内容或许也会公之于众。曾几何时，像收音机和电话这样的公共媒体和个人媒体使用截然不同的设备和网络，但我们现在正以从前从未企及的方式在个人媒体和公共媒体间不停地转换。

新的媒体形式囊括了经济学的转变。互联网造成的情形是，每个人都在付费，然后每个人都得以使用。互联网并非单由一家公司所有，并单独经营其整个体系，它只不过是一系列有关如何进行两点间数据传递的协议。任何遵从此类协议的人，无论是个体的手机使用者还是经营一家大公司的人，都可以成为网络的合格成员。网络基础设施并不归网络内容制作人所有：它属于任何一个付费使用网络的人，无论出于何种使用方式。

这种向后古登堡经济学的转变很大程度上为我们所见的慷慨、公开、有创造力的行为提供了便捷的方式，它有着可互换的完美版本、彼此对话的能力、对称的产出和低廉的成本。以这些年大行其道的"用户生产内容"（UGC, user-generated content）为例，UGC构成了一个群体现象，并限于非专业人员之间。当人们谈论用户产生的内容时，他们是在描述用户产生媒体内容并互相分享的方式，这一过程中没有任何职业人士参与其间。由此看来，用户生产内容这一概念并非仅仅有关个人创作能力，而是社会媒体关系的理论展现。

先出版，再过滤

由于传统媒体内生的制约因素，过滤问题相对简单。最重要的是，出版和广播都要花钱。任何成本都会造成某种壁垒，大多数传统媒体的高成本则制造了高壁垒，因而能够存在的书籍、电视节目或电影，其数量总有上限。任何传统媒体制作人出于存活的考虑，都要对内容做出取舍；出品之前，就要把好的作品和平庸之作分开来。由于出版的基本经济学给书籍总量封了顶，每个出版商或制作人也都不得不事先过滤内容。

尽管将好的从平庸的内容中过滤出来最初是出于经济上的要求，公众同样享受了过滤的价值，因为历史上我们一直是依赖出版商的判断来确保书籍达到最低限度的品质标准。当出版很难和昂贵的时候，每个印出来的字都带着保证：除作者之外有人相信这本书值得阅读。每本书、每篇杂志文章和每份报纸（以及每幅被发表的照片，每段广播讲话、歌曲和视频）都需要编审通过。

老的过滤方法既非普遍适用也不是最理想的；它们只是适应于当时的科技水平，并且有合理的效率。在过去我们习惯了那些方法，但现在为了解决同一问题我们不得不适应新的方法了。大规模业余化已经造成比传统媒体严重和广泛得多的过滤问题，事实上，许多老的解决办法已经不管用了。允许任何人生成任何东西并让其他任何人都能看到，其残忍的经济逻辑造成每天都有令人惊愕的数量的内容新增，专业人员的数量怎么也不足以来过滤这些内容。出版的大规模业余化使得过滤的大规模业余化成为必行。舍基指出，无论"先过滤，再出版"（filter-thenpublish）有多少优势，它都基于媒体的稀缺并已成为过去。社会化媒体的扩张意味着"先出版，再过滤"（publish-then-filter）成为唯一可行的系统。

今天，几乎所有拥有互联网连接和社交媒体账户的人都有能力向全世界发布新闻和观点。这是人类历史上的新事物。它使每个人都成为媒介出口。历史上，印刷机作为一项重大的媒介技术突破，帮助实现了16世纪和17世纪的启蒙。像舍基这样的乐观主义者相信，全球网络及其应用可能会带来同样崭新的启示——但随着互联网的演进脉络越来越清晰，反过来也是可能的。我们也无法完全避免进入一个新的黑暗时代。

在这个黑暗时代里，我们被信息的涌动所困扰、所激怒，满目都是假新闻和拙劣的观点。悲观主义者的代表人物詹姆斯·布莱德尔（James Bridle）认为，启蒙时代的"知识就是力量"等式已经被当代技术所推动的大量信息（数据与知识的混杂、事实和观点的模糊、错误信息与伪传信息的组合、政治景观等）所压垮。知识不仅不是力量，连它还是不是知识都大成问题。[①]

当然，无论是舍基还是布莱德尔，都没有想到他们看上去相异的立场的深层相似性。尽管处于截然不同的位置，但他们可能冒着同一种风险：将互联网作为我们社会最深的希望和恐惧所在。技术其实只是社会动力学显现的一种手段。归根结底，改变社会，才能改变技术的使用。

---

① Bridle, James (2018). *New Dark Age: Technology and the End of the Future*. London: Verso.

数字时代，媒体该重新思考"互动性"了

数字时代带来了媒体选择的大融合，并切断了制作人和内容之间的联系。如今，人们不再寻找制作人，而是寻找内容本身。

什么是互动性

互动性是新媒体的一个处于核心位置的关键词汇。它的含义是多层面的，但常常被泛化得失去了本来意义，变成"万金油"，以致人们在听到这个词的时候往往感觉不知所云。

互动的一个基础含义是，某种直接行动会带来即刻的后果，也就是即时的反馈。这是建立在交换之上的，即存在某种传—受关系。如果这样的关系是双向的，我们也就可以称其为"互动"的。它的一个基本模式是输入—反馈—输出。

我们知道，电脑总是要求使用者做一些"互动"的事情：揿下某些按钮，敲入某些答案，移动某些物体或是解决某些谜团。使用者有能力改变他们获取的信息和娱乐内容的许多方面，他们可以同时接受多种信息流，对持续不断的信息干扰安之若素，也懂得通过试错及时做出多种决策。这种情形在游戏玩家穿行于虚拟世界时最为常见，威廉·吉布森（William Gibson）正是因为观察到此种现象才提出"赛博空间"（cyberspace）的概念。[1]

不像"观看"的体验，有控制的互动是"使用"体验的主要的、即

---

[1] 威廉·吉布森：《神经浪游者》，雷丽敏译，上海：上海科技教育出版社，1999 年。

使不是必需的组成部分。也正是这种互动性使得电脑成为一种有力的书写、设计和计算工具。莱夫·马诺维奇（Lev Manovich）在《新媒体的语言》中说："称电脑媒体为'互动的'没什么意义——那只是说出了有关计算机的最基本的事实而已。"[①]

马诺维奇发现，如果将互动定义得过于广泛无助于人们的理解，所以他只在身体意义上使用这个词，并且限定在计算机的使用上，即集中于我们的身体对计算机做了些什么。然而，真正的互动既有身体因素，也有心理因素。只有当互动获得了心理维度，它才能够进入文化实践的层面。否则，你怎么能肯定点击一个链接就是互动的，而翻开一页书纸、使用遥控器换一个频道就不是互动的？互动与主体性相关，作为人，我们不是以这种方式就是以那种方式互动。我们不仅移动我们的身体使之适应各种交流情境，而且，我们也对自己观看、触摸、阅读和使用的东西加以理解、思考和谈论。

互动的背后是个人的自主

在互动的背后，一个根本性的概念是个人的自主。就人们同传统媒体的关系来说，由于有了新媒体的存在，他们更不易被过去的媒体"把关人"（gatekeeper）所操纵。在《我们即媒体：受众如何塑造未来的新闻与信息》一文中，两位作者谢恩·鲍曼（Shayne Bowman）和克里斯·威利斯（Chris Willis）指出："可敬的新闻业发现自己处在历史上的一个罕见关头，破天荒地，它的新闻把关人角色不仅被新技术和竞争力量所威胁，而且可能被它所服务的受众所动摇。"[②]

---

① Manovich, Lev (2001). *The Language of New Media*. Cambridge, MA: The MIT Press, 55.

② Bowman, Shayne & Willis, Chris (Sep 21, 2003). "We Media: How Audiences are Shaping the Future of News and Information." https://www.hypergene.net/wemedia/download/we_media.pdf.

"假如你有某种思想，无论是好的、坏的还是不偏不倚的，要想传播给2.5亿美国人，你的选择是十分有限的。想让你的思想出现在《纽约时报》《时代》、电视台'60分钟'（*60 Minutes*）等等之上，你将不得不游说某个人——通常是坐在曼哈顿或洛杉矶办公室里的年长的白人男性——使他相信你的思想是有价值的。他将从两个方面审查你的思想：第一，看它是否符合他自己的成见；第二，看它有无商业上的吸引力，能否引来受众或赞助者从而为他的公司赚取利润。"① 这个人就是传播理论中的所谓"把关人"。

而互联网是一个缺乏把关人的论坛。像博客显示的那样，任何人只要拥有一台计算机和网络账号都可以成为出版商。在网络上，你可以接触到成千上万的潜在读者而无须花费多大成本；并且，你不需要说服编辑、出版商或制片人，你的思想值得暴露在光天化日之下。

新媒体提供了沟通的替代性平台，所以，它节制了传统大众媒体的权力。而且，对任何个人来说，世界是什么和世界应该是什么的看法变得极为多元，这使得个人能够在更大程度上把握自己的生活，认识到更为广泛的可能性，并因此获得更丰富的观照以衡量自己做出的实际选择。

"网络化"的思维

这种变化要求我们具备一种"网络化"的思维。有关互动的思考必须既包括我们对新媒介技术的使用体验，也包括众多的体验对于一般意义上的社会和文化的促进。有哪些文化实践得以借助互动而形成？被动的主体怎样变成了互动的主体？开博客，发微博，建立网络相册，上传

---

① Wallace, Jonathan & Mangan, Mark (1996). *Sex, Laws, and Cyberspace*. New York: Henry Holt & Company, Introduction, 3-4.

自己拍摄的影像，使用Skype免费聊天，这些似乎都是互动行为；但它们都不是因果关系中简单的输入输出。它们意味着生产与消费的角色和关系的变化；意味着观众现在有力量积极参与到一个作品或一起事件的演变过程中，对其内容和形式施加影响和引发变化；意味着不稳定性和不确定性的增加。所以，如果有人向你兜售说，他们把"互动性"内嵌在要你购买的某项技术中，你基本上可以肯定，这项技术可能没有那么互动。换言之，新媒体实现了前所未有的互动性，旧媒体经常招致批评的权力欲和与大众的距离感似乎都不复存在。

拥有更快捷的互动媒介的年轻一代正在把他们的行为从单纯对媒介的消费中转变过来。比如，当他们观看在线视频的时候，看似和看电视没什么两样，但他们却有机会针对这些素材发表评论、分享、贴上标签、评分或者排名，当然还可以和世界上其他的观众一起讨论。丹·希尔（Dan Hill）在一篇文章《为什么〈迷失〉会成为一种新媒介》中指出，这部电视剧的观众不仅仅是观众——他们协同创造了一部围绕此剧的内容汇编，可以叫作《迷失百科全书》（*Lostpedia*）。[①]换句话说，甚至当他们看电视的时候，很多互联网用户都会相互参与进来，而和这种参与相关的行为同消极的消费行为存在区别。

需要意识到，我们与媒体的关系发生了变化。内容已经民主化。现在，你不仅观看电视台提供的"网络流"节目，而且可以选择基于互联网的观看，即在自己选定的时间内观看视频内容，而不再遵循所谓"黄金时间"的逻辑。你也可以观看来自Facebook Live，Snapchat，YouTube和其他平台的实时流式内容。此外，现在更多的人有能力创作内容，从而为电视节目的传统制作带来竞争。

[①] Hill, Dan (Mar 27, 2006). "Why *Lost* Is Genuinely New Media." http://www.cityofsound.com/blog/2006/03/why_lost_is_gen.html.

数字时代带来了媒体选择的大融合，并切断了制作人和内容之间的联系。如今，人们不再寻找制作人，而是寻找内容本身。这就是为什么许多娱乐公司试图抓住发行渠道的原因，因为它们希望内容继续与制作人相关联。

报纸如何在网上改善互动

就报纸而言，它不仅产生印刷内容，而且越来越多地在其报道过程中利用视频、图形、音频和社交媒体。互动式新闻使报纸能够与公民和公众相融合。

互动新闻的发展是为了重新定义和重新吸引受众，它也因此具有重新定义新闻的潜力，使公众可以确定具有新闻价值的内容，参与到故事中来，进行分享和评论。而随着互联网允许的便捷访问重新定义了受众的角色，记者的角色也被改写。

因应以上的变化，报纸该如何增加自身与读者之间的互动呢？报纸可以考虑在自己的网站上建立一个读者门户，为读者提供有用的工具和直截了当的交流方法，帮助打造网络媒体品牌。具体而言，这样的门户可以包含如下内容：

*该门户需提供博客服务，报纸的记者和编辑都应开设博客，以便同读者进行直接而双向的交流。这样做不仅可以帮助读者认知一家报社是怎样开展工作的，也可以帮助记者和编辑积累个人声誉。更加重要的是，博客评论也成为报社观察自身工作的窗口。

*报纸文章下面的跟帖管理。《纽约时报》的网站被广泛认可为世界上最好也最有创新的媒体网站之一。它建立在《纽约时报》两个最大优势的基础之上：它所生产的一流的新闻，以及同样重要的——这样的新闻所吸引到的顶尖读者。所有读者的反馈都要经过编辑的审核。骂人的和典型的报纸评论页面常有的从个人偏好出发的胡言乱语等是不被容忍

的。负责数字新闻的副总编乔纳森·兰德曼（Jonathan Landman）曾指出：
"没有任何一条宪法权利来保证你的评论必须被发表。如果它是毁谤性的
或者愚蠢的或者其他什么样子的，那么，这样的评论意义何在，又有什
么益处？"[1]结果就是读者与报纸之间或者读者与读者之间的一种明确的
讨论。

这种一流的对话也改进了编辑内容。"编辑们看这些评论，然后他们
针对某种仍然可能需要的编辑工作得出结论。例如，你可以发现，人们
可能还不理解某个事情，事情还未明朗。所以你想办法使之明朗。你可
能得到另外的事实，你的某个解释也可能被挑战，那么你就不得不以某
种方式调整它们。"[2]所以在某种非常真切的意义下，《纽约时报》的读者
一直在参与编辑工作，即使他们不知道他们在做这件事。

*很多报纸网站忽略的一个要件是：提供报纸全体编采人员的名单。
例如，《波士顿环球报》在网站上辟了一个专门的版块，刊登编辑部名
单，包括每个人的分工和所属部门。这样的名录应该包括每个编采人员
的个人小传，同时，由于新闻从业人员的流动性，应经常进行资料更新。

*集中刊登可检索的由报社制定的所有新闻政策。这些政策可能与职
业道德、写作要求、博客与微博客守则，以及有关匿名消息来源的规定
等相关。

*提供一个更正的专门格式。现在《纽约时报》要求读者通过电子邮
件提交更正。该报很重视这件事，2011年共刊登了3500个更正启事。如
果更正的过程能够更加结构化，会有利于更新数据库的自动化，同时也
向读者提供一种保证：报纸是重视文章的精确性的。

---

[1] Tapscott, Don. (Mar 6, 2010). "Anonymity Is Double-Edged Sword." http://dontapscott. com/2010/03/anonymity-is-double-edged-sword/.

[2] Tapscott, Don. (Mar 6, 2010). "Anonymity Is Double-Edged Sword." http://dontapscott. com/2010/03/anonymity-is-double-edged-sword/.

*最后，关于社交媒体。媒体应该鼓励它们的雇员使用微博和SNS。这些社交媒体不仅是内容传播平台，也是新闻采集工具，也能够帮助读者同媒体的记者编辑建立直接联系，增强媒体本身的亲和力和可信度。社交媒体最好的地方在于，它打造了一条"无摩擦"地到达读者的通路，然而与此同时，媒体组织的雇员在社交媒体上的活动，如果消息不完备、态度不友好或者品位有问题，也会给组织惹来麻烦。可以预期，好的媒体会继续鼓励雇员使用社交媒体，但与此同时，也会在声音多元化的情况下，更加强调统一性的原则或价值观。

电视：一个很酷、很新的网络应用程序

纽约大学的新媒体观察者克莱·舍基最爱讲一个四岁小姑娘的轶事。舍基的一位朋友和他四岁的女儿一起看DVD，电影放到一半时，小姑娘毫无征兆地从沙发上跳起来跑到电视机屏幕背后去。他的这位朋友以为她想看看电影里的演员是不是真的躲在屏幕背后，但是这并不是小姑娘要找的。

小姑娘围着屏幕后面的电线绕来绕去。她爸爸问："你在做什么？"小姑娘从屏幕后方探出头来说，"找鼠标"。从这个故事可以看出传统电视的局限性，以及人们渴望与电视互动的热情。而思考电视的未来，需要把它看成网络众多吸引人的应用之一。

在一个互动的世界里，电视一直在尽可能快地不停变化以保持竞争力。电视节目越来越重视征求观众的意见，像选秀节目《美国偶像》（*American Idol*）邀请观众为他们喜欢的参赛者投票（在中国则是"超女"率先开启）。从20世纪50年代笨重的黑白电视机到60年代的彩色电视机再到近些年的平板电视，技术也进化到能够与越来越复杂的口味保持一致。将来更进一步的发展趋势是3D电视机。但是在这个场景背后，电视的本质，谁为它们付钱，以及把这些内容放到大屏幕上的技术都正在被

完全改变。整个电视广播的概念将会很快消失，被通过网络传递到电脑屏幕、iPad、智能手机屏幕，以及起居室里的液晶或等离子电视上的内容竞争所淹没。

今天，我们生活在一个竞争激烈的视频市场，娱乐不再仅限于客厅电视。我们可以通过多种服务和提供商购买和下载我们喜爱的节目。我们可以将我们的视频存储在云端，然后在任何地方的几乎任何设备上观看。这一切都是通过不断增长的电视应用市场来完成的。目前，阅听人正在享受来自网络、服务提供商和流媒体平台的数百个电视应用，这些应用都在争夺人们的眼球和注意力。

电视过去的主要问题是，它基本是一项昂贵的全有或全无的交易，而在互联网经济中，大多数产品都不是按套餐而是按单点收费的。传统电视仍然使用"网络流"（network stream）模式，在这种模式下，电视台在一个频道上传输流式内容，只有商业广告才会将其打断。这种模式的问题在于，观众要为自己最终不看的东西付费。

人们想要的是一个易于使用的集成系统，可以随意观看，并且按需点播。他们不在乎内容来自何处，甚至不在乎如何接收内容。就此，把电视频道甚至单个节目变成应用程序，会是一个好的解决方案吗？

电视变成应用程序，最吸引人的地方是应用程序能够为观众提供仅为其所消费的内容而付费的机会。应用程序还允许观众移动：你可以在公共汽车上、朋友家中或者飞机上观看节目。也可以根据观看者的喜好来推广电视应用。直播电视（频道上当前节目的在线流式传输）可能是直播比赛和受欢迎的周末节目的绝佳选择。对于其他节目，可以访问视频存档。

但基于应用程序的观看存在的一个巨大问题是，会有太多的选择涌入市场。随着Netflix的非凡成功，许多其他公司都在向流媒体电视市场进军。简而言之，娱乐公司不但希望控制其内容所带来的利润，而且希望控制这些内容的分发。

然而，领先的电视应用程序上最受欢迎的内容还是来自电视网络。看看Netflix，你会发现你收看的大多数节目都是来自传统电视。尽管出自电视应用程序供应商或流媒体服务商的原创内容肯定正在兴起，但与传统电视内容相比，它们的推广仍然困难得多。

当然，应用程序和电视网之间的竞争并非零和游戏。例如，电视剧集也可以在YouTube和其他流媒体网站上先发布开始的数集，再于几周后正式首播。这种策略显示了电视网也可以利用互联网平台。

内容创建者面临的挑战是如何制作更好的内容、如何共享内容，以及如何从内容中赚钱。目前，电视应用程序在充当许多人仍在寻找的电视内容的门户。随着传统电视模式的逐渐消失，视频媒体中的新机遇将会出现。娱乐节目变得互动，在多个屏幕上显示，不再需要广告，并可以在社交媒体上即时共享。数十亿台新设备连接到互联网上，这意味着对引人入胜且易于访问的高质量内容的需求将增加。电视应用程序可以提供更多的选择，但最终它们将使已经饱和的视频竞争环境变得更为混乱。

报纸已死，报纸万岁

——报纸转型的关键策略

　　通过对两家报纸——一家是没有任何历史包袱的、纯粹以网络形式出现的新秀《赫芬顿邮报》，另一家是百年老店、在新时代要完成新转型的《纽约时报》——的案例分析，本文指出，一个新的、多样化的新闻业已经出现在地平线上，报纸正处于一个长期性的结构变化的初始阶段。在转型中，怎样才能让报纸高管们彻底改变他们的价值取向和商业模式？存在着四个关键性的策略。

六年战胜了一百年：《赫芬顿邮报》

　　《赫芬顿邮报》（*The Huffington Post*）号称"互联网第一大报"，2011年2月，美国在线（AOL Inc.）以3.15亿美元收购该报。[①]它是一家新闻与分析网站，创办于2005年。2011年1月，它的独立访问量（montly unique visitors）是2800万，接近《纽约时报》/《国际先驱论坛报》（*The New York Times/International Herald Tribune*）3000万的独立访问量。[②]这意味着它已经跻身主流媒体。2010年它的营业额是3000万美元[③]，在美国

---

① "AOL Agrees to Acquire *The Huffington Post*." *The Huffington Post*, Feb 7, 2011, https://www.huffingtonpost.com/2011/02/07/aol-huffington-post_n_819375.html.

② Filloux, Frederic (Feb 14, 2011). "The Traffic Bubble." Monday Note, https://mondaynote.com/the-traffic-bubble-f408ed54a6e1.

③ Silver, Nate (Feb 12, 2011). "The Economics of Blogging and *The Huffington Post*." FiveThirtyEight, https://fivethirtyeight.blogs.nytimes.com/2011/02/12/the-economics-of-blogging-and-the-huffington-post/.

106

报业都在为印刷广告的跳水、发行量的骤减，以及读者向网络免费新闻的迁徙而苦苦挣扎之时，《赫芬顿邮报》显得一枝独秀。

2011年6月，美国市场研究公司comScore提供的数据显示，5月份《赫芬顿邮报》的月独立用户访问量首次超过《纽约时报》（3560万 vs 3360万）。[①]这对《赫芬顿邮报》而言实属一大壮举。美国在线员工布拉德·加林豪斯（Brad Garlinghouse）在Twitter上写道，"六年战胜了一百年"，意思是，《赫芬顿邮报》用六年时间超越了拥有一百年历史的老字号《纽约时报》。在超越《纽约时报》后，《赫芬顿邮报》的下一个目标应当是雅虎新闻（Yahoo！ News）和CNN等大型新闻网站，这些网站每月的独立用户访问量达7000万到8000万。[②]

由社交名流阿里安娜·赫芬顿（Arianna Huffington）建立的这家网站，仅用六年时间就平地而起，成为美国阅读最广的新闻网站之一。它取决于三大关键成功因素。

其一，《赫芬顿邮报》一直以高质量内容取胜，认证的高端博客作者和高质量的评论是保障，而在成立初期专注于政治领域是脱颖而出的重要因素。

《赫芬顿邮报》有超过3000个已经证明了自身可信度的博主，他们可以不通过编辑的检查就直接将他们的博客放到网上。这个网站每个月从几千个人中接收和审阅博客申请。[③]这些博主并非仅仅是某类作家

---

① Bercovici, Jeff (Jun 9, 2011). "*Huffpo* Tops *NY Times* in Traffic, But With a Huge Asterisk." *Forbes*, https://www.forbes.com/sites/jeffbercovici/2011/06/09/huffpo-tops-nytimes-com-in-traffic-but-with-a-huge-asterisk/#70f5aedd21fe.

② Yarow, Jay (Jun 9, 2011). "CHART OF THE DAY: *Huffington Post* Traffic Zooms Past *The New York Times*." *Business Insider*, https://www.businessinsider.com/chart-of-the-day-huffpo-nyt-unique-visitors-2011-6.

③ Tapscott, Don & Williams, Anthony D. (2010). *Macrowikinomics: New Solutions for a Connected Planet*. New York: Portfolio/Penguin, Chapter 11, The Demise of the Newspaper and the Rise of the New News.

而已。网站能够做到让一位演员、一位建筑家和一个政客同时辩论一个议题。

其二，虽然早期新闻关注于政治方面，但网站已向多内容领域进军，开始报道经济、科技、体育、娱乐新闻等，旗下有十多个垂直网站，政治内容仅占整个网站流量的25%。[①]用赫芬顿的话说，《赫芬顿邮报》的宗旨是"提供一个平台进行真正重要的全国性交流"。赫芬顿的目标非常明确："我们想成为网络报纸，报道所有事情并为各种利益服务"，但是这要"从我们独特的编辑观点出发"。[②]

其三，不同内容类型的一站式混合。既有突发新闻，也有聚合新闻，还有实时评论，意味着你既可以找到你想要的信息，也可以立刻看到人们对这些信息的评论。网站也注重新闻的社会化，实现与社交网络的融合，利用社会化媒体来提高网站访问量，成为一站式新闻和评论消费场所。

《赫芬顿邮报》代表了一种建立在新的社区基础上的内容生产的新模式。它只有150名带薪员工，但依赖超过3000名投稿者为每一个可以想到的话题制造内容。它有另外12000名"公民记者"，这是它的"眼睛和耳朵"。它的读者也生产了网站的许多内容，每个月有多达200万条投稿。[③]《赫芬顿邮报》的共同创建人乔纳·柏瑞蒂（Jonah Peretti）认为新

---

① Blodget, Henry (May 18, 2010). "Five Years Later, *The Huffington Post* (And Online Media) Are Coming of Age." *Business Insider*, https://www.businessinsider.com/huffington-post-comes-of-age-2010-5.

② Tapscott, Don & Williams, Anthony D. (2010). *Macrowikinomics: New Solutions for a Connected Planet*. New York: Portfolio/Penguin, Chapter 11, The Demise of the Newspaper and the Rise of the New News.

③ Tapscott, Don & Williams, Anthony D. (2010). *Macrowikinomics: New Solutions for a Connected Planet*. New York: Portfolio/Penguin, Chapter 11, The Demise of the Newspaper and the Rise of the New News.

闻模式再也不是一种新闻传递的消极关系，而是"一个在生产者和消费者之间共享的事业"。①

这种所谓"共享事业"是个同心圆模式，内核是网站最坚定的具有原创能力、质量非常高的博客作者，再外一环是公民记者，散布在美国各地，而最外的大环则是读者，和网站博主发生互动。这种新的、更开放的新闻模式可以被视为一种众包模式，其中两个重要的贡献群体是博客作者与公民记者。

首先，《赫芬顿邮报》的博客作者都是各领域成功的领军人士，他们不计酬劳，却定期为网站贡献充满洞见的评论。当赫芬顿把网站卖给AOL的时候，其中一些博客作者感到不满，指责赫芬顿"利用了我们的理想主义，让我们在该网站是一个不同的、独立的和左翼的事业的幻觉下为她卖苦力。现在她套了现，而3000名独立博客作者发现他们在为一个媒体巨头工作"。②博客作者、劳工活动家乔纳森·塔西尼（Jonathan Tasini）2011年4月在纽约州南部地区联邦地方法院起诉了AOL和《赫芬顿邮报》，指控被告利用博客创作的内容获得经济利益，却不支付费用，代表博客作者和其他《赫芬顿邮报》作者提出1.05亿美元的赔偿。AOL则称这一诉讼没有事实依据。AOL发言人马里奥·瑞兹（Mario Ruiz）在一份声明中说："我们之前就曾表示，博客作者利用我们的平台，使他们创作的内容能够被尽可能多的人看到，这与许多人通过电视节目宣传他们的观点相似。《赫芬顿邮报》的博客作者可以在多个网站上发布内容，

---

① Alterman, Eric (Mar 31, 2008). "Out of Print: The Death and Life of the American Newspaper." *The New Yorker*, https://www.newyorker.com/magazine/2008/03/31/out-of-print.

② Kramer, Staci D. (Feb 10, 2011). "AOL-*HuffPo*: Arianna And The Free Blog Economy." Gigaom, https://gigaom.com/2011/02/10/419-aol-huffpo-arianna-and-the-free-blog-economy/.

其中包括他们自己的网站。"①博客作者的起诉和网站的反驳，显示了新闻的外包模式所带来的崭新的问题。

其次，《赫芬顿邮报》一直在拥抱公民新闻的免费资源，不遗余力地发掘它的潜力。在2008年的总统选举期间，网站发起了Off the Bus项目。赫芬顿回忆说："大多数记者都是坐在车上，手里捧着候选人的官方通稿。通过Off the Bus项目，我们有超过1.2万名公民记者作为这次活动的真正的眼睛和耳朵。"这种创新在读者中很受欢迎。在上次选举中，《赫芬顿邮报》不仅是访问量最高的独立政治新闻网站，而且，与2007年相比，《赫芬顿邮报》的读者数在2008年翻了一番，并在2009年再次翻番。②

这个项目募集"沉默的大多数"共同参与总统大选的报道。他们将一个采访任务，比如跟踪奥巴马（Barack Obama）在十几个州的拉票过程，分给50到100名普通人，每人每天花上一个小时，就能完成一个记者两个月才能完成的工作。他们只要填写统一的表格，并写上自己的观察，然后将素材统一交给Off the Bus的编辑，最后写出一篇完整的报道。这与新闻界以往的"通讯员"制度很相似，只不过这个过程是完全透明的，在《赫芬顿邮报》上能看到全部源素材。阿里安娜·赫芬顿把Off the Bus称为"分布式报道"（distributed reporting），以群众智慧来制造更

① Farhi, Paul (Apr 12, 2011). "Freelancer to File Class-Action Suit Against *HuffPost* and AOL Over Compensation." *The Washington Post*, https://www.washingtonpost.com/lifestyle/style/freelancer-to-file-class-action-suit-against-huffpost-and-aol-over-compensation/2011/04/12/AFa9QGQD_story.html?utm_term=.a757f3757915.

② Lipsman, Andrew (Jun 4, 2009). "*Huffington Post* Defies Expectations, Reaches New Heights Post-Election." Comscore, https://www.comscore.com/ita/Insights/Blog/Huffington-Post-Defies-Expectations-Reaches-New-Heights-Post-Election.

活泼的新闻。[①]

　　在另一个大事件——金融危机当中，《赫芬顿邮报》发起了一个叫作Blogging the Meltdown的项目[②]，让人们写博客记录经济滑坡如何影响自己的社区，"为冷冰冰的、坚硬的统计数据添加血和肉"。[③]这样记录出来的故事效果非常好，读者可以看到在某个州的小镇上，一个普通人是怎么受到金融危机的冲击的。这些画面放在一起，形成了《赫芬顿邮报》不同于传统媒体报道的模式。编辑相信，对读者提供的"信息和知识的宝藏"的深度开采，预示着新闻的未来。

　　从商业模式上来看，《赫芬顿邮报》是数字时代新闻业能够营利和成功的不多的例子。该网站是最近十年来最成功的出版界新星，仅仅六年内就成了世界上最受欢迎的十大新闻网站之一，而且实现了营利。

　　《赫芬顿邮报》在商业上的成功公式是：以最小的支出，提供最大范围的新闻：即时，全面，与著名人士的评论以及读者的反馈相结合。所有内容皆免费获取。收入主要来自广告，这建立在高流量的基础之上，因为它是网上被链接最多的博客网站。

　　《赫芬顿邮报》的编辑分为两部分，一部分人从事传统的采编业务，另一部分人则坐在编辑室里，时刻紧盯谷歌网站，看哪些搜索关键词最受关注，然后根据这些关键词撰写发布新闻故事。这就是所谓的"搜索引擎优化"技术。《赫芬顿邮报》意识到，新闻业现在处于一个以链接为基础

---

① Seelye, Katharine (Oct 29, 2007). "Campaign Coverage That Is Raw and Fresh." *The New York Times*, https://www.nytimes.com/2007/10/29/us/politics/29web-seelye.html; Michel, Amanda (March/April 2009). "Get Off the Bus: The Future of Pro-Am Journalism." *Columbia Journalism Review*, https://archives.cjr.org/feature/get_off_the_bus.php.

② https://www.huffingtonpost.com/topic/blogging-the-meltdown.

③ Huffington, Arianna (Jun 5, 2010). "Why the Fight for Financial Reform Needs to Get Much More Personal." *The Huffington Post*, https://www.huffingtonpost.com/arianna-huffington/why-the-fight-for-financi_b_526173.html.

的经济中（a link-based economy）。网站不是依靠生产的内容获得收入，而是依靠流量。所以，从财务的角度上看，核心在于如何把好的内容加入网站，然后鼓励人们予以链接，增加流量，最后产生更多的广告收入。

但是这种模式在解决很多问题的同时也提出了更多问题。《赫芬顿邮报》似乎有一个建立在广告基础之上的切实可行的商业模式。然而，所有受它邀请为其写稿、但是没有薪水的记者该怎么办？《商业周刊》（*Businessweek*）的高级编辑和内容主管戴安娜·布雷迪（Diane Brady）表达了她的担忧，她说："这对那些仅仅想要一个平台的人来说是很好的事情。但是记者也需要谋生。他们的商业模式是什么呢？"[①] 总体来看，《赫芬顿邮报》并不特别鼓励原创，它大量的价值产生于新闻聚合，而不产生于新闻原创。这也是为什么鲁伯特·默多克（Rupert Murdoch）和他的新闻集团（News Corp）团队指责《赫芬顿邮报》这样的新闻聚合网站为"寄生虫""剽窃者"和"吸血鬼"。[②]

一些反对《赫芬顿邮报》模式的评论人称它不过是一座"数字化沙堡"。这座沙堡有三个支柱：一是作为一部聚合机器，它"不害臊"地从其他媒体那里每天趸来大约300个故事；二是不多的原创（主要根据通讯社的稿件而来）构成一个巨大的辩论空间的内核，引发数以千计的不付酬的博客作者的参与（这也是前述的博客作者起诉的原因）；三是精心策划源源不断的名人故事，这主要基于赫芬顿本人在娱乐界和政界的广泛人脉。[③]

[①] Tapscott, Don & Williams, Anthony D. (2010). *Macrowikinomics: New Solutions for a Connected Planet*. New York: Portfolio/Penguin, Chapter 11, The Demise of the Newspaper and the Rise of the New News.

[②] Anderson, Nate (Dec 2, 2009). "'Tech Tapeworms': Bloggers Denounce 'Parasite' Label at FTC." *Ars Technica*, https://arstechnica.com/tech-policy/2009/12/tech-tapeworms-bloggers-denounce-parasite-label-at-ftc/.

[③] Filloux, Frederic (Feb 14, 2011). "The Traffic Bubble." *Monday Note*, https://mondaynote.com/the-traffic-bubble-f408ed54a6e1.

《赫芬顿邮报》的新闻聚合过程如下：每天，从早到晚，网站的首页编辑会接到美国一系列知名媒体的记者、编辑、出版人和公关人员的邮件，希望《赫芬顿邮报》能够刊登他们的内容。首页编辑经过筛选，会把最及时和有趣的内容放到网上。网站编辑部做的最主要的事情是，将其他人提供的内容重新包装，然后写成单独的故事，其目的是引发博客日志和评论。[1]激烈的批评人士认为这个过程等于原创的内容商自己给聚合商送上缠颈的绳索。

《赫芬顿邮报》的基本"原则"是：

——从网上拿到原创内容，最好是在付费墙（paywall）之外。

——把新闻故事的主题同读者喜欢在网上看到的内容的流量分析加以匹配。

——把新闻按照15%~30%的压缩比予以改写，尽最大可能把改写稿控制在"合理引用"的范围之内。

——这种改写加工的结果必须是自足的，也即无须到原创网站获取足够的新闻和信息。

——慷慨地引用他人和链接其他网站。这一方面让自己不会因为版权问题受到攻击；另一方面，链接其实不会带来流量的流失，因为没有多少人会真的去点击那些原创性的网站（尤其是经过精心的设计，以防止人们去看原创内容以后）。

《赫芬顿邮报》大约有35%的读者来自谷歌。[2]他们会看到经过极为聪明的优化内容：从其他媒体拿来的、最能引发博客日志和读者评论的

---

① Linkins, Jason (Feb 10, 2011). "How *The Huffington Post* Works (In Case You Were Wondering)." *The Huffingtong Post*, https://www.huffingtonpost.com/2011/02/10/huffington-post-bloggers_n_821446.html.

② Filloux, Frederic (Feb 14, 2011). "The Traffic Bubble." *Monday Note*, https://mondaynote.com/the-traffic-bubble-f408ed54a6e1.

故事。*Slate* 杂志的专栏作家杰克·沙弗（Jack Shafer）观察到："《赫芬顿邮报》提炼出竞争对手的故事精华，加上一个经搜索引擎优化的标题，然后张贴出去。如果一个故事的标题渲染过度，为的是吸引眼球，传统媒体通常会皱眉，但《赫芬顿邮报》对此从来不在乎。"[1] 这就仿佛国内所称的"标题党"，语不惊人死不休。

问题是，不管眼球是怎么吸引过来的，眼球就是眼球，它们会带来广告收入。以打造最小公分母的方式建立起受众，这种方式慢慢地挤压了不够灵活的传统媒体的空间。而且，《赫芬顿邮报》获得收入以后，自己也会改变原来的做法。在 2009 年 3 月，赫芬顿投入 175 万美元资金来促进调查性报道的发展。[2] 她告诉记者："我希望我们不仅能够拯救调查性报道，也能够加强它。我认为记者们错过我们这个时代两件最重大的事情，这是非常令人吃惊的。你知道，就是导致伊拉克战争的那些东西，以及金融崩溃。"[3]

AOL 的注资更使《赫芬顿邮报》加大了雇佣记者和编辑的力度，尤其是在市面并不景气的情况下，它这样做其实可以防止新闻报道的滑坡，也能够吸引在新闻职位大幅削减的时候那些有技能、有抱负的记者。大量来自《纽约时报》、《今日美国报》（*USA Today*）、《福布斯》（*Forbes*）等其他各种媒体的记者加盟《赫芬顿邮报》，虽然新闻聚合仍然构成了网站新闻的主体，但它的原创性正在增加。AOL 在收购《赫芬顿邮报》之前收购了本地新闻网络 Patch，如果加上 Patch 的 800 多名编辑，赫芬顿旗

① Shafer, Jack (Feb 7, 2011). "SEO Speedwagon." *Slate*, http://www.slate.com/articles/news_and_politics/press_box/2011/02/seo_speedwagon.html.

② Jarvis, Jeff (Apr 5, 2009). "Arianna Huffington Is Saving Journalism." *The Guardian*, https://www.theguardian.com/media/2009/apr/06/huffington-post-us-newspaper-industry1.

③ Tapscott, Don & Williams, Anthony D. (2010). *Macrowikinomics: New Solutions for a Connected Planet*. New York: Portfolio/Penguin, Chapter 11, The Demise of the Newspaper and the Rise of the New News.

下汇聚了1300名全职记者，超过了《纽约时报》。[①]赫芬顿随即成为AOL网络媒体集团的新闻部门掌门人，雄心勃勃地致力于打造一个与《纽约时报》相比肩的新闻出版公司。[②]

赫芬顿把全部精力放在扩张上，首先是进军地方市场。2008年8月，《赫芬顿邮报》的芝加哥分站开张，"部分是本地新闻，部分是资源指南，部分是虚拟的肥皂箱（意即可以站在上面大叫大嚷）"。[③]在美国城市报纸遍地哀鸿的情况下，《赫芬顿邮报》或许能为地方新闻开出一条新路。[④]其次，全球扩张已然开始。2011年7月，《赫芬顿邮报》首次开辟海外版块，它的英国版上线，同时计划在12个月开辟12个市场。[⑤]

2012年，该网站成为美国第一家获得普利策奖的商业数字媒体。2017年，网站进行了品牌重塑，改名为 *HuffPost*。目前，它的月独立用户访问量已超过1个亿，凭借各种数字广告获利，成为迄今为止最成功的博客。眼下《赫芬顿邮报》的估值可能超过10亿美元，令其成为AOL的一笔明智投资。它的成功让人思索，新闻的未来不是在纸上，而是在屏幕上吗？

[①] Blodget, Henry (Jun 8, 2011). "AOL's Newsroom Is Now Bigger Than *The New York Times's*." *Business Insider*, https://www.businessinsider.com/aols-newsroom-is-now-bigger-than-the-new-york-timess-2011-6.

[②] 在 Verizon 于 2015 年 5 月兼并 AOL 之后，《赫芬顿邮报》随之成为 Verizon 的一部分，2016 年 8 月，阿里安娜·赫芬顿卸任她长期担任的总编辑一职。

[③] Huffington, Arianna (Sep 14, 2008). "*HuffPost* Goes Local: Introducing *HuffPost* Chicago." *The Huffington Post*, https://www.huffpost.com/entry/huffpost-goes-local-intro_b_118806.

[④] 目前《赫芬顿邮报》拥有芝加哥、纽约、丹佛、洛杉矶、旧金山、底特律、迈阿密和夏威夷分站。

[⑤] 《赫芬顿邮报》网站介绍称，现在它在 16 个国家／地区设有新闻编辑室和出版国际版。"我们是真正的全球性媒体，但仍然觉得非常本地化。" https://www.huffingtonpost.com/static/about-us。

彻底改造《纽约时报》

报纸行业已成为当今面临数字颠覆的顶级行业之一。像《赫芬顿邮报》这样免费的纯数字新闻网站的兴起，以及人们对社交媒体的关注，大大损害了报纸的发行量和广告收入。要想回答上面的问题，不能只问《赫芬顿邮报》，还需要问那些拥有纸质出版物的报纸，比如《纽约时报》。

随着整个美国的报纸受到了发行量和广告收入下降的沉重打击，这个国家最大的报纸之一《纽约时报》表现得比其他报纸还好一些。截止到2009年3月31日，《纽约时报》的发行量与前一年相比仅仅下降了3.6%（行业平均下降了7%），并且由于报纸价格的上涨，它的收入竟然增加了。然而，前景依旧黯淡，公司亏损非常快。在2009—2010年广告损失了30%的收入。分类广告业务骤降：招聘广告下降了60%，房地产下降了47.6%，汽车行业降低了43.2%。即使是网络广告第二季度也下降了14.3%。数字收益占到公司总收入的13.4%，比一年之前的12.3%仅仅提高了一点。[1]2010年，《纽约时报》的整个新媒体部门只获得了2.12亿美元的数字广告。这个数字虽然已算可观，但它距离填平编辑部一年2个亿的业务成本仅仅是刚刚够而已，还没有算上管理费用。平均下来，对于它的网站的3000万独特访问者来说，每个访问者不过只创造了4.66美元的价值。[2]

《纽约时报》看到了不祥之兆，任命乔纳森·兰德曼为副总编，授权他围绕互联网重新改造报纸。兰德曼说："我们对高质量的主张是我们的

---

[1] Tapscott, Don & Williams, Anthony D. (2010). *Macrowikinomics: New Solutions for a Connected Planet.* New York: Portfolio, Chapter 11, The Demise of the Newspaper and the Rise of the New News.

[2] Chittum, Ryan (Feb 14, 2011). "AOL's *HuffPo* Premium Doesn't Mean Much for the *NYT*." *Columbia Journalism Review*, https://archives.cjr.org/the_audit/what_aols_huffpo_premium_ means.php.

核心所在。"按照兰德曼的观点，数字化转型的挑战就是创造一种环境，让恰当的人提供高质量的稿件。"维基百科（Wikipedia）做了一件不可思议的工作，用一种合作的方式维持流程标准。对我而言，维基百科的伟大成就并不是它让很多人参与进来，这实际上相对比较简单。我认为它的成就是能够实施一套得到公认的标准并能够让社会成员执行这些标准。"兰德曼认为研究如何整理读者的观点，是《纽约时报》仍然一直在学习的。[1]

面对所谓"六年战胜了一百年"之类的说法，《纽约时报》强调自己并不走流量路线，而是坚持"订阅优先"（subscription-first）。"我们对订户的关注使我们迥异于其他媒体组织。我们并不试图最大化点击率并以此出售低利润的广告。我们不在意赢取浏览量的军备竞赛。我们认为，更合理的商业策略是提供强大的新闻，让全球数百万人愿意为此付费。当然，这一策略也与我们的长期价值观保持一致。"[2]

《纽约时报》当然懂得，报纸的核心困境在于印刷广告和传统形式的数字展示型广告市场的疲软。但它坚信，通过以订户为本，自己能够保持比许多其他出版物更强大的广告业务。广告商看中的是订户的参与度：他们在报纸上逗留，并且持续阅读。所以，转型的要义是，保持新闻优势并持续创新——这不仅仅是深度调查性报道和来自世界各地的一手资讯，还包括交互式图表、虚拟现实展示以及艾美奖获奖视频，这样才能吸引到广告客户想要接触的受众。

《纽约时报》深刻地意识到，为了留住当前的读者并吸引新的读者，

---

[1] Tapscott, Don & Williams, Anthony D. (2010). *Macrowikinomics: New Solutions for a Connected Planet*. New York: Portfolio, Chapter 11, The Demise of the Newspaper and the Rise of the New News.

[2] "Journalism That Stands Apart: The Report of the 2020 Group." Jan 2017, https://www.nytimes.com/projects/2020-report/index.html.

要敢于挑战旧日的以印刷为中心的根深蒂固的习惯。《纽约时报》有着骄傲的传统，编辑记者的工作常常反映了几十年来建立的惯例，例如：每天与读者交谈一次，刻意保持同他们的疏离，并相信最有效的工具是书面文字。然而，读者所要的东西大为不同了，为此，必须更经常地将报纸价值观应用于现在可以使用的新形式的新闻业。

一个很明显的读者需求是，他们希望新闻报道更加直观。尽管《纽约时报》有着出色的报道，但仍然不能够做到使用数字叙事工具来实现更丰富、更具吸引力的新闻。太多的日常报道仍然是一连串的文本。所以，需要让摄影师、摄像师和图形编辑更多卷入流程，扮演新闻报道的主要的而非次要的角色。2013年普利策奖获奖作品《雪崩：特纳尔溪事故》（Snow Fall: The Avalanche at Tunnel Creek）就是一个例子，该作品报道了16名滑雪爱好者遭遇雪崩的经过，在报道技术上颠覆了传统报纸的新闻呈现方式，把文字、音频、视频、动漫、数字化模型（DEM）、卫星模型联动等加以集成，发表在《纽约时报》的网站上。[1]

随着进入未知水域，《纽约时报》已经变成了一台实验机器。它经常引进新技术来生产更多的产品并吸引读者，始终坚持把报纸编辑正直的高标准作为自己的核心价值观。二十年前它每天都出版专栏评论版面，但今天《纽约时报》已经创新出了诸如"头脑论坛"（Talking Heads）这样的东西，让不在《纽约时报》工作的精英人士讨论现实重大问题，同时用网络摄像机录制整个谈话过程。[2]

实际上，《纽约时报》不仅把自己看作内容创造者，也看作一个社区的建立者。发现读者渴望获得《纽约时报》的生活建议，它就把自己变成了一份无所不包的指南，从影视到时尚到烹调。其Cooking APP构成该

---

① https://www.nytimes.com/projects/2012/snow-fall/index.html#/?part=tunnel-creek.

② https://www.nytimes.com/topic/organization/the-talking-heads.

报作为一个数字创作者不断增强的能力的典型例证；用户只需支付少量费用，就可以获得 19 000 种食谱的访问、易于遵循的烹饪指南，以及数量不断增长的技术视频。[1]

内部研发小组 NYT Beta 是大多数《纽约时报》数字计划的枢纽。除了烹饪和填字游戏这两个王牌应用以外，该小组还开发了 Real Estate，一个关于房屋信息的应用程序；Watch，针对影视推荐的垂直应用；Well，一个健康和健身博客，致力于提供个性化培训和建议服务。2016 年 10 月，《纽约时报》以 3000 万美元的价格收购了产品测评和推荐网站"钢丝钳"（The Wirecutter）及"甜心之家"（The Sweethome），主要通过联盟营销的模式营利，即向读者推荐产品，若有读者点击购买便可从销售方获取佣金。从电子产品起家，The Wirecutter 还开发了细分垂直领域的产品测评，如餐饮、家居、金融、旅游、办公等，进一步向生活方式领域扩张。

向个性化驱动的个人服务的转变呼应了《纽约时报》历史上的前一章，即在 20 世纪 70 年代，该报推出了一系列旨在吸引广告客户的版块，例如《周末》（Weekend）、《家居》（Home）和《生活》（Living）。今天，《纽约时报》重新强调"读者可以使用的新闻"，相信读者阅读该报不仅仅是为了新闻和娱乐，也希望报纸能够帮助他们在日常生活中做出决定。CEO 马克·汤姆逊（Mark Thompson）在一则长篇备忘录中写道："报纸始终发挥着重要的服务作用：帮助读者决定看什么节目，读什么书和买什么公寓——我们相信我们可以在移动设备上增加更多的价值。"[2] 它现在的做法是，尝试摘取《纽约时报》新闻报道的一部分，将其转变为解决

---

[1] https://www.nytimes.com/subscription/cooking.html.

[2] Lichterman, Joseph (Mar 10, 2016). "*The New York Times* Is Launching a Movie and TV Recommendation Site and Expanding Its Health Coverage." NiemanLab, https://www.niemanlab.org/2016/03/the-new-york-times-is-launching-a-movie-and-tv-recommendation-site-and-expanding-its-health-coverage/.

特定读者问题的数字体验，让读者付费获取。在传统媒体和数字优先媒体都在挣扎的情况下，这些努力部分地增加了《纽约时报》的收入。

《纽约时报》的订阅优先策略受到Netflix、Spotify和HBO的启发：大量投资于核心产品（对于《纽约时报》而言，这种产品是新闻业），同时不断增加新的在线服务和功能，从而使报纸订阅对于现有订户的生活来说变得必不可少，也对未来的订户更具吸引力。该报主管产品与技术的执行副总裁金赛·威尔逊（Kinsey Wilson）表示，"创造价值的唯一方法是将各种服务捆绑在一起"。①NYT Beta小组正是为此而生。他们的任务是开发整套新的编辑产品（无论是应用程序、博客还是垂直服务），就仿佛HBO和Netflix的昂贵的自制节目，能使现有订户回头和新订户被吸引进来。

当然，各种实验有成功就有失败。2011年4月，《纽约时报》在iPad上线个性化新闻聚合服务News.me，被视为默多克iPad报纸 *The Daily* 的竞争对手。通过这种服务，人们可以获得他们在Twitter上所关注的人正在分享和阅读的文章。这是一种不同的社会性新闻（social news）体验，用服务提供者自己的话来说，"可以站在紧密朋友和超级有趣的作者和思想者的肩膀上阅读"。②该服务的过滤机制建立在新闻的分享和点击次数上，其来源不仅有Twitter，还有短网址服务Bit.ly，该网站每个月缩短数以十亿计的用户分享链接。③

如果你不明白什么是短网址服务，它实际上做的是，为了给Twitter的140个字节省空间，需要把人们分享的长长的网址压缩为更可控的链

---

① Snyder, Gabriel (Feb 12, 2017). "*The New York Times* Claws Its Way into the Future." *Wired*, https://www.wired.com/2017/02/new-york-times-digital-journalism/.

② http://earleyedition.com/tag/apps/.

③ Schonfeld, Eric (Feb 2, 2011). "Exclusive: An Early Look at News.me, *The New York Times'* Answer to *The Daily*." *TechCrunch*, https://techcrunch.com/2011/02/01/news-me/.

接。因为Twitter正在崛起为一个社会性新闻平台，Bit.ly积累的数据——2010年9月的统计是300亿个链接——已经成为货真价实的金矿，因为可以由它来判断网上流行的新闻、话题和链接。[①]值得注意的是，Bit.ly还在实验一个叫作Bitly.TV的新服务，它聚合了人们使用它的服务所分享的YouTube视频。这样，它可以把全世界分享最多的视频做一个依序排列，做出这样的排列以后，它自己就可以成为一个电视台，而这个电视台的筛选标准不是来自电视台的编辑，而是来自普通网民。哪些视频大家都喜欢看，就会排在电视台节目比较靠前的位置。[②]

很容易就可以理解，Bit.ly会将自身累积的庞大数据转化为某种新闻服务，甚至是一个单独的iPad应用。它和《纽约时报》一起成立了合资公司，共同开发出News.me服务。简单地说，对这项服务，你可以用Twitter账号登录，收看你在Twitter上所关注的人正在看的新闻与视频。你所见的将不只是简单的链接，所有新闻和视频内容都可以在News.me上展开和收起。你不仅可以看到自己的Twitter新闻流，还可以看到你关注的所有用户的新闻流。当然，这些用户都是你所熟悉的，但你使用News.me服务，看到的不是他们发了什么推文，而是他们所关注的用户为他们推荐的新闻。

News.me的想法不是市场上唯一的。2010年7月，自称社会性杂志（social magazine）的Flipboard应用问世，设计极为优雅，就像iPad上的精美杂志。它的新闻源不仅仅是Twitter，还包括Facebook，Flickr，Google

① Wortham, Jenna (Sep 9, 2010). "Betaworks and *The Times* Plan a Social News Service." bits. blogs.nytimes.com, https://bits.blogs.nytimes.com/2010/09/09/betaworks-and-the-times-develop-social-news-service/.

② Bilton, Nick (Dec 17, 2009). "Bit.ly Offers a New TV Service and a Shorter URL." bits.blogs. nytimes.com, https://bits.blogs.nytimes.com/2009/12/17/bitly-offers-a-new-tv-service-and-a-shorter-url/.

Reader，以及其他流行网站的RSS摘要。开始它只是拿来别人的内容并让其变得"更漂亮"，但随着它收购语义技术创业公司Ellerdale，意味着Flipboard会通过算法了解你的兴趣，向你依次显示对你来说重要的信息，使你能够成功地从噪声中分辨出信号。[①]

2012年10月，News.me宣布下架，据称是因为Twitter作为平台推出类似的竞品，导致其在API使用上受阻。[②]然而，《纽约时报》并没有因为失败的尝试而气馁。就像公司研发副总裁迈克尔·齐姆巴里斯特（Michael Zimbalist）所说的："我们试图预见社会分享和实时互联网结合在一起，会如何影响新闻的消费体验。我们决定开发一个原型，来看世界在往哪一个方向前进。"[③]

《纽约时报》的新舞步不仅仅体现在它的网站设计、它的优美的客户端以及它的移动应用上，它还大胆探索，进行各种跨平台尝试。例如，2015年与谷歌合作，向110万周日印刷版订户分发VR纸板耳机，创建了NYT VR应用程序，迄今被下载超过100万次，并产生了十数个（并且还在不断增加）涉及不同主题的原创VR作品。[④]2017年，开始其首个播客 *The Daily*，到2019年6月，下载量已达4800万次，在全美播客中排名第一。

当人们对这种形式的新闻胃口大增时，《纽约时报》意识到，自己有一个独特资源尚未得到充分开发：在新闻编辑室的1600名记者编辑中充

---

① Gannes, Liz (Jul 21, 2010). "Flipboard Buys Ellerdale, Launches Social Digital Magazine." *Gigaom*, https://gigaom.com/2010/07/21/flipboard-launches-social-digital-magazine-and-buys-ellerdale/.

② "News. Me Pulls APP from APP Store, Makes Twitter the Scapegoat." *VentureBeat*, https://venturebeat.com/2012/10/24/news-me-shut-down/.

③ Wortham, Jenna (Sep 9, 2010). "Betaworks and *The Times* Plan a Social News Service." bits.blogs.nytimes.com, https://bits.blogs.nytimes.com/2010/09/09/betaworks-and-the-times-develop-social-news-service/.

④ Snyder, Gabriel (Feb 12, 2017). "*The New York Times* Claws Its Way Into the Future." *Wired*, https://www.wired.com/2017/02/new-york-times-digital-journalism/.

满了专家。在播客上,他们听起来专业,令人信赖且亲切。负责播客的萨姆·多尼克(Sam Dolnick)说:"我们可以在新媒体上以新方式成为我们自己的最佳版本。"[1]2019年,时长半小时的系列纪录节目 The Weekly 上线,意在与《前线》(Frontline)和《60分钟》(60 Minutes)[2]争锋。每一集都追随1600名记者编辑的调查足迹,为观众提供对新闻报道过程的深入了解。节目在FX收费频道首映,并于第二天在流媒体平台Hulu上独家播放。[3]同时,《纽约时报》还基于自己的流行专栏为Netflix和Amazon开发视频节目,通过在不同的平台上直播,争取更广泛的受众。[4]

为Netflix开发的非虚构系列《诊断》(Diagnosis),系根据《纽约时报杂志》(New York Times Magazine)的同名热门医学专栏制作而成。丽莎·桑德斯(Lisa Sanders)医生在她的专栏中讲述了为患有神秘的、莫名其妙的疾病的人们进行诊断的故事。电视改编集中于桑德斯过去一年里在其专栏中介绍的一系列未能得到诊断的疾病患者的案例。不同的是,电视节目鼓励读者协助医生诊断。

根据桑德斯提供的医学数据和患者病史,读者有机会研究症状并与患者和医生分享他们的想法和解决方案,以帮助后者找到诊断依据。成

---

[1] Vick, Karl (Oct 10, 2019). "How A.G. Sulzberger Is Leading the *New York Times* Into the Future." *Time*, https://time.com/5696968/a-g-sulzberger-new-york-times/.

[2] 《前线》是由美国公共广播电视公司(PBS)发行的一档新闻调查纪录节目,涵盖了诸多美国国内及国际问题,例如恐怖主义、选举、环境灾难及其他社会政治问题。《60分钟》是美国CBS电视网播出的电视新闻杂志节目,凭借以记者为中心的独特调查风格,通过具体事件,探讨社会背景之下的重大社会问题。

[3] Reyes, Mariel Soto (May 17, 2019). "*The New York Times* Is Launching Its First TV News Show on FX and Hulu." *Business Insider*, https://www.businessinsider.com/new-york-times-first-tv-news-show-fx-hulu-2019-5.

[4] Arun, Shubi (Aug 4, 2019). "Get Ready for All the *New York Times* Content Being Adapted for the Small Screen." *Observer*, https://observer.com/2019/08/new-york-times-column-adaptation-hulu-netflix-amazon-modern-love-diagnosis/.

千上万的读者做出了回应，由桑德斯审核并筛选，将最佳回应呈现给患者和医疗团队。这种纪录片叙事与全球众包相结合的方式，本身也为Netflix拓展了新天地。

在经历了数年的数字实验之后，《纽约时报》变成了一块磁石，吸引到优秀Web开发人员、多媒体制作人员和产品专家。出版人A.G.苏兹贝格（A.G.Sulzberger）甚至夸口说："与任何其他新闻机构相比，我们雇佣的能写代码的记者人数更多。"印刷媒体绝无可能进行如此多的探索。现在，《纽约时报》就像一家制造工厂一样，不断尝试新事物。而这样做的唯一目的，是与各类完全不同的读者群培育关系并建立信任，"以他们希望与之相遇的方式，到他们所在的地方去和他们会面"。[①]

收费生意经

往哪一个方向前进，这是百年老报《纽约时报》在数字化转型过程中亟待解决的问题。比如，时报的网站到底要不要收费？ 2011年3月18日，《纽约时报》做出一个惊人之举，推出"数字订阅"方案。这家报业老店逆网络"免费"大潮而动，开始一次酝酿已久的冒险：自3月28日始，凡每月在纽约时报网站阅读文章超过20篇的，均须付费订阅（20篇以下免费）。收费标准：网站加手机版15美元/四周（全年195美元），网站加平板电脑版20美元/四周（全年260美元），全通路订阅35美元/四周（全年455美元）。[②]比较一下：默多克的iPad报纸 *The Daily* 每天120版，全年40美元。[③]

---

① Vick, Karl (Oct 10, 2019). "How A.G. Sulzberger Is Leading the *New York Times* into the Future." *Time*, https://time.com/5696968/a-g-sulzberger-new-york-times/.

② Peters, Jeremy (Mar 17, 2011). "*The Times* Announces Digital Subscription Plan." *The New York Times*, https://www.nytimes.com/2011/03/18/business/media/18times.html.

③ 该报已于2012年12月关闭。

还没有一家大型的美国新闻机构在允许用户无限制阅读之后，开始把自己的内容放在付费墙内。所以，所有的出版商都在密切关注《纽约时报》的动向，看它能不能把在线新闻变成有利润的生意。时报主席小阿瑟·苏兹贝格（Arthur Ochs Sulzberger Jr.）称，这是时报对未来的投资。[1]他相信，为有价值的内容收费是未来的方向。但他同时也承认，这样做是不无风险的，挑战在于，怎样既不吓跑读者，又能为好的内容定价。

为了减少读者的流失，用户也可通过谷歌搜索，以及Facebook和Twitter这样的社交网链接阅读，只要每月访问的次数未达数量便可以无碍访问。这些链接带来的流量有时占网站一半的访问量。但是，方案还有一个专门的规定：通过谷歌搜索引擎登录《纽约时报》网站的读者，每天只可免费阅读5篇文章。[2]

多年以来，报纸一直在网上免费提供内容，希望网络广告能够覆盖成本。然而，虽然网络广告一直在增长，它增长的速度却不足以抵偿传统印刷广告衰退的部分。许多出版商因此希望能从网络用户身上收取订阅费，就像纸版一样。然而，网民已经多年习惯在网上免费获取内容，而这个习惯，恰恰是当初被传统媒体培养出来的。

《纽约时报》的做法，显示了一些报纸的思路的转变：成功的在线商业模式取决于少部分高度忠诚的读者，而不是大量的点击率。如果有足够的读者抵制时报的收费努力，那么《纽约时报》可能失去美国访问者最多的报纸网站的地位，而这样的地位是广告商非常看重的。然而，因流量减少而导致的广告收入的减少，可能被广告商愿意付出的更高溢价

① Sulzberger, Arthur (Mar 28, 2011). "Letter to Our Readers: *Times* Begins Digital Subscriptions." *The New York Times*, https://www.nytimes.com/2011/03/28/opinion/l28times. html.

② Peters, Jeremy (Mar 17, 2011). "*The Times* Announces Digital Subscription Plan." *The New York Times*, https://www.nytimes.com/2011/03/18/business/media/18times.html.

所抵偿，原因是剩下的读者对品牌有更高的忠诚度。《纽约时报》估计它85%的在线读者永远不会超过20篇文章的限制。所以，20篇这个数字显然是经过深思熟虑的，既保证从最忠诚的用户那里收到钱，又不致赶走偶然来访的读者，他们构成了网站的绝大部分流量。

精明的《纽约时报》通过20篇文章的限制培养了用户的付费习惯，由于它的付费墙覆盖报纸全部内容，而这些内容对很多受众来说是必读的，所以愿意订阅的人越来越多，一年以后，每月免费文章的数量由20篇减到10篇；到2017年年底，进一步减到5篇。[①]但在同时，2018年总订阅用户升至430万，线上用户为340万，数量是6年前的5倍，2017年线上收益达7.09亿美元。网上订阅打破地域疆界，来自外国的订户增长迅速。[②]

在新的时代，《纽约时报》千方百计企图改造自己。2010年，时报专栏作家托马斯·弗里德曼（Thomas Friedman）在北京接受笔者的采访，我问他："你在报纸工作多年，你认为美国报业有没有前途？"弗里德曼的回答让我颇为吃惊。他说："我完全不知道美国报业有没有前途，我唯一知道的是《纽约时报》一定有前途。"由此可见，《纽约时报》对自己的未来是有自信的，但是这份自信，有多少是实在的，又有多少是虚幻的？由于营业利润同比下降，并且人们一直担心它如何覆盖其成本密集的报道能力（《纽约时报》的记者遍布150多个国家/地区，占地球上所有国家/地区的近80%），因此《纽约时报》的数字化转型远没有完成，但它成功地建立起自己的数字化基础，从而有可能在未来继续创新。

---

① Garun, Natt (Dec 1, 2017). "*The New York Times* Cuts Free Articles Limit from 10 to Five per Month." *The Verge*, https://www.theverge.com/2017/12/1/16724620/new-york-times-cuts-five-free-articles-paywall.

② 《〈纽约时报〉破"付费墙"迷思》，《大公报》，2019 年 4 月 9 日，http://www.takungpao.com/news/232111/2019/0409/273670.html。

《纽约时报》胸怀一个雄心壮志：它想证明可行的数字化新闻模式是存在的，可以提供世界所需的具有原创性的、耗时费力然而可信可靠的新闻。纸媒的优势（无论其最后载体是否还是"纸"）依旧在于深耕优质新闻内容，而不是片面追求网上点击率，而人们仍需要媒体来理解世界，也愿意为优质内容付费。我们肯定《纽约时报》的努力，就是说它已经尽它所有的能力，背负着所有的历史，在沿着新的道路前进。无论它成与败，都必将会给传统媒体提供一些非常有益的教训。

报纸转型的四个关键性策略

　　我们分析了两家报纸：一家是没有任何历史包袱的、纯粹以网络形式出现的新秀《赫芬顿邮报》，另一家是百年老店、在新时代要完成新转型的《纽约时报》。我们相信一个新的、多样化的新闻业已出现在地平线上。但是怎样才能让报纸高管们彻底改变他们的价值取向和商业模式？存在着以下四个关键性的策略。

　　首先，听取今天的年轻人的心声，因为在他们的文化中包含的才是新的新闻与信息文化。这可能听起来很奇怪。毕竟，大多数的年轻人都不读报，至少不是用传统的方式读报。他们在网上免费寻找大众化的新闻。并且，他们更愿意通过一个植入某个人的社交媒体信息流中的超链接来发现新闻，而不是在线浏览一份传统的报纸。但是如果这是大多数的新闻在未来被消费的方式，报纸不启动类似的计划，就意味着它仅仅是在推迟这些不可避免的事情的到来。年轻人形成了跨平台使用多种媒介的习惯，报纸就需要在每一个可能的领域都推动内容的发展，以竭尽全力去往读者想要接收内容的地方与之会面。

　　第二，大路货的新闻不会吸引任何人，更不用说年轻人，所以需要创造独特的产品。人们会为独一无二的价值付款，这是可以肯定的。实际上，很多内容供应商出售他们的内容是营利性的。汤森路透（Thompson

Reuters）正在成长为世界上最大的为企业及专业人士提供专门信息来源的机构之一。《经济学人》（*The Economist*）也正在逆潮流而上。尽管新闻杂志在萎缩，《经济学人》坚持在付费墙前发布更多内容，并通过社交平台进行共享以驱使人们订阅，这是因为它相信新闻业是其最佳资产。而《经济学人》的确成功了，2019年，它拥有160余万数字和印刷订户，其中数字订户近80万。[①] 其成功关键是什么呢？它有一种独特的价值取向——提供任何人都不能提供的东西。它成了唯一可靠的地方，能够在此获得一些由财政观保守而社会观自由的人所提供的观点清晰的国际新闻。其他的新闻杂志是一种选择性阅读，但是对于那些关心世界正在发生什么和那些分享上述立场的人来说，《经济学人》是必读之物。

第三，为新的数字平台和设备开发丰富的多媒体经验。实际上，报纸和杂志新的可能性在iPad或平板设备进入市场的那天就已经出现了。《连线》（*Wired*）杂志的前主编克里斯·安德森（Chris Anderson）指出，目前笔记本电脑或台式机上的数字杂志的样式失去了印刷版本的"连贯性和威严性"。但是平板的额外功能，例如360度视角，像iPhone似的触摸反应，伸缩和分层内容（包括视频和音频），都共同组成了引人入胜的读者体验。[②] 这些设备对网络一代特别有吸引力。此外，平板的加强功能将不仅仅应用于编辑内容，也会应用于广告。这意味着广告商能够通过测量读者在一个页面上做了什么和什么吸引了他们，来更深入地了解读者的行为。与此同时，在移动设备和网站上，新闻以文字、图像、视频和图形的组合形式出现，既直观又富于流动性。这意味着，印刷媒体必须加强自己的视频能力，并为读者的多屏服务。

---

① Southern, Lucinda (Feb 27, 2019). "'Value Over Volume': The Economist Tightens Its Paywall." *Digiday*, https://digiday.com/media/economist-tightens-paywall/.

② Cooper, Jim (Mar 2, 2010). "4A's: 'Wired' Chief Says iPad Will Rescue Magazines." *Adweek*.

最后，拥抱协作式创新。创造一个开放的平台，其他人可以帮助你创造新的价值源泉。正如IBM参与Linux社区之举成为帮助公司从商品化的操作系统向营利性的咨询服务转变的一个因素一样，报纸能够通过开发协作式创新的力量，来实现从大路货新闻到令人兴奋的新模式和服务的转变。设想未来的新系统中，几千甚至可能几百万的供稿者从不同的层面参与进来：上传图片、视频和目击报道的公民记者；只以广告收入获取收益的专栏博主；关注诸如调查性新闻的更高价值活动的专业记者；重新利用或重新混合所有内容变成新的作品的新式知识管理者。有像《赫芬顿邮报》这样的新媒体组织，有像《纽约时报》这样克服传统的大胆创新，这样的梦想正在变成现实，更多的新闻组织肯定会追随。

几百年来，全世界越来越多的人认识到报纸的高价值与便利性，报业作为提供信息与愉悦的不易源泉，始终保持着自己独有的地位。然而，报纸在自己的桂冠上栖息太久，必须开始一场全面的变革。它所面临的威胁并非短期的烦恼，它的从业条件正在发生根本性的改变。因此，报纸必须做更多不同的事情，而不是简单地把相同的事情做得更好。

报纸正处在一场复兴的边缘，一个长期性的结构变化的初始阶段。这是真正激动人心的。

The Daily 为何早夭?

APP这样的第三方应用程序本质上是"有墙的花园",试图把旧式的、封闭的印刷媒体气质强加于崭新的、开放的数字化空间。

世界上第一家iPad报纸《日报》(*The Daily*) 2012年12月15日停止出版。这家报纸尽管口衔金匙出生,有着显赫的"父母"——乔布斯与默多克,还是不到两岁就夭折了。

《日报》是新闻集团旗下首份面向iPad用户的电子收费杂志,于2011年2月创刊。期刊的用户可以每周0.99美元、全年39.99美元的订阅费用享受依托于iPad平台的新闻内容。早在发行之初,默多克就将《日报》描绘成一顿物美价廉的新闻大餐:无纸化的发行、没有印刷费用和运输费用,用户每日仅需支付14美分就可以尽享。

这样一个美好的愿景为何未能实现?新闻集团停止出版《日报》,能给正在探索数字化、APP模式等新媒介传播方式的中国媒体以何种借鉴?

多重的失败原因

《日报》的失败原因是多重的。首先是原创的失败:相对于《赫芬顿邮报》这样的聚合内容商,默多克并未动用旗下诸多媒体为《日报》供稿,而是坚持原创。

默氏的庞大媒体帝国中不乏高质量内容的"供应商",比如《华尔街日报》(*The Wall Street Journal*)、《泰晤士报》(*The Times*)乃至《纽约邮报》(*New York Post*) 和福克斯新闻频道(Fox News),它们拥有覆盖全球的能力。如果采用这些媒体提供的新闻的话,《日报》的生产成本可以大幅降低。

据公开报道,新闻集团以每周50万美元、一年约2400万美元的成本运营《日报》。而据新闻集团的统计,《日报》有超过10万人的注册用户,笼统计算能为新闻集团带来每年约400万美元的注册收入,但远远不能覆盖成本。因此,可以说《日报》死于原创化下的入不敷出。

把既有内容对接数字渠道,这是大多数媒体的选择。但由于希望能把"伟大报纸的魔法"同新技术的魔法叠加在一起,默多克做了一个大胆的决定:利用新的工具重起炉灶做一份基于数字技术的媒体,而不是像此前很多媒体那样走印刷媒体数字化的老路;同时,他也希望新闻采集与新闻编辑在数字化时代重获竞争力,因此他为《日报》搭建了一个超过100人的编辑队伍。

默多克在2011年2月《日报》推出时说,迫切希望这份数字媒体"成为当前这个数字时代如何讲述新闻事件的典范",把最新技术与"实地采访报道、良好的编辑和怀疑的眼光"融为一体。这种企图心值得赞扬,但《日报》没有做到。

这就要说到它失败的第二个原因,即内容独特性的失败,《日报》从来没有实现真正独特的原创。

为了实验iPad报纸的商业模式,《日报》建立了付费墙,可是其每天的新闻、评论和可视化信息(infographics)与互联网上可见的同类报道之间并无实质性差别。

另一方面,相对于《纽约时报》和《华尔街日报》等品牌媒体,《日报》并不能拿出同等分量的报道。虽然它在展示形象生动的图片、视频和动画方面下了很大功夫,然而其新闻写作却配不上酷炫的视觉效果。

数字化时代的读者其实更渴望拥有可信任的信息源。《路透数字新闻报告2017》显示，新闻应用程序的使用在多个国家都有显著增加。[①]这当然是因为智能手机变成了数字时代的组织工具，尽管社交媒体对出版商来说仍很重要（特别是为了吸引年轻一代的注意），但人们逐渐发现，下载知名品牌的新闻应用，要比随意浏览Facebook或Twitter信息更让人放心。上述报告披露，只有约四分之一（24%）的受访者认为社交媒体在分清事实与虚构方面做得很好，而新闻媒体的这一比例则为40%。由此可见，新闻应用品牌会构成读者决定是否下载该应用的重要因素。

一些具有品牌辨识度的媒体开始收费，比如《纽约时报》和《华尔街日报》，但前提是它们各有自己的利基市场，并且能就复杂的话题生产出高含金量的信息。甘奈特报业集团（Gannett）下属的地方性报纸也尝试了收费，并获得了发行收入的增长，这是因为特定社区缺乏其他可替代的信息源。

反观《日报》，两处都不沾边。因为它是数字发行，所以缺乏明确的覆盖范围，几乎与每个媒体在各种报道题材上都形成竞争。《日报》从来没有形成过一致的编辑声音，其在高调登场后却并未能够建立起可识别的品牌，看上去更像是一个中产阶层的小报式消遣读物。这样的东西，互联网上俯拾皆是。

默多克要打造一份崭新的数字报纸的雄心昭然若揭，但他忘记了一个基本道理：不花上大手笔的市场推广费用而形成一定的品牌知名度，读者根本不会优先使用这个应用。要想收费，先要花钱。

此外，是互动的失败。《日报》缺乏链接，也不能整合社交媒体。

由于新闻不是可链接的，所以《日报》无法从Flipboard和Tumblr这

---

① "Digital News Report 2017." Reuters Institute, https://reutersinstitute.politics.ox.ac.uk/sites/default/files/Digital%20News%20Report%202017%20web_0.pdf.

样的内容聚合应用上获取网络流量；由于非订户看不了《日报》的内容，因此它也无法享受Facebook和Twitter等社交媒体"分享"带来的好处。

《日报》每一期的文档容量都大得惊人——有时达到1000兆，即使在宽带连接的情况下，也要花10到15分钟才能下载完。仅此一点，就足以使用户抛弃它。

而且，《日报》为何需要变成一家以日为单位出版的媒体呢？过去的日报受限于生产和发行的成本，在社交媒体大行其道的今天，人们获取信息的时间以分秒计，谁会等待一家日报每天在固定时间发布消息？

另外则是单一平台的失败。从一开始，人们就怀疑默多克只走iPad一个通道的决定是否明智。

当然，彼时iPad已有1亿用户。这个数字是2012年10月苹果公司CEO蒂姆·库克（Tim Cook）发布的。试想一下，如果《日报》能够抓住其中10%，甚至哪怕是仅仅1%的用户，那又会怎么样？那就是100万到1000万的用户数。这是《日报》现有注册数的10到100倍，仅以每人每年39.99美元的注册费用计算，也足以让这份数字媒体营利。

但事实上，不能以假设的市场份额算账；而且，显然《日报》试图吸引精通数字化的年轻一代的努力失败了。默多克承认：《日报》不能足够快地集聚足够多的读者，从长期来看，它的商业模式是不可持续的。

平板电脑的销量确实在飞速增长，但人们只从应用程序中获取新闻而完全抛弃互联网的时候还没有到来。也许再过五到十年，万维网会真正走向衰落；现在就把赌注押在这个转变上却为时过早。亦可能出现一种情形，人们开始意识到APP不是没有问题的，万维网迎来下一轮复兴。

可贵的教训

作为数字化报纸的先锋，《日报》的失败提供了很多可贵的教训，尤其是对正在寻求多媒介传播的中国传统媒体人而言。

首先，内容仍然重要。《日报》之死，既不能说明内容已不再为王，也不说明收费是错误的。好的内容一定为王，且越来越可能收到钱。如前文分析的《纽约时报》的精明之处在于，从一开始该报就坚定不移地相信，其业务首先是订阅服务，而不在于流量价值或者数字广告，因为只有订阅服务才要求报纸提供值得付费的新闻和产品。

把产品高价卖给付费程度高的客户，存在两种办法。第一种是为产品增加价值，从而与竞争对手的产品有所不同，避开使自己的产品商品化的陷阱。这是《纽约时报》的做法，也是《经济学人》的做法。《经济学人》是从印刷和数字订户中所获收入超过广告收入的少数几家纸媒之一。据2019年年报，《经济学人》拥有170万印刷和数字订户，年收入3.33亿英镑，其中59%来自订阅和发行，广告收入仅占17%。[①]

第二种是不要给你的高端客户以低价购买的机会。奉行这种策略的汤森路透正在成长为世界上最大的为企业及专业人士提供专门信息来源的机构之一。它的丰富的集成智能信息，能够为财务和风险、法律、税务和会计、知识产权与科技和媒体市场的决策者提供服务。汤森路透将"智能信息"定义为"人类智能、行业知识及创新技术的独特组合，为决策者提供行动所需的知识，以便更快地做出更好的决策"。它以世界上深受信赖的新闻机构路透社为后盾，提供一系列功能强大的产品，并提供工具、平台和服务。例如，在金融市场上，它通过专有的Eiko终端和Elektron数据和网络基础架构提供服务。这种独特的竞争优势，导致它能够网罗主要市场的高端客户：全球50家顶级银行中的49家选择Thomson Reuters Accelus为企业和金融机构提供审计、风险管理和合规

---

① Kalim, Faisal (Aug 19, 2019). "How *The Economist* Grows Revenue by Experimenting with the Digital Experience." What's New in Publishing, https://whatsnewinpublishing.com/every-week-there-are-some-sort-of-experiments-going-on-how-the-economist-grows-revenue-by-improving-the-digital-experience.

解决方案；全球超过2000万名学术机构、政府、企业和法律机构客户使用汤森路透知识产权与科技的产品和服务，包括科研与学术文献平台Web of Science、知识产权管理解决方案Thomson IP Manager、专利数据库Thomson Innovation、科研绩效分析平台InCitesTM、药物数据库Thomson Reuters Cortellis；超过80%的世界500强企业使用汤森路透法律研究产品，包括WestlawNext——一类为法律专业人士提供的在线服务；百强律师事务所中94家和财富100强企业中的95家使用Thomson Reuters Checkpoint——一款专为国际税务人才服务的一站式国际税研究平台。①

必须牢记：在信息丰裕时代，大路货的新闻不会吸引任何人，所以需要创造独特的产品。没有独特性，收费就是通向死亡之路。

其次，在数字化世界中如何让新闻应用脱颖而出？《日报》的失败从反面印证：最好以最低的成本生产，同时以最广泛的范围传播。

单一平台的出版策略是有问题的。必须力图在所有的地方追随读者，这是因为读者本来就分散在各个地方。杰夫·贾维斯（Jeff Jarvis，媒介博客BuzzMachine.com的博主）说得好："必须拥有一套建立在读者关系上的战略，在读者希望的任何地方、任何时间和任何平台上为他们提供服务。"②

《日报》的失败，也为试图通过APP这样的第三方应用程序拓展用户人群的探索提供了反思机会，这种模式先天不足。不管媒体内容做得如何，苹果公司都会拿走订阅收入的三分之一，这严重挤压了媒体本来就不大的数字收入空间。况且，很多新闻应用都追求类似的设计：大胆的

---

① 《汤森路透》，https://www.thomsonreuters.cn/content/dam/openweb/documents/pdf/china/brochures/about-us-1.pdf.

② Jarvis, Jeff (Dec 3, 2012). "The Daily Closes Shop: Why the News APP Was Doomed from the Start." *The Guardian*, https://www.theguardian.com/commentisfree/2012/dec/03/the-daily-closes-app-doomed-from-start.

图片、简洁的布局、不让读者被广告和链接分心；这些都会增加应用程序的成本。

更加重要的是，应用程序本质上是"有墙的花园"，读者无法进行互动评论。《麻省理工学院技术评论》（*MIT Technology Review*）的发行人和编辑杰森·庞廷（Jason Pontin）在讲述该杂志的APP实验时痛切地说："APP试图把旧式的、封闭的印刷媒体气质强加于崭新的、开放的数字化空间。"①

这和用户在互联网上的信息获取习惯冲突：读者希望应用程序拥有互联网式的链接，并且可以随意评论。如果新闻应用不能和其他数字化媒体相容，那么不管该应用多么漂亮和新奇，读者的沮丧感都无法消除。

今天，无论从各个角度来看，《日报》都太超前了。2019年3月，苹果启动了Apple News+订阅服务，每月为读者提供各种杂志和报纸。但是，这项服务并未真正席卷全球这一事实表明，这种发行方式可能永远无法奏效。

---

① Pontin, Jason (May 7, 2012). "Why Publishers Don't Like APPs." *MIT Technology Review*, https://www.technologyreview.com/2012/05/07/255733/why-publishers-dont-like-apps/.

报纸的未来

作为新闻业者，我们必须停止把自己视为一种叫作内容的大众化商品的生产者，而开始认识到，我们身处某种服务业，其产出是知情的个体与社区。

30岁以下的人不读报？

《纽约客》（*The New Yorker*）的作者安迪·波罗维茨（Andy Borowitz）报道说，杰夫·贝索斯（Jeff Bezos）自称购买《华盛顿邮报》（*The Washington Post*）时犯了一个错误："我想我只是浏览他们的网站，没有注意到自己在做什么。我并没想买任何东西，尤其是《华盛顿邮报》，我根本不读这份报纸。"直到他隔天发现自己的信用卡上出现了2.5亿美元的巨额账单，贝索斯才意识到这笔钱被支付给《华盛顿邮报》了，"这是一桩完全的疯狂之举"。从那时起到现在贝索斯一直试图和《华盛顿邮报》的客服电话沟通，想要取消这笔错误的交易，但是那边的客服人员推来推去，"我不断告诉他们，我不知道《华盛顿邮报》是怎么进入我的购物车的，但是他们看来不想让我退货"。[1]

波罗维茨是个幽默作家，这篇所谓贝索斯手滑误点购物车的报道当然只是他的调侃之作。然而2.5亿美元收购一家年亏损5000万美元[2]的美

---

[1] Borowitz, Andy (Aug 5, 2013). "Amazon Founder Says He Clicked on *Washington Post* by Mistake." *The New Yorker*, https://www.newyorker.com/humor/borowitz-report/amazon-founder-says-he-clicked-on-washington-post-by-mistake.

[2] Launder, William, Stewart, Christopher S. & Lublin, Joann S. (Aug 5, 2013). "Bezos Buys *Washington Post* for $250 Million." *The Wall Street Journal*, https://www.wsj.com/articles/SB10001424127887324653004578650390383666794.

国地方性报纸（《华盛顿邮报》甚至都不是美国的全国性报纸，当然更构不成全球性报纸），贝索斯的最终开价在某些人看来的确有些发疯。大家也在猜测将来他会不会后悔，要求退货。收购宣布的当天晚上，Twitter上充满了有关贝索斯的新冒险的俏皮话，大都集中在《华盛顿邮报》会不会耗尽他的营利耐心上。

的确，现在的报业太需要耐心了。《华盛顿邮报》的明星记者鲍勃·伍德沃德（Bob Woodward）说，在某种意义上，贝索斯的收购或许是该报最后的生存机会。因为贝索斯不仅擅长创新，更重要的是，他还有金钱和耐心。[①]这个要造万年钟的硅谷中年男人以秉持长期战略著称，而这恰恰是作为上市公司一部分、要向华尔街定期发放财报的《华盛顿邮报》无法坚守的。

2.5亿美元的价格，让人不禁想起两年半以前，美国在线以3.15亿美元收购号称"互联网第一大报"的《赫芬顿邮报》的情景。在目前报业一片哀鸿的形势下，这个价格或许是一家顶尖的传统媒体所能获取的最大溢价。看看最近两年的其他交易就知道了：《波士顿环球报》（*The Boston Globe*）刚刚被《纽约时报》以7000万美元出售给当地一家橄榄球队的老板，这个价格只是二十年前《纽约时报》购买价的很小一部分[②]；曾经是《华盛顿邮报》子刊的《新闻周刊》（*Newsweek*）更惨，2010年被以1美元的象征性价格，卖给了愿意承担5000万美元债务的音响业富豪西德尼·哈曼（Sidney Harman）。[③]对哈曼来说，这与其说是一笔商业交易，

① Grove, Lloyd (Aug 6, 2013). "Bob Woodward Saddened by '*Washington Post*' Sale to Jeff Bezos." *The Daily Beast*, https://www.thedailybeast.com/bob-woodward-saddened-by-washington-post-sale-to-jeff-bezos.

② "*Boston Globe*, Once Bought for $1.1 Billion, Sells for $70 Million." AP, Aug 3, 2013, https://www.nbcnews.com/businessmain/boston-globe-once-bought-1-1-billion-sells-70-million-6C10835491.

③ Vega, Tanzina & Peters, Jeremy W. (Aug 2, 2010). "Audio Pioneer Buys *Newsweek*." *The New York Times*, https://www.nytimes.com/2010/08/03/business/media/03newsweek.html.

不如说是一次慈善行为。

哈曼和另一位媒体大亨巴里·迪勒（Barry Diller）把《新闻周刊》和后者创办的《每日野兽》（*The Daily Beast*）新闻网站合并，当时打的是交叉销售广告的如意算盘。2011年4月，哈曼去世，其家族决定停止投资，把合并的媒体完全甩给了迪勒的IAC公司。虽然名编辑蒂娜·布朗（Tina Brown）被迪勒挖来做新闻周刊/每日野兽公司的主编，依靠大胆的编辑为日趋衰败的《新闻周刊》赢得了不少眼球，却也不足以弥补每年4000万美元的印刷和发行开销。这个数字还不包括人员、场地和其他花费。[①]

终于，在2012年10月18日，蒂娜·布朗同CEO巴伯·谢迪（Baba Shetty）一起宣布，在纸质杂志持续出版80年后，《新闻周刊》将转向全数字方式。12月31日是纸版的最后一期，在一封题为《〈新闻周刊〉翻过了这一页》的致读者信中，两人写道："根据判断，我们达到了一个临界点，可以以全数字的方式有效地到达我们的读者。就在两年前还不是这样。"新的产品叫作Newsweek Global，它将"被付费订阅所支持，可以通过网上和平板电子阅读器获取，其中一些精选内容会出现在每日野兽网站上"。[②]

2012年的圣诞节，成千上万的美国家庭打开报箱，都看到了一封灰色的"讣告"：在一张俯拍自空中的黑白照片上，一幢装饰艺术（Art Deco）风格的摩天大楼从纽约曼哈顿的街区耸起，宛如一座墓碑。照片中央一行大字标题：#LAST PRINT ISSUE（最后一期印刷版）。这就是美国第二大新闻杂志《新闻周刊》印刷版最后一期的封面。那墓碑般的大

---

① O'brien, Luke (May/Jun 2014). "How to Lose $100 Million: The Undoing of Tina Brown." *Politico*, https://www.politico.com/magazine/story/2014/05/tina-brown-how-to-lose-100-million-105907_full.html.

② Brown, Tina & Shetty Baba (Oct 18, 2012). "A Turn of the Page for *Newsweek*." *The Daily Beast*, https://www.thedailybeast.com/a-turn-of-the-page-for-newsweek.

楼，是2010年和杂志本身一同被收购的前《新闻周刊》大厦。

由此，杂志业多年偶像之一的《新闻周刊》，已经变得不可以被称作杂志了。到2012年年底，它已转变成为一家网站，一个移动应用，一家会议公司，但却不再是印在纸上的一个图文集合。谢迪称，走向数字化最终"解放"了杂志，它原有的品牌被印刷版的"形式"和"经济学"束缚了。[①]这准确道出了印刷媒体今天陷入困境的根本原因：报纸和杂志的成本结构完全不具备合理性。

出产一份报纸是昂贵的。数据显示，报纸平均下来，管理成本占14%，纸张16%，印刷20%，发行9%，广告开销14%，最后留给内容生产的只有27%。[②]可以看到，近一半的报纸运营费用被用在物理生产过程中，而不是编采活动上。当读者越来越多地在网上获取新闻，印刷出来的报纸注定会变得较为昂贵，成为一种利基产品，甚或是一种奢侈品。

当然，报纸步入黄昏还有其他的原因。比如，读者群的日渐匮乏。报纸要想继续存在，需要有一定数量的读者支撑。然而，由于人们注意力的转移，以及年轻人未能发展出一种新闻阅读习惯，报纸的读者在不断萎缩。游戏、社交媒体、明星文化都在和报纸争夺注意力，NPR的前首席执行官加里·奈尔（Gary Knell）甚至极而言之：30岁以下的人不读报，即使他们的年龄增长，也不会读。[③]

---

① Learmonth, Michael (Oct 18, 2012). "*Newsweek* CEO: Dumping Print 'Liberates Us'." AdAge, http://adage.com/article/digital/newsweek-ceo-dumping-print-liberates/237856/.《新闻周刊》的故事后来又出现了戏剧性变化：2013年8月，IBT传媒宣布收购《新闻周刊》。2014年3月，《新闻周刊》印刷版正式恢复。2018年9月，《新闻周刊》脱离IBT传媒，成为独立出版公司。

② Great Britain House of Lords Select Committee on Communications (Feb 16, 2012). "The Future of Investigative Journalism: 3rd Report of Session 2010-12." https://publications.parliament.uk/pa/ld201012/ldselect/ldcomuni/256/256.pdf.

③ Barth, John (Mar 20, 2012). "How Newspapers Can Survive." CNN.com, https://www.cnn.com/2012/03/20/opinion/barth-newspapers-decline/index.html.

另外，报纸的商业模式日暮途穷。平面广告不断下滑，虽说数字广告正在缓慢地弥补这个缺口，但数字广告增长的速度赶不上平面广告下降的速度。当然，广告竞争的压力不独报纸为然，面对互联网，电视也在流失广告。结果是，所有报纸都面临大幅度的成本削减，因此牺牲的是新闻采编的力量。

以互联网为基础的媒体到处扩散：博客、网络报纸、搜索引擎、新闻集聚服务和社交媒体，导致了内容生产和复制的便利；这些都进一步推动了报纸订阅和广告的下降，而这反过来，又使得即使最严肃的报纸也只能生产少量的原创内容。

这正是格雷厄姆家族（The Grahams）忍痛割弃他们已拥有四代的《华盛顿邮报》的原因。他们面对报业转型的惊涛骇浪无能为力，因为这样的转型要求的不仅仅是止跌补损、保持营利，还需要投资未来。对未来的投资也不仅仅是一个赚钱的问题，更重要的是报纸的社会意义问题。所以《华盛顿邮报》的掌门人唐·格雷厄姆（Donald E. Graham）坦率承认，即使不出售，这份报纸也能生存一阵子，但是"我们想要的不只是活下来"。[①]

一个没有报纸的世界是怎样的？

报纸的困境如斯，我们必须问报人一个严肃认真的问题：为什么报纸是重要的？换句话说，如果我们生活的这个世界没有了报纸，人类社会将会损失哪些东西？梳理一下这个问题的答案，或许有助于报人重拾在数字时代的自信。

---

① Carr, David (Aug 5, 2013). "*The Washington Post* Reaches the End of the Graham Era." *The New York Times*, https://www.nytimes.com/2013/08/06/business/media/the-washington-post-reaches-the-end-of-the-graham-era.html.

第一，公众所阅读的严肃新闻，大多来自报纸。没有人做过定量的统计，告诉我们报纸出产的新闻在整体新闻中所占的比例。可是，随机找些聪明人估计，他们说这个比例不会低于80%。

可能电视的影响力更大，但根据笔者在央视工作的经验，电视记者常常是在报纸上找新闻。甚至是大家鼓吹甚力的新媒体，有多少博客妙笔生花的评论是建立在报纸提供的新闻上？虽然微博、微信、社交媒体的有用性毋庸置疑，但这些服务的用户大多不会遵循报业的新闻标准。所以虽然新媒体有着海量的内容，但真正高质量的内容还是少而又少。

所以，这是报纸应该继续存在的第一条理由：报纸挖掘新闻，其他人只是包装新闻。报业的健康不是一个小问题，因为报纸是一种为其他媒体设定议程的媒体。

第二，报纸并不仅仅是信息的提供者，它们每天把世界以一种协调一致的方式组织起来。说句极端的话，办得好的报纸，如果未能去读上面的某一篇文章，就相当于失去了以另一个可能的角度看待世界、与世界发生联系的方式。当然前提是报纸办得好。

第三，与上一条相关，报纸是公共对话的场所。已故的传播学者詹姆斯·凯瑞（James W. Carey）常常喜欢提醒他的学生说，现代的报纸是启蒙运动的产物，就像美国宪法也是启蒙主义时代的产物一样。对凯瑞来说，报纸的最重要之处，并不在人们所假定的客观性、公正性之类，而在于它维护了公民之间的民主对话。[①]这样的对话是否能在网络时代存活和光大，其实是个有争议的问题。也正是为此，报纸体现着公民责任、社会公义和政治独立的价值。

第四，报纸存在的理由还和它的从业者相关。多少人投身报业的时

---

① See Munson, Eve Stryker & Warren, Catherine A. (Eds.) (1997). *James Carey: A Critical Reader*. Minneapolis, MN: University of Minnesota Press.

候，没有怀着一种充满使命感的职业热爱？很多记者和编辑认为他们的作用是"安抚苦难者，折磨舒适者"（comforting the afflicted, and afflicting the comfortable）。[①]许多记者认为自己最终是在为读者工作——不是为了管理他们的编辑、发行人、公司或是投资人，而是为了喜欢他们的写作的读者。我们都熟知记者为了职业尊严而丢掉工作的故事。他们拒绝禁止他们出版的指令，也不愿为了政商利益而出卖自己的良知。他们这样做是为了对读者保持忠诚。有时整个编辑部都会采取如此立场。在互联网上的公民记者，也具有这样的使命感吗？

第五，对于看重自己职业的报纸记者和编辑来说，业余分子杀入新闻场是不无忧虑的现象。他们威胁了职业标准，纵容了党派的特别恳求，把谣言和丑闻伪装成新闻。

已经去世的美国记者海伦·托马斯（Helen Thomas）或许是过去五十年中最有名的白宫记者，她担心专业新闻工作的衰退。"每个拥有一台电脑的人都认为自己是记者。每个拥有一部手机的人都认为自己是摄影师。"她认为这种趋势是"可怕的，因为你可能在还没有意识到的时候就已经强迫性地破坏了他人的生命和名誉。没有编辑。没有标准。没有伦理道德。我们正处在十字路口。在我那个时代，当你的妈妈告诉你她爱你，一个好的记者也会对此核查清楚。现在很多很有价值的报纸都放任自流了。这是一个危机"。[②]

罗列以上的报纸存在理由，是想追问，当报纸作为多元主义和自由言论的支柱坍塌以后，对社会的影响会是什么？会有新的机制出现，取代报纸目前提供的准确、平衡和高新闻标准的传统过滤吗？谁将会创造

---

① 这个说法出自美国幽默作家 Finley Peter Dunne。

② Stephey, M. J. (Oct 15, 2009). "White House Legend Helen Thomas." *Time*, http://content. time.com/time/nation/article/0,8599,1930315,00.html.

我们所期望的高质量新闻，特别是对于民主制度的健康发展极为关键的调查性报道呢？没有报纸今天所提供的凝合剂，我们的社会会变得越来越分裂吗？对于关心独立媒体在自由社会中的角色的人来说，这些都是其所面临的最令人苦恼的问题。

怀旧者大量存在。在得知《卫报》（The Guardian）将缩减印刷版业务的消息后，伦敦市长鲍里斯·约翰逊（Boris Johnson）专门撰文，捍卫传统媒体的存在价值。"如果你们停掉这个以油墨与纸浆为载体、承载着历史的印刷版报纸，那将是一场国家灾难。告诉我们所有内容都'在线'是没有意义的，那么多色情与废话也都'在线'。我们需要《卫报》屈尊下到报亭里；我们需要看到人们在地铁里拿着《卫报》轻轻颔首。"[1]但不管这个呼吁显得多么动人，恐怕我们也终将见证《卫报》彻底告别油墨与纸浆。

在将来，一定会有这样的时分到来：所有的报刊都停止纸版印刷，只出数字版。然而，没有人知道这个将来会在什么时候到来；也没人清楚当那一天真正到来的时候，还有哪些报纸和杂志会存在。当然这也不只是报纸和杂志的故事，在网上到处流传的视频显然也已经极大影响了电视台，不过那是一个需要另外讲述的故事。

虚拟报亭中有智慧吗？

《卫报》已经走在关掉印刷机的路上。它提出了"数字化优先"（digital first）战略，它的高管甚至说，数字版的可持续性商业模式将成为"《卫报》的使命"。《卫报》的前经营负责人亚当·弗里曼（Adam

---

① Johnson, Boris (Oct 29, 2012). "Newspapers Are Worth Fighting for-Even When They're Wrong." *The Telegraph*, https://www.telegraph.co.uk/comment/columnists/borisjohnson/9639833/ Newspapers-are-worth-fighting-for-even-when-theyre-wrong.html.

144

Freeman）声称，"数字化优先"战略将把传统记者和免费工作的热情公民的努力结合起来，奔向"新闻的开放性未来"。[1]

弗里曼说道："像许多产业一样，报业是偶然开始的，印刷机发明出来，我们用那种方式分发新闻。现在我们很清楚，我们必须做到数字化优先。比起关心平台来，我们更关心如何讲述新闻。"[2]《卫报》致力于开拓网络所赋予的机会来传播所谓的"开放"新闻（"open" journalism）。《卫报》长期的主编艾伦·鲁斯布里奇（Alan Rusbridger）用一连串排比诠释了什么叫作"开放"新闻："旅游版在寻找对柏林了如指掌的一千人。环境团队试图扩大环境报道的范围、权威性和深度。国际报道组想要收获尽可能多的来自阿拉伯的声音，以帮助报道和解释那场春天的革命。体育编辑在想怎样才能更好地报道竞逐世界杯的32个国家球队。评论编辑希望拓宽辩论的光谱，从政治思想家到科学家到神学家到律师……这家报纸正在超越一家报纸的界限。记者发现自己能够呈现更完整的画面。"[3]

纽约城市大学新闻学院副教授杰夫·贾维斯将聚集专业记者和公民记者而共同创造的新闻称之为"网络化的新闻"（networked journalism）。"网络化的新闻结合了新闻报道中的各方协作的特点：专业人士及业余爱好者共同揭露事件的真相。他们之间没有门第之分，也没有传统的界限，共同分享事实，共同发问，共同寻找答案，共同提出看法，共享观点。

① Rushton, Katherine (Jan 25, 2012). "Guardian Pins Digital Future on Citizen Journalism." *The Telegraph*, https://www.telegraph.co.uk/finance/newsbysector/mediatechnologyandtelecoms/90 39292/Guardian-pins-digital-future-on-citizen-journalism.html.

② Rushton, Katherine (Jan 25, 2012). "Guardian Pins Digital Future on Citizen Journalism." *The Telegraph*, https://www.telegraph.co.uk/finance/newsbysector/mediatechnologyandtelecoms/90 39292/Guardian-pins-digital-future-on-citizen-journalism.html.

③ Rusbridger, Alan (Feb 29, 2012). "The Guardian: A World of News at Your Fingertips." *The Guardian*, https://www.theguardian.com/help/insideguardian/2012/feb/29/open-journalism-at-the-guardian.

网络化的新闻体现了繁复的关系中蕴藏着新闻的理念，将重点放在发掘新闻的过程，而非结果。"①

我特别关注弗里曼的这个说法：报业是偶然开始的。我们如此习惯于由大型报纸和电视网构成的"大众媒体"世界，以至于将其看作天经地义的事情，可是，大众媒体会不会只是历史上的一个异常现象呢？哈佛尼曼新闻实验室（Nieman Lab）的李·汉弗莱（Lee Humphreys）通过对信件、日记和其他前数字时代的表达手段的研究发现，如果放眼一段更长的历史时期，单向的、广播式的"大众媒体"并不是标准现象，相反，人际的、多方向的沟通才是主流——就像现在的博客、Twitter 和 Facebook 一样。②媒体从来都是个人化的和社会性的。换言之，当我们以为自己创造了一种崭新的沟通方式时，我们其实是在重返过去。

克莱·舍基说："任何职业，尤其是那些已经存在很久、让人们感觉它们似乎从来都在的职业，其成员们有一种倾向，将对于特定问题的临时解决方案等同于有关世界的深刻事实。"③今天的报纸正是如此。一直以来一个重要的问题是，社会如何得知当日的新闻。报纸曾经对此构成了好的回答，然而像报纸这样的答案，取决于还有其他哪些解决方案可供选择。舍基分析说："因为报纸稳定的存在，很久以来我们都把它看作一个明智的事物，但其各种内容之间并没有什么逻辑联系。伊拉克战争的报道，棒球比赛的技术统计，包括从鞋子到房地产各种各样的广告，所有这些紧挨在一起，形成一个古怪的集合。报纸刊载各种内容的条件主

---

① Jarvis, Jeff (Jul 5, 2006). "Networked Journalism." BuzzMachine, https://buzzmachine.com/2006/07/05/networked-journalism/.

② Humphreys, Lee (2018). *The Qualified Self: Social Media and the Accounting of Everyday Life*. Cambridge, MA: The MIT Press.

③ Shirky, Clay (2008). *Here Comes Everybody: The Power of Organizing Without Organizations*. New York: Penguin, 59.

要是纸张、油墨和发行的成本；一张报纸即一个发行者能够捆绑销售且有利可图的任何印刷内容的组合。其推论也同样成立：报纸所不涉及的都是印刷和发送起来太贵的东西。"[1]然而现在生产、复制、发行的问题都大大简单起来，报纸开始面临致命问题。

汤姆·斯丹迪奇（Tom Standage）在《从莎草纸到互联网：社交媒体2000年》(*Writing on the Wall: Social Media-The First 2000 Years*，2013)一书中探讨数字媒体的本质，认为社交媒体其实并不是什么新鲜的东西。从西塞罗（Cicero）和其他古罗马政治家用来交换信息的莎草纸信，到宗教改革、美国革命、法国大革命期间印制的宣传小册子，都映射了报纸被发明之前媒体的运作方式，那时，地方的小酒馆和咖啡屋扮演着信息生态系统的中心角色。在斯丹迪奇看来，大众媒体只是历史的一个"插入语"。[2]

今天，在我们重返媒体未来的时候，会出现一系列利用媒体系统的网络化、社会化和小规模生态圈的特性而发展自身的新实体。也正是在这个意义上，大家对于硅谷新贵贝索斯究竟会把《华盛顿邮报》带向何方充满期待。因为只有创新的新实体，而不是旧媒体，才能决定新闻的未来，尽管新闻纸（newspaper）可能注定是没有未来的。在一种非常真切的语境下，新闻人的确既生活在最好的时代，也生活在最坏的时代。

不过说到新闻的未来，更有意思的是《卫报》的弗里曼的一段话："它将是在报社大楼内的记者同大楼外的专才之间的一种协作……他们是

① Shirky, Clay (2008). *Here Comes Everybody: The Power of Organizing Without Organizations*. New York: Penguin, 59-60.

② 汤姆·斯丹迪奇：《从莎草纸到互联网：社交媒体 2000 年》，林华译，北京：中信出版社，2015 年。

专才，因为他们和记者一样关心那些话题。他们不必是教授。"①杰夫·贾维斯评论贝索斯收购《华盛顿邮报》时和他得出了同样的结论："可以预期很多人会欣喜若狂，因为贝索斯懂得如何卖东西。毫无疑问，他当然知道怎样打造付费墙。可我不认为那是他的关键价值。贝索斯的核心能力是打造关系。作为新闻业者，我们必须停止把自己视为一种叫作内容的大众化商品的生产者，而开始认识到，我们身处某种服务业，其产出是知情的个体与社区。"②

果真实现了这些，即使是纸版报纸消失，人们转向全数字版，也不必担心新闻纸内容的"在线"还原，以及虚拟报亭中的智慧了吧？

① Rushton, Katherine (Jan 25, 2012). "Guardian Pins Digital Future on Citizen Journalism." *The Telegraph*, https://www.telegraph.co.uk/finance/newsbysector/mediatechnologyandtelecoms/9039292/Guardian-pins-digital-future-on-citizen-journalism.html.

② Jarvis, Jeff (Aug 5, 2013). "Hot off the Presses." Buzzmachine, https://buzzmachine.com/2013/08/05/hot-off-the-presses/.

中外报业付费墙实践对比及省思[①]

付费墙是中外报业集团应对收入下滑、摆脱经营危机的自救尝试。在实践中，付费墙意味着制定付费规则、选定付费模式，并围绕付费规则和模式开展一系列包含采编优化、用户调研、营销促销等在内的统筹规划，以适应互联网时代全新的媒介接收习惯。

付费墙的兴起

付费墙是指传统印刷媒体为其网上数字内容建立的支付模式。早在20世纪末，美国报业便在网络技术革命的冲击下，开展了一系列包括自建网站、推出电子报等数字化转型尝试，其中《华尔街日报》率先对其网站WSJ.com上的内容实施收费，这被视为付费墙模式的开端。在互联网内容免费的大环境下，付费机制重新确立了用户必须为有价值的内容付费、为媒体产品付费的原则。

付费墙的兴起有着特殊的时代背景。自20世纪90年代以来，由互联网引发的传媒技术革命，重塑了受众的信息消费行为，更具时效性、互动性与多媒体性的网络平台，开始大规模掠取原本属于传统报业的受众。据美国报业协会和美国报纸编辑者协会的调查显示，20世纪的最后十年，美国日报的发行量从6232万份降至5598万份，降幅近10%。[②]这一颓势在21世纪初期变得更加严峻。发行量的下滑与受众的流失，直接影

---

① 与崔晨枫、吴佳偬合写。

② 明安香：《在新世纪报业发展的大趋势下——中国报业还有多大发展空间？》，《城市党报研究》2001年第3期。

响了广告商对报纸广告的投入，而后者正是报纸收入的主要来源。据美国报业协会的数据显示，2010年美国报纸的广告收入为258亿美元，仅与1985年的报纸广告收入相当。[①] 不仅如此，多数纸媒自20世纪末施行的"线上内容免费"策略，即试图凭借免费内容吸引受众，由此获取更多数字广告收入的策略，也被证明收效甚微。从皮尤研究中心的调查来看，印刷版广告每减少7美元，数字广告仅增加1美元[②]，"内容免费"策略带来的收益根本不足以抵补印刷版广告的损失。

在此背景下，各报业集团不得不着力于探索发行与广告收入之外的商业模式，而树立付费墙、对在线内容收取订阅费便是多数纸媒新的营利尝试。2011年，《纽约时报》正式重启付费墙模式，迅速积累了大量数字订阅户，一年后，其线上线下订阅收入跃升为主要收入，《纽约时报》也因此成为付费墙实践的典范。及至2015年，美国已有超过70%的媒体设有付费墙。[③]

进入21世纪以来，中国互联网技术迅猛发展，中国报业在数字化革命与新媒体扩张的冲击下，面临着与美国报业相似的危机。近年来，部分国内媒体将付费墙视为应对收入下滑、摆脱经营危机的有效途径，并进行了若干尝试。本文拟着眼于国内外知名报刊的付费墙实践，通过对比分析，探讨国内外付费墙实践经验的差异，以及国内付费墙的未来发展与走向。

国外知名报刊的付费墙探索

付费墙通常可分为"硬付费墙"与"软付费墙"两种付费规则。所

---

① 《2010年美国报纸广告收入创25年最低》，新浪科技，2011年3月16日，http://tech. sina.com.cn/i/2011-03-16/07315291220.shtml。

② 范东升、易东明：《"付费墙"能否拯救报业》，《新闻与写作》2014年第7期。

③ 郑晓迪：《报业转型的他国经验：自"付费墙"观察》，《重庆社会科学》2017年第4期。

谓"硬付费墙"（hard paywall），是指在线内容均处于付费墙内侧，读者与内容之间被完全隔离。"硬付费墙"的施行，需要媒体在线内容具有高度独特性与不可替代性，门槛相对较高，目前国外媒体大多采用的是"软付费墙"（soft paywall）。

"软付费墙"也被称为"篱笆墙"，指在线内容部分对读者免费，共包含三种典型付费模式：其一是计量式付费墙（metered sites），即读者可在规定期限内免费阅读一定数量的在线内容。2011年《纽约时报》重设付费墙时，便采用计量付费模式，允许读者每月免费阅读20条新闻；其二是分类式付费墙（hybrid sites），即对在线内容进行分类，部分类别需付费阅读，分类式付费墙下的付费内容，通常都是该媒体最具竞争力与吸引力的内容；其三是分离式付费墙（dueling sites），即设置付费与免费两个网站，付费网站呈现全面且翔实的信息资讯，免费网站只提供部分报道。①除了三种典型模式以外，还有如计时付费、预览付费、逐条新闻付费等小众模式。此外，付费模式并非互不兼容，媒体往往会配合使用不同的付费模式，以实现效果最大化。

然而在实践中，付费墙并非仅仅意味着制定付费规则、选定付费模式，而是围绕付费规则和模式开展一系列包含采编优化、用户调研、营销促销等在内的统筹规划，以适应互联网时代全新的媒介接收习惯。美国传媒经济学家肯·多克特（Ken Doctor）将报刊的付费墙运营策略概括为"5P原则"，即产品（product）、用户（people）、呈现（presentation）、价格（price）、促销（promotion），他认为这五个要素是付费墙运营的关键。②纵观国外知名报刊的付费墙实践，大多都是围绕"5P"进行尝试与探索。

---

① Mutter, A. D. (Feb 11, 2011). "The State of Play for Paid Content." *Editor & Publisher*.
② 陈沁蓉、米源飞编译：《媒体"付费墙"经营的5P原则》，《新闻记者》2012年第6期。

在"5P原则"中，高质量内容产品是付费墙持续运营的支撑，能否提供有独特价值的在线内容，直接影响着受众的付费意愿。为了产出网络时代的高质量新闻产品，媒体新闻编辑部发动了一场数字化革命。以付费墙实践的典范——《纽约时报》为例，早在1999年，《纽约时报》便成立了数字部，专门策划数字内容，迎合线上读者的阅读习惯，数字部拥有独立的管理层和采编团队，负责报社旗下40余个网站的业务，这被视为《纽约时报》组建数字化团队的开端。及至互联网新技术层出不穷的21世纪，《纽约时报》紧跟潮流，成立了众多包含记者、工程师、设计师、数据专家、产品经理的数字化小组，提供契合互联网时代用户喜好的数字产品与服务，以此吸引在线订户。例如，《纽约时报》付费墙的创建者之一大卫·博比奇（David Perpich）组建了 Beta Group，Beta 曾开发出一系列全新的内容产品，包括个性推荐的健身计划、为订户精准推荐电影电视的垂直频道等。[①]2018年，《纽约时报》着眼于用户自我提升的深层次需求，推出了编辑、产品及营销团队协作出品的月度专题——"今年生活更美好"（A Year of Living Better），每期专题涵盖一系列改善生活的指南，以期把更多的读者转化为订户。[②]此外，利用数字化技术，《纽约时报》还建起了新闻档案数据库，该数据库包含160多年来的1400多万篇文章，通过这一数据库，《纽约时报》能将相关新闻的背景、事件追溯、前后关联报道等结合在一起，以专题的形式立体且翔实地呈现出来，吸引读者关注。[③]

比起"绞尽脑汁"创作独特内容产品的综合性媒体，专业媒体的付

---

① 《拯救传媒帝国：〈纽约时报〉的数字化革命之路》，爱范儿，2017 年 2 月 18 日，http://www.ifanr.com/788845。

② https://www.nytimes.com/spotlight/guides.

③ Abbruzzese, Jason (May 16, 2014). "The Full *New York Times* Innovation Report." *Mashable*, https://mashable.com/2014/05/16/full-new-york-times-innovation-report/.

费墙之路似乎更显轻松——这也说明了内容优势在付费墙实践中的重要性。作为财经类媒体中的翘楚，《华尔街日报》凭借及时详尽的财经新闻、股市动态、经济数据，以及专业的报道分析等，使其内容具有极强的独家性与不可替代性，在推出内容付费战略之后，其原有用户并未因付费墙而大幅流失。而自2015年起，《华尔街日报》也开始组建数字团队，将网页设计者、程序开发者等加入新闻编辑室，使编辑部门可以直接管理网站及移动客户端页面，同时保证开发人员可以得到新闻内容编辑方面的指导，包括版面呈现、报道方式等。[1]

地方性中小型报纸同样凭借详尽的本地新闻在付费墙实践中脱颖而出。据统计，设置付费墙之后，发行量在5万份和2.5万份以下的报纸，其发行量下跌幅度远比主流大报低，部分媒体甚至出现了发行量反弹，比如阿肯色州最有影响力的大众化报纸《阿肯色民主公报》，在2009年至2010年发行量增加了2.7%（包括电子版订阅量），俄勒冈的《本德公告报》2010年付费发行量增长34%等。[2]这些地方性媒体能够提供主流大报和综合性新闻网站视线之外、但与本地居民关系密切的各类新闻，同样具有不可替代性。

正确认识用户、合理划分用户、精确把握用户，是网络时代生产高质量内容产品的基础，也是付费墙运营的基石。在用户需求预测上，《纽约时报》通过数字注册，建立了读者数据库，获得了完整的用户资料，这些资料有助于《纽约时报》深挖不同类型用户的阅读需求，为目标市

---

[1] 郝思斯、赵薇筠编译，《〈华尔街日报〉网站7年首度改版，创新何在？》，搜狐传媒，2015年4月20日，http://media.sohu.com/20150420/n411564654.shtml.

[2] Ives, Nat (May 3, 2010). "Success of Pay Walls at Smaller Papers is Good Sign For Print." *AdAge*, https://adage.com/article/media/pay-wall-gains-smaller-newspapers-good-sign-print/143637.

场提供对应的产品与服务。^①在《纽约时报》新闻编辑部中，数据分析师的重要性并不亚于采编记者，他们会精确测量每篇文章的分享次数、读者的阅读时间、读者每周阅读同一栏目的百分比等，进而以数据报告为方向，指导《纽约时报》的选题侧重、栏目更新甚至战略制定。2017年，《纽约时报》网站推出了一系列兴趣阅读试验，这项试验打破了以往"编辑评判"的把关制度，代之以私人订制式的信息呈现。例如网站主页"更聪明的生活"（Smart Living）栏目，会根据用户的阅读习惯与往期阅读行为推送特定主题，部分读者很可能在同一栏目中看到不同内容。^②在信息庞杂的互联网时代，精准化、订制式的内容呈现使《纽约时报》网站聚集了大量订户。

不仅如此，部分媒体对用户身份的定位，也从"被迫缴纳订阅费的陌生客户"，转变为"有着独特个性与需求、将与报社存在长久亲密关系的会员"。例如，《华尔街日报》网络版采取"全天候"更新，编辑以24小时为周期，根据最新消息的重要程度及用户喜好，陆续向特定会员的邮箱发送新闻推荐邮件，会员甚至可以通过邮件直接与编辑进行交流。^③《卫报》则直接将付费会员分为三个等级——"支持者"（Supporter）、"伙伴"（Partner）和"老主顾"（Patron），每个等级享受的"特权"均有不同，比如初级会员"支持者"可享受入会礼物、应用免广告、加入全球读者俱乐部、获取会员定制邮件等，"伙伴"增加了获得《卫报》出版物的特权，"老主顾"还可以参与"大师课堂"（Master classes），了解非虚

---

① 吕尚彬：《谁能够成为构建付费墙的中国报纸》，《中国报业》2012年第12期。
② 《〈纽约时报〉开始试验兴趣阅读　不同用户或看到不同的报纸》，腾讯科技，2017年10月1日，http://tech.qq.com/a/20171001/026847.htm。
③ 王亿本：《"二八"拥抱"长尾"——解读〈华尔街日报〉数字化时代的微内容建构策略》，《传媒》2008年第3期。

构写作、人物特写等。[①]

收费策略是付费墙运营中的重要一环，合理的价格与适时的促销能有效平衡媒体收益与用户流失之间的关系。《纽约时报》采用的是计量式付费墙，读者可限期免费阅读一定数量的在线内容。计量式付费墙的关键在于如何设定免费阅读的数量及付费价格。在免费数量上，《纽约时报》初始时设定为每月可免费阅读20篇文章，但在第二年，免费数量改为10篇，并辅之以"漏洞式"的访问策略，即用户可通过Facebook、Twitter等社交网站链接免费访问《纽约时报》的付费新闻，或通过谷歌搜索限量访问付费页面，以此维持网站流量与品牌影响力。当然，《纽约时报》也试图借此散发部分优质文章，吸引Facebook等社交媒体上的用户成为自己的忠实读者，最终转变为付费订户。到2017年年底，免费阅读的文章又减到5篇。

在付费价格的设定上，《纽约时报》参考了美国学者K.保韦尔斯（K. Pauwels）和A.维斯（A. Weiss）于2008年提出的预期收益公式，即付费墙期望收益=（在线用户订阅数 × 订阅费）–（免费用户数 × 广告费）+（纸质版订阅数 × 订阅费）[②]，并根据不同平台制定了差异化的收费策略，如使用网站与手机APP登陆时，需每周缴纳3.95美元；使用网站与平板电脑APP登录时，需每周缴纳5美元；使用网站、平板电脑APP与手机APP登录时，需每周缴纳8.75美元。[③]此外，印刷版订阅户可免费访问所有在线内容。差异化的付费套餐，满足了用户多样化的登陆习惯。

---

① 《〈卫报〉数字付费会员一年增18.5万》，《中国新闻出版广电报》2017年2月14日，http://www.xinhuanet.com/newmedia/2017-02/14/c_136055245.htm。

② Pauwels, K. & Weiss, A. (May 2008). "Moving from Free to Fee: How Online Firms Market to Change Their Business Model Successfully." *Journal of Marketing* 72(3):14-31.

③ 陈宪奎、刘玉书：《付费墙：〈纽约时报〉的数字化转型与美国报业的发展》，《美国研究》2015年第2期。

除了设定灵活价格,《纽约时报》也十分擅长通过促销手段吸引订阅者,如2017年初,《纽约时报》宣布购买一年数字内容订阅服务的用户,还可免费享受价值120美元的流媒体音乐服务 Spotify。

《华尔街日报》则通过设置分类式付费墙,在维持传统优势报道及信息服务收费的基础上,陆续推出免费版内容,如允许读者免费阅读艺术、政治等领域的文章,以此挽回日益下滑的网站流量。2016年,《华尔街日报》进一步调整了免费阅读策略,允许非订阅者免费阅读付费会员在 Facebook 等社交媒体上分享的文章,且每篇文中都会植入"入会申请",这实际上将每位会员变成了报纸的推广者;此外,《华尔街日报》还为非订阅者开放了24小时的"访问权限",允许他们限时浏览网站上的部分文章,根据每位来访者的阅读类型,其推荐阅读乃至报价都会有所差别。《华尔街日报》想通过密切接触用户,掌握其阅读喜好,确保不错过任何可能成为其订阅用户的读者。[1]

成功的付费墙实践为媒体带来了可观的收益。2016年末,《华尔街日报》的订阅用户数达110万人,订阅收入也超过广告收入。[2]到2020年2月,订数突破200万大关。[3]而在付费墙实践初期不被看好的大型综合性媒体,目前也涌现出部分成功的典范。佼佼者当属《纽约时报》,其自2011年至2016年,数字订阅收入增长了418%,达到2.33亿美元。[4]现在,它甚至

---

① 网易新闻学院:《〈华尔街日报〉将付费订阅做到极致:"卖会员"更吸粉》,2016 年 12 月 13 日,http://news.163.com/16/1213/09/C85IJ5E1000181KO.html。

② 网易传媒研究院:《为达 300 万订阅用户目标,〈华尔街日报〉进一步收紧付费墙》,2017 年 2 月 13 日,https://dy.163.com/article/CD60GC4V05118VJ5.html。

③ Benton, Joshua (Feb 10, 2020). "*The Wall Street Journal* Joins *The New York Times* in the 2 Million Digital Subscriber Club." NiemanLab, https://www.niemanlab.org/2020/02/the-wall-street-journal-joins-the-new-york-times-in-the-2-million-digital-subscriber-club/.

④ 《〈纽约时报〉数字业务收入在过去六年翻了一番》,Recode 中文站,2017 年 5 月 9 日,http://tech.qq.com/a/20170509/022843.htm。

还压《华尔街日报》一头：印刷和数字订阅总计达到525万，数字订阅总数（包括烹饪和填字游戏）为439万，数字新闻订户为342万。更令人印象深刻的是：几乎没有证据表明《纽约时报》数字新闻订阅的潜在客户群已攀至顶峰。到2019年底，该数字为342万，而2018年同期为271.3万，增长率高达26%。[①]

不仅如此，《纽约时报》的订阅收入如今已成为主要的盈利支撑，并大幅领先于广告收入，[②]这意味着《纽约时报》进一步摆脱了对广告商的依赖，通过"卖新闻"而非"卖广告"保证自己的持续发展。有学者认为，以发行为主的收入模式，有助于媒体更好地履行专业主义，回归新闻本源，实现新闻理想。[③]

国内知名媒体的付费墙探索

与渐入佳境的美国报业付费墙相比，国内媒体的付费墙实践依然处于草创时期。从2010年起，《人民日报》《重庆日报》《安徽日报》《环球时报》等报纸曾陆续尝试过付费墙，但收效甚微。

《人民日报》数字版自2010年1月1日起实施全面收费，收费标准为每月24元、半年128元、全年198元。《人民日报》主要采用了分离式付费的收费模式，阅读《人民日报》当天数字版全部内容均为免费，但如果要浏览《人民日报》历史信息，除前四版外必须注册收费。作为第一批"吃螃蟹"的报业媒体，《人民日报》的付费墙尝试坚持了6年，最终

---

① Benton, Joshua (Feb 10, 2020). "*The Wall Street Journal* Joins *The New York Times* in the 2 Million Digital Subscriber Club." NiemanLab, https://www.niemanlab.org/2020/02/the-wall-street-journal-joins-the-new-york-times-in-the-2-million-digital-subscriber-club/.

② 《〈纽约时报〉2017年总营收增长8% 订阅收入占比六成》，新浪科技，2018年2月9日，http://tech.sina.com.cn/it/2018-02-09/doc-ifyrkuxs6813961.shtml。

③ 陈宪奎、刘玉书：《付费墙：〈纽约时报〉的数字化转型与美国报业的发展》，《美国研究》2015年第2期。

于2017年1月1日正式全面停止收费，推倒了自己的付费墙。

比《人民日报》更早开始尝试的是温州日报报业集团，其旗下的《温州日报》《温州都市报》《温州商报》《温州晚报》电子版早在2007年就试水了付费墙，并独树一帜地创立了依据用户群体的地域差异进行收费的付费墙模式，即对温州用户免费，对外地用户收费（主要针对在外工作生活的温州人）。温州日报报业集团之所以能开启这样的模式，有两个原因：其一是温州有百余万商人活跃在国内各大城市，有50多万华侨侨居在世界各地，而在外的温州人素来有订阅温州当地报纸的习惯；其二，温州人有朴素的商业精神，只要是商品就愿意付费购买使用。[①]根据地域的不同，温州日报报业集团采用点卡的方式销售，分为国际卡、国内卡、本地卡。温州日报报业集团副社长郭乐天表示："这种点卡销售方式价格不一样，能使市场分析更精确一些。"[②]不过，温州报业虽然首开全国付费网络订阅的先河，目前也已停止了收费订阅。

截至目前，还在采用"软付费墙"模式的只有南方报业集团、《新京报》等少数报纸媒体和《财新周刊》《第一财经周刊》等杂志，在其数字版APP上，用户需付费订阅，才能浏览部分独家报道、深度报道。例如南方报业集团"南方周末"APP，订阅一周（2期）需3.99元，一月（5期）8元，一年（52期）68元；"新京报数字版"APP的用户可以免费阅读A版、B版的前五版，之后的内容均需付费阅读，订阅一月需25元，三月68元，半年118元，一年198元。但是，这些报业在设立付费墙之后，很少围绕其进行相应的采编优化、用户调研或营销促销，更多的只是将传统报纸的内容复制到PC端、移动端。

---

① 彭芸：《报纸网站和移动终端的收费模式分析》，华中科技大学硕士学位论文，2011年，第21页。

② 陈国权：《温州数字报纸的"收费墙"尝试》，《中国记者》2012年第6期，第67页。

相比之下，财新传媒的付费模式更多元化，且根据用户的需求和互联网的特性，提供了许多与纸质媒体有差异化的内容。财新传媒于2013年1月初次采用了"软付费墙"，对《新世纪》周刊、财新《中国改革》月刊的内容施行预览式付费墙，向用户免费提供每期10页财新网《新世纪》杂志电子版的内容预览，此后深度报道内容需要付费阅读。随着内容产品的更新，财新网相继推出"财新数据+"和"财新英文"等收费产品，需开通会员付费阅读，而发稿量最大的财新网则可免费阅读。2017年10月，财新传媒再次对内容付费方式进行了改革，迎来了财新传媒的第二次收费升级。2017年11月6日起，财新正式启动财经新闻全面收费，并通过"财新通""周刊通""数据通""英文通"这"四通"产品，满足不同用户的阅读需求。收费升级后，财新网主要新闻采取限时付费制度，即48小时内免费，然后转入收费，而常规性新闻、视频、图片、博客以及部分观点评论仍为免费。

　　不同于以往付费墙按照内容的时效或深度来划分，或像温州日报报业集团那样按读者地域进行划分，财新传媒按照读者的不同需求，提供不同等级的内容，以此来制定不同的收费产品，这是财新传媒在商业化探索上值得国内同行借鉴的一步。

　　《三联生活周刊》利用自己的品牌背书，推出了社交阅读和知识服务平台"中读"，邀请曹景行、窦文涛、梁文道、郎朗等各行各业明星大咖，语音分享他们的故事、解读知识；与此同时，《三联生活周刊》过往十年电子杂志、2018年《三联生活周刊》52期内容及三联旗下的精品杂志《读书》《爱乐》等都作为会员权益赠送给购买"中读会员卡"的读者。

　　在国内传统媒体试水付费墙的同时，新兴媒体在这方面亦有些许尝试，并在借鉴国外经验的基础上，开创了会员社群、数据分享、投资建议等模式。例如，成立于2015年的香港新媒体端传媒，就为自己的付费产品提供了更多样的附加值，它的付费产品可分为"尊享会员""畅读会员"两项，付费会员除了能阅读全站深度报道外，尊享会员（83港元/月）可阅读《华尔街日报》（370美元/年）全语种所有付费内容，并享受端旅行、端Mall购物折扣，而"畅读会员"则可享受SuperPass独立书店的优惠。此外，两种会员都可加入各自的社群，与同好沟通交流。又如，科技媒体钛媒体于2017年1月上线"钛媒体Pro"，999元的年费包含了在线课堂、独家研报、在线书馆，以及全球TMT市场数据库。严格来说，钛媒体的收费模式不再把重心放在内容上，而是为读者提供优质的服务。

读者购买媒体内容产品的动力在于对优质、稀缺、深度、独家的内容的追求，而在国内媒体竞争激烈、同质化严重的大环境下，综合型媒体很难在付费业务上取得突破，但对于垂直领域的专业媒体来说，报道的专业性、资源的聚合性，以及相比综合型媒体更容易树立差异化的品牌形象等优势，导致其在付费这一难题上，有更多抓手来伸展拳脚。从目前国内媒体付费墙的趋势来看，专业媒体正在从内容提供者转型为服务提供者，从而拓展更多商业化道路和模式。

国内外付费墙经验对比及原因分析

通常而言，根据受众规模与内容定位，报刊可大致分为大型综合类媒体、专业性媒体、中小型地方报等。国外各类型媒体的付费墙实践均有成效，而与其相比，国内只有少数专业性媒体在付费墙实践上稍有起色，究其原因，既有中外传媒体制与媒体布局的区别，也有国内媒体本身在付费墙实践上的不足与缺失。

首先，"一城多报"的中国媒体布局，是影响中国地方性媒体推行付费墙的重要因素。在国外媒体中，中小型地方报被认为是较容易推行付费墙的媒体。以美国为例，在设置付费墙之后，美国中小型地区报的发行量，并未如主流大报一样迅速下跌，部分小报甚至出现了发行量反弹。① 如前文所述，美国中小型地方报之所以能在付费墙实践中脱颖而出，在于其能够提供全国性大报与新闻网站视线之外的本地新闻，而此外同样重要的是，美国每个城市几乎都只有一份本地报纸，同质化竞争的缺失使得唯一的本地报在内容上极具不可替代性。据统计，早在1970年，美国便有1500个城市出版日报，其中近1400个城市出版独家日报，"一城一报"率达88%。② 美国"一城一报"的传统与其国情密不可分，有学者认为，市场容量制约着报纸的出版种数与最大发行量，前者是由人口数量、经济发展水平、受教育程度等客观指标决定的，美国超过百万人口的城市较少，大部分都是中小型城市，人口适中，这一人口条件客观上加剧了"一城一报"现象的产生。③

而中国自改革开放以来，却呈现出"一城多报"的媒体布局，多数城市在原有日报、晚报的基础上，又相继涌现出都市报、早报、商报、时报等各种名目的都市报纸④，如青岛除了机关报《青岛日报》外，还有《青岛早报》《青岛晚报》《半岛都市报》《城市信报》四家都市报，每家报纸都开有电子版业务。此外，当地政府通常会开办地方新闻门户，如青岛新闻网、温州网等，腾讯网、新浪网、凤凰网等大型网络媒体也会在大中型城市设立地方站。"多报多网并存"的局面，使得本就有限的本地新闻被几家媒体重复报道，各份报纸的报道内容区分度较小，且极易被当地新闻网站替代，与美国多数城市的媒体布局相比，国内地方性报纸缺少推行付费墙的客观条件。当然，国内地方性报纸在采写本地内容

① Ives, Nat (May 3, 2010). "Success of Pay Walls at Smaller Papers Is Good Sign For Print." *AdAge*, https://adage.com/article/media/pay-wall-gains-smaller-newspapers-good-sign-print/143637.

② 陈美洁：《美国一城一报的形成以及规律分析》，《东方企业文化》2010年第2期。

③ 陈美洁：《美国一城一报的形成以及规律分析》，《东方企业文化》2010年第2期。

④ 明安香：《一城多报，是耶非耶？——略议我国都市报纸的重叠现象及对策》，《新闻天地月刊》2002年第6期。

时普遍缺少深度，多数内容与网络资讯大同小异，又不及网络内容丰富、及时，这也是地方报纸难以推行付费墙的重要原因。

其次，"通稿制"也是影响中国媒体推行付费墙的重要外在因素。在不少重大新闻事件发生后，不论是地方性媒体还是大型综合性媒体，都采用新华社通稿，这早已成为国内媒体报道的惯例。[①] 从新闻价值的角度看，对重大新闻事件的客观报道与深度分析，恰恰是最能引起读者兴趣，甚至促使其产生付费行为的内容。但"通稿制"限制了媒体自主采编的权力，使其内容生产与创新能力难以充分释放，久而久之，在重大新闻事件面前，媒体很难产出独特性与专业性兼备的报道，如此一来，付费墙在内容供给上也往往有所欠缺。

再次，于大环境而言，中国网络上的免费文化仍然盛行。这种现象一方面来源于纸媒上网初期奉行的免费策略，另一方面来源于国内对原创内容的保护力度不够，网络上的"搬运新闻"现象屡禁不止。在此背景下，读者并没有通过付费获取新闻的习惯，况且在支付宝、微信支付等电子支付手段尚未普及之前，完成网上支付一环也并不简便。

当然，在客观限制之外，国内媒体自身在付费墙实践上也存在诸多不足。比如，国内媒体在2010年左右开启付费墙策略时，并未对报纸自身定位及网络受众需求进行详细分析，大多数媒体只是把报纸上的内容原封不动地"贴"到网上，换汤不换药，便用付费订阅竖起了"墙"。时至今日，即使大部分新闻机构已经拥有多个社交媒体账号，也有自己的视频、音频和直播团队，但纸媒和印刷业带来的思维依然存在，少有利用互联网、大数据等新兴技术分析受众，实现精准推送。

最后，国内媒体难以树立起自己的个性，进而形成独特品牌。品牌的首要因素是产品卓越，对于报纸而言，这意味着坚实可靠的报道和分析。

---

① 吕尚彬：《谁能够成为构建付费墙的中国报纸》，《中国报业》2012年第12期。

报纸品牌是一种承诺，即提供人们可以信赖的准确的独立新闻。读者会根据阅读的内容做出决策，因此，获得信任至关重要。面临转型的传统报纸，需要变得现代、新鲜、数字化，同时仍保持旧日的光辉传统。然而在国内媒体尤其是综合性媒体中，独树一帜的报纸品牌并不多。究其原因，一方面源于国内媒体同质化内容较多，另一方面也在于国内媒体品牌意识薄弱。事实上，当中国媒体建立起付费墙，它已经不再是纯粹的事业单位，而是跨入了市场领域，这尤其考验媒体的品牌，因为它是"媒体所提供的精神产品在受众心目中的品质评价，以及这种品质评价所具有的潜在的商业价值"。① 像英国的《泰晤士报》也曾在2010年试水付费墙，但是之后的调查数据显示，《泰晤士报》流失了2/3的读者，由此，有学者得出结论："《纽约时报》在'付费墙'模式上的初步成功只能说明，成功的不是'付费墙'模式，而是《纽约时报》的内容和招牌。"②

中国媒体付费墙的转型与展望

国外知名报业的付费墙探索，已为国内媒体提供了足以借鉴的经验，在近几年"知识付费"浪潮的带动下，"为有价值的内容付费"的用户观念也已初步形成。③ 未来国内媒体的付费墙实践，宜以"专业化""服务化""定制化"为导向，充分利用新兴网络技术，满足用户多样化、个性化的信息需求。

内容生产专业化

如上所述，高质量内容产品是付费墙持续运营的支撑，能否提供有

---

① 黄升民、喻民：《电视媒体进入品牌竞争时代》，《现代广告》2004年第6期。
② 陈国权：《重估付费墙对美国报业转型的价值》，《中国报业》2013年第7期。
③ 艾瑞咨询：《2016年中国网络新媒体用户研究报告》，2016年6月23日，第16页，http://www.199it.com/archives/486957.html。

独特价值的在线内容，直接影响着读者的付费意愿。对综合性媒体来说，需要努力完成采编团队的数字化革命，培养既有专业主义精神又具互联网思维的新型媒体团队，并充分利用互联网技术，尽可能在报道呈现形式上精益求精。比如《纽约时报》针对特纳尔溪雪崩事件的报道，便是将影音、图片、视频、动画与1.8万字的特稿融合在一起，创造出一种全新的"三维式网络新闻"，一举斩获普利策奖。而对地方性媒体来说，利用就近采编的优势，深耕本地新闻，用"做大稿"的态度报道小事，同时做足本地服务性信息，为读者创造不可替代的价值，或可使其在地方"多报多网"格局中超群拔类。

付费产品服务化

由单纯的内容产品向服务化产品的思维转变，也更有益于媒体从"大而广"转向"小而美"，以满足每一个用户的不同需求。谷歌的首席执行官埃里克·施密特（Eric Schmidt）曾描述过以每个用户的需求为核心的新闻业的新模式：不仅新闻是定制化的，广告也被定制化了。[1]在新闻的付费问题上，相比一般的新闻内容付费，用户也更愿意为符合自身个性化需求的定制新闻或服务付费，如果媒体有能力落实差异化战略，做好内容服务领域的细分，同时发掘用户未被满足的需求，将能够锁定忠实的付费用户。当然，这不意味着付费产品不再重视内容质量——内容依然是媒体的基础和核心，但在生产内容的同时，如何利用自己的专业知识和新兴技术，来更好地满足受众的需求，或进一步为受众提供专业服务，是媒体付费产品可拓展的思路。

---

① Schmidt, Eric (Dec 1, 2009). "How Google Can Help Newspapers." *Wall Street Journal*, https://www.wsj.com/articles/SB10001424052748704107104574569570797550520.

付费读者会员化

如何定义读者的身份，不仅关系到读者会不会付钱，而且关系到读者能付钱多久。倘若只将读者视为"待宰的羔羊"，而不努力与读者建立联系，媒体与读者之间便始终是交易关系，毫无"黏度"可言，读者也会随时流向其他具备优质内容的竞争者。因此，媒体需转变观念，将读者视为具备独特个性与交往需求的个体，以会员化运营思路对待付费读者，比如利用邮件进行意见征询、定期在某个城市举办读者沙龙、适当邀请读者参观"新闻编辑室"、与编辑记者面谈等，努力将付费用户培养成"超级粉丝"，并利用读者的自发宣传扩大知名度，进而拉拢更多用户关注、注册甚至付费。

收费渠道多元化

若想让用户心甘情愿付费，优质内容固然是支撑，收费策略同样至关重要。面对初具付费观念的国内受众，国内媒体或可借鉴荷兰在线新闻平台 Blendle 的做法。读者在使用 Blendle 公司网站或者客户端时，可以根据感兴趣的话题创建自己的内容流，每当点击某一内容的标题时，就会为浏览支付少许费用，在引发兴趣的内容流中，读者的点击次数自然会上升。更有趣的是，如果读者读完某篇新闻后不满意，只要提供合理的反馈信息，便可获得退款。这种模式能直观地降低读者付费阅读的心理负担，减少其对内容付费的抵触心理。[①] 此外，媒体还可尝试更为多元的收费渠道，比如《纽约时报》与星巴克公司的合作——凡是通过星巴克门店无线网络上网的用户，每天可以免费阅读 15 篇《纽约时报》网站上的文章，而拥有星巴克星享卡的会员则可免费阅读《纽约时报》APP

---

① 苏延军：《中国网络付费新闻的发展路径研究》，《传媒评论》2016 年第 7 期。

上的部分文章,《纽约时报》凭此可获得更多的流量及收入。

　　总的来说,中外媒体的付费墙探索并不总是一帆风顺,中国媒体囿于制度性约束,在付费墙转型上也更显坎坷。其实,在思考如何实现报业"复兴"时,有一个不容回避的自问——互联网时代,报业可以坚守并发扬的优势是什么,需要变革的传统有哪些? 倘若怀抱这一疑问,细究付费墙墙角之下的肌理纹路,其实会发现,付费墙不只是一种方法,更是一套媒体转型的思路:以精确数据了解受众,以市场思维聚拢受众,以优质内容俘获受众,以个性关怀留住受众。而这套思路的实现,恰恰需要互联网技术作为依托。

　　建起付费墙本身并不是目的,实现传统报业在新媒体时代的逆势上扬才是目的,互联网大潮势不可挡地席卷而来,对报业既是冲击,也是机遇。是被动应对、坐以待毙,还是乘浪而上,摸索出更多的全新营利模式,在每位报人心中答案自明。

高质量新闻的命运

　　报业的困境有目共睹，但当报纸作为多元主义和自由言论的支柱坍塌以后，对社会的影响会是什么？谁将会创造我们所期望的高质量新闻，特别是对社会极为关键的调查性报道？

哀鸿遍野的报业

　　十几年以前，一个没有报纸的世界是不可想象的。然而到了今天，很明显，至少在目前的形势下，报纸将不能够生存。

　　自从2004年以来，美国有大约1800家地方报纸宣布停刊或被兼并。[1]2018年与2005年相比，英国少了200家地方报纸。[2]欧美大传媒公司掀起分拆潮，纷纷集中资源，把公司拆分成"赚钱组"和可卖掉的"不赚钱组"，显然报业属于后者。

　　不妨看看《旧金山纪事报》（*San Francisco Chronicle*）的案例。它是加利福尼亚州北部最大的报纸，刚进入21世纪的时候，发行量还超过50万份。[3]然而短短几年下来，它已经几乎不能存活下去，陷入严重的财政赤字，编辑

---

[1] Brown, Taylor Kate (Jul 9, 2018). "Why Local US Newspapers Are Sounding the Alarm." BBC News, https://www.bbc.com/news/world-us-canada-44688274.

[2] McLennan, Douglas & Miles, Jack (Mar 21, 2018). "A Once Unimaginable Scenario: No More Newspapers." *The Washington Post*, https://www.washingtonpost.com/news/theworldpost/wp/2018/03/21/newspapers/?utm_term=.1dc0505f0469.

[3] Biasotti, Tony (Sep 11, 2017). "Turnaround at *San Francisco Chronicle* Shows Way for Legacy Newspapers." *Columbia Journalism Review*, https://www.cjr.org/business_of_news/san-francisco-chronicle.php.

部士气低落。2005年，该报的发行量下跌了16.6%，降至40万份[①]，为此，报纸减少了本地新闻，也越来越多地采用美联社的国际新闻和国内新闻而不是派出自己的记者采写。2007年，四分之一的编辑部人员被裁撤。[②]

2009年2月，随着发行量的持续下跌，报纸的母公司赫斯特公司（Hearst）发表声明说，《旧金山纪事报》的财务状况迫使该报将不得不大幅削减运营成本；从2001年来报纸一直在亏损，2008年的亏损额是5000万美元。声明还说，如果不这样做，《纪事报》面临的命运是要么出售，要么关张。[③]10月，美国发行量稽核局（ABC, Audit Bureau of Circulations）报告说，在过去半年内《纪事报》的销量大跌25.8%，仅为25万份，构成美国主要报纸中最大的跌幅。[④]一旦赫斯特公司决定关闭该报的话，旧金山将成为美国最大的没有主要英文日报的城市。

另外一份报纸《环球邮报》（*Globe and Mail*）对此评论说："如果新闻业在这个美国最愿意参与和受教育程度最高的地区走向衰落，那么这是一种不祥之兆。一个多世纪以来，报纸一直被作为一种公民良知，通过制约腐败、培育责任或仅仅是让公众知情，在促进民主理想方面起着重要作用。"[⑤]

其后，《旧金山纪事报》进行了声明中所说的大幅削减成本和裁员。

[①] Abate, Tom (Nov 8, 2005). "Circulation of U.S. Weekday Newspapers Takes 2.6% Hit/*Chronicle* Leads Pack with 16.6% Decline During 6-month Period." *San Francisco Chronicle*, https://www.sfgate.com/business/article/Circulation-of-U-S-weekday-newspapers-takes-2-6-2596790.php.

[②] Garofoli, Joe (May 19, 2007). "*Chronicle* to Cut 25% of Jobs in Newsroom." *The San Francisco Chronicle*, https://www.sfgate.com/politics/joegarofoli/article/Chronicle-to-cut-25-of-jobs-in-newsroom-2593290.php.

[③] Pérez-Peña, Richard (Feb 24, 2009). "Hearst Threatens to End San Francisco Paper." *The New York Times*, https://www.nytimes.com/2009/02/25/business/media/25paper.html.

[④] "Chronicle Circulation Plunges 25%." San Francisco Press Club, Oct 26, 2009. https://sfpressclub.org/2009/10/26/chronicle-circulation-falls-by-25-in/.

[⑤] Stewart, Sinclair & Robertson, Grant (Mar 14, 2009). "Is Democracy Written in Disappearing Ink?" *Globe and Mail*, https://www.theglobeandmail.com/incoming/is-democracy-written-in-disappearing-ink/article1155435/.

报纸没有关闭，相反，它的团队打了一个漂亮的翻身仗，将《纪事报》恢复到2000年与旧金山另一家报纸合并并陷入混乱之前所享有的商业健康。该报现已连续四年营利，并增加了编辑和业务人员。发行人杰夫·约翰逊（Jeff Johnson）说，收入每年以大约4%的速度在增长。同一时期，据皮尤研究中心的数据显示，大部分报纸上市公司的收入都在持续下滑。[①]然而，即使《旧金山纪事报》的财务状况有所好转，目前，它也只有大约22万周日版付费订户和16.3万工作日付费订户。[②]

如果将报业与其他行业横向比较，结果更是惨淡。2012年3月，美国经济顾问委员会（CEA，Council of Economic Advisors）和社交网站LinkedIn联合发表研究报告称，2007—2012年，在美国众多产业中，报业的衰退最严重，萎缩幅度达到令人吃惊的28.4%。甚至零售业——在美国经济陷入不景气导致普遍工作流失、消费紧缩的情况下——也不过才萎缩了15.5%而已。而且，零售业已经有所回升，报纸的前景却依然黯淡无光——在可见的将来，报业下行的趋势没有可挽回的迹象。[③]

报业衰落引发一系列问题。其中一个迫切需要回应的是，谁来做调查性报道？

谁来做调查性报道？

调查性报道有许多的定义，笔者在此处定义为：调查性报道意味着

① Biasotti, Tony (Sep 11, 2017). "Turnaround at San Francisco Chronicle Shows Way for Legacy Newspapers." *Columbia Journalism Review*, https://www.cjr.org/business_of_news/san-francisco-chronicle.php.

② Biasotti, Tony (Sep 11, 2017). "Turnaround at San Francisco Chronicle Shows Way for Legacy Newspapers." *Columbia Journalism Review*, https://www.cjr.org/business_of_news/san-francisco-chronicle.php.

③ Nicholson, Scott (Mar 8, 2012). "LinkedIn Industry Trends: Winners and Losers During the Great Recession." LinkedIn, https://blog.linkedin.com/2012/03/08/economic-report.

揭露那些被隐瞒的事实，这些事实要么是身居权位的人有意隐匿，要么是环境混乱导致它们偶然隐身，调查性报道就是要把所有相关的事项都向公众曝光，并对此做出自己的分析。

在这种意义上的调查性报道，需要很大的投入，无论是在资源还是金钱方面；而且，这种报道容易引起法律纠纷，因而变得更为昂贵；最重要的是，所调查的都是为着公共利益但却还没被摆上公共议程的问题。调查性新闻的作用是，让那些还没有暴露在公众面前的问题见光，追问权力应负的责任，不管这种权力是处在地方、国家还是国际层面。

调查性报道与权力息息相关，毋宁说，它是对于权力的一种分析。在对权力说出真相的过程中，它可以激发有益的公共讨论。调查性报道也和公共利益密切相关：这些报道揭露或者发觉了罪行、腐败、反社会的行为和不公正吗？它们拆穿了个人或者组织的虚假、虚伪和有意误导的声称吗？它们是否捍卫了公众的健康和安全？它们披露的无能、疏忽或失职影响了他人吗？它们暴露的危险或剥削行为可能损害他人吗？

詹姆斯·麦迪逊（James Madison）在200多年以前写道："自由检视公共角色和措施的权利，人们之间自由沟通的权利……已经可以被认定为构成了对其他权利的唯一有效的保障。"[①]很长一段时间以来，大众媒体特别是报纸，履行了这样的角色。可以肯定，很多报纸仍旧揭露腐败并曝光当权者希望保持隐秘的真相，但不幸的是，调查性报道成为一枚荣誉徽章，越来越难以维持。调查政治家、政府机构或者公司的不道德行为是一项非常昂贵和耗时的实践。费用包括一整个团队的记者和研究人员的薪水，几个月的研究，多次的采访，以及有时候频繁的远距离旅行。

---

① Madison, James (Dec 21, 1798). "Virginia Resolutions." https://founders.archives.gov/documents/Madison/01-17-02-0128.

不仅如此，它还可能带来很多无法预计的风险（政治上和法律上的）。虽然投入很大，但回报无法保障，好的调查性报道不一定能带来大量的读者。无论从哪方面来看，调查性报道都是一种昂贵的新闻形式，而且是劳动密集型的。

由此，只有经济上健康、资源上丰沛的媒体才有能力从事调查性报道，而这在报业面临如此巨大的经济挑战之时，几乎是一种奢侈。当预算非常紧张的时候，调查性报道经常成为首先被削减的项目。

调查性报道的出路

很明显，迅速发生的经济、技术和行为方面的变化给调查性报道造成了深刻的影响。问题在于，如果报纸不能够做这种工作了，那么谁来做呢？调查性报道在互联网时代的命运转变，取决于新闻机构是不是能够发现某种商业模式，从而挣到足够的钱，来养活这颗新闻皇冠上的"明珠"。

很多有识之士在探讨多种多样的调查性报道的出路。下面来做一些具体分析，思考各种路径的特点和可行性。

大的新闻机构仍然需要调查性报道的品牌

路透社新闻研究学院的大卫·莱维（David Levy）认为品牌需要构成了调查性报道的主要模式，因为大新闻机构要维持自己身处新闻最前沿的形象。[1]的确，不断推出高质量的调查性新闻仍然是许多新闻机构品牌形象的重要组成部分。虽然人们获取新闻和时政内容（包括调查性

---

[1] Great Britain House of Lords Select Committee on Communications (Feb 16, 2012). "The Future of Investigative Journalism: 3rd Report of Session 2010-12." Chapter 6, Convergence, https://publications.parliament.uk/pa/ld201012/ldselect/ldcomuni/256/25609.htm.

报道）的方式发生很大变化（主要是由于各种不同媒介设备的融合），但并不会决定性地改变调查性内容的类型。相反，信息出口的增多意味着新闻机构可以以不同的形式、不同的价格把调查性内容推广给不同的受众。

至于商业模式，也会有不同的组合，比如，印刷的报纸由于生产成本较高，可能会以比在线版更高的价格出版和销售；而在线内容也可以实现不同层次的收入手段：有的完全免费，有的需要订阅，有的可以凭微支付购买单篇文章；数字内容还可以根据不同的载体定制，比如手机、平板电脑和电子阅读器。当然这些实验并不容易，但它们在给传统的商业模式造成威胁的同时，也打开了报纸以不同方式向读者分发有趣翔实的调查性内容的可能性。

在调查性报道的黄金时代，可能有专门的团队开发专门的栏目。今天，伴随着经济上的压力和信息消费习惯的转移，专有的大型调查团队似乎没有新闻机构能够承受得起了。然而，这并不等于记者不能够单枪匹马或者作为小型的灵活多样的团队一分子去发现重要问题。

对新闻的公共补贴

其实，对于BBC这样的新闻机构来说，它的调查性新闻就是公共资助的对象，因为公共电视是靠政府拨款和收视许可费支撑的。对于报业来说，如果政府安排减税政策，也是一种公共资助。例如，美国国家税务局愿意准予豁免非营利性新闻机构的税务。

有人主张，新闻如此重要，它应该像国家安全和教育一样成为公共政策的优先考虑对象。一些人甚至建议报纸应该成为政府救援的候选者，同日益衰落的金融机构一样。然而，美国圣心大学（Sacred Heart University）2009年9月的一项调查显示，即使64%的人相信良好的新闻业能够保证一个健康的民主制度，10个美国人中就有8个反对任何花费税收收入来援助衰退的报业的计划。[①]

报业当中也有很多人对政府救援持怀疑态度，因为政府的直接支持会影响媒体的独立性。世界知名的报纸《卫报》以独立著称，其重要原因就是该报是由斯科特信托基金会（Scott Trust）独家所有的，可以说《卫报》没有真正意义上的老板，记者和编辑享有绝对独立判断的权利。

斯科特信托基金会成立于1936年，其章程规定，《卫报》不属于任何家族或个人，报纸不得为谋求所有权人或股东的私利而改变立场，不允许把报纸卖给任何个人或财团，办报盈余必须全数投入报纸的经营，使品质得以提高。[②]

2008年，斯科特信托有限公司（Scott Trust Limited）取代了斯科特信托基金会，信托基金会的核心目的已载入有限公司的章程中，并且"不能更改或修改"。[③]现有十余位董事，董事会组成除原来斯科特家族的成员外，还包括《卫报》的主编以及一些高层管理人员，他们不能从基金会获取经济利益，其责任是持续维护《卫报》的财务健康，并确保其独立的编辑路线永远不会改变。[④]

2015年，信托基金会又进一步以文字的形式明确其宗旨：保证《卫报》财政和编辑上永远的独立性；成为一份全国性的、不从属于任何政

---

① "SHU National Poll: Trust and Satisfaction with the National News Media." Sacred Heart University, Sep 22, 2009, https://www.sacredheart.edu/aboutshu/news/newsstories/2009/september/shu-national-poll-trust-and-satisfaction-with-the-national-news-media.html.

② "The Scott Trust: Values and History." https://www.theguardian.com/the-scott-trust/2015/jul/26/the-scott-trust.

③ Ponsford, Dominic (Oct 8, 2008). "Guardian-Owning Scott Trust to Fold after 72 Years." *PressGazette*, https://www.pressgazette.co.uk/guardian-owning-scott-trust-to-fold-after-72-years/.

④ "The Scott Trust Board." https://www.theguardian.com/the-scott-trust/2015/jul/26/the-scott-trust-board.

党的报纸；始终坚守其自由主义传统；成为一个管理高效、经营有方、以获利为目的的企业。①在这种独特的所有权体制下，报纸主编的营利压力相对较低，而且由于没有一个强大的老板在背后指手画脚，报纸在确定重大报道的立场上可以通过一种相对比较民主的方式，能够保持独立的声音。基金会对编辑的要求只有一条：竭力维护本报一贯的原则。②

正是为此，斯科特信托的前任主席丽兹·佛甘（Liz Forgan）警告政府不要插手调查性报道，"政府对调查性报道的直接补助听上去是个自相矛盾的说法"。③

慈善事业

调查性报道目前还不能作为一种慈善事业来看待。然而，一家慈善机构如果想运营报纸，有两种主要办法：一是持有报纸，并加以管理；二是可以拥有一家非慈善公司的股份，由这家公司来运营报纸。

如果调查性报道被视为是以慈善为目的，那么慈善立法必须做相应的修改。近来，把调查性报道当作慈善事业的呼声渐高，即它就像博物馆、教育和环保一样，需要公共保护。

非传统资助方式

一些人指出，保护好的新闻业和调查性报道的方式是通过一个类似

---

① "The Scott Trust: Values and History." https://www.theguardian.com/the-scott-trust/2015/jul/26/the-scott-trust.

② "The Scott Trust: Values and History." https://www.theguardian.com/the-scott-trust/2015/jul/26/the-scott-trust.

③ Great Britain House of Lords Select Committee on Communications (Feb 16, 2012). "The Future of Investigative Journalism: 3rd Report of Session 2010-12." Chapter 5, Funding Investigative Journalism, https://publications.parliament.uk/pa/ld201012/ldselect/ldcomuni/256/25608.htm.

于NGO的模式。美国国会有议员提出立法允许报纸变成非营利性组织，以此使它们成为免税捐赠的接受者。在这种情况下，一个出版物的使命能够被更稳固地设定，免受股东和商业回报的要求。[①]

非传统资助方式也可能是多样化的，其实上文提到的慈善机构的资助，本身也是一种非传统资助方式。资助方除了NGO，也可以是大学这样的机构。其所资助的调查行动的结果，可以刊登在网上或是其他分发渠道。

有关非传统资助方式，一个知名的例子是美国纽约的ProPublica。它是一个为公众利益而生产调查性报道的在线、独立、非营利性的新闻工作室。ProPublica新闻工作室拥有100余名专职记者，接受由桑德勒基金会（Sandler Foundation）和其他一些机构提供的核心的、多年承诺的捐助。它出产的很多新闻都独家提供给传统的新闻组织，免费出版或广播（使用CC许可）。[②]2010年4月，ProPublica记者谢利·芬克（Sheri Fink）获得了普利策新闻奖的调查报道奖，这篇报道讲述了"在卡特里娜飓风（Hurricane Katrina）的洪水隔绝的医院里，筋疲力尽的医生在生死攸关的时刻做出的一个紧急决定"。ProPublica与《纽约时报杂志》合作完成了这篇报道。[③]

这是在线新闻机构第一次获得普利策奖。在此之后，该机构于2011年再次斩获普利策奖全国报道奖。执行编辑斯蒂芬·恩格尔伯格（Stephen Engelberg）认为，既然调查性新闻报道开销过高，已经无法通过广告投

---

① Ferraro, Thomas (Mar 25, 2009). "U.S. Bill Seeks to Rescue Faltering Newspapers." Reuters, https://www.reuters.com/article/us-usa-congress-newspapers/u-s-bill-seeks-to-rescue-faltering-newspapers-idUSTRE52N67F20090324.

② https://www.propublica.org/about/.

③ Tapscott, Don & Williams, Anthony D. (2010). *Macrowikinomics: New Solutions for a Connected Planet*. New York: Portfolio/Penguin, Chapter 11, The Demise of the Newspaper and the Rise of the New News.

入的商业模式来维持运作，那么就应该被当成一种公共利益。[①]由于美国素有慈善传统，这种趋势在进一步扩展。一家位于华盛顿的美利坚大学（American University）的新闻智库J-Lab估计，从2005年到2012年，美国的279家基金会至少为非营利性新闻事业投入了2.5亿美元。[②]

另一个例子是英国伦敦城市大学附属的调查新闻社（Bureau of Investigative Journalism）。它由大卫和艾琳娜·波特基金会（David and Elaine Potter Foundation）拿出200万英镑资金支持[③]，其执行主编伊恩·欧佛顿（Iain Overton）如此定义自身："我们是英国第一家非营利性的调查记者社。我们大致基于美国的ProPublica模式，只不过它是免费散发内容，而我们接受佣金。我们和所有的全国性报纸一起工作，自从2010年4月以来，我们总共完成了26个封面故事，获得过大赦国际奖和汤森路透奖。"这些故事中包括巴基斯坦的无人机袭击报道，它揭穿了中央情报局关于没有平民在这类袭击中身亡的谎言，在美国产生了巨大影响，最后登上《纽约时报》封面，并引发美国人的激烈讨论。[④]

非营利性新闻机构的主要问题是，如何保障投资来源的可持续性。很可能未来的非营利性新闻机构会形成混合的收入来源，既接受资助也销售广告，并向用户收费。

① "Reporters Without Orders." *The Economist*, Jun 9, 2012.

② Nisbet, Matthew et al. (Jun 18, 2018). "Funding the News: Foundations and Nonprofit Media." Shorenstein Center on Media, Politics and Public Policy, https://shorensteincenter.org/funding-the-news-foundations-and-nonprofit-media/.

③ McNally, Paul (Jul 17, 2009). "UK Investigative Journalism Bureau Wins £2m Grant." *PressGazette*, https://www.pressgazette.co.uk/uk-investigative-journalism-bureau-wins-2m-grant/.

④ Great Britain House of Lords Select Committee on Communications (Feb 16, 2012). "The Future of Investigative Journalism: 3rd Report of Session 2010-12." https://publications.parliament.uk/pa/ld201012/ldselect/ldcomuni/256/256.pdf.

专门性的NGO

某些NGO也开始雇佣调查记者展开专门领域的调查。NGO有财力也有耐心，它们雇的记者经验丰富，专业性强，制作了很多优秀报道，这些NGO因而可以在媒体上做到先发制人。有人担心NGO各有自己的鲜明立场，想要借报道传递给公众，因而它们出产的新闻或许不够中立。但也有人辩护说，如果NGO将其资助的调查性报道放在自己的网站上，它们一定会在意名声，因为调查性报道是否站得住脚与它们名声的好坏息息相关。

成功的新媒体的救援

2009年，以信息集聚著称的《赫芬顿邮报》建立了调查新闻基金（Huffington Post Investigative Fund），由《赫芬顿邮报》和几个大基金会支持，第一年的预算是175万美元，计划逐年增加。[①]2011年，该基金同美国最大的调查性报道机构之一——公共诚信中心（The Center for Public Integrity）合并。[②]

这是一种创新的非营利/营利的混合物，试图填补因很多报纸调查性部门的关闭而产生的空缺。它也为那些被解雇或者被迫提前退休的成熟记者提供新的机会。更重要的是，由《赫芬顿邮报》的调查新闻基金产生的故事可以被任何人免费出版。

《赫芬顿邮报》的前总编阿里安娜·赫芬顿说，调查新闻基金的目的

---

① Huffington, Arianna (Apr 29, 2009). "Announcing the Launch of the Huffington Post Investigative Fund." *The Huffington Post*, https://www.huffingtonpost.com/arianna-huffington/announcing-the-launch-of-_b_180543.html.

② Vega, Tanzina (Oct 18, 2010). "Pooling Resources, Two Newsrooms Merge." *The New York Times*, https://www.nytimes.com/2010/10/19/business/media/19nonprofit.html?partner=rss&emc=rss.

是建立一种调查性报道的混合模式——在一个大型出版平台上搭建一个非营利性新闻中心。在她看来，基金的创立秉持这样的理念："常常是在事情恶化的情况下重要的新闻才会出炉，比如伊拉克战争和经济危机。我们需要更多的在灾难降临之前就披露事情的新闻。"[1]

调查新闻基金希望更好地利用互联网。创始人之一尼克·派尼曼（Nick Penniman）说："互联网是未来的电视频道。"调查新闻基金的网站尽可能多地使用视频和多媒体手段。高级编辑克里斯汀·斯波乐（Christine Spolar）说："我们每天早晨起来思考的都是，如何用最好的多媒体方式来报道一条新闻？"大约30%的新闻具有视频元素。这样做的目的是吸引那些"想看新闻、但不一定读长长的报纸故事的读者和观众"。而且，很重要的是，视频必须是哪怕在iPhone上看都很干脆利落，因为30岁以下的年轻人"用所有可能的方式"使用智能手机，包括看新闻、读书和看视频。[2]

挑战在于，如何混合利用文本、视频和幻灯片制作新闻，同时最好地利用公民记者。公民记者的作用是提供拼图中所缺少的那一块，记者时常都不知道自己在寻找哪一块。

公民新闻的助力

最后我们来说一下公民新闻。对于一些人来说，"公民新闻"是一个矛盾词，公民不可能是好的新闻生产者。很多专业的编辑记者渴望回到旧时光，那时主要的报纸决定什么新闻是"适合刊登"（fit to print）的，

---

[1] Cohen, David (Oct 19, 2010). "Huffington Post Investigative Fund to Become Part of Center for Public Integrity." *Adweek*, https://www.adweek.com/digital/huffington-post-investigative-fund-to-become-part-of-center-for-public-integrity.

[2] Carmichael Karen (Mar 2010). "Investigations with Impact." *American Journalism Review*, http://ajrarchive.org/Article.asp?id=4862.

并且几百万读者都相信报纸的判断。现在，通过网络，你得到"一切新闻"（all the news），不管它适不适合刊登。对于像安德鲁·基恩（Andrew Keen）这样的怀疑者来说，这种民主化制造了一个问题，即一大堆平庸的人聚集起来，驱逐好的东西并困扰消费者。在他的《业余拜物教：今日互联网如何扼杀我们的文化》（*The Cult of the Amateur: How Today's Internet is Killing Our Culture*）一书中，基恩指出用户生产的内容正在破坏新闻业以及整个社会。对于基恩来说，"在内容的创作者和内容的接收者之间层级越多越好，因为那意味着更多的编辑、修正和改进"。[①]

光谱的另一侧是乐观者们，他们是"别担心，终会真相大白"一派。互联网内容制作者和开发者科迪·布朗（Cody Brown）指出人人都处在分布式网络中，这将在维护质量方面比传统媒体做得更出色。他说："新闻是重要的。它是如此重要，以至于把它交给市中心某间办公室中的一群人是非常不负责任的。"[②]这话当然是化用第一次世界大战期间，法国总理乔治·克列孟梭（Georges Clemenceau）曾经说过的一句耐人寻味的话："战争太重要了，不能单由军人来决定。"

社交媒体这样的新技术应用，无论是在通信手段上还是在获取信息的能力上，都对调查性报道产生了重要影响。记者由此得以更广泛地联系全球性的消息源。今天信息唾手可得，但在过去可能意味着极为困难和漫长的历程。然而最重要的改变不止于此。在记者利用社交媒体广泛散播其所发现的信息的同时，其他人有机会帮助记者做好调查性报道。新闻因此变得更像一场对话：发表的新闻不是最终产品，而只是产品的

---

① Keen, Andrew (2007). *The Cult of the Amateur: How Today's Internet Is Killing Our Culture*. London and Boston, MA: Doubleday/Currency.

② Tapscott, Don & Williams, Anthony D. (2010). *Macrowikinomics: New Solutions for a Connected Planet*. New York: Portfolio, Chapter 11, The Demise of the Newspaper and the Rise of the New News.

第一版，人们不断地帮助记者改进它。

尽管公众不想用他们的税收来帮助报业，很多人却愿意积极地帮助报纸创造一种高质量的产品。看看英国《卫报》在2009年英国政治家费用丑闻事件当中所做的事情：《卫报》的竞争对手《每日电讯报》（The Daily Telegraph）每天都在头版揭露那些骇人听闻的有关选举获胜的官员站不住脚的花费。作为对公众愤怒的回应，政府宣布在线公开超过100万份扫描的文件和收据，而这是足以淹没任何新闻机构的数据海啸。

《卫报》深感落后于《每日电讯报》抢先报道的耻辱，它开始请求读者帮助筛选这100万份文件，并找出仍未被披露的渎职行为。报纸的网站上开始运行一个开源软件，允许读者一个个检查记录并把收据用四种方式归类："感兴趣的""不感兴趣的""感兴趣但是已经知道的""调查这个"。超过两万名读者做出了贡献。17万份记录在80个小时内就被检查完毕。《卫报》在头版设置了一个进度指示器，让研究者分享一个共同的目标。随后，它又开发出一个业绩最佳志愿者的名录，这进一步为志愿者增添了动力。当《卫报》为每一个收据都配发了一幅下议院议员的照片时，读者的反应骤升。报社甚至从亚马逊（Amazon）租赁了便宜的服务器空间来处理最初的雪崩式的关注。报纸最后的现款支付：少于150美元，成本低而收效大。这种创新帮助报纸与它的读者建立了一种更为融洽的关系。[1]

结果就是，在数字时代，调查性新闻不需要变成一种牺牲品。实际上，创造性地思考如何进行传递的新闻机构，有办法比任何时候都能传递更多的调查性新闻。

---

[1] Tapscott, Don & Williams, Anthony D. (2010). *Macrowikinomics: New Solutions for a Connected Planet*. New York: Portfolio, Chapter 11, The Demise of the Newspaper and the Rise of the New News.

新媒体时代，我们还需要普利策奖吗？
——答传媒狐

放眼今日的新闻界，便知一片哀鸿之中，人们需要普利策奖来打气，也以其来鉴别新闻的好与坏。

普利策奖走过了一个卓越的世纪。1917年，普利策奖第一次由哥伦比亚大学颁发。100年来，普利策奖已成为美国新闻界的灯塔，为一代又一代的记者，浓墨重彩地记录下那些履行社会良知的评论、夺人魂魄的摄影、穷尽心力的调查和扣人心弦的故事。

普利策奖需进一步承认新兴数字新闻

传媒狐：在普利策获奖名单中，美国主流媒体几乎囊括奖项，对这一点，您有什么看法？

胡泳：这并不新鲜，在2015年，14个新闻奖项当中有13个都为传统新闻媒体夺得。2017年的14个奖项当中，只有解释性报道奖由ProPublica的T.克里斯汀·米勒（T. Christian Miller）和马歇尔计划（The Marshall Project）的肯·阿姆斯特朗（Ken Armstrong）分享。ProPublica是一个独立的非营利性新闻组织，以公众利益之名从事调查性报道。而马歇尔计划则是中立的专事报道美国刑事司法系统的非营利性组织。两者因为报道"执法部门在适时调查强奸报案及理解强奸案件对受害者的创伤性影响方面的持久失败"而获此殊荣。

普利策奖作为一个老牌的新闻奖，在进一步承认新兴数字新闻方面需要做得更好。近年的评奖结果对传统的新闻中坚形成一种不成比例的倾斜。原因或许是多方面的：网络新闻机构未能提供足够多的作品参评；评奖委员会的组成过度依赖传统人士（2014—2015年度的18位委员会成员中，一半来自报纸和通讯社，仅有两位数字机构的代表，其余为学术和文化界人士；2016年度来自传统媒体的委员降到10位，但数字机构还是两位）；或者，干脆是因为美国最好的新闻仍然是传统媒体出产的，它们有饱经历练的记者、更为雄厚的财力和更大的企图心，相对它们的数字化同行来说，更能够持续不断地提供高质量的新闻。

但我们知道，美国新闻业近年来的创新，很多出自数字机构，如 *BuzzFeed*、*Vox* 和《赫芬顿邮报》。新兴数字新闻需要在普利策奖中被更多地代表。我们看到了普利策奖的变化：1997年，报纸的网络新闻第一次被评奖委员会所承认；2009年，普利策奖向网络新闻机构开放；2011年，ProPublica 首度获奖，开创了网络机构获奖的先河；从2014年开始，在一些类别当中，在线和印刷杂志可以同时提交作品参评。然而这些变化与普利策奖所力图反映的那个行业还不够相称。既然新闻行业在发生数字化巨变，普利策奖也必须与时俱进。

不取巧的深挖和努力是维持这个行业长存所不可或缺的

传媒狐：面对新媒体的发展，普利策奖是否也有可能被淘汰？在这个时代，还是有人关注普利策奖，您觉得原因是什么？

胡泳：普利策奖是否会被淘汰的问题，与新媒体的勃兴无关。社会学家詹姆斯·Q.威尔逊指出，专业人士从参照群体获得重要的职业性回报。究其本质，普利策奖是一种同行间的专业认定，也是对专业壁垒的一种捍卫。

有批评者认为，所谓新闻奖不过是一种自我祝贺的练习，借以膨胀自身和选拔编辑部明星，甚至把它说成是不相称的记者为仅仅是简单地做好自己的工作而彼此发奖的可笑行为。人们也很难不承认，总有些编辑和记者在设计某些梦幻般的报道计划时，脑子里只想着评委而并没有读者。在极端的情况下，普利策奖甚至会走向自己的反面。百年评奖过程中，并非全无丑闻。例如，1981年，《华盛顿邮报》的年轻记者珍妮特·库克（Janet Cooke）以一篇《吉米的世界》（*Jimmy's World*，1980年9月28日发表）特稿获得普利策奖，讲述一个8岁的黑人孩子吉米因母亲男友吸毒而致其也吸毒的故事。后来的调查结果显示，这是一篇杜撰新闻，库克的奖励被取消，《华盛顿邮报》向公众道歉并开除库克。

然而，只需放眼今日的新闻界，便知一片哀鸿之中，人们需要普利策奖来打气，也以其来鉴别新闻的好与坏。面临职业动荡和日常压力，新闻从业者往往选择放弃深入的挖掘和艰苦的努力，更不用说新兴媒体很多采取取巧的捷径来和传统媒体竞争，而普利策奖告诉我们，那些不取巧的深挖和努力是维持这个行业长存所不可或缺的。所以，即便是在新媒体时代，普利策奖也仍然举足轻重。

评奖席中增加一个"读者席位"

传媒狐：传统媒体式微，新媒体渐起，普利策奖如何与时俱进呢？

胡泳：普利策奖虽然必要，却并非没有瑕疵。本杰明·穆林（Benjamin Mullin）在Poynter网站上发文指出，需要在新媒体时代重塑普利策奖。[1] 普利策奖可以从几个方面加以改进：

第一，打破媒体形态。现在几乎所有成功的媒体都是混合媒体，不再存在单一的报纸或者单一的电视台。有些媒体比另外一些更以视频为

---

[1] Mullin, Benjamin (Apr 4, 2016). "It's Time to Reinvent the Pulitzer Prizes for This Media Age." Poynter, https://www.poynter.org/newsletters/2016/its-time-to-reinvent-the-pulitzer-prizes-for-this-media-age/.

中心，有些更以文本为中心，有些更以音频为中心。但随着商业模式的不稳定和数字工具成本的降低，所有媒体都在涉足此前它们并不擅长的形态和样式。同时，它们也都依赖社交媒体来传播内容。因此，区分报纸、新闻网站、广播公司越来越失去意义。普利策奖应该对文本、音频、视频一视同仁。换言之，好的新闻就是好的新闻，不论其形态为何。

第二，囊括全球风云。在一个日益全球化的媒体世界中，普利策奖还有必要仅仅把目光局限在美国新闻业吗？互联网已然为记者和读者打开了国家的边界，在美国以外的记者也可能曝出美国乃至世界的大新闻。《华盛顿邮报》和英国《卫报》因为披露了美国政府的大规模监控活动而获得2014年普利策公众服务奖。同一年，总部在伦敦的路透社获得国际报道奖。同时，美国的新闻机构正在纷纷设立海外分站，如 *BuzzFeed* 现有日本版、法国版、巴西版、德国版和墨西哥版，《赫芬顿邮报》也成为一个多语种网站。《纽约时报》《华尔街日报》都有中文站点。同样道理，国际新闻机构也试图覆盖美国本土的非英语读者。由此，普利策奖可以把奖项向全世界开放，不论那些新闻机构以何种语言发布新闻。一个可以参照的例子是诺贝尔奖，它只设类别，参评者是不分国界的。

第三，增加读者话语权。媒体巨变的一个方向是，所有媒体都不得不重视用户行为和用户参与度。数据指标、社交媒体和例如A/B测试这样的反馈机制的兴起，已使得新闻机构有能力向读者和观众做出前所未有的响应。及时的响应会增加媒体的公信力，而公信力最终在市场上是可以变现的。

既如此，为什么不以实际行动向公众表明自己的承诺：新闻界最大的奖项也是在乎公众的，而不仅仅是在乎成员之间的关系？这样可以打破詹姆斯·威尔逊所画的"专业"符咒，加大新闻行业的公众服务指标。办法有很多：比如在评奖席中增加一个"读者席位"，在每个类别的筛选中增加众包，让公众获得一定的提名权，或者是把用户参与指标纳入提名和筛选过程。

　　传媒狐：您个人最喜欢的一部普利策获奖作品是什么？

　　胡泳：当然是《华盛顿邮报》和英国《卫报》有关斯诺登事件的报道。

　　传媒狐：机器人会代替记者写作拿奖吗？

　　胡泳：不会，出现的情况反而是自动化写稿系统可以释放记者的时间与精力，利于他们写出角度独特、细致入微的报道。

没有任何人是神圣的

——悼华莱士

华莱士有自己的新闻哲学："在一个可能的最好世界里，每个人都是体面的，然而现实世界并非如此运行。记者的名声所在，端赖翻开那块石头，看看下面隐藏何物。"

迈克·华莱士（Mike Wallace）的传奇故事世人皆知，但人们多半不知道他的另外一面。比如他儿子彼得去世给他的巨大打击，以及长期困扰他的抑郁症。

彼得是华莱士的第一个儿子，19岁时死于希腊的一次登山事故。在寻找儿子的下落的旅程中，巨大的悲痛让华莱士下了一个决心，"我要做些让彼得为我感到自豪的事情"。[①]

他决定只做严肃新闻，加入CBS，成为特别记者。由此开启了他日后成为无数新闻人的角色榜样的道路，一路自我奋斗，无情地告诉权力以真相，在其他人无法发现的地方发现真相。

这种个人的选择与时代暗合。20世纪70年代中期，调查性报道进入一个革命性时刻——这是伍德沃德（Bob Woodward）和伯恩斯坦（Carl Bernstein）的遗产，水门事件以及调查性记者对中央情报局、军方和国

---

① Weiner, Tim (Apr 8, 2012). "Mike Wallace, CBS Pioneer of '60 Minutes,' Dies at 93." *The New York Times*, https://www.nytimes.com/2012/04/09/business/media/mike-wallace-cbs-pioneer-of-60-minutes-dead-at-93.html.

会的渎职和掩饰的揭露，到处都成为报纸头版的大字标题。"扒粪"成为令人尊敬的事业。华莱士正处于这场调查风暴的中间，CBS的制片人唐·休伊特（Don Hewitt）创造了电视新闻杂志《60分钟》（60 Minutes），为新闻事件的深度报道提供了极佳的平台。到20世纪70年代后期，《60分钟》成为周日收视率最高的新闻节目，并连续五年保持第一位置，连续二十三年跻身十大最受欢迎节目。

在这个过程中，华莱士帮助形塑了电视新闻杂志的样式，证明了电视新闻可以挣大钱。他在电视镜头前整整工作了六十五年，直至演变成20世纪电视新闻的化身。他对电视新闻的贡献，或许仅仅逊于默罗（Edward R.Murrow）。

华莱士发明了一种咄咄逼人的电视调查方法，以在镜头前直接对阵享有令名或恶名的人物而著称，堪称电视上的"大审判官"（grand inquisitor）。没错，华莱士不仅仅在采访谈话对象，很多时候是在审问他们。他的问话方式类似于律师在法庭上的"交叉盘问"。

新闻行业有一个古老的座右铭——"安抚苦难者，折磨舒适者"，华莱士对此身体力行。他总是秉持一种刺耳的、然而你不得不听的声音。20世纪的大人物们明知华莱士是个毫不"和谐"的采访者，他们中却很少有人禁得住为他所虐的诱惑。在《惊爆内幕》（The Insider）这部根据真人真事改编的有关《60分钟》烟草公司调查的电影中，饰演华莱士的演员有一段滔滔不绝的自白，其中说道："在人生的最后阶段，你会想：人们最后会如何看待我呢？我走过这条路，产生了一点小小的影响。我遭遇了阿亚图拉（Ayatollah Khomeini）、马尔科姆·艾克斯（Malcolm X）、马丁·路德·金（Martin Luther King）、萨达姆（Saddam Hussein）、萨达特（Anwar Sadat），等等，我给世人看谁是穿着正装的贼。"

1979年，当伊朗领袖阿亚图拉·霍梅尼同意坐在对面的时候，华莱士直言不讳地挑衅："原谅我，埃及总统萨达特称你为疯子。"翻译支吾其辞，霍梅尼平静地回答："萨达特是一个异教徒。"

"原谅我"是华莱士非常喜欢说的一句话，就好像犯人临刑前的小小安抚。他在《纽约时报》的一次采访中说道："一听到这个词，那些令人不快的问题就要接踵而来了。"在怀揣秘密的新闻人物那里，英语中最令人恐怖的4个单词就是"迈克·华莱士在此"（Mike Wallace is here）。华莱士无情地打击采访对象。他的"武器"有很多：采访前深入细致的研究；出其不意地问令采访对象紧张得喘不过气来的问题；充满质疑地说"你就说实话吧"。华莱士的同事哈里·瑞金纳（Harry Reasoner）说："迈克有一招胜过所有人——在天使般的微笑过后，他会把问题直掼到你的脸上来。"这些都是上好的电视节目：你不是在看正襟危坐的访谈，更像目睹一场新闻"狙击战"。

此外，华莱士也是电视暗访的倡导者，1976年，为了揭露美国的医疗补助欺诈，《60分钟》在芝加哥建立了一个假诊所。这样用欺骗性采访来揭露欺骗是正当的吗？华莱士坚持认为，偷拍和埋伏访谈都是游戏的一部分，虽然后来由于这些招数已成电视滥调，他自己完全放弃了它们。

可以说，没有华莱士，就没有电视上的调查性报道。华莱士有自己的新闻哲学："在一个可能的最好世界里，每个人都是体面的，然而现实世界并非如此运行。记者的名声所在，端赖翻开那块石头，看看下面隐藏何物。"在他退休以后接受的一次访谈中，华莱士说他愿意在自己的墓志铭上镌刻这么几个字："强硬，然而公正。"[①]

这种坚硬的工作方式也让华莱士付出了代价。《纽约时报》的讣

---

① Stelter, Brian (Apr 8, 2012). "Reactions to the Death of Mike Wallace, '60 Minutes' Pioneer." *The New York Times*, https://mediadecoder.blogs.nytimes.com/2012/04/08/mike-wallace-60-minutes-pioneer-dies/.

告中讲到一件往事：1982 年，CBS 因制作《不作数的敌人：越南骗局》（*The Uncounted Enemy: A Vietnam Deception*）的战争纪录片，被 1964—1968 年越战期间驻越美军最高指挥官威斯特摩兰将军（William Childs Westmoreland）告上法院，索赔 1.2 亿美元，最后庭外和解。

在诉讼过程中，华莱士精神崩溃了。他害怕对方的律师在法庭上用他在电视上采用的相同手段来对付他。"我站在审判席上，面对着陪审团，手哆嗦着，渴望喝水，想象着陪审团在想，'这个混蛋彻头彻尾地有罪'。"他为此尝试自杀。此后，华莱士进行了数次抑郁症的心理和药物治疗。[①]

在《惊爆内幕》中有一个镜头，华莱士坐在一家高档餐厅中，对烟草公司告密者的内心恐惧报以贵族式的嗤之以鼻。"这都是些什么人哪？"节目制片人反问他说："他们是在非同寻常的环境下的平常人。你希望见到什么呢？优雅和始终如一？"

华莱士堪称非同寻常的环境下的非常人士。即使如此，他也得设法克服自己内心的黑暗。他的信念是：没有任何一个人是神圣的。在这方面，整个 20 世纪我以为只有一个记者可以和他媲美，而且是位女性：法拉奇（Oriana Fallaci）。他们都擅长穿越表层，直击核心。

1985 年，法拉奇和华莱士在《60 分钟》有过一次对谈。华莱士问法拉奇："你觉得记者有权力吗？"法拉奇："没有。记者如狗，只是吠，没人听。"华莱士："那么你是一位娱乐人士吗？"法拉奇："不，我是一位历史学家。"

华莱士完全不同意记者是历史学家的说法。因为新闻过于即刻了，

---

① Weiner, Tim (Apr 8, 2012). "Mike Wallace, CBS Pioneer of '60 Minutes,' Dies at 93." *The New York Times*, https://www.nytimes.com/2012/04/09/business/media/mike-wallace-cbs-pioneer-of-60-minutes-dead-at-93.html.

无法成为准确的快照。不错，新闻能保存记录，但这些记录必须放在上下文中来读。在事件和媒体几乎同步运行的21世纪，历史也变成了即刻的，然而，要想真正读懂历史，我们还是要像华莱士所说的那样，坐下来仔细观察。华莱士了解，不论他在某一刻揭示了什么，下边总还有更多的故事。

数字时代的新闻素养

　　一个健康的公民社会只有在公众知情的情况下才能存在。如果很容易就可以让人相信谣言或八卦，后果将是致命的。

对信源的评估是新闻素养基本功

　　原广州日报社社长戴玉庆涉嫌受贿，被广州市纪委调查，并被移送司法机关。在庭审中，戴玉庆当庭表示不认罪，认为此案与上下级交恶有关。戴玉庆妻子则向中央巡视组实名举报广州市纪委领导及其亲属涉嫌内幕交易。

　　《新京报》刊文《戴玉庆当庭检举广州纪委书记曾被打断》，并被人民网转载；财新网也发了广州市纪委书记被实名举报的新闻。

　　网易新闻客户端在2014年4月27日放出一篇很是抓人眼球的文章《广州日报原社长一次吃喝17万？》。此文原刊大洋网（正是《广州日报》旗下网站），原题为：《特约通讯员：戴玉庆受贿案真相调查》。

　　顶着"真相"之名，这篇文章是我们讨论新闻中的信源的好标本。

　　信源种类很多，准确区分至关重要。

　　其一，信源是谁？他们是怎么知道他们所告诉我们的这些事的？

　　这篇新闻里面的信源是"笔者"（不是记者，而是标题中的"特约通讯员"），他/她是间接信源，其直接信源是"相关人员"，下文更进一步说明，这些"相关人员"是"接近广州市纪委人士"和"接近广州日报集团人士"。

　　其二，有无相互独立的多重信源？

科瓦奇（Bill Kovach）和罗森斯蒂尔（Tom Rosenstiel）在《真相：信息超载时代如何知道该相信什么》（*Blur: How to Know What's True in the Age of Information Overload*，2010）一书中说："假如无法获得多重信源，而且证据量不大，那么我们就不能完全相信信源的叙述——或许具有暗示作用，但无法证实。"[1]信源数量被视为判断报道权威性的一个标志。

其三，信源是不是报道中所叙事件的直接参与者？他们是不是利益相关者？

广州市纪委人士显然两者都是。

其四，是否使用匿名信源？使用匿名信源的时候是否给出援引匿名信源的理由？

这篇报道中提到的"相关人员"都是匿名信源。我们也不知道信源被匿名的原因。

从信源角度看，我同意新闻学教授马少华的观点：这是一篇试图影响舆论的文章，而不大可能是新闻报道。

鉴定信源六要素

除了上面列举的"信源四问"，还有一种鉴定新闻信源的方法称为IMVA（I）N，是纽约石溪大学（Stony Brook University）新闻素养中心提出的。由6个英文字母组成的缩略语，被用来总结如何系统地评估新闻报道中出现的消息来源。

I（Independent，独立的）：独立来源比利益相关的来源更好。

---

① Kovach, Bill & Rosenstiel, Tom (2010). *Blur: How to Know What's True in the Age of Information Overload.* New York: Bloomsbury, 80.

M（Multiple，多样的）：多种来源比单一来源更好。

V（Verify with evidence，有证据可以证明的）：有证据证明的来源比主观主张的来源更好。

A/I（Authoritative/Informed，权威的/知情的）：权威/知情的来源比不知情的来源更好。

N（Named，署名的）：署名来源比匿名来源更好。

你会发现，这些原则简单明了，与我上面讨论新闻信源的说法也大同小异。在此略为详说之。

评估利益是否相关

乐见事情的结果朝着某个方向发展的信源，甚至都可能意识不到个人利益会如何影响他们的看法。这是最纯粹的认知失调。

反推之，无论结果如何都不会受其影响的信源（我们称之为独立信源）通常是可靠的。

当然，理性的自利——照顾自己的健康、财富、亲人和同伴——不能完全等同于自私，它与想要拥有一切的幼稚的或非理性的欲望是不一样的。

在这方面，信源通过个人的各种忠诚度被拽往各个方向：

信仰/政治的：我们对自身的信仰和政治信念无法保持中立。

智识的：由于我们的教育和独特的经历，我们对自认所知的东西并不能够持中立态度。

亲情/浪漫的：各种道德准则都警告专业人士，我们无法对出生的家庭、自己组建的家庭和所爱的人保持中立。

财务的：当我们的财务状况受到影响时，不能指望做出独立或中立的观察。

因此，当记者在报道中向你提供证人、专家或观察者时，你第一反应要想一想，是否存在任何重大利益冲突。当然，外科医生认为每一种病痛都需要手术；当然，父亲说，他的孩子在犯法之前从未伤害过任何人；当然，销售经理说这辆车太棒了。

用多重信源核实信息

多个来源的信息通常比一个人说的要可靠。在法庭上，我们称其为佐证。在科学界，我们说，如果多个从事同一实验的研究人员能够重复实验的发现，则数据更有说服力。顺便强调下，这并不是倚多为胜，而是说，这些多样的来源必须彼此独立。如果满足了独立性要求的信源都在说同一件事，则你可以更加相信这件事是事实。

有证据证明的来源比主观主张的来源要好

这里关注的是信源提供了多少事实支持。他/她的陈述都有据可凭吗？还是只是提供了无法证实的指控或未经证实的观点？他/她的话经得起推敲吗？还是只代表了某种推断或表达了某种预感？

权威/知情的来源比不知情的来源更好

这里要问的问题是：信源知道自己在说什么吗？他/她对自己谈论的话题具有足够的知识或者资格吗？

实名来源比匿名来源更好

经过充分识别并允许被记录在案的消息来源会对其所说的话负责。匿名来源的主要问题是，读者在尝试评估其可靠性时几乎没有线索。

面对匿名来源时，需要问的问题包括：

这些人是谁？

对匿名来源的特征有足够描述吗？

其是否有充分的理由保持匿名？

他们为什么坚持匿名？

如果我们不清楚信源为什么要匿名，那又如何能够确认他们知道其所知道的东西，又到哪里去寻找证据以证实他们关于某个事件的版本？

此外，在评估匿名来源时，询问以下问题也很重要：

是否充分解释说明为什么信源必须保持匿名（例如害怕受到报复和起诉），这是信源的透明度。

是否提供了足够的信息来确定信源的价值（信源是见证人或同事），这是信源的特征。

报道中是否还有其他信息（来自实名来源、文件或其他形式的证据）独立地证实了匿名信源所说的内容？这是证据的补强。

假如在一篇报道中，这些问题都未能得到充分回答，你还能够相信该报道吗？

数字时代的新闻素养

数字时代对公民的信息素养构成了四个挑战：

每天向我们涌来的大量信息令从虚假信息中筛选出可靠信息变得困难。

用于创建和广泛共享信息的新技术可以传播看上去似乎来自权威来源的错误信息。

速度和准确性之间的矛盾已经升级。我们所有人都希望尽快获得信息，但是在数字时代加速信息分发，也就相应增加了信息错误的机会。

互联网和社交媒体使选择支持我们预设信念的信息变得更加容易，从而强化了而不是消除我们可能的偏见。

这些挑战导致了对新型读写能力的需求，这种能力使新闻消费者能够确定信息是否可靠，然后据其采取行动。一个健康的公民社会只有在公众知情的情况下才能存在。如果很容易就可以让人相信谣言或八卦，后果将是致命的。

印刷机和电子技术发起了交流的革命，改变了世界各地的权力关系。但是革命在很大程度上将出版权、发行权交到了大公司、利益集团和权势者手中。互联网引发的最新的交流革命再次改变社会，它使得每个使用计算机或智能手机的人都可以发布信息，公众现在可以与他人分享他们的知识。这是一种积极的发展，但是正如本叔叔（Uncle Ben）在《蜘蛛侠》（*Spider-Man*）中对彼得·帕克（Peter Parker）所说的"强大的力量带来巨大的责任"，所有人都有义务在提高互联网和社交媒体的信息质量中发挥作用。

阅读的未来

观看成为一项更为复杂的活动，我们可以从不止一个视角来观看。视频由此可以带给我们崭新的精神景象，引领我们抵达新的哲学之地，就像旧日的文字书写一样。这将是阅读的未来。

从"敬惜字纸"谈起

"读写能力"（literacy）是传播史中经常会被讨论的一个话题。一个有读写能力的人，顾名思义，就是他必须能读会写，或者像人们在语言教学中常说的，要做到听说读写"四会"。读书写字这种行为也不像看上去那么简单；识字，在现代的语境下，意味着一个人有沟通能力，或是能够在一个有文化的社会中理解和交流意见和看法，从而参与到这个社会之中。在这种情况下，会读书，会写字，就等于有文化修养；正因如此，文盲（illiteracy）这个词，在英文里还有"没有文化，无知"的内涵。

联合国教科文组织对于"读写能力"是这么定义的："读写能力意味着能够识别、理解、解释、创造、交流、计算和使用与不同情形相关的印刷或手写材料的能力。读写能力包含了一个连续性的学习过程，这种学习使得个人可以实现自己的目标，发展自己的知识和潜力，充分参与到一个更广泛的社会当中。"① 由此可见，文盲率在现代社会中是被当作社

---

① "The Plurality of Literacy and Its Implications for Policies and Programs." *UNESCO Education Sector Position Paper* 13. Paris: UNESCO, 2004.

会问题来解决的，解决之道不是别的，正是教育。

因为我们是在很小的时候开始学习阅读和写作的，所以我们常常忘记，阅读和写作其实需要相当复杂的技巧，需要多年学习和背诵。即使在文化和文明程度最高的社会中，有文化的成人比例也从未达到过100%。2000年中国第五次人口普查发现文盲率为6.72%，意味着有8500多万人是文盲。[1] 在2010年第六次人口普查中，文盲率为4.89%，仍有5400多万人是文盲。[2] 2020年第七次人口普查的结果是，全国人口中，文盲人口（15岁及以上不识字的人）为3775万人，文盲率进一步下降为2.67%。[3]

另据美国20世纪80年代的统计，至少有2300万，或者多达7200万美国成年人是"功能性文盲"，[4] 即不能阅读招聘启事，不理解汽车时刻表，不能填写工作申请表，或者写出所要寄出信的目的地。2020年，根据盖洛普公司（Gallup）对美国教育部数据的分析，美国约有1.3亿成年人的识字能力较低。这意味着超过一半的16至74岁的美国人（54%）的阅读水平低于六年级。[5] 而无论何处，即使在有文化的人当中，也只有很少一部分人能具有最高水平的阅读和写作技能。

---

① 《中国人口还要继续增长30年　性别失衡问题需关注》，人民网，2003年8月26日，http://people.com.cn/GB/keji/1059/2037429.html。

② 国家统计局中国2010年人口普查资料，http://www.stats.gov.cn/tjsj/pcsj/rkpc/6rp/indexch.htm。

③ 国家统计局：《第七次全国人口普查公报（第六号）》，2021年5月11日，http://www.stats.gov.cn/tjsj/zxfb/202105/t20210510_1817182.html。

④ Omang, Joanne (Nov 25, 1982). "The Secret Handicap: Millions of American Adults Can't Read." *The Washington Post*. https://www.washingtonpost.com/archive/politics/1982/11/25/the-secret-handicap-millions-of-american-adults-cant-read/f9111cff-dcbe-42bd-8362-35b04e3c086d/?utm_term=.55acaa67e625.

⑤ Rothwell, Jonathan (Sep 8, 2020). "Assessing the Economic Gains of Eradicating Illiteracy Nationally and Regionally in the United States." Gallup, https://www.barbarabush.org/wp-content/uploads/2020/09/BBFoundation_GainsFromEradicatingIlliteracy_9_8.pdf.

读书写字既然这样难，毫不奇怪，在人类的历史长河之中，文字曾经长期是一种特权。有关这种特权，一个有趣的例子是中国悠久的"敬惜字纸"的传统。

　　鲁迅先生在《门外文谈》中写道："因为文字是特权者的东西，所以它就有了尊严性，并且有了神秘性。中国的字，到现在还很尊严，我们在墙壁上就常常看见挂着写上'敬惜字纸'的篓子……"[1]在这里，鲁迅说的是一个相沿既久、流传甚广的习俗。

　　著名画家黄永玉在《太阳下的风景》中，这样描写他的家乡凤凰古城：

　　　　我那个城，在湘西靠贵州省的山洼里。城一半在起伏的小山坡上，有一些峡谷，一些古老的森林和草地，用一道精致的石头城墙上上下下地绣起一个圈来圈住。圈外头仍然那么好看，有一座大桥，桥上层叠着二十四间住家的房子，晴天里晾着红红绿绿的衣服，桥中间是一条有瓦顶棚的小街，卖着奇奇怪怪的东西。桥下游的河流拐了一个弯，有学问的设计师在拐弯的地方使尽了本事，盖了一座万寿宫，宫外左侧还点缀一座小白塔。于是，成天就能在桥上欣赏好看的倒影。[2]

　　黄永玉《太阳下的风景》提到了沱江边的小白塔。如果你读过《边城》，你会记得，沈从文在《边城》的开头和结尾都写到过一座白塔：

　　《边城》开头：

　　　　由四川过湖南去，靠东有一条官路。这官路将近湘西边境到了

----

[1] 收入《且介亭杂文》，北京：人民文学出版社，2006年。

[2] 黄永玉：《太阳下的风景》，天津：百花文艺出版社，1984年。

一个地方名为"茶峒"的小山城时，有一小溪，溪边有座白色小塔，塔下住了一户单独的人家。这人家只一个老人，一个女孩子，一只黄狗。

《边城》结尾：

> 到了冬天，那个圮坍了的白塔，又重新修好了，那个在月下唱歌，使翠翠在睡梦里为歌声把灵魂轻轻浮起的年轻人，还不曾回到茶峒来。
>
> …………
>
> 这个人也许永远不会来了，也许"明天"回来！

看见白塔就想起翠翠，想起折一把虎耳草梦中飞上了天，想起什么时候会不会有人在月夜为你唱三年又六个月的歌……

> 老船夫做事累了睡了，翠翠哭倦了也睡了。翠翠不能忘记祖父所说的事情，梦中灵魂为一种美妙歌声浮起来了，仿佛轻轻的各处飘着，上了白塔，下了菜园，到了船上，又复飞窜过对山悬崖半腰——去作什么呢？摘虎耳草！白日里拉船时，她仰头望着崖上那些肥大虎耳草已极熟习。

沈从文还写到白塔在一个雷雨交加的夜晚里坍塌，翠翠于此经历至亲的死亡和心理空间的崩陷：

> 无意中回头一看，屋后白塔已不见了。一惊非同小可。赶忙向屋后跑去，才知道白塔业已坍倒，大堆砖石极零乱的摊在那儿，翠

翠吓慌得不知所措，只锐声叫她的祖父。祖父不起身，也不答应，就赶回家里去，到得床边摇了祖父许久，祖父还不作声。原来这个老年人在雷雨将息时已死去了。[①]

白塔在《边城》这部小说里充满了神秘的象征意味。塔，原指为安置佛陀舍利等物而以砖石等建造成的建筑物。沱江边的白塔，却没有经书、佛陀舍利，没有定光宝珠，没有大和尚降妖伏魔的传说，白塔的其中一面题有"敬惜字纸"四个字——原来白塔是焚烧字纸用的。它叫万名塔，始建于清嘉庆年间，原为古时的"字纸炉"。虽然边城的故事发生在离凤凰几里远的茶峒，但谁又能说作者在描写《边城》里的那座白塔时，眼前没有浮现沱江边这座从小就熟悉的万名塔？

"字纸炉"，又有称"惜字亭""化字炉""圣迹亭""敬字亭""敬圣亭""文笔亭"的，名称各不相同。除出现在街头坊里外，各地的书院、文庙或较重要的庙宇中也可见它的踪迹。它的形式、大小尽各不同，有的高及数丈，有的不及五尺。但不管如何都会题有"敬惜字纸"四个字。

这些专为焚烧字纸而建的亭子，不少都祀有仓颉的神位（传说中的仓颉，是中国字的创造者，惜字之余自然要敬圣）。"仓圣"创造中国文字，是中国文化史上的一件大事。在仓颉以前，人类记载事情有两种方式，一种是结绳，发生大事情，就在绳子上打个大结；发生小事情，就在绳子上打个小结，这些结，用来帮助人类记忆；另一种是画图画，把发生的事用图画记录下来。但是这两种方式都非常不方便，而且容易遗忘。

造字是一件太伟大、太奇妙、太崇高的神圣工作，在初民的社会引起巨大震动。《淮南子·本经训》曰："昔者仓颉作书，而天雨粟，鬼夜

---

① 沈从文：《边城》，北京：人民文学出版社，2003年。

哭。"所谓惊天地而泣鬼神者也。张彦远的《历代名画记·叙画之源流》中解释说："颉有四目,仰观垂象。因俪鸟龟之迹,遂定书字之形。造化不能藏其秘,故天雨粟;灵怪不能遁其形,故鬼夜哭。"知识既可以带来财富,也可以带来灾祸。人们用这种想象的情景,表达自己对仓颉巨大功绩的称颂、感激与崇拜。

汉字,并非仓颉一人创造,在他之前与同时,已有别人创造的零星的简单的图形笔画,他予以收集、整理、加工、提高,加上自己的创造,集大成为众多的汉字。《荀子·解蔽》中说:"故好书者众矣,而仓颉独传者,壹也。"仓颉创造整理出大批汉字,这是划时代的创举。它结束了原始人结绳记事的历史,将中国文明向前大大推进了一步。仓圣造字,反映了中华民族文明发展史上的一个大转折,体现了中华民族的文明之光。

华夏民族一直把仓圣造字引为自豪。如余光中说:"杏花。春雨。江南。六个方块字,或许那片土就在那里面。而无论赤县也好神州也好中国也好,变来变去,只要仓颉的灵感不灭美丽的中文不老,那形象,那磁石一般的向心力必然长在。因为一个方块字是一个天地。太初有字,于是汉族的心灵他祖先的回忆和希望便有了寄托。"①

正是为了这种回忆和希望,中华大地到处有字纸炉的踪迹。以台湾为例,台湾客家人至今仍保有浓厚的"敬惜字纸"的传统旧习,他们称"字纸炉"为"圣迹亭"。桃园龙潭圣迹亭是现存此类建筑中较具规模而保存较为完善的。

龙潭圣迹亭创建于清光绪元年(1875)。台湾传承古风的敬字亭现存共有二十多座,但大多数只有简单的一座炉子而已,不像龙潭圣迹亭是台湾现存敬字亭中规模最大的,包括建筑群和完整的"圣人形"对称空间的庭园,还有中轴线贯穿"三进"庭园的"朝圣之路",表现出"小中

---

① 收入《听听那冷雨:余光中散文精品选》,林辛编,济南:山东文艺出版社,1994 年。

见大，空灵庄严"的中国庭园艺术，是属于世界级的文字崇祀古迹。

自古龙潭便是地道的客家庄，看看这座由客家人所创建的圣迹亭上的对联题字，更可见客家人特别重视文字、教育的古风："鸟喙笔锋光射斗，龙潭墨浪锦成文"；"文章到十分火候，笔墨走百丈银澜"；"文章炳于霄汉，笔墨化为云烟"；"万丈文光冲北斗，百年圣化炳东瀛"（此处东瀛指的是台湾）；"自古能知化丙者，于今便是识丁人"（丙为火，化丙指焚烧字纸，识丁指识字）；"文运宏开，过化存神"（过化存神的意涵颇深：客家人深信，焚烧后的字纸，片片文字升华化蝶，飞至天上向仓颉致意；而精神长存，滋润人间……）。

圣迹亭每年在秋季举行祭典。每年仓颉公、文昌帝君生日，或是农历正月初九"天公生"之日（玉皇大帝的诞辰），举行仓颉纪念恩典。当天，秀才以上之人着衣冠，童生着新的衣服，读书人准备牲礼、果品，举行所谓"祭圣人"的仪式，显扬并感谢制字先师仓颉的功绩。之后再将敬字亭内焚烧字纸后留下的灰烬清出，倒入被称为"香亭"的木盒子内，随着沿路鼓乐吹奏，由文人抬至溪河边，行恭送纸灰入海仪式，称为"行圣迹"或"恭送圣迹"。[①]由此可看出，古人对于字纸、文化的敬惜观念，是远超过现代人所能想象的。在儒家倡导的教育体制熏陶下，鸿学大儒与目不识丁的贩夫走卒都知敬惜字纸，"敬字亭"就是这种观念的具体表现。

已故的费孝通先生在世时经常提到"敬惜字纸"。他说童年看到过祖母把每一张有字的纸都要拾起来，聚在炉子里焚烧，并教育他说要"敬惜字纸"；虽然自己也曾经笑老祖母迷信，但当自己到了老祖母的年纪，才明白"敬惜字纸"的文化意义。"纸上写了字，就成了一件能为众人带

---

① 《客家人的惜字文化——敬字亭》，见《台湾儒学名词索引》，云林科技大学汉学应用研究所编。

来祸福的东西，不应轻视。"①

汪曾祺有篇散文《收字纸的老人》：

> 中国人对于字有一种特殊的崇拜心理，认为字是神圣的。有字的纸是不能随便抛掷的。亵渎了字纸，会遭到天谴。因此，家家都有一个字纸篓。这是一个小口、宽肩的扁篓子，竹篾为胎，外糊白纸，正面竖贴着一条二寸来宽的红纸，写着四个正楷的黑字："敬惜字纸"。字纸篓都挂在一个尊贵的地方，一般都在堂屋里家神菩萨的神案的一侧。隔十天半月，字纸篓快满了，就由收字纸的收去。②

根据许地山同名小说改编的电影《春桃》中，春桃就是个拾字纸的人。电影里春桃不愿总在总布胡同做侍候洋人的差使，便自个儿找了这个以捡拾废纸为生的事儿来做。在北平的胡同中叫喊"烂字纸换洋取灯儿"的春桃在搁下背着的大纸篓以后，后背心衣服上就赫然露出"敬惜字纸"四个字儿。这四个字，很难忘。

民国二十四年（1935），印光大师刊行《普劝敬惜字纸及尊敬经书说》，内云：

> 字为世间至宝，能使凡者圣，愚者智，贫贱者富贵，疾病者康宁。圣贤道脉，得之于千古，身家经营，遗之于子孙，莫不仗字之力。使世无字，则一切事理，皆不成立，而人与禽兽无异矣。既有如是功力，固宜珍重爱惜。
>
> 字为世间至宝，非金银珠玉爵位可比。以金银珠玉爵位，皆由

---

① 费孝通：《反思·对话·文化自觉》，《北京大学学报》（哲学社会科学版）1997年第3期。
② 汪曾祺：《汪曾祺作品自选集》，桂林：漓江出版社，1999年。

字而得，使世无字，则金银珠玉爵位，亦无由而得矣。字之恩德，说不能尽。敬惜书字，福报甚大。

字纸既如此珍贵，故平时不能亵渎字纸，不可将字纸随地丢弃践踏，不能揩拭污秽，不能在经籍书典上随笔涂墨，平时也不能拿来垫坐等，其他如置书于座椅，或以书作枕头，或大怒而掷书于地，或抽解而犹看诗书，或"不但大小便后概不洗手，即夜与妇宿，晨起读书，亦不洗手"等行为皆是亵渎之举，皆宜戒之。①

在"万般皆下品，唯有读书高"的社会里，教育不普及，广大人民对那些少如凤毛麟角能识文断字的读书人衷心敬重，而对文字则更是无限敬仰得近乎神化了。据《燕京旧俗志》载："污践字纸，即系污蔑孔圣，罪恶极重，倘敢不惜字纸，几乎与不敬神佛，不孝父母同科罪。"②清朝时，社会上有大量的《惜字律》被看作是文昌帝君制定的天条圣律而流传③，今天我们仍然可以看到《惜字征验录》《文昌帝君惜字功律》《文昌惜字功过律》等文本。《惜字征验录》中有许多如乞儿拾字纸转世富贵，穷书生惜字科甲连绵，乃至瞽者转明，愚者转智等感应事件，不胜枚举。

清代山东的戏曲家曾衍东曾画一幅"敬惜字纸"的条屏，上方题诗云："惜字当从敬字生，敬心不笃惜难成；可知因敬方成惜，岂是寻常爱惜情。"④古人对于文字纸张的爱惜程度，是现代人所无法理解的。一般人

---

① 印光著，北京大方广华严书局编注：《新编全本印光法师文钞》，郑州：中州古籍出版社，2010年，卷二十四，第383页。

② 收入谭烈飞主编：《北京方志提要》，北京：中国书店，2015年。

③ 此种《惜字律》可以看成文昌信仰和善书（功过格）的结合，后者是具体分类记述功过、并以数量计算善恶行为的书籍。

④ 阿滢：《曾衍东与〈小豆棚〉》，载《秋缘斋读书记》，成都：天地出版社，2012年。

也许看不出文字有何神奇，但我们的人类学家知道，对于一个只有口头语言的民族，文字会显得多么奇特而富有魔力。

第一场伟大的传播革命

周有光在《世界文字发展史》中说："语言使人类别于禽兽，文字使文明别于野蛮，教育使先进别于落后。"[1]

语言与人类相伴而生——在几百万年前就有了语言。作为人，除了少数残疾者，没有不会使用和理解语言的。通过语言，我们可以把自己的所感、所想表达出来。

《圣经·约翰福音》开头即说："太初有道，道与神同在，道就是神。"这里的"道"，英文是"word"，就是"言"，天主教圣经译为"圣言"。其实，在赞颂圣言的时候，《圣经》也在礼赞书写。这是因为，将语言用象征的写印方式记录下来的能力并不像说话那样出于遗传，写作是一种技术，一种人类的发明物。

周有光说："语言可能开始于300万年前的早期'直立人'，成熟于30万年前的早期'智人'。文字萌芽于一万年前'农业化'（畜牧和耕种）开始之后，世界许多地方遗留下来新石器时期的刻符和岩画。文字成熟于5500年前农业和手工业的初步上升时期，最早的文化摇篮（两河流域和埃及）这时候有了能够按照语词次序书写语言的文字。"[2]

这两种代表人类早期文化的重要文字（两河流域产生的苏美尔文字和埃及人创造的圣书字），在公元初期先后消亡了。在公元前1500年的时候，世界上最早的字母出现在迦南（Canaan）的闪米特人（Semites）中。《旧约全书》就是用这种字母表的一个版本书写的。它是世界上所有字母

---

[1] 周有光：《世界文字发展史》，香港：商务印书馆（香港）有限公司，2016年，第1页。
[2] 周有光：《世界文字发展史》，香港：商务印书馆（香港）有限公司，2016年，第1页。

的祖先。腓尼基人（Phoenicians）把闪米特字母传到希腊，遇到了使用上的困难，因为希腊人说话富于元音，而腓尼基字母缺乏元音字母。聪明的希腊人在公元前9世纪补充了元音字母。从此，拼音技术就发展成熟了。（公元前1300年以前，中国黄河流域的殷商帝国创造了甲骨文，这是汉字的祖先。）

　　距离希腊字母发明没有多久，世界见证了一种新鲜事物：读写能力开始在一些群体当中得到普及。古典学者埃里克·A.哈夫洛克（Eric A. Havelock）认为，希腊字母的简易性对希腊书写文化的大发展起了至关重要的作用。哈夫洛克的学说首次出现在他发表于1963年的《柏拉图导言》（*Preface to Plato*）中，后来在《古代希腊关于公正的概念》（*The Greek Concept of Justice: From its Shadow in Homer to its Substance in Plato*）一书和论文专辑《希腊的书写变革及其文化成果》（*The Literate Revolution in Greece and its Cultural Consequences*）中得到进一步阐扬，最后在《缪斯学会书写》（*The Muse Learns to Write: Reflections on Orality and Literacy from Antiquity to the Presen*）一书中获得简明扼要的总结。哈夫洛克在其有生之年从未转变其基本立场，他一直秉持着这样的主张：字母书写对古代希腊启蒙有着重要的甚至是唯一的作用，因而字母书写也奠定了西方文明的基石。按此论见，是古代希腊字母书写（而且唯有这种书写）的发明方使读写能力的广泛普及成为可能，因而也使得人类意识迅速地、永久性地出现了转型。字母书写能够使思维超越荷马所代表的"口头心智"的局限性，形成逻辑、哲学和科学，柏拉图（Plato，前429？—前347年）即是这种转型的第一个伟大的、典型的产物。

　　哈夫洛克还认为，大概就在柏拉图出生的那个年代，甚或稍早一点，古代希腊文化就已经出现了"大分野"。这种"大分野"表现为口承社会与书写社会相隔离，口承社会主要依赖于韵律的、复诵（叙述）的文学来满足其文化知识的需求；而后来的书写社会则依赖于散文，并将散文视为传达严肃反思、研究和记录的载体；柏拉图的散文是开始放弃口头规则的一个重要表征，由此思维方式出现了决定性的转折。后来，印刷术的发明，书写一方面成为扩大哲学、科学反思的一种工具，另一方面促进了欧洲社会的民主化进程，并对其他社会产生了日益增长的影响。

哈夫洛克认为，柏拉图的书，应该放进希腊文化的转折时期去读；那时的希腊正在从一个垂死的口头世界转向新生的书面世界。柏拉图生活在这场书写革命的关键阶段，他在对话录中讲了一个有关埃及神祇 Theuth 的故事，这个神祇也叫透特（Thoth）。

在埃及神话中，透特是最有智慧的神。他多才多艺，有时以圣鹮（古埃及人心目中的圣鸟）的面目出现，有时又化作一只狒狒。他也是在天际划过的月亮。最初，透特是司创造的神，后来变成教化人民的神，他教给埃及人文明与宗教礼仪、书写、医药、音乐以及魔术。他被称作"一个计算天地星辰之神"（One who Made Calculations Concerning the Heavens, the Stars and the Earth），"时间与季节的计算者"（Reckoner of Times and of Seasons），"衡量天而筹划地"（Measured out the Heavens and Planned the Earth），"均衡之神"（God of the Equilibrium），"所有知识作品的作者"（Author of Every Work on Every Branch of Knowledge, Both Human and Divine），懂得"隐藏在天穹之下的一切事物"。[1]

在《斐德罗篇》（*Phaedrus*）中，柏拉图写道："透特最先发明了数字和算术，几何学和天文学，还有赌博和国际跳棋。但他最特别和最重要的发明是书写。"[2]借助于柏拉图的笔，苏格拉底（Socrates）为我们讲

① Gyurme, Tenzin (2013). *THOTH-God of the Moon, Magic and Writing*. Morrisville, NC: Lulu Press.

② Plato. *Phaedrus*. In Cooper, John M. (Ed.) *Plato: Complete Works*. Trans. Alexander Nehamas & Paul Woodruff. Indianapolis, IN: Hackett Publishing, 1997.

述了神奇的一幕：透特来到埃及国王塔慕斯（Thamus）面前，"展示了他的技艺，并宣称所有的技艺都应该被传予埃及人"。换句话说，透特像电子展会上的一个参展商，试图向国王兜售他的发明——"吾王，书写将使埃及人变得更聪明，并且改善他们的记忆：我的发明既是记忆，也是智慧的良方"——好一个有说服力的营销卖点。

可以说，很少有人像柏拉图那样因书写所致的世人心智的变化而获益。书写将他从对以往神话和谚语的鹦鹉学舌般的记诵和传承中解放出来，得以创造那些充满了新观念的新"对话"——这些观念是高度抽象的，离开了书写根本没有可能形成。正是因为这些对话被写下来了，它们才会流传2400年之久。

即便如此，柏拉图对书写并不领情。根据苏格拉底的讲述，对透特的各项发明的裁定权属于国王塔慕斯——日神的代表。当透特大肆宣讲书写的好处时，塔慕斯却不为所动。他对书写提出了两条批评意见："这样的发明会给那些学会它的人的灵魂造成遗忘，"国王首先说，"他们不再需要锻炼他们的记忆，因为他们会依赖于书写。"第二种批评是，因为书写的文字"免除了教师的传授"，所以只会带来一种"智慧的表象"，既非"真理"，也非"真正的判断"。

苏格拉底——也就是柏拉图——以一种赞赏的口吻讲了国王的批评。柏拉图没有见到我们给书写所赋予的荣光。他同意国王有关书写是一种退步的看法。作为第一场伟大的传播革命的辩护者，透特失败了。

从此以后，许多人把苏格拉底在《斐德罗篇》末尾对书写的批评，当作一种预言式的对新媒介——包括新近发生的传播形式的巨变——的广泛担忧。比如，翁（Walter J. Wong）就说，苏格拉底对书写的抱怨——削弱记忆力，缺乏互动，任意撒播，脱离说话人和听话人的身体——和20世纪末人们对计算机的担心以及15世纪人们对印刷术的担心，都不无相似之处（参见约翰·杜翰姆·彼得斯：《对空言说：传播的观念史》)[1]。

　　有意思的是，当初柏拉图担心书写，而后来的圣贤却觉得书写需要捍卫，他们担心的是另外的新的东西。摩西（Moses）有名的十诫当中，第二诫就是：

　　　　不可为自己雕刻偶像；也不可作什么形象仿佛上天、下地和地底下、水中的百物。[2]

　　这一诫的重要性仅次于第一诫：除了我以外，你不可有别的神。

　　关于其原因，尼尔·波兹曼（Neil Postman）这样分析：为什么上帝要做这样的规定？我们可以冒险作一猜测：那些如今已经习惯于用图画、雕塑或其他具体形象表达思想的人，会发现他们无法像原来一样去膜拜一个抽象的神。犹太人的上帝存在于文字中，或者通过文字而存在，这需要人们进行最精妙的抽象思考。运用图像是亵渎神祇的表现。[3]

　　然而，最终柏拉图和摩西都无法想象的是，人们不仅运用图像，而且痴迷于移动的图像；"脱离说话人和听话人的身体"的新媒介不仅超越了口承传统，更发展成威胁着书写文化的庞然大物，一步步把人变成媒介化社会的产物。

形象崛起，文字陨落

　　"你将要开始阅读，……"小说家卡尔维诺（Italo Calvino）写道。

---

[1] Peters, John Durham (1999). *Speaking into the Air: A History of the Idea of Communication*. Chicago: The University of Chicago Press, 36.

[2]《出埃及记》第 20 章第 4 节。

[3] 尼尔·波兹曼：《娱乐至死》，章艳译，桂林：广西师范大学出版社，2004 年，第 11 页。

最好是关上门；隔壁的房间里电视总是开着。立刻告诉别人：“不，我不要看电视！”大声点喊——否则他们根本听不见你在说什么——“我在读书！我不想被打扰！”也许，即使你这么大声嚷嚷，他们也听不见，那么，你就咆哮起来吧：“我要开始念书了……！”[1]

在20世纪下半叶的某个时点上，在人类历史上第一次，形象相较文字占了上风。

形象出现在我们的卧室和起居室里，我们的孩子擅长操作遥控器和操纵杆，而他们的语言能力在下降。几乎每个夜晚，几乎在世界上的每一个城镇，一个闲逛的人都会看到蓝色的光从大多数人家的房间中透出来，街头不再有聚堆闲聊的人群，就连闲逛者都那么少。

当美国四到六岁的孩子们被问到他们是更喜欢电视还是爸爸时，54%的孩子回答是电视。平均起来，一个美国家庭中，开着电视的时间一天高达7个半小时，它抢夺的时间来自工作、学习还有睡觉。[2]不错，最近电视开始似乎变得像是昨天的发明，数字化传播吸引走了大批的技术迷们。然而，根据一项国际调查，世界上有30亿人平均每天花两个半小时以上的时间看电视，电视仍然是当之无愧的第一媒体。[3]

而且，随着技术的发展，绝不意味着我们一直都只会有高技术人士嗤之以鼻的"笨金属盒"在沙发的对面闪烁——对这种盒子，我们除了换换频道和调调声音啥也做不了。移动形象毫无疑问会发现新的、更灵活的、更巧妙的方式呈现自身。如果过去半个世纪以来人们的喜好能够

① Calvino, Italo (1979). *If on a Winter's Night a Traveler*. Trans. William Weaver, New York: Harcourt, 3.

② Gomery, Douglas (Autumn 1993). "As the Dial Turns." *Wilson Quarterly*.

③ Kubey, Robert & Csikszentmihalyi, Mihaly (1990). *Television and the Quality of Life: How Viewing Shapes Everyday Experience*. Hillsdale, NJ: Lawrence Erlbaum Associates, xi.

说明一些什么的话，那就是，无论新的媒介服务以怎样的表现形式进入我们的家庭，可以预期，我们浏览的主要内容不会是文字，也不会是静止的图片，而一定是移动的形象。

电视是人们投入主要关注和批评的移动形象样式，它征服了整个世界。然而，我认为，电视只是一场巨大运动的一个阶段。用新的方式观看的新型移动形象很可能将这场运动带至顶峰。我们需要一个新的词汇来涵括将要到来的新阶段，恰如业界把计算机和电视的结合称为"融合"。"视频"或许是一个合适的词汇。当我谈到视频革命的时候，是指作为内容的视频，而不是指任何一种特定尺寸的屏幕或盒子的种类。我的意思是，无论通过何种改进了的方式，我们都会继续紧盯着那些神奇的移动形象，并从中获得越来越多的娱乐、信息、艺术和思想。

阅读现在从它曾经独霸的无数场景中退出：餐桌上，公共汽车和火车上，卧室的床上，沙发上，甚至在一些教室里。当电视总在隔壁那间房里开着的时候，最终我们中的大部分人停止了咆哮，放下我们正在阅读的东西，去到那间房中。结果是，印出来的文字的重要性显著地降低了。

有关印刷品衰落的故事很多，很惊人。"当我在华盛顿出席社交场合时，"历史学家、美国国会图书馆前馆长丹尼尔·布尔斯廷（Daniel J. Boorstin）说，"我非常小心翼翼地不去问餐桌上的邻位最近在看什么书，以免受窘。相反我会问：'我想你现在没有多少时间看书吧？'"[①]小说家们看到同样的状况，知名作家菲利普·罗斯（Philip Roth）甚至说得还要

[①] Stephens, Mitchell (Sep 22, 1991). "The Death of Reading: Will a Nation that Stops Reading Eventually Stop Thinking?" *Los Angeles Times Magazine*.

悲观："一代严肃读者消失了，犹如两极的冰川。"①

　　人们常常谈到的印刷物的衰落并不能完全从数据上看出来。美国1990年所出的新书与1950年相比，多了16倍。有关书籍的死亡报告似乎有些夸大。然而问题是，这些出版的书是否有人读？在很多情况下，不论多好的书，都没有人有耐心从头到尾地读完。盖洛普调查（Gallup Poll）发现，在1990年，相较于1975年，有多得多的人说他们正在读某本专著或者小说，但与此同时，承认在过去一周内读完一本书的人却要少得多。②

　　在一个专业上的成功依赖于对大量隐秘性知识了解的社会里，书常常是用来查询而非阅读的。几乎有四分之一买书的花费集中在商业、法律、医学、技术或宗教书籍上。另外占据巨大数量的是学校的教科书。图书销售商的生意依赖于人们买书，但不依赖于人们读书。这对他们而言真是幸事，但对严肃读者来说，就不得而知了。

　　也许最吓人的有关图书的数据是——根据盖洛普调查，承认自己在过去一年中未读过任何书的美国人，从1978年到1990年翻了一番，由8%增加到16%。③"我的生活中无法离开书。"托马斯·杰斐逊（Thomas Jefferson）有一次对约翰·亚当斯（John Adams）说。④显然，越来越多的人离开了书，也可以生活得很好。阅读曾经是特权和地位的象征，是

---

① Roth, Philip (Feb 14, 2003). "I Don't Wish to be a Slave Any Longer to the Stringent Exigencies of Literature." Le Monde. Fr, https://www.lemonde.fr/livres/article/2013/02/14/philip-roth-i-don-t-wish-to-be-a-slave-any-longer-to-the-stringent-exigencies-of-literature_1831662_3260.html.

② Stephens, Mitchell (Sep 22, 1991). "The Death of Reading: Will a Nation that Stops Reading Eventually Stop Thinking?" *Los Angeles Times Magazine*.

③ Stephens, Mitchell (Sep 22, 1991). "The Death of Reading: Will a Nation that Stops Reading Eventually Stop Thinking?" *Los Angeles Times Magazine*.

④ Thomas Jefferson to John Adams, Jun10, 1815, https://founders.archives.gov/documents/Jefferson/03-08-02-0425.

追求快乐的手段，如今，对多数人而言，读书仅仅是为了即时的快感和实用，如果他们还在读书的话。

杂志似乎更适合电视时代，因为它们比起书来消耗更少的时间，而且其中有很多的图片。然而，因为杂志的种类如此繁多，要想证明或是否认杂志的衰落都不是一件容易之事。有关人们阅读杂志的时间是多了还是少了的最好指标，是比如像马里兰大学的约翰·罗宾逊（John P. Robinson）与宾州州立大学的杰弗里·戈德比（Geoffrey Godbey）所编制的"时间使用研究"（time-use studies）。[1]研究显示，在典型的一天，阅读杂志的人群的比例从1946年的38%下降到1985年的28%。[2]

有关报纸读者的数据要清楚和灰暗得多。同一项研究显示，"前一天阅读过报纸"的人群从1946年的85%下降到1965年的73%，再到1985年的55%。[3]而且这种下降是同美国人受到的正式教育的迅猛提高同步发生的。如果教育仍然能够刺激阅读的欲望，那么所有有关阅读的数据都应该向上走。而实情却并非如此，说明了教育系统的质量，以及接受教育的学生的兴趣所在。

阅读遭遇的困难并不难于解释。100年以前，当没有马戏团或戏班子来村镇上的时候，那些寻找娱乐的人们只有有限的选择：吃饭，喝酒，闲逛，生殖，唱歌跳舞，闲聊，阅读。那些寻求信息的人只有后两种选择。我们祖先当中的许多人没有阅读能力，但那些能够阅读的人依赖它，就像杰斐逊一样，他与书相分离的那种绝望感是今天的我们难以想象的。

---

[1] Robinson, John & Godbey, Geoffrey (2008). *Time for Life: The Surprising Ways Americans Use Their Time*. University Park, PA: Penn State University Press.

[2] Stephens, Mitchell (Sep 22, 1991). "The Death of Reading: Will a Nation that Stops Reading Eventually Stop Thinking?" *Los Angeles Times Magazine*.

[3] Stephens, Mitchell (Sep 22, 1991). "The Death of Reading: Will a Nation that Stops Reading Eventually Stop Thinking?" *Los Angeles Times Magazine*.

印刷文字在那个年代具有一种神奇的承载力量。"没有一艘战舰会像一本书，带领我们前往遥远的大陆"，美国诗人艾米莉·狄金森（Emily Dickinson）写道。[①] 现在，这样的旅程不止一条，有很多种办法可以让我们看到超越自身直接体验的事物。从另一个角度看，形象在取代文字成为精神负载的核心手段。人们已经无法像从前那样思考了，因为他们的思维当中现在充满了移动的形象。法国研究阅读史的专家罗杰·卡蒂埃（Roger Chartier）[②] 认为，书写的抵抗力出乎意料地顽强。也许他说得对。然而，口传叙事的抵抗力也很顽强，但还是将自己的文化重要性转移了大半给书写和印刷物。

形象的崛起，像当年文字的崛起那样，引来很多忧心忡忡的批评。也许人们不得不承认正在发生的是又一场传播革命，但他们的承认却不无懊恼。这不是个轻松的话题。我们谈论的不仅是当下（这已经够难认清的了），还有未来。我们会漂向何方？我们希望漂向何方？这些都是很严峻的问题。在如此重要的问题上，我们需要的，可不只是悲叹、懊悔、愤怒，还有痴想。

帕特里克·亨利（Patrick Henry）说："除了以史为鉴，我不知道还有什么判断未来的方法。"[③] 视频革命所带来的波动与当年文字革命的动荡程度将可以相提并论。两相比较，新技术所展现的舞台并无太多的不同之处，其所引发的变革的深刻性也类似，甚至就连其中的焦虑与愤怒都很接近。

---

① Quoted in Mlinko, Ange (Jan 7, 2014). "Infamy or Urn?" *The Nation*, https://www.thenation.com/article/archive/infamy-or-urn/.

② Chartier, Roger (1989). *The Practical Impact of Writing*. Cambridge, MA: Belknap Press of Harvard University Press; Chartier, Roger (2013). *The Author's Hand and the Printer's Mind: Transformations of the Written Word in Early Modern Europe*. Cambridge, UK: Polity.

③ Henry, Patrick (Mar 23, 1775). "Give Me Liberty Or Give Me Death." https://avalon.law.yale.edu/18th_century/patrick.asp.

其实，在上一场伟大的传播革命中，透特是对的，而苏格拉底却是错的。书写的确是智慧的良方。书写引发的传播革命使得埃及人、巴比伦人、希伯来人、基督徒和穆斯林的智性发展成为可能；它创造了希腊和罗马的文化丰功，中国、印度和日本的文化伟业。

现在，我们身处另一场伟大的传播革命的早期阶段，文字的辉煌将会被移动形象所掩盖，虽然充分开掘移动形象的潜力的技术还有待成形，但这种潜力的巨大是毋庸置疑的。比起在白纸上印出的黑字来，移动形象更能够调动我们的感官。在一个视频中我们能看到很多东西，更不用说听到了。移动形象可以切入，切出，叠加，变调或是干脆改变视角，以此牢固地抓住观众的注意力，还可以在视频中加入电脑图形和文字。

观看成为一项更为复杂的活动，我们可以从不止一个视角来观看。视频由此可以带给我们崭新的精神景象，引我们抵达新的哲学之地，就像旧日的文字书写一样。这将是阅读的未来。

电视的未来[①]

传统电视行业，包括电视台、电视内容商、电视运营商等，被网络视频颠覆的命运似乎不可避免。电视的未来建立在基于开放互联网的视频服务上，而移动视频又是其中的关键。国内电视台要应对网络视频的挑战，在经营上要实现八大转型。最终，随着电视机终端全面智能化的到来，互联网电视将成为主流的电视服务形式，甚至会取代目前有线电视的主导地位。

正在到来的颠覆

电视遇上互联网，这个议题的产生已经有十年以上了。2004年前后，互联网上可以在线播放豆腐块大小、模糊不清的视频，那一刻预示着电视新时代的到来。2005年2月15日，YouTube注册成立，首次开创网络上的视频分享，让用户上载、观看及分享视频或短片。网站的口号为"Broadcast Yourself"（广播你自己），网站的标志和早期的电视显示屏相仿佛。YouTube很快引来众多模仿者，随后中国的优酷、土豆等视频网站相继上线。

刚开始的时候整个电视行业对网络视频不以为然，讥笑其为"小丑电视"。然而，过去十余年来情况正在不断发生变化：网络视频质量提升，业务形态迥异以往，越来越多的观众开始观看网络视频，电视台、电视内容商、电视运营商开始不得不正视网络视频的挑战。2013年，国内互

---

① 与尤文奎合写。

联网电视机顶盒（OTT智能盒子）与网络视频网站合作，突然爆发式出货，达到1000万台以上[1]，"领头羊"乐视也带领互联网电视步入野蛮成长期：2013年，中国市场电视总销量为4313万台，其中智能电视销量2170万台，占总份额的52%。[2]拥有Wi-Fi并连上电视，就能将电视变成电脑，可看网络视频和电视直播。如果这些终端活跃率足够高，网络视频就成功实现了从PC屏向TV屏的逆袭。

终端的智能化正在改变用户的收视习惯，从而加速颠覆进程。PC、智能手机、PAD、智能电视一体机、智能电视机顶盒、TV Dongle（电视加密狗）等终端的兴起，导致网络视频分流了大量电视观众。同样以2013年为例，网络视频观看人数达到4.28亿人，网络视频使用率为69.3%；[3]2013年国内网络视频行业市场规模达到128亿元，同比增长41.9%，发展速度领跑传媒产业。[4]通过智能终端、互联网渠道收看网络视频呈现快速增长的态势，正在不断和传统电视争抢观众的时间。这一趋势表明互联网正在成为音视频传输的主要渠道。

在大洋彼岸的美利坚，有线电视运营商也正在经历着电视用户不断流失的困境。美国付费电视运营商主要包括三大块：有线电视运营商提供的有线电视服务，卫星电视运营商提供的卫星电视服务，电信运营商提供的IPTV服务。有线电视、卫星电视、IPTV的市场份额基本上是5∶4∶1的格局，有线电视占据半壁江山。2014年，根据市场研究公司SNL Kagan的统计，美国有线电视用户总量在5400万左右，占付费电视市场

---

[1] 格兰研究：《2013年中国机顶盒白皮书》，http://otv.lmtw.com/vp/201310/96424.html。

[2]《预计2014年智能电视市场占有率有可能达到69%》，科讯广电网，2014年5月27日，http://bc.tech-ex.com/technology/OTTV/2014/51731.html。

[3] CNNIC：《中国互联网络发展状况统计报告》（第33次），2014年1月，http://www.cac.gov.cn/files/pdf/hlwtjbg/hlwlfzzkdctjbg033.pdf。

[4]《清华大学：2014年中国传媒产业发展报告》，中文互联网数据资讯网，2014年5月21日，http://www.199it.com/archives/228747.html。

份额的54%，但多年来一直呈下降趋势，仅2013年一年就流失了近200万用户。卫星电视用户占34%，但是增速放缓，服务3400万用户；电信IPTV份额不大，一直缓慢增长，服务1100万用户，占11%。[1]

与传统电视相反，美国电视新媒体呈现高速发展的态势。美国视频新媒体的杰出代表Netflix 2010年推出在线流媒体服务，到2013年12月其全球付费用户已经达到4143万[2]，不到4年时间，Netflix的用户远超最大的有线电视运营商Comcast 2300万用户。美国另一OTT TV服务（指基于开放互联网的视频服务，详见后）提供商Hulu 2010年下半年推出付费服务Hulu Plus，到2013年年底，3年多时间发展了500万以上付费用户，收入达10亿美元。[3]

此后，新的市场主体不断加入，电子商务公司Amazon推出了Prime Instant Video，零售企业Walmart推出了Vudu，电信运营商Verizon推出了Redbox，搜索巨头Google则推出了Android TV，苹果公司也在谋求优质内容资源。[4]影视公司当然不会坐视这一势头，迪斯尼公司（The Walt Disney Company）2019年推出流媒体视频点播平台Disney+，华纳媒体（WarnerMedia）提供的流媒体视频服务平台HBO Max，则于2020年5月

---

① "Distressing Times for U.S. Pay-TV Industry." Zacks Equity Research, Mar 20, 2014, http://www.zacks.com/stock/news/127114/Distressing-Times-for-US-PayTV-Industry.

② "Netflix Growth Continues with 4 Million New Subscribers." BusinessTechnology, Jan 23, 2014, http://business-technology.co.uk/2014/01/netflix-growth-continues-with-2-3-million-new-subscribers/.

③ Lawler, Richard (Dec 22, 2013). "Hulu Plus Passes 5 Million Subscribers, Plans to Double Its Original Content." *Engadget*, https://www.engadget.com/2013/12/22/hulu-plus-passes-5-million-subscribers/.

④ 2019年3月26日，苹果发布全新的电视应用程序 Apple TV Channel 和原创视频服务 Apple TV+。其中，Apple TV Channel 是第三方内容整合平台性质的电视应用程序，其中聚合了 HBO、Hulu、Showtime 和 Starz 等流媒体平台和有线电视网的内容，但用户需单独购买各平台订阅服务。而 Apple TV+ 是原创视频服务新项目，仅包含苹果投资的原创自制影视节目，用户直接向苹果付费。

27 日正式运行。

中国和美国类似，传统电视媒体占据大部分市场份额，但是市场没有充分竞争。视频新媒体高速增长，但是市场份额很小，有巨大发展空间。2013 年，有线电视用户 2.24 亿户，有线数字电视用户 1.69 亿户[1]；全国广播电视网络收入 755 亿元，收视维护费是主要收入，VOD 业务、增值业务、宽带业务、广告业务发展缓慢。[2]电视台主要依赖广告商业模式，2013 年，全国广播电视行业的广告收入约为 1302 亿元，比 2012 年的 1270 亿元增加 32 亿元，增幅仅为 2.52%。[3]截至 2014 年 1 月，全国 IPTV 用户近 3000 万，相比 2012 年底用户总数 2300 万增长超过 30%。[4]截至 2013 年 12 月，在手机上在线收看或下载视频的用户数为 2.47 亿，手机视频跃升为移动互联网第五大应用。[5]

中国的付费电视业务一直没有做起来，整个电视行业的商业模式以电视台的广告和有线运营商的廉价收视费为主，电视市场远未达到充分成熟的程度。但是，中国电视新媒体的发展丝毫不亚于美国，2005 年以来，网络视频拥有了越来越多的用户。手机视频快速发展，2013 年与 2012 年相比增加了 1.12 亿用户，增长率高达 83.8%。[6]多个视频网站宣称

---

① 国家统计局：《2013 年国民经济和社会发展统计公报》，http://www.stats.gov.cn/tjsj/zxfb/201402/t20140224_514970.html。

② 中国产业调研网：《2014—2018 年广播广告行业发展调研与市场前景预测报告》，2014 年 2 月。

③《广播电视广告收入增幅大幅下降 传统媒体与新媒体融合发展任重道远》，央视网，2014 年 3 月 14 日，http://news.cntv.cn/2014/03/14/ARTI1394777646066509.shtml。

④《广电加速技术转型 快速部署双向网改迫在眉睫》，通信世界网，2014 年 4 月 18 日，http://www.cww.net.cn/tech/html/2014/4/18/2014418847261935.htm。

⑤ CNNIC：《中国互联网络发展状况统计报告》（第 33 次），2014 年 1 月，http://www.cnnic.net.cn/hlwfzyj/hlwxzbg/hlwtjbg/201401/P020140116395418429515.pdf。

⑥《CNNIC：手机上网人数增加 微博用户规模下降》，《中华工商时报》2014 年 1 月 17 日，http://www.ce.cn/culture/gd/201401/17/t20140117_2146414.shtml。

移动端流量达到了30%或者50%①，全面启动了移动端商业化。

尽管越来越多的用户通过互联网在PC、手机和PAD上收看网络视频，但是传统的有线电视看起来并没有受到很大影响。美国人每天收看电视的时长是5小时多一点，但每月收看手机视频的时长只有1小时23分钟。②有线电视也还是中国人看电视的主流，互联网在线视频仅仅是补充的小角色。从市场规模上来看，美国传统电视的市场规模超过1000亿美元/年③，在线视频仅100多亿美元④；2013年中国传统电视市场创收达到3183亿元⑤，在线视频市场规模只有128亿元，相比传统电视，视频新媒体的市场规模和受众还是不可同日而语。

然而，传统电视媒体和视频新媒体此消彼长的态势却非常明显。以

① 例如，在2013年9月，爱奇艺移动端流量在爱奇艺总流量中的占比已超过50%，并且有近10%的广告收入来自移动端。见《爱奇艺八年创业史：从视频网站，到线上迪士尼》，投资界，2018年4月23日，http://news.pedaily.cn/201804/430374.shtml。

② Lafayette, Jon (Mar 5, 2014). "Nielsen Cross Platform Report Looks at Phones." *Broadcasting & Cable*, http://www.broadcastingcable.com/blog/currency/nielsen-cross-platform-report-looks-phones/129595.

③ 据美国市场研究公司 eMarketer 测算，2013年全美广告主投入到电视上的广告开支为663.5亿美元，约占总广告开支的38.8%。《华尔街日报：网络视频逐渐蚕食电视广告市场》，2014年5月13日，http://tech.sina.com.cn/i/2014-05-13/09589375763.shtml。同时，美国是世界上最大的付费电视市场，2013年的营业额为424亿美元。见 http://www.iptv-news.com/2014/05/report-asia-pacific-compensates-for-us-pay-tv-revenue-losses/。

④ 2013年美国的在线视频市场规模为：Netflix 营收44亿美元，Hulu 营收10亿元，YouTube 广告收入56亿元，再加上亚马逊等，应该不会达到200亿。See https://www.marketwatch.com/investing/stock/nflx/financials; Welch, Chris (Dec 18, 2013). "Hulu Will Reach $1 Billion in Revenue for 2013, Now Counts over 5M Hulu Plus Subscribers." *The Verge*, http://www.theverge.com/2013/12/18/5223948/hulu-will-reach-1-billion-in-revenue-2013; Dredge, Stuart (Dec 11, 2013). "YouTube Ad Revenues Tipped to Jump 51% to $5.6bn in 2013." *The Guardian*, http://www.theguardian.com/technology/2013/dec/11/youtube-ad-revenues-tipped-to-jump-51-to-56bn-in-2013.

⑤ 《2013年全国广播电视行业创收3183亿元》，中国广告网，2014年1月24日，http://www.cnad.com/html/Article/2014/0124/20140124085003235.shtml。

中国为例，2013年电视台广告收入达到1302亿元，仅比2012年增长2.52%，收入增幅大幅下降了11个百分点，电视广告开始出现增长停滞的趋势。而互联网在线视频的市场规模仍保持高速增长，在线视频广告正成为电视广告的有力竞争者。据艾瑞统计，2010—2012三年间国内视频网站的广告额平均增长率远超行业水平，互联网行业的平均增长率为41.4%，而视频网站则达到了74.6%。[①]2013全年，在线视频市场规模同比增长41.9%。[②]

　　另一方面，观众在流失。同样在2013年，国内有线电视用户数量增长缓慢，全国多数城市中心城区出现负增长。据格兰研究统计，截至2013年底，我国有线电视用户已达2.24亿户，比2012年底的2.15亿户仅增加了900万户，有线电视用户较2012年6.14%的增幅略有下降，是近五年来增幅的最低水平。与此同时，2013年OTT机顶盒的销量高达1000万台，已经超出2013年全国有线电视用户900万的增量。[③]

　　传统电视台广告收入增长的停滞、有线电视用户的流失，让传统电视终于着急了。2014年2月美国最大的有线电视运营商Comcast并购了第二大有线运营商Time Warner Cable，共同面对有线电视行业的衰落趋势。国内电视台也终于开始正视互联网视频的冲击，黎瑞刚回归上海文广担起了上海广电转型的重任[④]，湖南广电、浙江广电则大幅提升新媒体预算，央视也迈开了提升新媒体发展速度的步伐。可以说，2014年是传统电视

---

① 《视频行业格局仍有变数　移动视频或将商业化》，赛迪网，2012 年 12 月 7 日，http://roll.sohu.com/20121207/n359757573.shtml。

② 艾瑞咨询：《2013 年中国在线视频市场规模》，2014 年 1 月 13 日，http://mp.weixin.qq.com/s?_biz=MjM5MDgzNTE1MQ==&mid=10016447&idx=1&sn=e6cbb87f2b234f5a6bc7148e9783ac57&scene=1#rd。

③ 《广电加速技术转型　快速部署双向网改迫在眉睫》，通信世界网，2014 年 4 月 18 日，http://www.cww.net.cn/tech/html/2014/4/18/2014418847261935.htm。

④ 《直击上海广电大改革》，《综艺报》2014 年 3 月 8 日。

台开始高度重视新媒体发展的一年。

然而，国内商业视频网站经过近十年的资本操作、烧钱游戏、内容哄抬、版权缠讼、商业运营，以及技术、资本和人才的积累，在大浪淘沙的过程中大部分已然死去，剩下的优酷土豆、爱奇艺、搜狐视频、腾讯视频等巨头们无不具备十八般武艺。面对它们，全国各地电视台之前创办的20家网络广播电视台毫无竞争力，电视台如何凭借自身的资源快速赶上商业视频网站，是一个极大的挑战。

视频网站的困境

2014年，国内视频网站尽管形成了优胜劣汰，但瓶颈仍存：有了市场规模，有了用户规模，有了巨大流量，整个行业却仍旧难以摆脱烧钱的困境。主要表现在：成本方面，视频版权内容成本、带宽成本继续居高不下；用户增长方面，PC屏用户的外延式增长空间已接近天花板，总体用户增长趋缓；商业模式方面，广告收入仍旧占据75%的比例，用户付费、增值业务等无法取得突破。经过近十多年的发展，商业视频网站仍旧无法营利。

与此同时，传统电视行业，包括电视台、有线电视运营商、卫星电视运营商等却感受到了越来越强的寒意，被网络视频颠覆的命运似乎不可避免。这似乎是一个难以破解的悖论，一方面网络视频如洪水猛兽要吞噬传统电视行业，另一方面网络视频却处于难以营利的困境。

分析一下国内商业视频网站处于烧钱境地的基本原因，可以看出：首先，视频网站自诞生伊始，基本上是以PC屏为收看终端，用户客厅和卧室里的电视机主要是有线电视的收视终端，互联网渠道和有线电视渠道泾渭分明，互不侵犯。从根本上来说，视频网站只是给用户提供了另外一个收看电视的选择，而且往往收视体验不佳：PC屏用户"前倾"而不是舒服的沙发式"后仰"，PC屏幕比电视机屏幕小，内容往往不如电视台丰富，经常有卡顿，无法收看直播等，种种原因，决定了网络视频只是用户收看电视的一个补充，而不是替代。只有PC屏的视频网站还不能和传统电视相PK。

其次，众所周知，国内电视1978年才开始发展，比国外落后20多年，广播电视成为国家推进的一项公益事业，让更多的老百姓看上电视是政府努力的方向。电视的公益属性和政治宣传属性要求以最低廉的价格最快速地普及电视，这导致了有线电视丧失了定价权，只允许向用户收取基本收视维护费，电视内容免费收看。这种特殊的国内产业环境导致电视台只能靠广告获得收入，电视内容无法向用户收费。这样的衍生结果导致了视频网站也很难向用户收费，用户"前向付费"的付费电视商业模式在网络视频上也是不成立的。

再次，商业视频网站的广告价值严重偏低。2013年国内电视广告市场规模是1302亿元，在线视频广告市场只有96亿元。^①国内电视观众有12亿，电视广告人均价值逾100元，商业视频网站用户4.3亿，人均广告价值只有22元。电视广告向网络视频广告的转移有一个过程，而这个过程尚未取得决定性进展。随着商业视频网站精准广告模式的不断演进，其议价能力将不断提升，一个CPM的广告价值将超过100元，广告商业模式将取得突破。

最后，商业视频网站的多终端推广受到政策极大限制。商业视频网站在拿下PC屏幕之后，开始进入移动屏幕，并取得了决定性的进展，手机、PAD等移动屏幕成为视频网站的第二屏，但是商业收益尚处于探索初期。由于主管部门对手持智能终端监管束手无策，手机电视牌照基本形同虚设，智能手机及平板电脑等移动设备屏幕被视频网站轻易拿下；这些网站因而开始觊觎被政策保护的电视屏幕。2013年OTT机顶盒开始火爆，进入电视大屏的互联网电视在技术上已经没有困难。然而，互联网电视被设置

---

① 艾瑞咨询数据，见 http://www.iresearch.com.cn/View/224597.html。

了严格的市场准入制度，行业政策人为割裂了视频网站的多终端推广。这对视频网站的广告价值提升以及付费用户推广产生了极大的影响。然而，归根结底，政策无法挡住技术的潮流，无法挡住行业发展的趋势，只是需要再多一点耐心。

互联网电视（OTT TV）才是电视的未来

从2009年开始，OTT TV概念开始传入国内，业界对OTT TV的认知有一个从混乱到基本清晰的过程。

OTT是"Over The Top"的缩写，本意指的是在电信网络之上提供业务，但电信运营商却无法就此收费。比如Skype就是一种OTT语音业务，而手机QQ聊天可以看作是一种OTT短信业务，分别分流了电信的语音和短信业务，但电信运营商无法直接获得收入。后来，OTT业务泛指独立运营在公共互联网之上的业务，包括OTT语音、OTT短信、OTT游戏、OTT电商等，OTT TV只是OTT业务的一种。

从通常意义上来说，OTT TV即互联网电视，通过公共互联网提供视频服务。国内的互联网电视指的是国家行业主管部门批准的互联网电视集成平台，通过互联网传输渠道为用户提供的视频服务。

传统的电视服务，包括地面电视、卫星电视、有线电视以及IPTV，都拥有自己的专用传输网络，不投入巨资建设传输网络就无法提供电视服务，只能在传输网络覆盖的范围内提供电视服务。而OTT TV使用公共互联网传输视频，无须建设自己的传输网络，理论上可以覆盖全球互联网所达到的任何区域。

OTT TV融合了传统电视台和网的界限，台和网不再是分工明确的两个行业，电视台可以通过互联网直接向用户提供视频服务，电视网也可以集成视频节目直接为用户提供服务。

由于投资巨大和技术方面的原因，制作播出节目的传统电视台和传输节目的传统电视运营商从产生到发展的历史过程中形成了天然的行业壁垒，电视台和电视网自成体系，外部力量基本上无法介入广电行业。随着数字技术和互联网的发展，任何机构甚至任何个人制作视频节目并在互联网上传输成为可能，打破了传统电视台和电视网自成体系的围墙花园。比如视频网站YouTube，其海量视频内容、全世界的传播覆盖范围已经超过了任何一家传统电视台和电视运营商。从这个意义上来说，OTT TV利用数字技术和互联网打破了传统电视的围墙，是电视行业的新生力量。从国外的情况看，Google等互联网企业、Apple等消费电子企业、Verizon等电信运营商、Walmart等零售商、Amazon等电商、Microsoft和Intel等传统IT企业、Netflix等独立的OTT服务提供商、传统的电视台和电视网等，都进入了OTT TV行业。

传统电视基本上是一网一屏，DVB系统为卫星传输、有线传输、地面传输、小屏传输分别制定了不同的传输标准，分别需要建设不同的传输网络。OTT TV在技术上天然具备多屏分发的功能，而且可以实现多屏互动。

传统电视是线性直播，用户只能在固定的地点（客厅、卧室等）、唯一的电视机屏幕上被动地收看电视节目。OTT TV则实现了"视频无处不在"，用户可以在互联网覆盖的任何地点、任何屏幕上主动选择收看电视节目。传统电视基本上是一对多的单向广播业务（经过数字化双向改造后已经部分实现双向互动），OTT TV则在技术上天然具备双向互动的功能。

随着互联网带宽的提升、互联网技术的发展以及互联网业务的创新，OTT TV和社交网络、大数据技术、UI/UX（用户界面/用户体验）设计、搜索技术、第三方支付、云计算技术等新技术、新业务的结合不断深入，将为用户提供不断提升的视频收看体验。

欧美的OTT TV发展环境充满了难以打破的坚冰：传统电视内容商通过电视运营商的传输渠道把电视内容卖给用户，双方共同获取垄断利益收入，或者内容商和运营商本身就是一体，在历史发展过程中传统电视内容商和运营商形成了垄断利益同盟关系。因而，OTT TV服务提供商基本上无法染指优质电视内容，难以和传统电视开展竞争。随着OTT TV的快速发展，传统电视用户增长停滞甚至萎缩，电视内容商逐渐重视OTT TV平台。电视内容商和电视运营商的利益同盟关系在市场的技术推动下开始松动，OTT TV服务提供商开始不断获取优质电视内容，电视内容商也开始尝试自己直接提供OTT TV服务，电视运营商被迫开始尝试多屏服务。尽管如此，目前欧美传统电视行业仍旧占领着绝大部分的市场份额，OTT TV只是迅速发展的新业务。

欧美的OTT TV产业形成了以OTT TV平台集成商为中心的完整产业链，上游包括各种内容提供商、技术标准、技术方案和设备提供商等，下游则包括OTT TV机顶盒、联网电视机、游戏机、播放器等终端厂商。典型的OTT TV服务提供商包括从DVD碟片租赁转型而来的Netflix、电视内容商和运营商联合组建的Hulu、电商企业Amazon的Instant Video、视频网站YouTube、Apple的iTunes、零售企业Walmart的Vudu等。OTT TV平台集成商都建设了功能强大的技术平台，利用专业的网络服务商如Amazon、Akamai、LimeLight等提供的CDN（内容分发网络）为用户提供稳定高质量的视频服务。

这些OTT TV集成平台采取购买或者合作分成的方式从视频内容商获取内容，这些内容商包括好莱坞的Disney、Sony Pictures、Paramount、Twentieth Century Fox、Columbia、Warner Brother等制片厂，也包括各种电视台（网）的内容。2012年Amazon的内容投入达到5亿~10亿美元，Netflix则宣布了高达21亿美元的内容预算。[①]面对巨额的视频内容成本，

---

① Kafka, Peter (Nov 16, 2012). "Netflix CEO: Amazon Losing Up to $1 Billion a Year on Streaming Video." *AllThingsD*, http://allthingsd.com/20121116/netflix-ceo-amazon-losing-up-to-1-billion-a-year-on-streaming-video/?mod=atdtweet.

Netflix、Hulu等OTT TV服务提供商也开始尝试自制剧，2014年初Netflix的独家自制剧《纸牌屋》(*House of Cards*)取得空前成功，引起整个行业对颠覆电视收看方式的大讨论。之前只有电视运营商才能提供热门剧的首发，OTT TV服务提供商花钱也难以获取，如今Netflix却制作出了电视运营商无法提供的热门剧。

OTT TV的终端则多种多样，Sony的PS和微软的Xbox游戏机是美国使用量最大的OTT TV终端，数量达到数千万台。包括Apple TV、Roku、Boxee在内各种OTT TV机顶盒集成了多家OTT TV服务，以低廉的价格开始迅速普及。智能电视的渗透率不断上升，据奥维咨询预测，未来几年智能电视的渗透率将达到85%以上。[①]通过电视机的大屏幕收看OTT TV服务开始呈现不断上升的趋势。

欧美电视版权制度严格，用户养成了长期的付费习惯，而且不存在类似国内的繁荣的免费视频网站，这使得欧美OTT TV服务提供商"前向付费"的低价策略迅速取得成功。2012年Netflix的付费用户逾3000万[②]，超越美国第一大付费电视运营商Comcast，成为世界第一大"付费电视运营商"，Hulu付费服务Hulu Plus的用户同一年也迅速增长到300万。[③]多年来它们保持快速增长，截至2022年第三季度，Netflix拥有2.23亿用户，Hulu则拥有2500万用户。

和国外相比，中国的OTT TV的市场环境具有很大的特殊性。国内的电视产业在具有商业属性的同时具有宣传属性和公益属性，互联网电视

---

① 《2015年后智能家电市场渗透率爆发式增长》，中关村在线，2014年4月2日，http://tv.zol.com.cn/444/4446398.html。

② Etherington, Darrell (Oct 25, 2012). "Netflix Hits 30 Million Members After Q3 Subscriber Growth 'Forecasting Error'." *TechCrunch*, http://techcrunch.com/2012/10/25/netflix-hits-30-million-members-after-q3-subscriber-growth-forecasting-error/.

③ Honig, Zach (Dec 17, 2012). "Hulu Announces 2012 Results: $695M Revenue, 3 Million Hulu Plus Subscribers." *Engadget*, http://www.engadget.com/2012/12/17/hulu-2012-results/.

业务从内容、平台、终端、市场准入等各方面都受到政策的约束，互联网电视需要在政策规定的空间内发展。但是技术的创新发展方向和国际是一致的。

　　2009年前后，国内电视机厂商开始推出互联网电视机，采取自建互联网电视平台或者和视频网站合作的方式向电视机屏幕提供视频内容。2009年8月，国家广电主管部门出台了加强以电视机为终端的互联网电视管理规定，酝酿出台互联网电视管理政策。①2010年3月，国家广电总局给CNTV颁发了首张互联电视牌照，牌照持有方建设互联网电视集成平台，实施互联网电视的市场准入制度。其后，国家广电总局先后给上海百视通、浙江华数、南方传媒、中国国际广播电台、中央人民广播电台、湖南电视台共6家单位颁发了互联网电视集成牌照，加上CNTV全国共有7家单位持有互联网电视集成牌照。电视机厂商的互联网电视以及随后的智能电视、云电视等互联网电视产品开始接入互联网电视牌照持有方的集成平台。

　　2011年10月，国家广电总局出台《持有互联网电视牌照机构运营管理要求》，正式确定中国互联网电视的管理政策，这个文件即业界俗称的"181号文件"。②181号文件在互联网电视的市场准入、集成平台、内容平台、运营要求、终端管理等各个方面都做了严格规定。

　　按照政策要求，只有持有互联网电视牌照的单位才可以建立互联网

---

① 2009年8月11日，《广电总局关于加强以电视机为接收终端的互联网视听节目服务管理有关问题的通知》下发，通过互联网连接电视机或机顶盒等电子产品，向电视机终端用户提供视听节目服务，应当按照《互联网视听节目服务管理规定》（广电总局、信息产业部令第56号）、《互联网等信息网络传播视听节目管理办法》（广电总局令第39号）的有关规定，取得"以电视机为接收终端的视听节目集成运营服务"的《信息网络传播视听节目许可证》。参见《互联网电视监管政策编年史（2004—2017）》，流媒体网，2017年7月12日，https://lmtw.com/mzw/content/detail/id/146803/keyword_id/-1。

② 《持有互联网电视牌照机构运营管理要求》，http://digi.163.com/12/1130/05/8HHKTHBQ0016656A.html。

电视集成平台，提供互联网电视服务。集成平台只能接入集成互联网电视内容牌照持有方的内容，互联网电视集成平台不能与设立在公共互联网上的网站进行相互链接。包括互联网电视机顶盒和电视机在内的互联网电视终端只能唯一链接互联网电视集成平台，不得有其他访问互联网的通道。

181号文件为互联网电视机顶盒开启了新的政策空间，它和互联网电视机一样获得了进入市场的资格。2011年以来，互联网电视机顶盒市场开始繁荣，家电厂商、IT厂商、互联网企业、电信设备企业，以及多家互联网电视牌照持有方，都开始涉足互联网电视机顶盒生产。

7家互联网电视牌照持有方不断在内容集成、技术平台建设、CDN网络部署等各方面推进中国互联网电视的发展，电视内容商、电视机厂商、互联网企业、互联网电视机顶盒厂商、技术平台商、电信企业等构成互联网电视产业链，联合牌照持有方一道，在中国特有的政策环境下，打造互联网电视产业。

电视未来的八大转型

国内电视台要应对网络视频的挑战，实现未来电视的转型，在经营理念和业务模式上要充分完成以下八个转变。

一是把电视频道转变为产品，也就是转变为视频APP。类似于移动互联网的各种APP，以用户为中心，不断迭代，不断完善，提升UI/UE设计，提供最好的用户体验，积聚最大量的用户群体，在规模用户的基础上实现商业运营。

研究也表明，下一代将在生活方式上寻求更多的个性化。手机堪称市场上最个性化的设备。电视频道应用程序也具有相同的前景。同在普通的家庭电视上观看相比，根据自己的喜好定制自己喜欢的频道将是一种更好的体验，无须担心节目的时间安排以及与家人的兴趣冲突。

二是把电视观众转变为用户。传统电视台的基本商业模式是广告，只要节目有一定的收视率，就一定有广告收入。但是电视台其实完全不掌握自己的观众是谁、在哪里、有什么喜好。通过视频APP产品建立完整的用户体系，掌握用户的收视行为、习惯、偏好、个人信息等资料，未来的电视在为用户提供个性化节目体验的同时，也为精准广告、在线交易等商业模式提供了空间。

当然，也存在另外一个层面的挑战。跨屏幕、跨设备的无处不在的电视节目对观看者来说非常好，但是却导致广告主的受众分散，并给节目制作者和发行商带来了很大的复杂性。理想的状态是，无论是智能手机上的信息流广告还是联网电视上的视频广告，广告客户都可以跨触点接触到同一个用户。这对所有人来说都是双赢：为用户提供更好的无处不在的体验，为广告商提供更简化的衡量和更精准的营销，最终为节目制作商和发行商带来更丰富的货币化途径。

三是把传播转型为运营。互联网消除了信息不对称，但也造成信息碎片化，电视台传播的功能和优势不复存在。运营产品、运营用户、运营商业成为电视台转型的一个必然。

四是把渠道转变为平台。传统电视台节目制作播出后，有线电视网络、卫星电视网络以及地面电视网络等渠道负责将节目传输给观众；而电视台在转型中必须拥有互联网电视的技术平台，在互联网视频平台上直接完成节目的播出传输，而这个技术平台需要巨大的技术和资本投入。

五是从客厅转型为移动。传统的收视场景是一家人在客厅里一起看电视，这个情形正在成为历史。视频的无处不在、无时不在成为新的收看方式，视频的跨屏传输、多屏分发，无线宽带网的泛在化、移动化将是视频消费的必然组成部分。

当前的技术并不是真正为跨多个屏幕吸引单个用户而设计的，许多技术提供商都在致力于提供跨屏幕的消费者观看的解决方案。对于观看者来说，这意味着不仅可以在智能手机上播放节目，而且可以无缝切换到大屏幕。

六是从孤立到社交。在互联网社交网络、移动互联网社交网络覆盖了绝大多数人群的情况下，视频的社交化分享、发现、评论等成为必然，视频产品必须具备社交功能，实现电视的社交化。

七是终端从功能转向智能。和功能手机一样，传统的电视接收机慢慢退出历史舞台，电视的收视终端将全面智能化，包括智能电视机、智能机顶盒、游戏机、蓝光播放机、TV Dongle、PC、PAD、智能手机等在内的设备都将成为视频收视终端。不同操作系统、不同尺寸屏幕的各种终端将是电视台转型必须面对的。

八是传输渠道从专网变为公共互联网。以往的电视传输渠道，包括地面网络、有线网络、卫星网络等都是传输电视节目的专门网络，随着宽带网络的快速提升，电视专网将会完成使命，慢慢退出历史舞台，宽带互联网最终将成为视频的唯一传输渠道。

移动视频是OTT TV的关键

商业视频网站基本上占据了PC端视频用户，正在向移动端用户、TV端用户延伸，进军用户的手机屏幕、PAD屏幕和电视机屏幕。目前的特征是PC端呈现增长平缓的状态，外延式总量增长空间出现制约。PAD、智能手机等移动终端高速发展，商业化开始起步。TV端业务（也即OTT TV）受到政策严格限制，但是一些公司在不断尝试打破政策底线。

与传统电视台相比，商业视频网站有优势也有劣势。首先，2013年，多家商业视频网站版权内容投入达几十亿元之巨[1]，预算超过了很多省级

---

[1] 尤文奎：《嬗变中的互联网视频内容监管政策》，网易科技，2014 年 5 月 22 日，http://tech.163.com/14/0522/12/9SRLT68Q00094ODU.html?f=jsearch。

电视台。其次，商业视频网站的内容受到的管制远比电视台小，比如在境外影视节目引进上，内容更富吸引力。[1]最后，商业视频网站可以从电视台获得优质节目内容，比如《中国好声音》《爸爸去哪儿》等。总体上商业视频网站视频点播内容优势大大超过传统电视台。

此外，商业视频网站的技术平台已经有了充分的发展。商业视频网站的视频技术平台每年投入近亿元，在产品开发、技术储备、技术人才方面遥遥领先。经过近十年的发展，商业视频网站在内容产品运营、用户流量等方面也有着领先的优势。

另一方面，商业视频网站的内容制作水平、新闻节目资源等方面与电视台相差甚远。广告客户特别是大客户开拓也有待加强。

目前商业视频网站将移动端作为新的发展突破口，PC端的内容、技术、产品、运营、用户等积累为其移动视频业务发展提供强大的优势。随着4G网络基站覆盖不断扩大，4G业务运营日渐成熟，4G移动宽带用户走向普及，移动视频迎来了大发展。爱奇艺（3.5亿月活）与腾讯视频（3.2亿月活）双雄争霸，优酷（1.8亿月活）逐步远离争霸行列，哔哩哔哩月活用户过亿，排名第四。[2]

2015年以来，移动短视频内容消费持续发酵，短视频全网覆盖用户规模不断攀升，为移动互联网带来巨大流量。抖音、快手两家公司占据两强位置，短视频行业正从流量和广告收入方面双向挤占在线视频行业的市场份额。

除了移动视频，电视行业还呈现其他一些重要趋势：

电视业的互联网化、泛在化。随着FTTH等固网带宽的不断提升和

---

[1] 如同2014年4月26日发生的四部美剧在视频网站被迫下架所显示的那样，对商业视频网站的内容管制也可能向电视管制看齐。

[2] Fastdata极数：《2020年中国互联网发展趋势报告》，http://pdf.dfcfw.com/pdf/H3_AP202004081377750375_1.pdf。

普及、4G乃至5G网络的发展、更多频谱的释放，互联网将成为电视最主要的传输渠道。传统电视渠道如有线电视、卫星电视、地面电视等将逐渐边缘化。移动宽带网络的普及将实现视频传输的无处不在，即泛在化。

终端智能化、电视机显示器化。随着多屏互动技术、云端技术的成熟，智能移动设备将成为视频的主要终端，电视机将成为高级显示器。和电信运营商的移动电话运营模式类似，购买内容服务赠送电视机硬件，这种商业模式的转变使得类似小米等互联网企业敢于以成本价、低于成本价乃至免费赠送的方式制造销售电视机硬件，传统电视机产业将被颠覆。

电视的移动化、社交化。随着视频云计算的不断成熟和部署，视频转码、存储、多码率自适应、交互、用户体验等在云端逐渐完善，移动智能终端将成为视频的核心设备，成为视频的控制终端、收看终端、多屏互动终端。社交网络将和视频结合，在社交网络上分享视频、评论视频、发现视频、推荐视频以及相应的LBS服务将成为视频消费的主要方式。

电视台的平台化、开放化。拥有视频云计算平台、全球CDN传输网络、优质用户体验的端到端产品将为电视台转型的核心。仅仅拥有内容是不够的，也就是说，电视台应避免变成纯粹的内容供应方。由于互联网打破了视频播出平台和传输渠道的垄断，UGC（用户生产内容）和PGC（专业生产内容）有了互联网播出和传输渠道，建设一个开放性视频云计算平台，以一定的运营商业模式，将UGC和PGC内容汇聚到平台上，将极大地赢得用户。开放云计算平台下的移动视频将是未来视频业务的重中之重。

智能电视终端的革命

截至2012年，国内电视机用户存量超过5亿台，非智能电视存量市场规模约有2亿台，形成了一个巨大的非智能电视存量市场。[①]非智能电视向智能电视的转换酝酿无限商机。

中国的智能电视共分两大派系，即智能电视一体机（互联网电视或者智能电视）和智能机顶盒。

2017年12月7日，据中国网络视听节目服务协会所发布的《2016年中国网络视听发展研究报告》显示，截至2016年9月底，互联网电视累计覆盖终端达1.96亿台，激活终端1.1亿台，激活率达到56%。其中智能电视一体机覆盖终端1.34亿台、激活终端7787万台，激活率达到58.2%；智能机顶盒覆盖终端6185万台，激活终端3164万台，激活率达到51.2%。[②]

智能电视一体机和智能机顶盒的激活率双双超过50%，电视机终端全面智能化正在变成现实，电视机从"电视广播接收机"变成了智能化的电脑设备，电视不但是电视广播的接收机，同时也成了互联网的终端设备。终端的改变带来了渠道的改变，电视传输覆盖网将迎来前所未有的挑战。

电视机技术发展有两个方向，一个方向是智能化的"强终端"，成为家庭计算中心。另一个方向是"弱终端"，成为家庭中显示能力最强的大屏，向大屏、高分辨率、节能、OLED屏方向发展，计算功能由手机、PAD、PC、机顶盒、游戏机等产品取代。由于技术发展、产业发展的复杂性，在可以预见的十年内，电视机向强终端发展的趋势最为明显，发展显示技术而成为弱终端的第二个方向也在逐步发展。

从智能电视终端使用状况来看，一方面智能电视一体机终端激活率

---

① 《解读！智能电视机顶盒盈利路任重道远》，泡泡网，2012年12月5日，http://www.pcpop.com/doc/0/862/862339.shtml。

② 《OTT激活量报告：互联网电视1.1亿台、盒子3000万台》，流媒体网，2017年12月18日，https://news.znds.com/article/news/17437.html。

尚未达到压倒性的程度，还有大量用户通过有线数字电视、地面电视、卫星电视收看电视节目。另一方面，用户购买智能机顶盒就是为了收看网络视频，机顶盒的激活率理论上可以达到100%。然而机顶盒的发展呈现很强的波动。2011年以来，传统电视机企业、数字电视机顶盒企业、IT制造商、互联网企业等纷纷加入智能机顶盒市场，随着2013年初小米盒子的发售，智能电视机顶盒迎来爆发性增长，2013年全年各类智能机顶盒出货量超过千万台。数据显示，2013年互联网电视盒子增长率高达236.7%，随后由于政策监管加强，互联网电视盒子市场不断降温。2014年增速下滑到28.7%，2015年出现负增长，为-6.7%。2016年虽有所复苏，但是整体发展势头依旧处于下滑趋势。[①]

智能机顶盒的大量出货曾经将不能上网的存量传统电视机连上了网，以其低廉的价格和迅速迭代的性能，智能机顶盒本可能成为智能电视终端的主要设备。然而，因为能够实现电视直播和网络视频播放，机顶盒发展受国家政策影响较大。2016年5月，国家新闻出版广电总局发布了《专网及定向传播视听节目服务管理规定》（6号令），于2016年6月1日起施行。[②]6号令提出了"专网和定向传播"的概念，此次政策收紧可以理解为是总局对2011年颁发的181号文的重申。可以预期，智能电视终端将继续以智能电视一体机为主，未来渗透率还将提升，出货量维持在较高的水平上。数据显示，2016年彩电零售量规模为5089万台，而智能电视的渗透率高达83%。智能机顶盒则可能慢慢淡出市场。[③]

---

① 《互联网电视盒子难逃夭折命运》，《北京商报》2017年3月2日，http://www.bbtnews.com.cn/2017/0302/183541.shtml。

② 《专网及定向传播视听节目服务管理规定》，http://www.sarft.gov.cn/art/2016/5/29/art_113_30905.html。

③ 《互联网电视盒子难逃夭折命运》，《北京商报》2017年3月2日，http://www.bbtnews.com.cn/2017/0302/183541.shtml。

随着智能电视、机顶盒人机交互设计的不断演进、网络视频服务的不断提升，一体机和机顶盒的活跃率还将不断上升。也就是说，将有越来越多的人使用智能终端，通过互联网收看网络视频。数据显示，截至2016年底，我国有线电视用户规模为2.6亿户，增长率仅为5.37%，而IPTV用户总数达到8679万户，增长率为89%。随着电信运营商大力发展IPTV以及OTT智能电视厂商的持续加码，未来电视领域的竞争将更加激烈。

目前，有线电视用户依旧是家庭电视收视市场的核心。2016年我国有线电视用户规模占全国家庭电视收视市场的比重为59.6%，直播卫星、IPTV、OTT TV紧随其后。[①]接下来数年，互联网电视将成为和有线电视比肩的重要电视服务方式。有线电视行业将面临巨大的挑战，电视台的内容如何分发到用户，同样面临严峻的转型挑战，整个电视行业将为之改变。

从智能电视终端内容和应用服务上看，Android系统的智能电视操作系统占有率在90%左右。[②]国内智能电视的操作系统只是本地化、定制化的阉割版Android TV。与苹果iOS的封闭系统不同，Android系统是开放的，导致各种APP商店可以任意设立，各大电视机厂家、智能电视终端服务企业都自行开设TV APP Store，自己掌握上线权。TV APP Store开始出现市场力量，但同时也无序发展，各种视频类、直播类、盗版类、境外节目、色情内容、阅读内容、教育内容、游戏内容等泥沙俱下，出现了智能电视终端应用服务的混乱繁荣。

智能电视机顶盒基本上都采用Android系统，除了部分和互联网电视

---

① 《我国有线电视用户首现负增长　模式更新加速入口变局》，《通信信息报》2017年4月5日。

② 《广电总局的智能电视操作系统能否自成一派？》，界面新闻，2015年12月29日，https://www.jiemian.com/article/490464.html。

牌照商合作的有 ID 号的机顶盒外，很多"黑盒子"内置各种直播 APP、TV 版视频网站、境外内容、盗版侵权内容、黄赌毒内容、开放 TV APP Store、全网视频搜索等功能。

尽管各电视机厂家的智能电视一体机标准各不相同，但智能电视第三方服务机构也开始出现，欢网科技打造的"欢视商店"，是 TV 应用的聚合者和分发者，2013 年拥有应用 5000 余款，其中已上线应用 1000 多款。[①]2018 年，欢网称，欢视商店已覆盖国内近 5000 万台智能电视。[②]奇珀市场也有影视音乐类、游戏娱乐类、教育学习类、网络社交、日常生活等数千款应用。第三方服务机构的出现繁荣了电视屏幕，但是同样无章可循，无人管理。

有了为智能电视终端"服务"的专业机构，用户通过智能电视智能终端到达非法内容更加轻易，在政府主管部门看来，这将严重妨害互联网电视的健康、有序、可持续发展，侵害互联网电视的公益和宣传功能。市场的发展对政策提出了严重的挑战，因而，国家新闻出版广电总局随后多次出手对互联网电视以及盒子加强监管，如今盒子不能看电视直播、不能回看电视，内容也开始缩水，不少视频网站的 TV 版客户端（APP）普遍下架，第三方应用也受到很大冲击。

需要注意的是，多屏互动技术已经是智能电视终端的标配。无线传屏技术如苹果 AirPlay、DLNA、Miracast、米联等技术可以在智能手机、PAD 和智能电视一体机、机顶盒之间互相传输视频、照片乃至网页所有元素，电视机屏幕将成为智能手机、PAD 的一个显示屏。通过有线高清 HDMI 线缆同样可以做到多屏互动。

---

① 《欢网吴盛刚："智"在何方——欢网对于智能电视的理解》，流媒体网，2013 年 5 月 24 日，https://lmtw.com/mzw/content/detail/id/90008/keyword_id/-1。

② 《欢视商店·2017 年最佳应用榜发布》，欢网，2018 年 1 月 24 日，https://www.sohu.com/a/218804734_809768。

从技术的角度来说，多屏互动技术使得仅仅控制智能电视终端的操作系统和TV APP Store失去了意义，必须同时管控智能手机、PAD的操作系统和APP Store。多屏互动技术进一步发展的结果就是移动设备成为个人手中的控制中心，电视机转变为更好的显示器，这是电视发展的一个方向。

总之，随着电视机终端全面智能化的到来，互联网电视将成为主流的电视服务形式，甚至会取代目前有线电视的主导地位，电视行业正在面临紧迫的转型挑战。在互联网电视和智能终端的高速发展进程中，无论是法规还是政府管理，都严重滞后或缺位，如何顺势而为，促进电视行业的健康、繁荣、可持续发展，已经成为整个行业面临的重大课题。

电视变成应用

在2001年，网站狂热的结束期，美国人被问到他们将会首先放弃哪个媒体，网络还是电视。结果是一个大满贯：72%的调查对象说他们能够摆脱网络，26%的人说他们会放弃电视。好景不长。2010年早些时候，这个调查被重新进行了一次，49%的人说他们会放弃电视，48%的人会放弃网络。[①] 而从现在开始的十年内，这个问题将变得毫无意义。

电视将不再存在。网络将会吞并电视，并且今天的节目将会变成网络上的另一个应用。正如今天的消费者转向网络来订旅馆和航班，与朋友交流，或者下载一首歌一样，很快他们将在网络上寻找所有的视频内容。与家人或者朋友聚集在一起共同观看一个频道的一个节目的概念只

① Edison Research (Mar 29, 2010). "More Americans Would Give Up Television If Forced to Choose." http://www.edisonresearch.com/more_americans_would_give_up_television_if_forced_to_choose/.

会出现在体育赛事直播中，以及像奥斯卡金像奖这种具有实时新闻价值的节目。

电视变成应用，意味着内容供应商要开发"适合所有屏幕"的内容，从电视（第一个屏）到电脑（第二个屏）到平板电脑（第三个屏）到智能手机（第四个屏）。这可以称作"多屏战略"（multi-screen strategy），旨在通过全屏幕覆盖，达到对目标观众的全时段、多维度曝光。例如，多个服务商都在主打"多屏联动"概念，希望能够通过统一的账号实现实时转换和互动，满足人们在不同场景的视频需求。此种"一云多屏"战略建立在它们对传媒媒体、网络媒体与智能媒体的认识上。

传统媒体会受到时间限制，频道资源有限，更新周期长；互联网信息量丰富，但过于丰富，必须用导航方式协助用户找到其想看的内容；智能媒体与个人的生活时间轴有关，人们希望通过手上现有的终端，随时随地找到想要的内容和信息，这时候就需要媒体拥有思考、感知、视觉判断等智能。

电视变成应用，还意味着电视必须学会利用有机生长的网络社区。很多电视节目在网上提供"附加"内容，比如短片、讨论组、预告和其他互动特性，这是"分享电视"（share TV）的概念，它可以回答关于电视观众的一个长久争论的问题：这些观众是主动的，还是被动的？换言之，他们有能力从电视内容当中撷取意义，还是仅仅是被媒体生产者所影响的无助的牺牲品？近年对电视节目的网络粉丝群的研究表明，这些粉丝构成了一个"诠释性社区"（interpretive community），他们定期聚会进行分享和讨论，形成个体和群体的对节目的诠释；而且，他们不是被动地消费，而是通过出产网站、论坛、粉丝杂志、邮件组、推广活动、粉丝创作的小说、剧评，等等，把自己由消费者变成了生产者。

最后，电视变成应用，还意味着多屏整合营销的时代来临。过去电视只关注最大的人口统计群体，现在，由于观众的多样性，它必须关注

"微目标群体"。从根据现实世界的行为购买受众，到针对特定的家庭，再到测量广告对商店访问的影响，有许多新的因素帮助电视营销人员更好地锁定他们的受众，并获得对消费者旅程的更完整的看法。

对于广告商来说，位置情报等新技术是无价的。它使营销人员能够通过现实世界的行动，如店内访问、停留时间、访问频率、品牌忠诚度、交叉购物活动等，绘制出线下的消费者旅程。对数据如此细化，使营销人员能够将他们的受众建立在具体的、经过验证的消费者行为之上，确保获得最精确的受众定位。

更进一步，电视营销人员可以用某些广告锁定特定家庭，如有生态意识的家庭正在寻找混合动力汽车。利用可寻址电视，广告商可以通过家庭层面的分析和细分来购买受众，向观看同一节目的不同家庭提供不同的电视广告。通过确定最有可能购买其产品的消费者群体，然后直接针对他们，营销人员可以提供更多的定制内容，以引发消费者的共鸣。

更重要的是，当可寻址电视与数字媒介相结合创建跨渠道活动时，它会变得特别有用。例如，广告商可以在某一节目中针对特定家庭投放广告，然后在他们上Instagram时在移动端也投放广告。当与位置数据配对时，这种多平台的定位可以证明其特别强大，甚至可以将观众引导到广告产品的特定地点。

也许受众定位最重要的方面是，它使营销人员能够跟踪消费者的旅程。这包括确定目标受众在观看电视广告后是否访问了实际地点。访问商店是电视广告的一个关键KPI，因为它显示了广告对现实世界行为的直接影响——哪怕不进行实际购买，至少也要有浏览商店的意图。

通过揭示受众观看电视广告后在现实世界中的行为，营销人员得以将电视从简单的品牌推广转移到直接测量的领域。有了新的技术，营销人员不仅可以看到他们的电视活动对目标受众的真实作用，而且还可以相应地重新分配他们的媒介费用，使投资回报率最大化。

没有慷慨
就没有互联网

你需要在社交媒体上刷存在感，
但也要让别人讲述他们的故事。
整个互联网都建立在慷慨的基础
之上，没有慷慨就没有互联网。

如何在新媒体时代讲故事

你需要在社交媒体上刷存在感，但也要让别人讲述他们的故事。由此，你需要具有分享情怀，整个互联网都建立在慷慨的基础之上，没有慷慨就没有互联网。

我曾应邀给互联网大厂的产品经理开一个有关互联网的书单，我选了四本书。有两本书是我翻译的，《人人时代》《认知盈余》[①]，另外两本是两家公司的成长史，《Facebook效应》和《孵化Twitter》。[②] 后两本公司史都非常好看。

为什么我给产品经理推荐这两本公司史？因为很多人在观察Facebook崛起的时候，可能忽略了一些重要问题。Facebook成长过程中有的里程碑，如果不从产品经理角度考虑，可能不觉得那是里程碑，但一旦从一个产品经理的眼光来看，就是非常了不起的里程碑。

2006年9月，扎克伯格（Mark Zuckerberg）开发出一款叫作News Feed的应用，这是一种能够主动把用户主页上的变动向所有好友呈现的内置功能。在没有发明这个东西之前，你在使用Facebook的时候，不可

[①] 克莱·舍基：《人人时代：无组织的组织力量》，胡泳、沈满琳译，北京：中国人民大学出版社，2012年；克莱·舍基：《认知盈余：自由时间的力量》，胡泳、哈丽丝译，北京：中国人民大学出版社，2011年。

[②] 大卫·柯克帕特里克：《Facebook效应：看Facebook如何打造无与伦比的社交帝国》，沈路等译，北京：华文出版社，2010年；尼克·比尔顿：《孵化Twitter：从蛮荒到IPO的狂野旅程》，欧常智等译，杭州：浙江人民出版社，2014年。

能在你自己的主页上看到其他人干什么。

突然之间，你可以在你的主页上看到你所有好友的行踪。我个人觉得这是Facebook发展史上一件非常了不起的事情。我们看到，后来Facebook对此做了进一步改动，加大了可视化的力度。在Facebook把News Feed用一种更突出、更亲近的方式展现出来以后，它声称，我们所有的News Feed最后所关注的都与你朋友的日常行为相关，这是News Feed要解决的核心问题。

分享由情绪推动

我们把News Feed翻译成什么？有一种说法把它叫作"新鲜事"，但因为它的英文是News Feed，似乎有"新闻"这个词在里头（其实与新闻无关），我们也可以将它称为"动态时报"或者"动态消息"。归根结底，News Feed是一种向用户提供持续更新内容的数据格式，新闻在这里被平台加以重新定义了，因为它不像媒体对新闻的定义。现在，Facebook说，我们会把你的朋友在社交媒体上的一举一动都叫作新闻。

由于这样的一个定义，扎克伯格讲过一句令传统的新闻工作者为之侧目的话："你们家门口有一只濒死的松鼠，可能比非洲无论多少濒死的贫民都会更加引起你的兴趣。"[1]这样的价值观所代表的东西，对原来的新闻信息业有很大的颠覆。如果我们问一个问题，在没有社交媒体之前，你每天收到的信息有多少是来自好友，又有多少是来自媒体？你可能会回答说，大部分信息是来自媒体的，只有少部分来自好友。然而今天这两者的关系发生了逆转，你大部分的信息是来自好友，而不是来自新闻媒体。

这样一个方式本质上是分享。分享跟搜索有不同的运行机制：搜索用

---

[1] Stone, Zara (Oct 10, 2016). "11 Times Mark Zuckerberg Kept It Real." *Forbes*, https://www.forbes.com/sites/zarastone/2016/10/10/11-times-mark-zuckerberg-kept-it-real/#4d026c3335d4.

于发现信息，但分享通常来讲是由情绪推动的，这两者的逻辑非常不一样。

作为一个产品，News Feed的核心是"状态更新"，所以我们可以把它叫作"新鲜事"。在电脑上展示状态的概念，最早其实是AOL发明的，即AOL做的离线消息。我们看《孵化Twitter》这本书，里面讲到Twitter的几个核心创始人，其中最有名的是杰克·多西（Jack Dorsey），有一天他忽然想到，能不能把AOL的离线信息单独开发，做成一个应用：一个非常简洁的设计，一个长方形的对话框，上面写着你的状态是什么，配上一个很简单的更新按钮。这个创意就导致了后来大家所熟悉的状态更新这样一种信息呈现方式。

多西2006年3月21日发了一条推文，这是全世界第一条"推"："我刚刚建立了我的Twttr"（那时还不叫Twitter）。从这条推上，我们已经可以看到，所有状态更新的基础元素设计都在里面了。

我看到这条推文的时候产生一个联想：在1876年3月10日，贝尔（Alexander Graham Bell）第一次成功地用电话传输了语音，传了一句非常简单的话，他对他的助手说："沃森，到这儿来，我想见你。"可以发现这两条信息之间的惊人相似，一个简单的电话信息和我们知道的状态更新是非常相似的，而其革命意义也相似。

在《孵化Twitter》里讲到整个Twitter的成型。杰克说到，一条状态信息如果更新的话，之前的状态就应该被更新的状态所取代。另外一个核心创始人是埃文·威廉姆斯（Evan Williams），他说状态更新应该像博客一样按时间顺序展示，就是最新的在最上面。

第三个创始人非常悲惨，最后在整个Twitter故事当中出局了，他说我们要给每一个更新加一个时间标签，让人们知道每条状态更新的具体时间。最后杰克提出了令Twitter成功的迄今为止最重要的一个特征——限制推文的长度为140个字符。由于这些人共同的智慧，导致Twitter成为今天这个样子。

状态更新

当你用这样的方式将个人生活进行某种状态更新的时候，马上会遇到一个挑战。这个挑战是，你用这样的状态更新来干什么？你是用它来分享你个人的状态，还是用它来分享新闻？这是两条不同的路径，我们可以把它们归结为两个不同的问题，分别叫"你在干什么"和"刚刚发生了什么"。你可以清楚地感受到这两个问题有多么不同。我们要延伸阐释的话，实际上它等于要你选择，是更多地讲述你自己的故事，还是讲述他人的故事。

最初Twitter的几个核心人物都认为，这个服务就是为了分享个人状态的，就像我们看到的杰克所写的第一条推，没有多大的意义，也就像贝尔打的第一通电话一样，没有多大意义。它对个人来讲有意义，对社会来讲似乎没有那么大的意义。

但是在这个过程中，Twitter的想法逐渐发生了变化：最初认为该服务会被用来分享个人的状态，但实际上它慢慢地变成了24小时的新闻服务。或者我们也可以说，在Twitter上的上述两个路径，慢慢地开始并存。

Twitter第一次把它的口号由原来的"你在干什么"变成了新的口号的时候，我在2009年7月28日写了一条推文，指出"Twitter今日变脸，意义十分重大，未来头号媒体格局初现"。所谓的"变脸"，是指Twitter把What are you doing的口号变成了Share and discover what's happening right now, anywhere in the world，即要去分享和发现你周围正在发生的事情，要把这些事情告诉全世界。这个变化体现出Twitter整个的演进过程中理念的挣扎。

回过头来，如果Twitter是一个24小时报告信息的媒体，我们就要问一个问题，究竟有谁会在乎我一天24小时都在干什么？如果你发的都是一些日常生活当中的鸡毛蒜皮，别人为什么要在乎？

实际上，有很多理由导致大家对这样的服务一旦用上以后就欲罢不能。一个理由是"它可以以前所未有的方式感受到朋友们生活的韵律"，这跟扎克伯格所开发的 News Feed 的道理是一样的，你就是想了解你的朋友在干什么，Twitter能为线上带来更多现实生活中的人际关系。

同时，这跟我们生活的后现代状态有着密切的关系，因为每个人都在流动，每个人都处在焦虑中，这个时候你会寻找一种通过电子媒介让自己不再那么孤独的方式和方法。

当然这也一定会被更大的社会因素所利用，比如说我们由此产生了外包式的新闻，进一步发现，Facebook和Twitter这样的社交媒体可以用来进行社会组织和发起社会行动。

时间线

整个媒体发展史上的一个里程碑，就是在21世纪的第一个十年的后半段，人类在媒体上创造了一个崭新的发展，这个发展叫作时间线（Time Line），它完全不同于20世纪90年代早期的等级制系统，我们都很熟悉的文档和图表，也不同于90年代中期的万维网模式（代表性应用是搜索引擎）。时间线的呈现方式，跟20世纪90年代早期和中期的信息呈现方式，有一个天差地别的颠覆。

举个例子来讲，我曾经是Google Reader的深度用户，可是Google Reader虽然有这么多人喜欢它，但最后还是关闭了。因为它不是时间线的方式，大家会觉得它非常落伍、非常不方便。我把依靠时间线作为呈现信息的基准方式而形成的媒体，统一称之为"生活流媒体"。生活流媒体是组织数字化内容的一种方法，这些内容可以是图片、文字、链接、邮件、视频、音频、网络行为……所有这些东西本质上都是由一条时间线串起来，既延伸到过去又指向未来，但核心的问题是现在，因为互联网最关心的是当下，将当下的饥渴深深嵌入社交媒体的架构和商业模式中。Twitter 和 Facebook 对我们五年前在做什么或想什么不感兴趣；他们真正想知道的是我们现在在做什么或在想什么。

这些平台有充分的理由对当下产生偏好，因为这大大增强了它们向广告商推销我们的在线生活的能力。毕竟，很多时候我们想的都是满足我们的需求，无论是精神上的还是物质上的，我们的需求越早被阐明，并与我们各自的人口群体相匹配，我们就越有可能被诱惑或胁迫在网上买东西。

建立在生活流基础上的媒体，或者商业方式，最后会统治互联网，因此世界上所有的数据最后会展现为我称之为"世界流"的东西。这个世界流在很多地方是公有的，但是在相当多的地方是专有的，只对特定的被批准的用户开放。

网络浏览器会被生活流浏览器所替代，用户将会习惯于我们的信息以一种"流"的方式出现在面前，而不再是从文件系统中读取文件。生活流会变成用户生活故事的展开的一种镜像。随着视频的进展，这个生活流一定是可视化的。

"生活流"与"世界流"

这个生活流具有可自我决定性，用户能够完全决定出现在他面前的东西，如果你不给用户这种选择的可能性，那么用户就会觉得这个"流"的出现或者它的呈现方式是有问题的。我们可能都处于不同的子流当中，但是我一旦想了解某一个人的生存方式和状态，就可以屏蔽掉跟此人无关的所有其他人的生活，而只看到这一个人的"流"。用同样的方式，其他人也可能只看到我这一个人的"流"，我把这种选择叫作"流"的可自我决定性。

这样的一个"流"的可自我决定性，最终跟人的个体故事相关。我们为什么使用时间线？通过这条线，最终可以讲述人生的整个故事。

Facebook介绍时间线的广告就直接说，你可以告诉别人你的人生故事，并且这个人生故事是从开头到中间一直到现在。所以你在Facebook的时间流中可以看到所有你关注的人的故事，用一种信息流的方式，最后完整地呈现出来。

想象一下，你浏览的某些信息可能只是一个人生活中的一个片段，但是如果他从小的时候，一直到他年老的时候，都在做这件事情，就是把自己的生活放在Facebook上呈现，那么整体来看，这就是他非常完整的个体人生故事。

移动互联网大潮对此起了推波助澜的作用。移动互联网的一个核心就是自从苹果发明了触控技术以后，你会习惯于只要你在手机上做一下滑屏下拉的动作，更新的信息必须出现。如果下拉某个应用时它静止不动，你会觉得这个东西不是媒体，它也不构成生活流，它是无用的废物。

我们从儿童的使用体验上可以很清楚地看到，我的小孩三四岁的时候，看到任何一个屏他一定要去碰一下，碰了以后发现这个屏是不动的，他对这个屏马上就丧失了兴趣。所以只要是你有一个下拉的动作，就应该有新的信息呈现，我把这背后的逻辑叫作"时间现在成为媒体的组织原则"，最新的信息永远在最上面，这个可能会产生很多意想不到的后果。

比如说，最新的东西不见得是最重要的东西，然而时间线的流会导致新的东西是有霸权的，新的东西永远盖过旧的东西。这也就是杰克·多西设计的状态更新，只要有新的状态，旧的状态就会被覆盖。最新的东西永远在最上面，导致每一个时刻的重要性大大增强了。（所以腾讯朋友圈的英文叫作moment。）当你使用生活流媒体的时候，每一时刻的重要性大大地高于每一天、每个月、每一年、每一个十年、每一个百年的重要性，时刻的重要性压倒一切。

社交媒体，同记者和其他"争上头条"的注意力召集者（attentionconveners）一样，重视新奇超过一切。

侵入性技术

由于重要性是以时刻来划分的，所以我们把这种媒介叫作侵入性技术，它对你的生活构成非常强烈的侵入。每个人在用微信的时候都有焦虑，你要消灭那些小红点。当时间成为媒体的组织原则的时候，就会滋生侵入性。

另外一个很重要的变化，我称之为时间现在成为媒体的表现形式，这个表现形式当然有很多种，比如说Twitter的字符数限制，它实际上是一个时间限制。你现在看到所有的短视频，从Instagram到腾讯的微视，在未来都可以使每个人成名8秒钟或者12秒钟，这就是典型的时间成为媒体的表现形式。

我们的碎片化的表达，甚至我们的语言现在越来越趋向于简短和缩略，都与这一点有关。甚至当你看YouTube视频的时候，你会去想一段YouTube视频有多长，这个时间的长度会影响到你观影的体会。你看到在Medium这样的媒体当中，它在一篇帖子的一开头就会告诉你，读完这篇帖子大约需要几分钟。它告诉你预计需要消耗这么多时间，这个信息是重要的，因为时间现在成为媒体的表现形式。

这样的变化会造成很多有意思的结果，有的是好的，有的可能不是那么好。它会造成一切东西都被压缩，压缩带来了效率、带来了生产的轻易性，使我们的知识采集以加速度的方式增长；它造成生产者的无穷增多，这就是为什么每个人现在都有麦克风了，因为媒体的生产者现在可以无限供应；它也造成了那些谣言、误传以及有意传播的假信息，在社会中飞速地流传，让我们完全回归到部落时代的"口传社会"，我们重新部落化了；它也造成一个困惑，如何在140字之内表现思想？这几乎成为一个哲学问题。

没有慷慨就没有互联网

我们接下来可以沿着这个线索思考更多的问题：

当我们的商业和社会沟通以时间为组织原则，对于内容的创造与消费，会产生什么样的影响？

生活流媒体对于个人、组织、政府、媒体和整个社会来讲，到底意味着什么？

社交媒体引发的时间压缩是增强了知识的宽度还是改变了知识的混合方式？比如我们可以用短内容指向长而深的内容。

这样有意思的问题，大概还可以列出很多。

最后我做一个简短的结语。第一，Twitter开始的时候有两条路线的挣扎，后来我们发现两条路线是并存的：它既记录你在干什么，同时也记录这个世界上在发生什么。所以我们说，对于个人来讲，你需要在社交媒体上刷你的存在感，但是与此同时，你也要让别人来讲述他们的故事。你需要具有分享的情怀，整个互联网都是建立在慷慨的基础之上，没有慷慨就没有互联网。

第二，任何一个好的媒体，应该成为拥有完全不同的世界观的人可以交流的地方，它应该是一个多元化的空间，不应该是一个一元化的空间。

在过去，历史总是由胜利者书写的，但是在我们的时代，历史由每个人书写。胜利者是谁呢？胜利者无非就是看你是不是拥有最洪亮的声音，是不是最会讲故事，导致你的故事的版本比其他人的故事版本更令人信服。这就是我们今天的时代、这样的媒体给我们带来的可能性。

我们造就了空间，空间也造就了我们
——答《艺术世界》问

虚拟空间在"反噬"现实空间，这个场景在将来不仅不会削弱，还会进一步加深。换句话说，将会看到越来越多的实体进入虚拟空间，从而令我们的生活附加上信息空间的维度，不可能再回到原来的纯粹场所。

孙珂：胡老师您好，我知道您的研究领域有很大一部分集中在互联网、传播、传媒及虚拟网络、虚拟空间上，您能不能首先从您的学术角度去定义一下您正在研究的"空间"？

胡泳：我觉得它是一个过渡的过程，因为之前我们熟悉的空间是固定的、被定义所限制的空间，然而你在今天所看到的却是空间的流动性，就是边界的流动。人类学者和社会学者最早发现这一点：法国人类学家马克·奥吉（Marc Auge）在谈论所谓"非场所"（non-place）[1]，著名的网络社会学家曼纽尔·卡斯特（Manuel Castells）在谈论"流动空间"（space of flows）。[2]前者类似于在现代化社会中的机场、旅馆这样完全没有传统的场所意义的流动性的空间，其实这时就已经可以清楚地看到空间边界的流动性了；再进一步，进入到虚拟空间中，这个时候你会发现越来越不能用原来空间的那个定义了。因为原来的"空间"，它首先具有一定历

---

[1] Augé, Marc (1995). *Non-Places: Introduction to an Anthropology of Supermodernity*. Trans. John Howe. London: Verso, 107.

[2] 曼纽尔·卡斯特：《网络社会的崛起》，夏铸九等译，北京：社会科学文献出版社，2001年，第 524 页。

史继承性，历史会给某个空间赋予特定的意义，但是我觉得，进入到信息空间当中，它的历史的负载越来越少，导致这个空间的质量——也就是重量——越来越轻。

这种空间我们可能有很多命名。比如互联网上有个著名的词叫cyberspace，其实你可以看到很早的时候，有些人就已经对空间的概念发生困惑，然后创造这么一个新词。我现在很多的工作应该是围绕这个cyberspace来进行的。

当奥吉说"非场所"的时候，除了认为它没有历史，还认为它有其他重大的缺失：既不和活动于其中的人们建立关系，更和人们的身份无关。这都是对应着传统的"场所"来说的，这种场所有三个特点：它处于社会关系之中；它具有历史；它能够赋予人们身份。然而，今天的cyberspace，不仅在重新建构人们的社会关系，而且越来越成为身份认同的来源。这是我从事这类研究时感到引人入胜的地方。

孙珂：那从您的角度来说，cyberspace中发生的活动是否在一定程度上代替了过去没有它的时候在真实社会中的社会活动？如果是有这样一种代替，那么是代替了哪一部分的社会活动？什么样的活动可以被代替？

胡泳：我觉得是这样，就是我们享受cyberspace的时候，我们容易把它想象成一种平行空间，就是在现实空间以外的"另类空间"（我有一本书就叫这个名字①），然后这个另类空间所发生的事情，可能和现实世界的空间联系不多。我知道最早提出来cyberspace的是科幻小说家，叫威廉·吉布森，实际上他自己回忆说，当年他想到这个词是因为他在温哥华街上闲逛的时候，看到青少年在打街机，感觉进入电脑游戏空间以后，这些人的灵魂似乎飘到另一个地方。虽然肉体是在眼前这个地方，但他们整个的思维、灵魂是漂泊到另一个地方的。吉布森觉得这种空间是一

---

① 胡泳：《另类空间》，北京：海洋出版社，1999年。

个难以名状的、无法把握的空间，所以他决定必须用新的词来概括这个东西。

我们知道，虽然我说传统空间是由历史定义的，虚拟空间不那么具有历史性，但其实这个空间的发展也有它的历史，虽然这个历史是相对短暂的。如果从网络空间本身的历史来看，我觉得能够很清楚地看到一个趋势，就是它可能不是一个平行的空间，而是和目前的生活高度交叉的空间，换句话讲就是越来越多的原来你以为是只有在现实空间才能做的事情，现在都可以在这个空间里来做，甚至包括做爱。也因此就产生了你说的这种"替代性"的问题。实际上，我觉得存在一个虚拟空间"反噬"现实空间的场景，这个场景在将来不仅不会削弱，还会进一步加深。换句话讲，你会看到越来越多实体的东西进入到这个虚拟空间之中，从而令我们的生活或者叫"生存"（一如当年我翻译的那本《数字化生存》里所讲的"生存"）之上需要加入一个信息空间的维度，就是你不可能再回到原来的那个纯粹的、在虚拟空间出现之前的场所。

孙珂：如果信息空间中发生的事情对物理空间进行反噬的话，那么像一些社会活动，过去可能发生在城市中，发生在城市的公共场所中，现在他们就有可能发生在虚拟空间的公共场所中。虚拟空间中这种社会活动的激发，对目前的城市来说，会有什么影响？如果它对城市的物理实体起着一种释放社会活动、为社会活动提供场所这种作用，那么它和城市的关系是什么？

胡泳：其实这个问题比较复杂，我们现在对这个问题刚刚碰到一点边。我们还需要对这个问题进行更深入的探索。但是我觉得虚拟空间不是从天上掉下来的东西，它本身植根于人类社会的技术发展和社会发展，是两者发展到一定程度上的产物。

在这个发展过程中，大家会发现人类已经征服了所有的物理空间。一开始我们在陆地上，后来我们去征服海洋，所以你看到西方的霸权史是一个征服海洋的历史。为什么欧洲最后会成为全世界的统治者？因为它完成了"地理大发现"，它派出的航海家发现了地球的形状，最后欧洲人把自己的霸权、殖民主义延伸到全世界。当整个地球被这么一种探索改写以后，人类说我们还有无穷的探索欲望，然后就是登月、探测火星。最后所有的物理空间都被探索殆尽的时候，我们就发明了虚拟空间，我们要热烈地去探索这个空间。所以虚拟空间本身的出现是建立在历史之上的。

当你提到城市问题的时候，我想说我们的城市在虚拟空间出现之前也已发生了重大变化。我的书《众声喧哗》，核心在讲公共空间和私人空间的变换，城市本来就存在公共空间的私人化和私人空间的公共化。其实在电脑兴起之前，我们的城市就已经在发生这种变化。比如说以前孩子基本是在户外玩的，他是一种自然生长，是"野"孩子。即使不是真正的野孩子，他也会到城市的公共区域去玩。城市会划定供儿童游戏的公共场所。但是你会发现这个趋势在走低，因为我们的生活越来越复杂，父母们越来越恐惧他们的孩子在公共空间里的安全性，所以现在孩子们放学后基本上都是回家，实际上他们在公共空间里玩耍的时间越来越少。基本上孩子成为一个孤独的个体，家里的物理空间是没有办法跟广阔的公共空间相比的，因此你会看到孩子们更多是沉浸在虚拟空间里，看电视，玩电脑。

所以这个进程在物理层面上就已经发生了，你看城市的广场和街道的变化就知道了。比如以前没有shopping mall的时候，大家购物可能是去neighborhood store，就是邻家的夫妻店，你跟他们的关系也比较亲密，因为都很熟悉；现在大家都去很大的shopping mall，谁也不认识谁，而且是可能一周去一次，把所有东西都买回来，这意味着城市的社会空间已经发生了巨大变化。所以我说虚拟空间本身并非所有这种变化的始作俑者，它可能会加重这种趋势，前提是人类社会自身的发展已经把我们自己的空间弄得完全跟以前不一样了。

当然，说到虚拟空间中的社会活动，有悲观的看法，也有乐观的看法。比如马克·波斯特（Mark Poster）认为，当代的社会关系似乎缺乏一种基本层面上的交往实践，而过去，这种实践是民主政治的母体，分布在一系列场所：会场、市政厅、村庄教堂、咖啡馆、酒馆、公共广场、方便来往的谷仓、协会会所、公园、工厂食堂，甚至是街头的一个拐角。在今天的社会中，上面所说的许多场所仍然存在，却不再是政治讨论和行动的组织中心了。媒体尤其是电视和网络似乎将公民彼此隔绝了。[1]

但有的乐观者不这样看。我翻译了《比特之城》（*City of Bits: Space, Place, and the Infobahn*，1995），很同意作者——美国建筑学家威廉·米切尔（William J. Mitchell）的看法："全球化的计算机网络……破坏、取代和彻底改写了我们关于集会场所、社区和城市生活的概念。……电子会场在21世纪的城市中将会同样发挥关键性的作用。"[2]

孙珂：就虚拟空间来说，我们主要提到的是互联网。真实空间中有国界，比如我们到另一个地方，会有国籍的限制；也有距离，即如果我们去另一个地方，空间距离的远近会是一种限制。那么互联网上有哪些阻碍呢？互联网上不同领域之间的边界是什么？

胡泳：严格地来讲，互联网上没有你说的那种物理的障碍。换句话讲，在任何地方，只要有互联网的设施在，有能够上网的设备，不管是手机还是计算机，个体就可以登入这个公共空间。也就是说这个公共空间对于个人来说是没有阻碍的，只要识字，有能上网的硬件和软件，就能上网，这是个理想状态。为什么大家对互联网充满理想？因为在理想的状态中，每个人都认为自己有上网的权利。

---

[1] Poster, Mark (2001). *What's the Matter with the Internet?* Minneapolis, MN: University of Minnesota Press, 178.

[2] 威廉·J.米切尔：《比特之城：空间·场所·信息高速公路》，范海燕、胡泳译，北京：生活·读书·新知三联书店，1999年，第8页。

但理想显然不符合现实。在现实中，为什么有阻碍？这阻碍不是地理的或物理的，它是来自我们社会建构的阻碍。比如，不管我们在哪儿上网，上网的地点一定是某个主权国家的管辖地，你不可能整天漂在公海上上网，你要么在德国，要么在非洲。

孙珂：也就是说，接入点是在物理空间里的。

胡泳：对。而物理的空间，就目前整个全球社会的发展来讲，主权国家仍然是有效的。因为它仍然有边境线，有所有各国根据国界线的划分在自己范围内执行自己法律的这套东西。由于这种主权国家的存在，由于它们法律的管制体系的存在，就导致上网不可能是纯粹的自由和纯粹的开放。

孙珂：咱俩的认识方式实际上可以说是当神经漫游到境外的时候，在那个地方认识的。

胡泳：对。

孙珂：就互联网来讲，因为所有的人类能够前所未有地联系到一起，在其中只要语言相通——甚至语言不相通，通过图像相互交流也可以——那么一种可以称作collective mind的东西，就具备了实现的可能性。您对这种前景怎么看？

胡泳：Collective mind你如何定义？

孙珂：Collective mind是20世纪60年代超画室（Superstudio）的一项工作，它建立在类似威廉·吉布森想象的一些东西之上，比如信息前所未有地组织在一起，人可以随意地接入过去所有人类积累的知识库，由此发现我们可以形成一种集合化的mind。

超画室是20世纪60年代意大利的一个建筑学工作室，属于比较激进的建筑运动流派之一，在现代建筑史中有很重要的影响力和地位。他们的作品和思想影响了很多当代著名建筑师，比如雷姆·库哈斯（Rem Koolhaas，CCTV设计方OMA的创始人），扎哈·哈迪德（Zaha Hadid，广州歌剧院设计人）。

Collective mind是超画室的一个猜想，它是一种乌托邦意义上的猜想，但我想了解的是您对这种前景的看法。

胡泳：我觉得当然这是很有意思的一个东西，我们搞传播，都读麦克卢汉的理论。

孙珂：我读过 The Medium is the Massage。

胡泳：The medium is the massage 是他的一个重要理论，但他还有另一个很重要的理论是认为，所有的技术手段都是人的一个延伸。比如说你今天用摄像机，这是人的眼睛的延伸。

孙珂：没错。

胡泳：实际上也可以说computer是人的大脑的一个延伸。其实麦克卢汉当时就在设想有没有一个可能的东西叫作全球规模的"集体意识"，就是a collective consciousness on a global scale，当然这一定会有宗教色彩。他认为有这种类似于信仰的"集体意识"存在。

我认为你看任何东西一定要做历史的观察，没有任何东西是凭空出来的：先是牛顿发现万有引力定律，然后哥白尼发现地球也不是宇宙的中心，然后达尔文说人都不是上帝造的，加上弗洛伊德说人本身是一个复杂的潜意识的产物，最后，归结到尼采的那句话：上帝死了。上帝不再是全知全能的，很多东西都是人做的。

我觉得新的技术手段出现以后，可能很多人会想到说，我们是不是可能有一个人造的上帝？等于通过技术手段来弥补似乎不能全知全能的遗憾，最后导致说有一个可以全知全能的神圣者。在这个层面上，不谈宗教的话——因为宗教是不可知的，没必要用方程式去论证——设想你在德国，我在中国，如果没有网络我们几乎不可能见面，交流成本太高了；但现在技术给了你这种手段，你获得了前所未有的人与人之间交流的可能性，在这样的交流之上，是否可能产生一种新的"神圣性"，我的确觉得这是非常有意思的问题。因为以前人类社会没有机会做这种实验，现在一旦有机会进行实验，那么众人的智慧累计起来后会不会导致一种真正的如我们刚才讲的"世界头脑"的出现？我觉得对这个问题要持一个很开放的态度，就是的确会有一些我们至今想象不到的可能性出现。

孙珂：那么，最后一个问题是，作为一个传媒与传播方面的专家，您从前是否接触过这样一种采访，就是从建筑学领域对您进行一种知识的请教？

胡泳：从来没有过。

孙珂：但是您对建筑学方面是否有兴趣？能否简要介绍一下您曾经做过的关于建筑学的一些研究或工作？

胡泳：我没有做过建筑学的研究。我与建筑学的一个比较确定的接触就是我翻译《比特之城》，因为它本身是一个建筑学家写的，就是威廉·米切尔，当时他是MIT建筑学院的院长。我对这本书感兴趣是因为他在用一个建筑学家的眼光在看，有了新技术以后，原有的建筑形态会发生什么变化。通常来讲我们所习以为常的很多建筑物，比如说医院，医院为什么成为现在这个样子；还有校园、银行、百货商场、监狱等等，为什么是当下的面貌，它们都是人类社会经过多年摸索的产物。比如说门诊的分布、病房的分布怎么样才最方便病人，监狱怎么样能用更少的人看管更多的犯人，米切尔会回顾所有这些建筑的历史过程。但这本书吸引我的地方在于，它不是纯粹讲这些东西，它更多是在讲当新的信息技术来了以后，原来的监狱怎么办？原来的医院怎么办？比如医院引入远程医疗以后，原来的医院还能否像以前那样成为一个医院？有没有电子监狱的可能性？

我被这个东西吸引，尽管我不是学建筑学的，但我翻译了这本书，并写了一篇很长的前言。我对于在信息的刺激下，空间本身会发生什么变化，是非常有兴趣的。我认为我们造就了空间，空间也造就了我们。

所以我很愿意有机会跟建筑学界打交道，能和他们学习空间的演进，我更多的是从传播学的背景看待空间问题。

孙珂：好，就这些问题，谢谢您。

How Much You Know About "Space"?

孙珂

这篇访谈目的是告诉我们这些所谓以"营造空间"为职业或者未来职业的人，我们对"空间"的了解被我们的领域所限制了。至今那些对库哈斯的"红近发紫"仍有微词的所谓建筑师、建筑学术家们仍然不知道是什么让库哈斯成为库哈斯，成为在普利兹科颁奖典礼上被同时称作"作家"和"建筑师"的明星人物。也许下面的访谈能够旁敲侧击地点醒这件事：传统意义上的建筑师往往被自己的职业束缚住，从而无法真正认清自己职业目标的本质。建筑的直接反映是实体，而实体作为媒介其内容是空间。那么对于"空间"，建筑师的脑海除了一片空无，能否想象出别样的存在？

记者库哈斯得到了他的社会学答案，他成为库哈斯。

你们能否得到你们的答案，或许在于你们能否抵挡你们过去的答案。

［原载《艺术世界》2010年8月（第244期）。访谈人：孙珂，德国德绍国际建筑学院（Dessau International Institute of Architecture）研究生］

媒体：翻页时代

——谈社交媒体的前世今生

当你改变看世界的方式，你就可以改变所看到的世界。这是媒体的力量所在。媒体现在哀鸿遍野，那是因为在新的世界到来的时候，它还没有找到看世界的方式。

如果你还在媒体干，好像如果你不做两件事就基本上对不起自己。第一件事是离开你的岗位去创业。第二件事是决定离开媒体创业之后写一封抒情的辞职信。

本文的题目是《媒体：翻页时代》，就来自一封公开的辞职信："世界正在翻页，如果我不够好奇和好学，我会像一只蚂蚁被压在那一页里，似乎看见的还是那样的天和地，那些字，而真的世界和你无关。"[1]

说到媒体的新与旧，果真像翻页那样简单吗？我们要问的关键问题是，到底新媒体新在什么地方，旧媒体又旧在什么地方？有一幅图显示的是从古罗马蜡板一直到现在我们使用的iPad这样的变迁。从形式上看，古罗马蜡板到iPad有很大的变化，但它们是不是构成决定性的变化，这是需要思考的问题。

大众媒体只是传播历史的"插入语"

大众媒体只是传播历史的一个插入语。其实人类一开始使用的媒体

---

[1]《对话张泉灵：想跳出玻璃缸的鱼》，界面新闻，2019年5月13日，https://www.jiemian.com/article/3119785.html。

就是社交媒体，由于有了印刷机和电子技术，我们才进入大众媒体时代，而移动互联网使我们重新回到社交媒体时代。

汤姆·斯丹迪奇的《从莎草纸到互联网：社交媒体2000年》这本书进行了一系列有趣的论述。西方历史上有一个非常著名的事件。1517年马丁·路德（Martin Luther）在德国维腾贝格（Wittenberg）教堂上钉下他的95条辩论提纲（*Ninety-Five Theses*），掀起了新教改革，这是西方文明史上的一件大事，引发无数的宗教战争，欧洲大陆从此分为新教国家和天主教国家。马丁·路德的东西是怎么传播的呢？手抄本先开始流传，随后印刷版在多地出现，印刷小册子经人手一张张传递，一开始是在德国境内，一个月之内就传到欧洲其他地方。人们当众大声朗读它，聚集在家里、酒馆和旅店里讨论它，一传十，十传百，这是非常典型的社交媒体传递的过程。斯丹迪奇说："路德无意中揭示了一种分散的、人对人传播的媒体的力量，这种媒体系统的参与者自己就是传播者，他们通过分享、推荐和复制来集体决定哪些信息值得宣传。"本来是闭门举行的神学争论现在以印刷的形式公开了。辩论双方都以小册子这种新形式展开你来我往的论战，导致宗教改革的第一个十年间出版了600万本小册子，其中三分之一为路德所著。甚至还出现了那个年代的"多媒体传播"——新闻叙事歌和木刻画，和小册子一起对腐败的教会形成猛烈的攻击。圣安德鲁斯大学（University of St Andrews）的历史学家安德鲁·佩特格里（Andrew Pettegre）说："各种小册子汹涌澎湃，使人感到舆论的洪流不可阻挡……"①

两个半世纪以后，托马斯·潘恩（Thomas Paine）充满火药味的反英小册子《常识》（*Common Sense*）②，也是用同样的方式传遍美国殖民

---

① 汤姆·斯丹迪奇：《从莎草纸到互联网：社交媒体2000年》，林华译，北京：中信出版社，2015年，第三章，"路德的观点如何疯传"。

② 见托马斯·潘恩：《潘恩选集》，马清槐译，北京：商务印书馆，2004年。

地。人们彼此传阅，并邮寄给朋友，推荐他们阅读。读者在家中、在店里、在酒馆和咖啡馆里大声朗读，也在报纸上发表匿名评论和读者来信。报上甚至出现了两派的激辩，潘恩也投身其中，那些论点激起的讨论帮助殖民地人民和他们的政治领袖认识到了对独立的广泛支持。自1776年1月出版，仅仅两个多月后，《常识》已售出10万册。最终的销量是25万册。南卡罗来纳州一位叫戴维·拉姆齐（David Ramsay）的医生发表了对美国革命最早的一部叙述，里面写道，《常识》"与人民的感情息息相通，产生了惊人的效果……几乎每一个美国人都读过它"。[①]

印刷机发明之后，有头脑的商人意识到，可以通过大批量印刷信息获利。美国第一张成功的便士报是1883年的《纽约太阳报》（*New York Sun*），这个小报的创始人本杰明·戴（Benjamin Day）是印刷商出身，把它卖得非常便宜，当其他报纸的售价为五六美分的时候，《太阳报》的售价仅为1便士。戴还改变了报纸的发行方式，由报童在街上兜售，而不是通过预付订费直接送入家庭。[②]

同时，戴发明了今天的媒介模式，也就是广告模式，因为广告商很快认识到便士报是接触最多潜在客户的最快方式。而如果有人登广告，就可以雇专门的记者来报道纽约发生的事情。记者多了以后，报纸越来越有可读性，就会吸引越来越多的广告商，由此美国就进入了大众传媒时代。

这里一个关键的转变是，报纸的收入现在主要来自广告，而不是订费。免费出版物的概念似乎不再令人难以置信。工业革命为这一转变创造了条件，它的特点是出现了大量的造纸机械，伴随着城市化的到来、

---

① 汤姆·斯丹迪奇：《从莎草纸到互联网：社交媒体2000年》，林华译，北京：中信出版社，2015年，第七章，"托马斯·潘恩如何疯传"。

② Surowiecki, James (July 14 & 21, 2003). "The Financial Page: Patent Bending." *The New Yorker*, 36.

移民的增长和识字率的提高。不断增长的工人阶级会对一份价格低廉的报纸做出反应，《太阳报》的成功证明了报纸可以被推销给大众读者。

本杰明·戴开辟了美国的大众报业，他也埋下了一粒种子。《纽约太阳报》的口号是"太阳照在每个人身上"（It shines for all），这就是今天新媒体的精神。拉开历史距离看，大众传播是人类传播史上的一个后来现象，所以斯丹迪奇断言，社交媒体的历史已经有2000年了。我画了一幅更广泛的人类传播轨迹图，来演示媒介的进化过程。

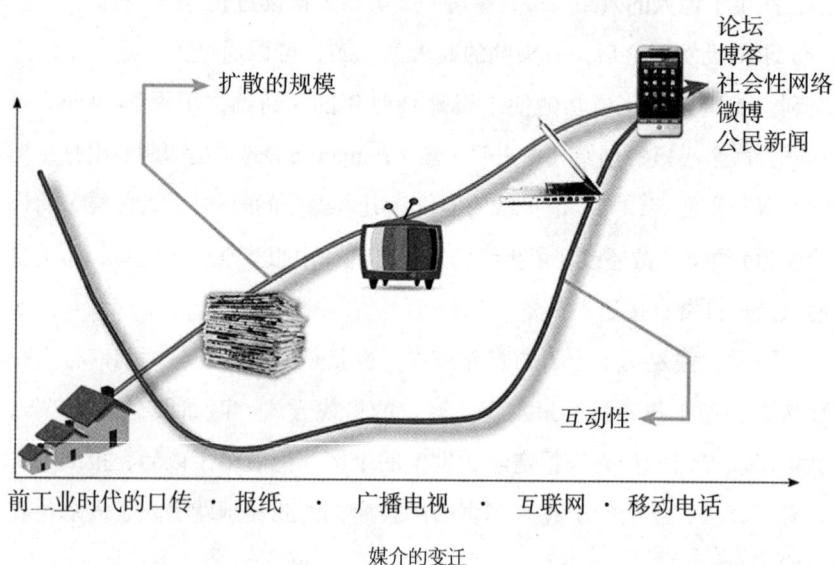

媒介的变迁

这幅图的横轴显示媒介的变迁，纵轴显示时间。如果线性地来看媒体发展，早期是口传，因为还没有发明文字。嘴巴是每一个人生来就有的，那时所有的东西都是口口相传的。人类早期历史中有一些口传形式或体裁，在进入文字时代之后彻底消失了，比如史诗和神话。但是口传还是以一种顽强的形式存在于我们的生活当中，那就是戏剧。当你想去看戏剧的时候，你其实期望的是在非常近的舞台上看到一个演员活生生的表演。戏剧在中国还有一个变种是曲艺，比如京韵大鼓、山东快书，还有相声。

电视摧毁了相声的一切，真正听相声应该到北京或是天津的茶馆，吃瓜子，喝茶，跟演员保持很近的距离。如果演员那天情绪、状态好，会现场把相声编出新段子。即兴表演，是口传的精髓。但是进入文字时代和电子时代以后，这些东西都发生了很大的变化。

传播轨迹的第一次大动荡，发生在从口传到文字这一过程当中，人类由此实现了一个非常大的跨越。这个跨越在中外有着同样的经历。大家知道雅斯贝尔斯（Karl Jaspers）提了一个非常有名的概念，即人类文明的轴心时代。在轴心时代里，各个文明都出现了伟大的精神导师，用雅斯贝尔斯的话来讲：

> 这个时代挤满了不寻常的事件。在中国生活着孔子和老子，产生了中国哲学的所有流派，包括墨子、庄子、列子和数不清的其他哲学家。在印度产生了《奥义书》，生活着释迦牟尼，就像在中国一样，哲学的所有可能性不断发展，形成了怀疑主义、唯物主义、诡辩派、虚无主义。在伊朗，琐罗亚斯德传授着一幅具有挑战性的世界图景，它描绘了善与恶的斗争。在巴勒斯坦，以利亚、以赛亚、耶利米、第二以赛亚等先知纷纷出现。在希腊，有荷马，有哲学家巴门尼德、赫拉克利特、柏拉图，有许多悲剧作家以及修昔底德、阿基米德。这些名字所代表的一切，都在这短短几个世纪中几乎是同时地在中国、印度和西方形成，且他们并不知道彼此的存在。[①]

这些哲人快把今后人类所有的问题全部穷尽了。那个年代的哲人是知识分子，我们后面的年代只有"知道分子"，诠释轴心思想家给我们提

[①] 卡尔·雅斯贝斯：《历史的起源与目标》，李夏菲译，桂林：漓江出版社，2019年，第9页。

出的问题。那个时代的哲人还有个共同的特点，苏格拉底并没有留下著作，我们读到他的东西，是柏拉图用对话录的形式记述的，苏格拉底不写东西。孔子有一句名言"述而不作"，可以理解为"我只卖嘴皮子，不写东西"。所以孔子留下来的是学生记的课堂笔记，学生说"子曰"，也就是"老师说"。老子相信"圣人行不言之教"，他要出关，出关的时候，关令尹喜知道老子是一个奇人，说"你如果不给我写下你的东西，就出不了我这个函谷关"。老子被迫在那个地方写下了《道德经》五千言，然后就走了，不知所终。

这些都反映了从口传到文字时代，人类心理有很大的变化。人类以前不相信文字的东西。我经常把柏拉图的《斐德罗篇》里的故事称为人类历史上第一次对于新媒体的批评。我们后面所有的新媒体批评都逃不脱柏拉图讲到的两点，第一个是记忆问题，第二个是智慧问题。

即便如此，文字仍然战胜了口传，随后印刷机发明，出现书籍、报纸和杂志；然后从文字到电子技术，收音机和电视机问世，全球媒介时代开启；最后是互联网和移动互联网，手机的数量超过人口数。[①]一路上，我们获得了传播的规模。

口传从其性质上来说，就不会是大众化的，所以当我们从口传到文字，从报纸到电视，规模越来越大，但也不是没有代价的——人类的传播失去了互动。口传的时候互动性最高，进入大众媒体时代，互动性跌到了谷底，但是感谢互联网，这个互动性又慢慢拉升了，走出了一个U形。照我上面画的这个图来看，大众媒体是人类传播史上的一个插入语，果真不是虚言。

---

① 《手机数量已超世界总人口　扩张速度仍快于人口增长》，参考消息网，2019 年 5 月 11 日，http://news.cctv.com/2019/05/11/ARTInDebBVv2pSkeoj9zxfhY190511.shtml。

世界不是平的

大众媒体对我们这个世界造成了重大影响，比如通过压缩时空，造就了地球村。在全球化高歌猛进的时代，世界似乎变平了，这是美国专栏作家托马斯·弗里德曼的一本畅销书的名字，叫作《世界是平的》（*The World Is Flat*）。[①] 在书中，弗里德曼列举了很多让世界变平的力量，其中一个非常重要的力量是信息技术。

但我们今天看到的实际情况是，信息技术令这个世界更加不平，直接表现在，我们每一个人都越来越多地生活在各种"飞地"中。

我们正在重新部落化，重新部落化的媒体，就回到口传媒体上。尽管信息是在互联网和移动互联网上传播，但是往往具有口传媒体的一切特点，这里面充满了家长里短，充满了谣言和八卦。

有关媒体的一切都是对话

今天我们把受众当作一个社群、一个社区来看待。真正的媒体是一定具有社交性的，媒体本来跟社交没有很大的关系，但是今天如果不具有社交性，则可以肯定它不是媒体。社交媒体会产生各种奇特的景象。比如说年轻人喜欢弹幕，喜欢一边看一边评论，评论的乐趣大于看东西的乐趣。就像我们看各种娱乐节目，吐槽的乐趣大于观看的乐趣。

真正在这个年代能够生存的媒体，一定要在内容消费以外增加两个端，分别是创造和分享。第一，你需要给你的受众创造并且上传到媒体的机会。人天生就有创造力，互联网是全民互联网，每一个人都可以展现自己的特点。用卡斯特的话来讲，互联网用户是"有创造力的受众"

---

① 托马斯·弗里德曼：《世界是平的：21世纪简史》，何帆等译，长沙：湖南科学技术出版社，2006年。

（creative audience）。①

第二，一定要在媒体中增加无数分享的可能性。人除了创造还有分享的天性。你在网络上看到一个笑话，就想把这个笑话传给你的朋友，你会在网络上分享音乐和电影、图书和链接，分享其他一切。媒体以前是单项冠军，就是生产内容供人消费，现在是练铁人三项，同时顾及生产、创造和分享。

我们经常会讨论在媒体当中到底什么为王的问题。我这样的人以前是做内容的，做内容的人具有精英意识，所以我们觉得，哪怕在互联网时代大众媒体已如此惨淡的情况下，还是应该坚持做内容最有前途。

然而互联网对于内容的最大冲击在于，它造成内容供应的平等化。以新闻为例，新闻在今天不是人造物，不能作为人造物而存在，它存在于人们的参与中。这就是为什么相当多的人用固有的视角看新闻，会陷入误区。我们知道《纽约时报》长久以来在报头上打一句话，"刊登一切适合刊登的新闻"（All the news that's fit to print）；今天需要改写一下，叫作"有关媒体的一切都是对话"（It's all about the conversation）。

当新闻成为一种活动，成为人们的一种参与，我们的重点将不再是获得信息，而在于我们是否能加入一场讨论。真正一流的媒体不是告诉公众什么是新闻，而是为他们创造一个相互告知的空间。你所做的一切传播活动，其最终目的，就是把传播变成谈资。

这个逻辑其实可以归结为人性本身，归根到底，人存在两个核心的需求：第一是自我表达，第二是寻求对话。我们这两种需求，几乎是与生俱来的，并且是一直相互缠绕的。社交媒体用当代的技术方式再现了过去的小范围社交网络，人原来是在部落中进行社交的，但如果想要在

---

① Castells, Manuel (2009). *Communication Power*. Oxford, UK: Oxford University Press, Chapter 2.

大范围内开展社交，我们看到寻求对话几乎变得跟自我表达具有同等重要的意义。

社交媒体的未来平台是VR

Facebook的扎克伯格认为视频发展过后，下一步一定会是VR，也就是"虚拟现实"。虚拟现实最核心的东西是如何发展一种沉浸式体验，让你身在其中，不知身在何方。

所有媒体的根本和功能是干什么呢？就是讲故事。讲故事这种才能在社交媒体时代尤其重要。当VR可以被用来讲故事以后，它同时也可以用在广告上，革新广告，让大家拥有完全不同的广告新体验。

扎克伯格认为社交媒体未来的平台有可能是一个VR平台，今天的社交媒体平台与未来的社交媒体平台之间可能存在巨大的差别。他甚至把VR比喻成今天的智能手机。怎么来理解这个比喻呢？

如果看大的平台变化，首先是有PC，然后有了互联网，但是这个互联网是PC互联网，只有到了智能手机问世以后，PC互联网才变为移动互联网。由此，下一个大的平台变化，非常有可能是VR平台的出现。扎克伯格的比喻是把VR当作下一个技术里程碑式的发展。大概几年前这可能还是科幻小说的场景，但是我们知道在一系列的因素共同作用之下，技术在向这个地方汇聚。

比如微软发布的Hololens，微软称之为一个新的看待世界的方式。微软在为这个新产品做营销卖点的时候，把它叫作"全息计算机"。一款全新的全息计算机，可以追踪用户的声音动作，以及用户在活动的时候周围的环境。

我觉得有关这些技术的最好命名可能不是VR，是另外一个词汇，叫AR，就是"增强现实"。增强现实比虚拟现实更能够描述我们的应用场景：不是把人从现实环境带到虚拟环境当中，而是在人的现实生活当中加入很多虚拟的因素。

从这个意义上来说，你可以想象，媒体上VR/AR的应用领域将会非常广泛。我们可以在任何现实空间中，重演过去历史上发生的事情。比如说把你带回到古罗马战场上，或者是回到肯尼迪当年在达拉斯被刺杀的现场，或者我们可以体验柏林墙倒塌的那一刻是什么样的。

这就是VR/AR给我们带来新的讲故事的可能性，是计算机平台到目前为止还不能够完全提供的。把虚拟的影像体验加入物理场所，就几乎可以用它来做任何事情。

《纽约时报》是传统媒体当中最积极尝试各种转型的媒体，它现在也开始做一个虚拟现实应用，叫作NYT VR。例如它发布的一个用VR技术做的短片《流离失所》（*The Displaced*），讲述了那些因为战乱不得不背井离乡的难民尤其是儿童的故事。这样的虚拟现实新闻作品，不是某一时段日常现实事物的集合。因为在现实中你参与这个世界却可能没有自我意识，但是你在虚拟现实体验当中，可以看到同为参与者的那些人的细微的表情，感受那些人的颤抖甚至是呼吸。我说过，媒体的根本是讲故事，而我们讲故事的手段在向这个方向发展。

归根到底是这样的：当你改变看世界的方式，你就可以改变所看到的世界。这是媒体的力量所在。媒体尽管现在哀鸿遍野，那是因为在新的世界到来的时候，它还没有找到看世界的方式。

社交媒体的中国道路：现状、特色与未来[①]

社交媒体改变了中国人的沟通方式和思维方式，越来越多的中国人开始使用社交媒体，花费在社交媒体的时间越来越多。越来越多的社交媒体产品不断出现，从"山寨"走向创新，为中国人提供了新的"议事厅"和"圈子"。

社交媒体（social media）指一系列建立在 Web 2.0 的技术和意识形态基础上，允许用户生产内容（UGC）的创造和交流的网络应用。[②]此处的意识形态是指，软件开发者和最终用户开始把万维网当作这样一个平台来使用：内容与应用不再由个体创造和发布，而是经由参与式、协作式之路持续不断地被所有用户所改动和调整，由此产生了 Web 2.0 时代特有的参与、公开、对话的特性。

在社交媒体上，用户可以制作个人简介，通常包括照片和兴趣清单，向朋友发出请求，得到确认之后形成朋友圈。有些站点提供多种额外服务，如写博客，建用户群，上传照片、音乐和视频，即时聊天，等等。通过网站交友、分享、线下聚会，社交媒体成为现代人不可分离的社区生活的一部分。

社交媒体背后的理论依据是"六度分隔理论"（six degrees of separation）。简单地说，"六度分隔"是假设通过一个朋友的网络，最多只需经过六

---

① 与李娜合写。

② Kapan, Andreas M. & Haenlein, Michael (2010). "Users of the World, Unite! The Challenges and Opportunities of Social Media." *Business Horizons* 53(1):59-68.

步，就可以找到世界上任何一个人。这一假设被称作"小世界问题"（small world problem）。1967年哈佛大学心理学教授斯坦利·米尔格拉姆（Stanley Milgram）根据这个概念做过一次连锁信实验，尝试证明平均只需六个人就可以联系任何两个互不相识的美国人。[1]这个人际联系网理论虽然不无争议，但它其实并不是说任何人之间都必须通过六个层次才会产生联系，而是表达了一个重要概念：任何两位素不相识的人之间，通过一定的中介方式，总能够产生必然联系，并由此形成社会性网络。

社会性网络（social network）本是一种让相距遥远的人们得以互动的十分古老而普遍的机制，它在网络时代变得流行开来。自从21世纪初以来，伴随着友好的界面，人们跟踪朋友、熟人和家人的生活，进入社会性网络的人呈几何级增长。商业机构试图开掘这种增长的商业价值，因为这样的网络可以用来向有着相似兴趣的人们进行消费推荐。

中国社交媒体的发展历程

自1994年第一个BBS正式上线以来，中国社交媒体迈过了瞬息万变的28年。We Are Social的《2020年中国地区数字报告》表明，中国社交媒体活跃用户多达10.4亿，占全国总人口的72%，平均每人每天在社交APP上花费2小时12分钟。[2]社交媒体已成为中国人生活中不可或缺的一部分。

中国社交媒体的发展分为4个主要阶段：

---

[1] Watts, Duncan J. (2003). *Six Degrees: The Science of a Connected Age.* New York: W. W. Norton.

[2]《We Are Social：2020年中国地区数字报告》，新浪科技，2020年3月13日，https://tech.sina.cn/2020-03-13/detail-iimxxstf8590329.d.html。

（一）BBS打开全新交往局面

社交媒体是从Web 1.0时代的BBS逐渐演进的。BBS是一种点对面的交流方式，淡化个体意识而将信息多节点化，并实现了分散信息的聚合。1994年5月中国第一个论坛——曙光BBS成立，除了基本信息发布功能外，还包括了现在网络社区、即时消息、聊天室等多种常见的网络交流形式的雏形。[①]论坛的诞生，打开了一种全新的交互局面，普通民众可以利用论坛与陌生人进行交互，而不仅仅是被动接受媒体信息；同时，它也破除了地理界限，人们得以依靠趣缘聚集在虚拟空间内。天涯、猫扑、西祠胡同等都是BBS时代的典型产品。

（二）社交网络在内容与关系之间架设桥梁

2004年，复制线下真实人际关系到线上进行低成本管理的Facebook成立，社交网络正式迈入了Web 2.0时代。受到国际社交网络发展的影响，2005年成立的人人网、2008年成立的开心网，拉开中国社交网络大幕。这段时间大体跨越了2006—2008年三年，VC/PE在此间经历了大幅投入之后，2008年进入缓步投入阶段。

在社交网络大潮下，中国社交媒体产品层出不穷。它们形态各异，百花齐放，包括视频分享、SNS社区、问答、百科等。

（三）微信息与移动互联网相结合

2009年8月，新浪推出微博产品，140字的即时表达，图片、音频、视频等多媒体支持手段的使用，转发和评论的互动性，使得这种产品迅

---

① 据国家智能计算机研究开发中心动态信息：《中国大陆第一个互联网BBS系统BBS曙光站开站十周年》，2004年5月22日，http://www.ncic.ac.cn/ncic/news/news_27.htm。

速聚合了海量的用户群，当然也吸引了众多业者（如腾讯、网易、搜狐）的追随。

随着移动互联网的发展，微信息社交产品逐渐与位置服务（LBS技术）等移动特性相结合，相继出现米聊、微信等移动客户端产品。另外，不容忽视的是SoLoMo[1]时代，社交功能逐渐成为产品标配，已经无法准确区分社交产品的范围。

（四）垂直社交网络应用渐成气候

垂直社交网络应用并非是在上述三个社交网络时代终结时产生的，而是与其并存。目前，垂直社交网络主要与游戏、电子商务、职业招聘等相结合，可以看作社交网络探究商业模式的不同尝试。垂直社交网络的强关系、小圈社交概念不断放大，基于共同兴趣的需求被细分出来。

中国社交媒体的特色和创新

（一）C2C模式（Copy to China）与创新

中国的互联网发展起步较晚，但由于国外的社交媒体难以进入，因此造就了C2C的"山寨模式"。比如人人网和开心网都山寨Facebook，新浪微博山寨Twitter，优酷网山寨YouTube，街旁网山寨Foursquare，无秘网山寨Secret，等等。[2]

但是中国的社交媒体不仅仅是"山寨"，更有结合中国国情的创新。一个例子是，新浪微博虽然基于Twitter的规则和框架设计，但是在细节上却有所创新。比如，新浪微博很早就领先于Twitter增加了评论功能，

---

[1] SoLoMo 是 social、local、mobile（社交的、本地的和移动的）三个英文单词的缩写。

[2] 其中，街旁网已于 2015 年停止运营；开心网转型为游戏公司，2016 年被上市公司收购；人人网 2018 年被以 2000 万美元现金出售。无秘网多次被下架并改名。

使用起来很像"微型博客"——中文用户也买账，他们喜欢评论。[①]新浪微博也注重显示图片、视频等多媒体，而Twitter长期只能以短链接附加图片。这样，微博变成了"Twitter+评论+富媒体"。有评论认为："Twitter被SMS捆住了手脚，放弃了富媒体或融媒体的广阔世界。……以图片为例，一图胜过千言万语，第一时间看到缩小图、而不是点击短链接再看到图，更加直指人心。""新浪微博不是简单的Facebook和Twitter杂交，而是胜过两者，理由是：嵌入多媒体和照片，用户可以直接在微博上播放和打开，无须跳转到视频网站；奖励系统；广场；线上经济。"[②]

（二）发展速度惊人，互联网一代崛起

中国社交媒体的另一大特点是发展速度惊人。原因可以归结为：

第一，人口流动性增大，城市里非城市户籍的人越来越多。远离父母和原来的生活圈子，流动者借上网消除孤独感。

第二，宽带费用显著下降，智能手机快速普及，大多数人都能承担。

第三，20世纪70年代末期以来推行的独生子女政策令整代年轻人缺乏伙伴，需要到网上寻找共鸣。

第四，主流媒体的报道趣味性不高，可信度受到质疑。

在中国大陆地区已经出现了迅速崛起的"互联网一代"。互联网和这一代人的日常工作和家庭活动交织在一起。根据中国互联网信息中心（CNNIC）2022年8月31日发布的《第50次中国互联网络发展状况统计报告》，截至2022年6月，在中国的10.51亿网民中，即时通信使用率高达97.7%，用户规模为10.27亿；网络视频（含短视频）用户规模达9.95亿，

---

① 李楠：《新浪微博抄袭了Twitter?》，ifanr，2011年1月31日，http://www.ifanr.com/32489。
② 郑治：《新浪微博不是Twitter》，艾瑞网，2011年12月17日，http://column.iresearch.cn/u/zhengzhi/455303.shtml。

使用率94.6%，其中，短视频用户规模达9.62亿，使用率为91.5%；网络直播使用用户规模达7.16亿，使用率68.1%。[①]而根据腾讯发布的2022第三季度财报，微信及WeChat月活13.09亿，QQ移动终端月活5.74亿。[②]微博2022第三季度月活5.84亿，日活用户2.53亿。[③]

（三）中国的社交媒体承载了更多的社会责任

由于社交媒体的匿名、公开和参与的特点，使得信息管理一度相对滞后，导致微博在一段时间内获得了罕见的自由信息交流环境。中国的社交媒体比起西方的社交媒体承载了更多的社会责任。微博实名举报、政务微博、微博公益等都是"中国特色"。

在2011年"7·23"甬温线特大铁路交通事故中，微博扮演了众多角色：微博是事故最早的信息来源，也是动车乘客亲友发布寻亲信息的平台，还是网友要求公示事件信息的论坛。《中国青年报》为此写道："最为重要的是，微博改变了传播方式，突发事件被'加工'后才告知公众的方式已越来越难横行于世了。"[④]

（四）过度娱乐化和挥之不去的利益链条

从人人网到新浪微博到知乎再到现在的微信等社交媒体，虽然功能各不相同，但是都有一个发展路径：先是局限在少数精英圈子内，但要

---

① 第50次《中国互联网络发展状况统计报告》，2022年8月31日，https://www.cnnic.net.cn/n4/2022/0914/c88-10226.html。

②《第三季度微信及WeChat月活13.09亿，同比增长3.7%》，品玩，2022年11月16日，https://finance.sina.com.cn/tech/roll/2022-11-16/doc-imqqsmrp6418652.shtml。

③《微博：2022年第三季度营收达4.54亿美元》，《中国证券报》，2022年11月17日，https://www.cs.com.cn/ssgs/gsxw/202211/t20221117_6308725.html。

④《微博改变传播方式：突发事件不再先加工后曝光》，《中国青年报》，2011年7月26日，https://news.qq.com/a/20110726/000494.htm。

走向大众，就必须经过娱乐化的阶段，导致段子与心灵鸡汤泛滥。同时，灰色利益链条也成为挥之不去的问题。代购、刷粉、僵尸号、软广告、水军等充斥在各个社交网络中。

中国社交媒体的纵深开拓

（一）向移动端的迁移已经完成

2014年，腾讯公司发布的《2014互联网跨界趋势报告》称，发展中国家互联网化在爆炸性增长，网络设备连接继续高速增长，智能手机的普及仍然在加速，人手一机的时代马上就将到来，这些都导致移动流量快速上升，互联网用户向移动端迁徙已成定局。[①]报告预测，未来的社交网络一定是移动为先，它的核心受众都在移动端。而那些PC上的社交网络产品将会被边缘化。

人人网的衰败就证明了这一点。2014年人人公司一季度财报显示，其总净营收为2490万美元，比去年同期下滑39%，毛利润为870万美元，比去年同期下滑65.2%；运营亏损为2920万美元。除了人人公司自身的运作失误之外，移动网络和即时通信工具的出现是人人网用户迅速流失的重大理由。[②]新的互联网社交产品兴起，分流了用户的网络使用时间，人人网上有价值和有效的内容越来越少。虽然人人网醒悟过来后也转向了移动端的开发，但是由于抄袭和运营失败，最终失去了最佳时机。

移动互联网更加注重用户参与和场景化表达，它也意味着应用是围绕快速即时的分享而设计的。随着手机软硬件水平和网络的飞速发展，

---

① 腾讯科技：《2014互联网跨界趋势报告》，http://js.qq.com/a/20140630/022143_all.htm。
② 《人人网没落缘由探求：固执内斗＋模仿投机》，搜狐IT，2014年7月4日，http://it.sohu.com/20140704/n401771325.shtml。

手机能产出的内容变得更加多样化。例如，在4G时代来临之际，腾讯放弃了腾讯微博，将资源投入微视，就是看好手机和网络的发展必将使得短视频成为更容易被生产和被消费的内容。视频传递的信息远远比图片、声音、文字要丰富得多，它带给我们的是沉浸式的"场景化表达"。社交与视频融合，增加用户使用时长和黏性，出现了以音频、短视频、直播为代表的新形式的社交产品和功能。

2019年是中国5G商用元年。截至2019年12月底，4G用户总数达到12.8亿户，占移动电话用户总数的80.1%，远高于全球的平均水平（不足60%），成为全球覆盖最完善的4G网络。截至2020年3月，中国手机网民规模达8.97亿，与此同时，移动互联网接入流量消费达1220亿GB，月户均流量（DOU）达7.82GB/户/月。短视频应用成为流量增长的主要拉动力，移动用户2019年使用抖音、快手等短视频应用消耗的流量占比超过了30%。[①]

（二）从大平台逃离到垂直社交

在没有区分的大平台社交媒体上，用户被各种各样的无效信息轰炸。随着好友数的增多，处理信息变得疲劳而低效，成本剧增。这些导致了人们对于社交大平台的恐惧，而从大平台逃离的用户其实变成了垂直社交产品的增量，是推动垂直社交趋势的重要动力之一。

近年来，一大批垂直社交产品涌现出来，渐成燎原之势，大量的垂直社交产品到达百万用户量级，甚至是千万用户量级。而这仅仅是个开始。这些垂直社交产品的不断壮大，说明了人们希望通过垂直社交产品，而不是通过关系冗杂的社交大平台解决垂直社交的需求。在追求个性的当下，个体需求的丰富，使我们有理由相信还有相当大的垂直领域可供

[①] 人民网研究院:《中国移动互联网发展报告（2020）》,北京: 社会科学文献出版社,2020年。

发掘。有论者称，近年来，社交媒体所服务的"公众"概念有了更大的弹性，以垂直社交为主的"小众社交时代"来临。[①]

（三）兴趣化社群吸引年轻人

从腾讯科技针对"95后"的研究报告中可以看到，兴趣化社交在互联网新生代"95后"的社交网络中占据了极大的比重，兴趣化社群将会是下一代社交网络的一个趋势。[②]

QQ兴趣部落与艾瑞咨询等发布的《2017青年人兴趣社交白皮书》，以QQ兴趣部落中的用户为调查对象，发现青年社交用户兴趣爱好广泛。在各类社交主题中，"爱好"为兴趣内容的比例占41%，居青年人社交主题首位。"生活情感"占比为28.9%，居第二位。此外，"影视娱乐""动漫文学""体育健身""校园""星座"等也是青年用户较关心的社交主题。[③]

社群除了能通过兴趣建立连接外，也能通过内容建立连接。从本质上来看，社交其实就是寻找话题、建立连接的过程。通过垂直化内容连接起来的社群具有蓬勃的社交活力。

（四）视频成为必争之地

社交媒体近年来演变为社交直播及短视频，为用户提供了一种不同于以往的社交参与方式，也为品牌和企业提供了新的机会。

随着陌陌、YY语音、映客等APP的产生，直播平台倾向于聚焦以名人和关键意见领袖为导向的长期内容。直播节目的播放时间从10分钟至

---

① 胡泳、陈秋心：《小众社交媒体的前景及其制约因素》，《新闻爱好者》2015年第4期。

② 《95后的社交网络图谱：年轻人都在哪里交朋友？》，腾讯科技，2014年8月18日，http://tech.qq.com/a/20140818/005996.htm。

③ 《青年社交用户画像：喜欢互动，兴趣多元，自带互联网属性》，新华网，2018年1月12日，http://www.xinhuanet.com/local/2018-01/12/c_1122252754.htm。

30分钟不等，有些甚至会持续几个小时，并且在很大程度上依赖用户通过评论和虚拟赠送礼物与主播进行互动。据Quest Mobile报告，80%的直播用户来自中国的二线至四线城市和乡村，而82%的直播用户为90后和00后。[①]广告和电子商务的机遇为品牌铺平了道路，因为他们可以利用此类直播平台让代言明星或KOL通过实时对话的方式来推广其品牌或产品。

与直播内容相比，短视频通常持续时间从短短的15秒至几分钟不等。由于其具有快速、便捷、内容简短的特点，用户可以在旅途中或利用碎片时间观看，轻松实现娱乐目的。同时，由于拍摄短视频仅需要较少的专业技能、经验和设备，人们能够快速采用UGC来参与这些APP。快手、抖音（在国外也称作Tiktok）和西瓜视频等领先的短视频APP已经创建出一种新的社交形式，让名人、KOL和中国的90后均能够参与其中，通过独立策划一系列独特的短视频来展示他们的人生。

2021年8月，极光大数据在其所发布的《2021年Q2国内移动互联网报告》中指出，国内移动网民日均APP使用时长约为5.1小时，短视频APP占据用户使用时长第一位，达到29.8%，约人均每天1.5小时，超过在线视频、手机游戏、综合新闻、综合商城、在线阅读等在线娱乐消费方式之和，这几项时长占比分别为7.3%、6%、6.5%、5.1%、4.2%。

而另一家数据分析公司QuestMobile发布的《中国移动互联网2021半年大报告》也显示，2021年6月，全网互联网用户月度总用户时长为1721亿小时，其中短视频占据用户总时长为444亿小时，在线视频（长视频）为117亿小时，综合资讯为130亿小时，电商为82亿小时。从数据上看，短视频时长已经接近达到在线娱乐时长第二位的长视频的4倍，其

---

① "Livestream & Short Video Plays into China's Social Media Scene." PHD China, Jul 2018, https://www.phdmedia.com/china/wp-content/uploads/sites/32/2018/07/PHD-China-Livestream-Short-Video-Plays-Into-Chinas-Social-Media-Scene-Jul-2018.pdf.

用户使用时长已成功超越长视频、综合资讯、电商与游戏等传统线上消费娱乐方式的总和，可以说，短视频已成为国人最主流的在线网络休闲方式。[1]

结语

中国社交媒体兴起不过十数年光景，如今已渐成燎原之势。社交媒体改变了中国人的沟通方式和思维方式，越来越多的中国人开始使用社交媒体，花费在社交媒体的时间越来越多。越来越多的社交媒体产品不断出现，从"山寨"走向创新，为中国人提供了新的"议事厅"和"圈子"。

如今，中国不仅构成了世界上最大的社交媒体市场，而且拥有令人难以置信的丰富多样的在线景观。虽然出现了腾讯这样的巨无霸，但中国社交媒体的格局并非完全由巨头所主导，而是呈现更加动态的发展状况，社交媒体平台的兴衰速度非常快。

社交媒体的中国道路是基于中国特殊国情、具有中国特色的发展道路，只有不断创新和尝试，中国的社交媒体才能走向更加广阔的天地。

---

[1]《人均花费时长第一　短视频已成最主要在线娱乐方式》，东方网，2021 年 8 月 25 日，http://ex.chinadaily.com.cn/exchange/partners/82/rss/channel/cn/columns/sz8srm/stories/WS61260931a3101e7ce9760523.html。

评美联社新版社交媒体指南

如果有新闻价值的爆料来源、目击者证明、业余内容处于危险的或是各种敏感的情形，此时至为关键的是，我们要做出有关新闻采集的智慧的和道德的决定。

2013年5月7日，美联社重新修订了《美联社员工社交媒体指南》，[①] 严禁员工在社交媒体上转发未经证实的传闻。实际上，美联社早在2009年6月就发布了社交媒体政策，承认公司支持员工将社交媒体作为一种个人和职业工具加以使用，但希望员工考虑自己的行为可能给美联社带来的影响。在最早的指南中，一些基本原则已经确立，比如，禁止员工们发布"传播谣言"的信息，员工不得在自我介绍中包含自己的政治背景，也不得张贴任何表达政治观点或是在争议性问题上采取立场的帖子。时任美联社副总裁的克里斯汀·盖兹利（Kristin Gazlay）还特别说道："观察与意见之间存在巨大的差别。"[②] 还有，如果员工以任何方式使用了美联社的工作网络，他们必须表明自己为美联社工作的身份；在其个人主页上，披露有关美联社内部运行的材料也是不允许的。

此次对社交媒体政策的最新修订并非事出无由。波士顿马拉松赛爆炸事件发生后，Facebook和Twitter等社交媒体几乎以直播的方式对事件进行了播报，一些传统媒体为了抢新闻，也在未经证实的情况下引用了

---

① https://www.ap.org/assets/documents/social-media-guidelines_tcm28-9832.pdf.

② Kravets, David (Jun 23, 2009). "AP Issues Strict Facebook, Twitter Guidelines to Staff." *Wired*, https://www.wired.com/2009/06/facebookfollow/.

社交媒体的信息。这在让人们迅速了解事态进展的同时，也催生和传播了众多误传（misinformation），更不用说在 2013 年 4 月 23 日，美联社的 Twitter 账号被黑客攻击，发布了奥巴马受伤的假消息。因为这些新动态，美联社社交媒体指南的最新修订版要求记者要格外小心，"避免通过推文和帖子散布未经证实的传言"。

新规强调，在确保社交媒体信息的真实性之前，员工不得对相关信息进行转发，即使其他记者或者新闻机构已经进行了相关报道。而当员工转发经过证实的信息时，也要将该信息当作直接引语处理，并配上评论和来源。否则，"美联社的声望可能被用来支持那些或许是不正确的信息"。

"员工在转发 Twitter 上的信息时，不应该看起来像在表达对信息所涉事件的个人观点。转发而没有评论，很容易被看成是一种你赞同原信息观点的信号。"美联社在新规中写道。

在 Twitter 上的老用户都知道，转发并不等于同意。然而一条推文的意图并不总是能够同其效果相分离。美联社警告说："很多阅读你的推文和转推的用户永远不会去看你的推特自述。"

根据这份新规，美联社员工在使用社交媒体上的信息作为新闻源之前，必须通过电话、电邮等方式与发布信息者取得直接联系，确定发布者的身份及其发布的信息是否真实。

新规还进一步指出："尽管 Twitter 上显示有些用户的身份是经过验证的，但 Twitter 自身的验证程序也存在漏洞，因此我们仍需要亲自去核实发布者的身份。"

员工应"避开转发谣言和传闻，但是，他们可以自由决定回复这种传闻，以寻求更进一步的信息，只要他们小心避免不去重复可疑的报告"。

这些小心翼翼的举措的推出，背后是美联社的这样一种思考逻辑：它把员工在社交媒体上发布的消息视为出版，就像通讯社发稿、电视部门直播或是通过数字平台散发数字产品一样。

这份新规尤其强调，对于那些有潜在危险性或者过于敏感的新闻，记者该如何在社交媒体上予以报道。美联社社交媒体编辑艾瑞克·卡文（Eric Carvin）和标准编辑（Standards Editor）汤姆·肯特（Tom Kent）在解释新规的博客上写道："当出现了大屠杀、自然灾害或是战争地区的突发事件，美联社记者有必要调动他们的所有工具来获取新闻，并在可能的情况下获取图像。在这种情势下，我们总是要迅速行动。然而，如果有新闻价值的爆料来源、目击者证明、业余内容处于危险的或是各种敏感的情形，此时至为关键的是，我们要做出有关新闻采集的智慧的和道德的决定。"[①]

新规鼓励员工对在社交媒体上寻找可能的消息源采取"敏感和周到"的态度，因为那些消息源可能遭受了个人伤害和损失。"员工应该运用他们的新闻本能来判定，在考虑到消息源的困难处境的情况下，通过社交媒体进行采访是否合适。"

关于美联社的社交媒体政策，我最喜欢的是从前它在规定如何运用社交媒体采写新闻时说的这样一段话："如果这些建议中的某一些听上去不是很具体，那是因为相关决定必须依照个例来做出，而在做出决定时，需要调动你的新闻本能。你们中的许多人在面对面采访或者电话采访时都有很多运用这样的本能的经验——你知道怎么去和正陷入严重事态当中的人交谈，让他们和你交流时感觉更安心，更愿意分享他们的故事，并在决定这样做时更舒坦。你也清楚什么才是合适的时间。"

不止一家媒体的社交媒体政策对记者施加了严格限制，似乎是在暗示这些记者并不知道自己在干什么。美联社的政策却反其道而行之，一

---

① Carvin, Eric & Kent, Tom (May 7, 2013). "AP Social Media Guidelines Update, Including Newsgathering in Sensitive Situations." https://blog.ap.org/announcements/ap-social-media-guidelines-update-including-newsgathering-in-sensitive-situations.

286

副理解的口吻，意谓记者知道自己做的事情，只是有个指南在工作时会更清楚。

美联社还有一点，我也很推崇。它给记者的建议是"提供，而不是要求"。不是向当事人提出要求引用他的话，而是告诉当事人，"如果你有什么想说的话，来找我"。换言之，说"我就在这，如果你想和我说话的话"，要远比问"我能和你谈谈吗？"，更有同理心和理解力。

当然，美联社的新规也并非十全十美。比如这段："美联社员工必须意识到他们表达的观点可能破坏美联社作为公正消息来源的声誉。美联社员工必须克制在任何公共论坛上就争议性公共话题公布他们的观点，不得参与有组织的行动来支持某项运动或事业。"

个人以为，今天记者追求客观性已全然不现实，上述的禁言令会使得记者很难检视那些隐含的假设及偏见，并发掘背后的原因。美联社所限制的，恰恰是使社交媒体变得有价值的对话。社交媒体并不只是一个搜集消息的场所，也是一个讨论新闻的空间，可以分析新闻的影响，并试图找出新闻背后可能的预设和偏见。当记者无法再做到客观的时候，他所能做的只是尽可能地把获取的信息以一种有用和翔实的方式呈现。而如果社交媒体政策阻止记者的对话，那么记者也就丧失了反思的机会。

从 Twitter 到微博

社会科学家给这种不间断的网络联系起了一个名字，叫作"环境知觉"。每一条小的更新，每一条单独的社交信息，本身都是微不足道的，甚至是十分平庸的。但若假以时日，当它们汇集起来，这些小片段就渐渐接合成一幅细致得惊人的、描绘你朋友或家人生活的画卷，就像成千上万个点构成的一幅点描派画作。

互联网从读到写

观察全世界互联网的发展，有一个基本公式，我把它叫"互联网=技术+人性"。这个公式有意思的地方在于，技术是飞速变化的，而人性却常常是恒久不变的。互联网上有意思的现象，大部分都是因为当更普遍的人性遇上了多变的技术，产生出各种复杂的效应。

博客兴起以后，万维网的发明人蒂姆·伯纳斯－李曾写下这样一段话："在1989年，万维网的一个主要目的是用作信息共享的空间。似乎很明显，它应该成为一个任何人都可以发挥创造性、任何人都可以有所贡献的空间。第一个浏览器事实上集浏览/编辑于一体，允许人们编辑任何页面，并且在他们拥有进入权限的情况下把这一页面存储在网上。奇怪的是，网络更多作为一个出版媒介而起飞，人们在线下从事编辑。……万维网很快充斥了许多有趣的东西，但却没有设计公用的空间，让作者形成公用话语。现在，在2005年，我们拥有了博客和维基，它们的流行事实让我感到，我当年的大家需要一个创造性的空间的想法原来并不是发疯。"[①]

伯纳斯－李的这段话表明，互联网有两种基本的功能，一种功能是读，另一种功能为写。互联网是一种读写网，所有其他东西都由此而生。在这样的意义上，Web 2.0 不是什么新鲜东西。自从浏览器在 1993 年左右被发明出来，网络的读写功能就存在了。

然而，直到最近，读写网的多数应用仍使用两分法把世界划分为生产者和消费者两大阵营：我们不是作者就是读者，不是广播者就是观看者，不是表演者就是欣赏者。这是一种一对多的传播。作者、广播者、表演者总是高于读者、观看者和欣赏者。此一阶段的读写网，以读为主，我们可以将其命名为"只读网"。

所谓的 Web 2.0，也就是新一代的互联网发展浪潮，其核心我们也可以给予一个非常简单的总结，即"从读到写"。尽管传统的行为依然存在，但新的戏剧性的一幕出现了：读写网变成了参与式的。Web 2.0 是一种多对多的传播。它使每个人不仅有听的机会，而且有说的条件。无论是写博客日志，编维基百科，上传图片到 Flickr 抑或是上传视频到 YouTube，这些读写技术的广泛采用导致了一种新型应用模式的出现：我写你看。Web 2.0 的所有例证都指向一件事情：最终用户向网络写入数据。

另外一个很关键的变化是，互联网刚出现时是一个以信息为中心的架构，现在正转变为以人为中心的架构，所以 Web 2.0 的核心是人。出现了一个极为庞大的、技巧娴熟的网络用户群体，愿意和能够贡献并消化读写网的内容。这个群体对媒体的影响在于：媒体的价值越来越多地存在于那些培养用户的公司，而不是控制内容的公司。

一旦网络变成以人为核心，就必须讲到人性。网络将会给人类机构

[①] Berners-Lee, Tim (Dec 12, 2005). "SoIhave a blog." 原博客已不可访问，参见 https://notes.zhourenjian.com/whizznotes/xhtml/3427.html。

带来深刻变化，但对人性却没有什么影响。网上任何有意义的事情都发生在人身上，即那些会饥饿、会疲倦，有爱情和嫉妒心，每天需要食物以保持头脑和身体的活跃，依赖化学而不是电子生存的人身上。网络不会把我们带入一个一尘不染的数字化乐园。这种媒体会帮助我们从智力上和情感上延伸自我，但它不会改变我们的基本特性。相反，网络会使人性和人类的多样化得到张扬，如果我们行动无误的话。正是因为有这么多信息、这么多媒体、这么多选择的存在，人们才会更加珍视人与人之间的联系。

简言之，早期人们上互联网，更多的是为了寻求信息，今天人们上互联网，更多的是寻找人与人之间的联系。

从博客和SNS到微博

谈到人性，在此引用一段伟大的戏剧家莎士比亚的话："整个世界就是一个舞台，所有的男女都是演员，他们有各自的入场和出场，一个人在一生中扮演许多角色。"（《皆大欢喜》，第二场第七幕）

社会学家欧文·戈夫曼（Erving Goffman）写过一本书《日常生活的自我呈现》（*The Presentation of Self in Everyday Life*）[①]，用学术的语言讲了跟莎士比亚一样的道理。为什么这么说？因为这本书提出的理论叫"戏剧论"（dramaturgy），谈论的核心课题叫"印象管理"（impression management）：人们在互动过程中是如何在他人心目中创造出一个印象的？或者说，运用哪些技巧来产生一种自己希望别人产生的印象？从戏剧学角度说，这就是一门表演艺术，所不同的只是在日常生活中，有些人能意识到自己是在表演，有些人则没有意识到。但不管是否意识到这点，每个人的行为都会给人以某种印象，因而每个人都有意或无意地试

---

① 欧文·戈夫曼：《日常生活中的自我呈现》，冯钢译，北京：北京大学出版社，2016年。

图引导别人按照特定的方式看待自己。

印象管理是古老的人类传统，但当有了互联网以后，大家发现原来互联网是一个非常好的管理印象的工具，即通过网络表达，让别人对你产生好印象。很早的时候就有人这么做。例如，制作个人主页可以被看作对于理想化自我的一项表达。然而个人主页毕竟是一种 Web 1.0 时代的产物，很难让个人同读者发生互动，它更像是一块告示板，提供单向的信息，读者除了获取这些信息，并没有更多的期待。博客的出现打破了这种局面。

博客虽然也是个人的产物，但日志与日志并不彼此孤立，而是依靠博客们的评论、引用和链接，形成了一种真正的社区。同时，日志是以帖子为中心的，帖子构成了关键的单元，而不像个人主页是以页面为中心。博客是最接近万维网原初的读/写设想的网络工具。它也是使网络出版真正得以实现的第一种工具。没有博客的这种先锋作用，就不会有后来的微博。

很多时候人类容易陷入一种状况：当有些东西被普遍使用以后，我们会忘记它们原来是被发明出来的。今天很多人都写博客，但是忘记了博客本身是人为的发明，里面有一系列的产品设计。这个设计的思路，在博客的发明者看来，一方面它要满足每个人进行自我表达、展现个性的需求；另一方面，设计者努力让每一个博客都突破自身的局限，成为更广泛的博客圈子的一部分。博客的很多功能，比如说链接、永久链接、引用通告还有博客评论，目的都是为了让博客成为彼此连接的一个共同的圈子。换言之，博客产品有两大功能：表达自己和关注他人，而后起的微博，是一种比博客能更好地满足这两个功能的工具。

SNS 也是一种技术发明，尽管它深刻地契合了人类作为社会性动物的本性。SNS的最大领袖是Facebook，Facebook在全球有数十亿活跃用户，有很多里程碑式的发展，但是从产品设计的角度来观察，你会注意到它有一个很独特的时刻：2006年9月，Facebook的创始人扎克伯格开发出一种叫作News Feed的东西，这是一种能主动把用户主页上的变动向所有好友广播的内置功能。学生们再也不用把时间花在转来转去检查朋友的主页更新上了。现在他们只需登录Facebook，然后就会看到News Feed：一个类似18世纪社交界新闻公报（social gazette）的页面，上面列出了所有好友的最新动态，全天不停更新，一网打尽所有八卦。用扎克伯格自己的话来说，就像是"一股由生活中发生的点滴事件汇聚而成的涓涓细流"。[①]这个News Feed，也就是我们今天熟知的"新鲜事"，或者叫状态更新。

由前所述，有两种大的发展汇集到微博上：一种是博客，博客是微博的前身，没有博客就没有微博。从命名上就可以看出，所谓的微博不过是博客的微缩版。除了少数具有原创性、知识性和娱乐性的博客，大部分日志缺乏价值，只是因为成本的去除才得以出现，堪称一种虚荣出版。真正值得存在的博客，要么与能够提供时间和资源的知名机构相关，要么具备正当的专业诉求。

博客由于自身的关键特性，最终会走向死亡。或者更准确地说，博客长尾会走向死亡。然而，博客的普及拉高了用户量，为Twitter这种新服务奠定了基础。写日志对于许多博客来说，已经成为一种习惯，即在互联网中留下自己的印记与他人分享。140个字符的Twitter显然迎合了很多对博客产生疲劳的用户的需求，而知名博客借助于Twitter的过滤也可以更广泛地得到传播。所有这些都导致网络用户大规模从博客转移到微博。

第二种发展就是SNS的"新鲜事"，今天微博呈现的样式跟"新鲜事"是一模一样的，它构成了一种信息流，是多个人在你的主页上展示

---

① Thomson, Clive (Sep 5, 2008). "Brave New World of Digital Intimacy." *The New York Times Magazine*, https://www.nytimes.com/2008/09/07/magazine/07awareness-t.html.

信息流。当年Facebook的用户在网站刚刚推出这个功能的时候，并不认为自己需要经常地、实时地了解其他人在做什么。但是当自己身处这种无处不在的信息中时，他们觉得十分有趣甚至流连忘返。这是什么原因呢？社会科学家给这种不间断的网络联系起了一个名字，叫作"环境知觉"（ambient awareness）。每一条小的更新，每一条单独的社交信息，本身都是微不足道的，甚至是十分平庸的。但若假以时日，当它们汇集起来，这些小片段就渐渐接合成一幅细致得惊人的、描绘你朋友或家人生活的画卷，就像成千上万个点构成的一幅点描派画作。

这种新型环境知觉的终极效果是"向过去的回归"，即让人们再次处于小镇生活的节律中，生活里的每个人都对你知根知底。撒谎变得很困难，因为人人都知道你是一条狗。社会学家泽奈普·图菲奇（Zeynep Tufekci）说："从历史上看，我们正在回归一种更加正常的状态。当你回顾人类历史，你会发现飘一代的生活，不断从一个新关系走向另一个新关系的生活，那其实是非常新的。它是20世纪才出现的。"[1]心理学家和社会学家曾经花费许多年的时间，研究人类如何适应城市生活所带来的匿名性和劳动力迁徙造成的动荡不安——一个由无数被夺去社会联系的孤独者组成的世界。现在我们面对着的是一个截然相反的问题。实际上，我们现有的环境知觉工具正在扭转互联网初创时期的观念。20世纪90年代早期赛博空间刚刚兴起的时候，人们颂赞这是一个可以让你重新构筑自我身份的地方——你可以变成一个全新的人。然而，现在网络变得实名化了。当你的受众在不停地关注着你时，你无法变换身份了。

除此以外，当人们使用微博足够久，可能会达到一种更趋于自省的文化。很多Twitter或是Facebook的深度用户都曾经说过，如果经常性地

---

[1] Thomson, Clive (Sep 5, 2008). "Brave New World of Digital Intimacy." *The New York Times Magazine*, https://www.nytimes.com/2008/09/07/magazine/07awareness-t.html.

对世界报道你自己，会带来一个意料之外的副作用：当你每天都要数次停下来观察自己的感受和思绪时，日积月累，这种行为就变得具有哲学含义了。确实，Twitter网站页面上曾经有一个著名的问句——"你在做什么？"仔细想想，这个问题可以读出如同存在一般的沉重感。你在做什么呢？

中国式微博的创新

总结一下：无论是博客、SNS还是微博，最终要达到的功能无非是展示自己或寻求对话。这样的核心诉求通过Twitter的技术设计，就变成了一个非常简单的呈现方式，叫作关注与被关注。

用户关注他们感兴趣的人，只要这些人贴了新的讯息，用户就会收到通知。被关注者不必做出回应，这使得Twitter网络的链接成为定向的（directed）。Twitter使用价值的大小直接取决于你所选择关注的人的品质的高低。

Twitter的其他机制包括：Twitter让网络身份更简单，@+twitter账户名，就是一个人的代号以及联系方式，不可思议地简单，但却十分有效；回复、转推和私信，所有这些工具使得对话得以发生。Twitter可以张贴直接的或间接的更新。直接讯息指向一个特定的用户，间接讯息则是给所有愿意阅读的人看的。虽然直接讯息具有特定性，它们也是公开的，可以被所有人看到。更重要的是，转推允许转贴他人的话，一个对话场就此形成了。此外，还有标签，使我们可以看到议题的集结过程。

在Twitter的基本机制之上，中国的微博服务又有所创新。首先是微博评论。就像博客一样，用户可以对于任何一条微博进行评论，这是新浪微博对Twitter的一个改进，而这个改进是非常重要的刺激微博在中国爆炸性增长的原因之一。这是因为，新浪微博的改进完美地符合中国用户的一个习惯，我将其称之为"扎堆聊天"。如果你是一个写微博的人，你写了一条微博，突然之间这条微博下面有成百上千个人对你进行评论，你会觉得很兴奋，因为你写的东西别人在传递，引起了影响，可能对很多事情有推动。另一方面，所有的评论者也很兴奋，因为可以在里面吵架，可以在里面吐各种各样的口水，可以追捧自己喜欢的微博用户。这样一个简单的功能改进，导致新浪微博的普及率以及影响力都迅速升高。如果没有微博评论，可能很多微博事件不会得到那么大的传扬。新浪的掌门人曹国伟指出，新浪微博一开始就采用"转发加评论"模式，而且支持多媒体，Twitter则是一种单向传播，只支持文字，这两个本质的区别，使得新浪微博的黏性远远超过Twitter。

促使中国微博发展的另外一个很关键的东西，我们需要感谢的不是新浪，而是我们的老祖宗——汉字的发明者。信息时代的汉字以一种奇特的方式胜于英文：在140个字符的容量之内写作，中英文的差别非常之大，中文可含信息可以是英文的三倍以上。中文在单位信息上占优势。

中文的独特优势达到什么程度？如果是报道新闻，完全可以用140个汉字写一条含有完整的"5W"的新闻，时间、地点、人物一应俱全。并且，在写完这条新闻之后竟然还有空间对其进行一定的评论。由于有这样的优势，微博在中国被作为一种媒体大量使用，用来报道新闻和评论新闻，并由此形成很多公共讨论。

最后，回到一个很核心的问题上：微博代表着时刻流淌的沟通之水，那么，究竟有谁会在乎我一天24小时做什么呢？回答清楚这一问题，也就对为什么微博会大行其道做出了完整的解释。

第一，我们能够用这种方式感觉到朋友们的生活韵律，时刻知道朋友在干什么，以及在想什么，这是大家喜欢微博的很关键的因素。

第二，它能够带来更多的现实生活当中的人际联系，换句话说，当你使用微博的时候，除了跟老朋友保持联系，也永远有结交新朋友的渴望。而你的确也能够交到新朋友，尽管很多朋友不一定见过面，但由于你们长期在微博上交往，会感觉彼此很熟悉。这种让你突破现有的人际圈子获得新朋友的可能性，也是大家积极使用微博的重要原因。

第三是自我表达。人们渴望成为注意力的中心，期待世界知道他们所做的事情和他们头脑中拥有的想法。在现代化的工具理性社会中，人们常常产生自己是一部大机器中的无足轻重的螺丝钉的无力感。为了反抗这种"去个性化"的现状，人们也希望借助微博向世界宣告自己的不同。

第四是积极分享。我们必须重新发现给予的快乐：给予是因为你有如此之多。置身于越来越繁荣的社会中，金钱报酬不再是唯一的激励。时间和金钱一旦充裕，人们就会一起寻求合作的乐趣，分享劳动的成果。

第五个原因跟新闻媒体有关系：由于微博的实时性，传播的便捷性，很容易形成外包式的新闻，能够提高新闻的报道速度、信息源的数量，大大增加信息扩散的范围。

最后一点，当微博成为表达工具以后，一个顺理成章的结果就是，它也会成为组织工具，因此，微博可能促进形成社会组织和社会运动。

围观与见证的政治

　　随着微博等新媒体的崛起，"围观"成为一种政治的介入方式。20世纪中国最优秀的作家鲁迅，一直极为担忧旁观者——他称之为"看客"。过去的旁观者文化如何借由网聚效应，转化为一种新的公共参与精神？这种中国目前独有的政治景观，具有何种社会意义？

　　由于Web 2.0表达手段的兴起，网络上逐渐出现一种"围观改变中国"的声音。比如，《南方周末》评论员笑蜀在2010年1月13日发表题为《关注就是力量，围观改变中国》的评论，论述网民的围观具有强大的力量。《新周刊》在当年11月出版的第335期杂志上，以"围观改变中国"为题推出封面报道，声称"围观，可能会改变中国，并注定会改变我们自己"。

　　围观，在汉语的语汇里，本来是个贬义词。究竟发生了一种怎样的过程，使得这个词在当下被赋予如此向上的力量？

旁观者效应

　　围观的主体是旁观者。所谓旁观者，指的是某个事件的观察者，距离此一事件足够近，如果他/她选择介入，就能够以某种方式介入。

　　说到旁观者，不能不令人想起一个社会心理学术语"旁观者效应"（bystander effect）。这一心理学现象指的是，在紧急情况下，个体在有人在场时，出手帮助身处困境者的可能性降低，援助的概率与旁观者人数成反比。换句话说，旁观者数量越多，他们当中任何一人进行援助的可能性越低。

心理学入门书中有关"旁观者效应"最常引用的例子，是凯蒂·吉诺维斯（Kitty Genovese）一案。1964年3月13日，28岁的凯蒂·吉诺维斯下班回家，快到纽约公寓门口时，被一个男人攻击并捅死。案发30分钟内，受害人多次呼救，但公寓附近听到她呼喊的十数人中没有一位报警。3月27日，《纽约时报》上刊出了一篇题为"38位谋杀目击者无人报警"的报道，称在长达半个小时的受害者被残害的时间里，38位令人尊敬、遵纪守法的纽约市民，竟然没有一人打电话报警。其中一位目击者在事后向记者解释其行为时说："我不想搅入这件事中。"（后来的一些调查表明，《纽约时报》的这篇报道有诸多失实的地方，比如目击者并没有那么多，而且没有一个人从头到尾目睹整个过程。）[1]

《纽约时报》记者阿贝·罗森塔尔（Abe Rosenthal，后来他做到这家报纸的总编辑）1964年出版了《38位见证人：吉诺维斯案》一书[2]，试图解释这种怪象的成因："为什么当吉诺维斯小姐遭到袭击时，38位邻居没有拿起电话报警？没人说得清楚。这些目击者本人也说不明白。可以设想，他们的冷漠完全是大都会众生相中的一种。这几乎是一种生存所需的心理：如果一个人周围生活着数百万人，这必定带给他生存上的压力，而防止这些人的侵犯的唯一办法就是尽量漠视周围的人群。生活在纽约和其他大城市中，人们对邻居及其困难的漠视是他们条件反射似的思维所致。"[3]

---

[1] Manning, Rachel, Levine, Mark & Collins, Alan (Sep 2007). "The Kitty Genovese Murder and the Social Psychology of Helping: The Parable of the 38 Witnesses." *American Psychologist* 62(6):555-562.

[2] Rosenthal, A. M. (1964). *Thirty-Eight Witnesses: The Kitty Genovese Case*. Berkeley, CA: University of California Press.

[3] "Study of the Sickness Called Apathy." *The New York Times*, May 3, 1964, https://www.nytimes.com/1964/05/03/archives/study-of-the-sickness-called-apathy.html.

这种解释看上去很有道理，但人类思维与行为的实际情况要复杂得多。两位社会心理学家比布·拉坦（Bibb Latané）和约翰·达利（John M. Darley）试图探究更深层的原因，通过一系列经典的心理实验，他们发现了"旁观者效应"的存在。在一个实验中，拉坦和达利让一个学生独自待在一个房间里，然后假装癫痫病发作。当隔壁房间里只有一个人时，听到声音后，他有85%的可能性会冲进这位学生的房间提供帮助。但是，当实验对象觉得还有其他4人也听到了声音时，他们去帮助这名学生的可能性只有31%。在另一个实验中，如果有人独自看到黑烟从门下冒出，他有75%的可能性去报警，但如果他与一群人在一起，去报警的可能性就只有38%。[①]

该如何解释这种效应？拉坦和达利认为，首先，其他人的在场造成了责任的分散（diffusion of responsibility）。因为还有其他观者，个体不会感受到强大的压力去采取行动，因为采取行动的责任由所有在场的人分担了。当大众都对一件事情毫无反应时，为什么责任要归因到自己一个人身上？还有，自己一个人势单力孤，发声或者行动能够改变得了什么吗？与其如此，倒不如省点工夫。

其次，人们想要以一种正确的、能得到社会承认的方式表现自己，这叫作"多数无知"（pluralistic ignorance）。大多数群体成员私下里会拒绝一种规范，但当其错误地认为大多数其他人接受它时，自己也会同意它。就实验来看，当其他观者没有反应时，个体会将此作为一个信号，认为自己也没必要做出反应，或者认为自己的反应会不妥当。

研究者发现，当某个情境具有比较大的模糊性时，观者介入事件的可能性就会减少。比如在吉诺维斯案中，旁观者可能认为她只是在跟她的男友争吵。

---

① Latane, B. & Darley, J. (1969). "Bystander 'Apathy'." *American Scientist*, 57(2):244-268.

"旁观"这种行为对媒体有着独特的影响。媒体存在所谓"旁观者的凝视"（spectatorial gaze），与视觉关联度高的媒体，比如摄影、电视和电影，更是如此。乔纳森·施罗德（Jonathan Schroeder）说："凝视远不同于观看——它指涉某种权力的心理关系，在这一关系中，凝视者优越于凝视对象。"[1] 约书亚·梅洛维茨（Joshua Meyrowitz）注意到："一个地位高的人常常有权力长时间地看着一个地位低的人，甚至盯着他/她上下打量，而地位低的人必须转移目光。"[2] 这意味着，媒体的"凝视"具备权力色彩，在很多时候，这种权力甚至构成性命攸关的问题。

凯文·卡特（Kevin Carter）是南非的一位自由摄影师，1993年3月，他拍摄了《饥饿的苏丹》（*The Vulture and the Little Girl*），堪称"史上最富争议的照片"，展示了撒哈拉以南非洲地区的残酷，以及人类对自身苦难的漠视。在照片中，一个憔悴不堪的苏丹女婴（后来证实是男婴），独自一人向联合国的食品救济中心缓缓爬去。一头壮硕的秃鹰站在他身后，明显在等待孩子倒毙以后，享用即将到口的"美食"。

卡特后来说："我正在拍摄这个跪倒的孩子，刚改变角度，突然间她身后出现了这只秃鹰！……我只是继续拍摄——耗费了大量胶卷！"[3] 他等了20分钟，本想拍摄秃鹰展翅的画面，但它没有这样做，卡特于是吓跑了秃鹰，看着孩子继续前往食品中心。之后，他找到一棵树，靠着树坐下，吸烟，祈祷上帝，痛哭流涕。他和同行的摄影师会面，告诉同伴

① Schroeder, Jonathan E. (1998). "Consuming Representation: A Visual Approach to Consumer Research." In Stern, Barbara B. (Ed.) *Representing Consumers: Voices, Views, and Visions*. New York: Routledge, 208.

② Meyrowitz, Joshua (1985). *No Sense of Place: The Impact of Electronic Media on Social Behavior*. Oxford, UK: Oxford University Press, 67.

③ Marinovich, Greg & Silva, João (2000). *The Bang-Bang Club: Snapshots from a Hidden War*. New York: Basic Books, 118.

说："我看到这一切，我能想到的就是梅根。"梅根是他的小女儿。①

1993年3月26日，《纽约时报》刊登了这幅照片，图片说明写道："一个小女孩，因饥饿而虚弱，在前往Ayod的一个食品中心的路上瘫倒了。附近，一只秃鹰在等着。"②照片立刻成为非洲痛苦的象征。读者急切地想知道这个小女孩的命运，由于公众的强烈反应，《纽约时报》在3月30日发表了一则编者按："摄影师报告说，在秃鹰被赶走后，小女孩恢复了足够的力气，继续前往食品中心。目前尚不清楚她是否到达。"③

许多读者批评卡特没有对小女孩伸出援手，事实上，卡特被事先警告不要触碰大饥荒的受害者，因为可能有传染病。在摄影师是否应该介入拍摄场景的争论中，卡特迅速成为一个痛苦的研究案例。第二年4月，该作品获得了普利策奖，这将卡特拖入一个更大的旋涡之中。南非的一些记者称他以某种方式摆拍，其他人则质疑他的摄影伦理。例如，佛罗里达的《圣彼得堡时报》（ *St. Petersburg Times* ）辛辣地评论，"这个男人调整镜头以找到摄录她的痛苦的合适框架"，"他也可能是一个掠夺者，就像另一只在现场的秃鹰"。甚至卡特的一些朋友也大声质问为什么他没有帮助这个女孩。

卡特痛苦地意识到摄影记者的困境。"我必须用视觉方式思考，……你在这儿制作视觉产品，但在里面，有些东西在尖叫'我的上帝'。然而现在是工作时间，稍后处理其余的事情。如果你做不到，那就退出游

---

① Marinovich, Greg & Silva, João (2000). *The Bang-Bang Club: Snapshots from a Hidden War*. New York: Basic Books, 118.

② Lorch, Donatella (Mar 26, 1993). "Sudan Is Described as Trying to Placate the West." *The New York Times*, https://www.nytimes.com/1993/03/26/world/sudan-is-described-as-trying-to-placate-the-west.html.

③ Editors' Note, *The New York Times*, Mar 30, 1993, https://www.nytimes.com/1993/03/30/nyregion/editors-note-513893.html.

戏吧。"①

随后的研究似乎表明，孩子确实活下来了，但14年后因疟疾发烧而死亡。卡特赢得了普利策奖，但拍摄时那个阳光明媚的一天背后的黑暗从来没有从他身上消失过。1994年7月的一个夜晚，在约翰内斯堡的郊外，卡特把一截花园用的软管固定在排气管上，又从车窗送进车内，然后启动汽车，打开随身听，用汽车尾气结束了自己的生命，年仅33岁。自杀前他留下的便条写着："我被杀戮、尸体、愤怒、痛苦……以及饥饿的或受伤的孩子，视人命如儿戏的疯子，那些警察，那些刽子手……的鲜活记忆所困扰。"多年来目睹的恐怖终于压倒了他。他的工作环境往往都不能直视，更不用说拍照了。"生活的痛苦压倒了快乐，以至于不存在快乐。"②

卡特虽死，质疑者仍然没有停止对他的指责，因为这个记者"仅止于按下人生镜头的快门，然后漠然地擦肩而过"。该故事虽然极端，也不过是对一个可能冷漠的个人的指责；对于群体性的冷漠而言，最令人无法忍受且难以索解的事件是纳粹大屠杀，它是人类历史上永远抹杀不了的耻辱。在这个事件中，我们可以看到，所谓"责任的分散"被运用到何种令人发指的程度。在纽伦堡受审的所有纳粹官员都用一个借口为自己辩护："我们只是在奉令行事。"

恶的平庸性

奉令行事的典型是阿伦特笔下的阿道夫·艾希曼（Adolf Eichmann）。艾希曼1906年生，曾在屠杀犹太人中扮演重要角色，战后化名逃往阿根

---

① Macleod, Scott (Jun 24, 2001). "The Life and Death of Kevin Carter." *Time*, http://content. time.com/time/magazine/article/0,9171,165071,00.html.

② Macleod, Scott (Jun 24, 2001). "The Life and Death of Kevin Carter." *Time*, http://content. time.com/time/magazine/article/0,9171,165071,00.html.

廷，1960年被以色列特工抓获，1961年在耶路撒冷对其举行了刑事审判。阿伦特作为《纽约客》的特派记者前往报道该审判，最终形成了1963年出版的《耶路撒冷的艾希曼》一书。[1]

从阅读有关卷宗开始，到面对面冷眼观察坐在被告席上的艾希曼，以及听他满嘴空话地为自己辩护，阿伦特断定被人们描绘成一个十恶不赦的"恶魔"的这个人，实际上并不拥有深刻的个性，仅仅是一个平凡无趣、近乎乏味的人，他的"个人素质是极为肤浅的"。因此，阿伦特提出了一个著名的判断——"恶的平庸性"（banality of evil）。

艾希曼之所以签发处死数万犹太人命令的原因在于，他根本不动脑子，他像机器一般顺从、麻木和不负责任。精神病专家认定他是"正常"的——"经过测试，他在某种程度上比我们还正常"。对他的妻儿、父母、兄弟姐妹和朋友来说，他不仅正常，还讨人喜欢。从法律和道德标准来看，这种正常比所有的残忍加在一起更令人恐怖，因为它意味着在当时那种情境下从事罪恶勾当时，他几乎不可能意识到或感觉到自己正在做坏事。

在这本副题叫作"一份关于平庸的恶的报告"的书的后记中，阿伦特写道："这种对现实的隔膜、这种无思想性（thoughtlessness），远比人类与生俱来的所有罪恶本能加在一起更能引发灾难和浩劫——事实上，这才是我们真正应该从耶路撒冷获得的教训。"[2]

对于纳粹暴行，曾经的纳粹分子除了"奉令行事"以外，还有其他解释。他们辩解说如果大屠杀果真像记者说的那样令人发指，一定会有人知道这种情形，因而向当局报告不是他们应负的责任。他们还说，在那时中欧的强权只有德国，在这种情况下，他们向外界传递消息除了会

---

① Arendt, Hannah (1977/1963). *Eichmann in Jerusalem: A Report on the Banality of Evil*. New York: Penguin.

② Arendt, Hannah (1977/1963). *Eichmann in Jerusalem: A Report on the Banality of Evil*. New York: Penguin, 288.

给自己带来生命危险，不会产生其他结果。这完全是托词，因为大多数德国人都不了解大屠杀的存在，如果他们知道的话，是有可能团结起来，要求停止这种暴行的。而纳粹再残暴，也不会到屠杀自己的"优越种族"的地步。并且，到了那个时候，盟军也会获得相关消息。

或许正因如此，纳粹才会不露痕迹地把集中营和灭绝营隐藏在一个个小村庄里。靠近这些集中营［包括罪行累累的达豪（Dachau）、布痕瓦尔德（Buchenwald）等］的村庄，完全清楚营内发生的罪恶和残暴，至少村民们不可能闻不到集中营内飘来的臭味。盟军的士兵后来报告说，如果风向合适的话，在集中营20英里以外就可以嗅到气味。盟军因此认定这些村民了解犹太人和其他不受欢迎的人的命运，但他们没有做出任何努力来挽救哪怕一个生命。后来，他们被迫在盟军命令下清理尸体并将其掩埋，这实际上是对他们的被动冷漠的一种惩罚。

法国纪录片导演克劳德·朗兹曼（Claude Lanzmann）拍摄了一部反映犹太人大屠杀的历史纪录片《浩劫》（*Shoah*，1985），他吃惊地发现，在臭名昭著的灭绝营特布林卡（Treblinka）的邻近存在一个同名的村落，即便是在灭绝营高速运转期间两者也一直和平共处。朗兹曼用摄像机记录下了这个村落的存在和他对村民们的访谈，并由此奠定了整部纪录片的叙述基调。事实上，存在于历史文献中的大屠杀早已作为一种非正常的、庞大的、难以触摸的"事件"被赋予意义。这同时意味着它被从活生生的历史中抽象出来，隔离开来。而朗兹曼的影像和采访记录使得其中被掩盖的历史联系暴露出来：大屠杀不是对立于日常生活的，它就发生在日常生活旁边，前者是后者的一部分，而这种现实今天甚至仍在延续。

谁是我的邻舍？

贾德韦布纳（Jedwabne）是位于华沙东北135公里的一个波兰小村庄，二次大战前，村里居住着一半犹太人，一半罗马天主教徒。村民以种地为生，十分贫穷，居民总计3000人左右。类似的小村庄当时并不罕见，遍及东欧大地。

1939年秋，根据希特勒和斯大林签订的秘密协定，贾德韦布纳被苏联兼并，直到1941年德国入侵苏联，村庄又成为德国占领地。这一年7月的一天，这个普通的小村庄发生了一件极其异乎寻常的事情，按照《纽约客》杂志的说法，"小村里一半的人口屠杀了另一半"。

纽约大学教授伊安·格罗斯（Jan T. Gross）是波兰裔，2001年，他用一本书记录了这一惨无人道的历史罪行，并给这本书起了一个意味深长的名字：《邻舍》。[①]"邻舍"这个充满友好的词汇被扭曲成深刻的讽刺，因为村里这些犹太人的"邻舍"使用了最骇人听闻的手法屠杀犹太人：他们把1000多位犹太男女老少强行驱赶到一个谷仓里，在周围架上柴火，然后点燃火柴，把谷仓变成了一个火葬堆。

长久以来，波兰当局把这起残暴的犯罪推到纳粹身上。格罗斯通过见证人访谈和档案调查证明，这个村里的波兰人并不是无辜的。他们或许迫于纳粹的压力不得不这样做，但他们毫无疑问是这起令人无法饶恕的罪行的实施者。格罗斯称，整个村庄同谎言和借口一起生活了60年。

"我知道，此地的居民先被苏联人统治，后来又是纳粹。所以，在某种意义上，每个人都是受害者，而极权主义的技术之一，就是鼓励受害者成为施害者，在被征服的人们当中制造分裂，让不同的群体彼此反对。"

格罗斯的书出版后，在波兰引发巨大争议。有人批评格罗斯对波兰人不公平，因为德国人才是真正的主使者。除了对德国人在罪行中的卷入

---

① Gross, Jan T. (2001). *Neighbors: The Destruction of the Jewish Community in Jedwabne, Poland.* Princeton, NJ: Princeton University Press.

程度存疑以外，更多的波兰人在格罗斯所说的犹太受害者死亡人数上做文章。波兰国民记忆研究所（the Polish Institute of National Remembrance）的调查显示，死亡人数不像格罗斯说的达1600人之多，只有300余人。[1] 所谓"小村里一半的人口屠杀了另一半"的说法显然夸大其词，因为真正作恶的只有40来个男人，大部分波兰村民只是被动观看。[2]

波兰的民族主义者抓住这一点大做文章，似乎死亡人数的降低也大大抹去了格罗斯给波兰名誉造成的污点。然而必须说，任何试图给大规模屠杀寻找合理解释的行为都是无益的。没有任何借口，可以成为泯灭人性的理由。

见证者

从1939年到1941年，贾德韦布纳的波兰人生计艰难。苏联对"资产阶级"大搞"征收"，而村中的一些犹太人与苏联人多有合作，很容易导致种族仇恨。因为预计到这种复杂的情形会导致后来人推卸责任，作为一个历史学家，格罗斯就目击者证据的本质做了一个异乎寻常的呼吁。他写道："我建议我们应当修正对待这一时期的信息源的进路。在考虑幸存者的证言时，我们应把评价证据贡献的起始前提由先验性批评（a priori critical）转为原则上肯定（in principle affirmative）。先把我们从某个特定叙述中获得的东西承认为事实，直到我们发现了更有说服力的反面论据为止；而不是采取相反的做法，即对任何证言都谨慎怀疑，直到关于证言内容的某种独立确认被提出。采取前一个做法而不是第二个做

---

① "Poland Closes Jedwabne Massacre Probe." Reuters, Oct 7, 2003, https://www.haaretz.com/1.5495130.

② Pogrom in Jedwabne: Course of Events, Polin Museum, http://www.polin.pl/en/news/2016/07/09/pogrom-in-jedwabne-course-of-events.

"Poland Closes Jedwabne Massacre Probe." Reuters, Oct 7, 2003, https://www.haaretz.com/1.5495130.

② Pogrom in Jedwabne: Course of Events, Polin Museum, http://www.polin.pl/en/news/2016/07/09/pogrom-in-jedwabne-course-of-events.

法，我们可能会犯下较少的错误。"①

这个呼吁似乎完全违背了历史研究的基本准则，但格罗斯并不是无的放矢，而是针对波兰历史学家忽略目击者证据的常规做法有感而发。目击者证据问题从根本上来说属于20世纪历史撰写的独特问题，因为社会的民主化创造了这样一种情境，即几乎任何人对历史事件的叙述都可能被认定是有效的。这个问题对于历史的修正主义者来说尤其切题，因为他们质疑的许多事件恰恰几乎完全依赖于目击者的叙述。纳粹集中营里发生的故事就是这样的事件之一。这甚至导致少数修正主义者坚持说所有的目击者证据都应该被宣布无效，并被历史学家尽可能地忽略。严格说来，"毒气室"的相关叙述的问题并不在于它们建立在目击者证据之上，而在于目击者提供的证词从表面上看令人难以置信，只有在发现了大量可信的原始记录和法医证据之后才能够被确认。当然，整个大屠杀修正主义所坚持的，正是认为前述原始记录和法医证据是不存在的。

格罗斯的《邻舍》一书，一直因其历史撰写的不足而受到历史学家的严厉批评。然而，这些批评实际上错失了格罗斯著作的核心点，他写这本书本来就不是为了历史的精确性，而是为了迫使波兰人直面自己历史上的排犹思想和行为。《邻舍》实际上意在唤醒作者的波兰同胞的良心。关于目击者证据应当被先验性地视为真确的呼吁，在修正主义者看来，或许是可笑的和天真的；但也不妨视为对波兰人就波兰历史而产生的否认、缩减或逃避的一种回应，因为现代波兰的确存在无可争辩的与犹太人之间的恩仇。如果我们看到波兰的民族主义者拒绝任何有关虐待犹太人的指责的惯性——《邻舍》一书的争议正显示了这一点——我们就不应该轻易否认目击者叙述的可靠性。

---

① Gross, Jan T. (2001). "New Approach to Sources." In *Neighbors: The Destruction of the Jewish Community in Jedwabne, Poland.* Princeton, NJ: Princeton University Press, 139-140.

《邻舍》突出地提醒我们，许多国家都倾向于用自私自利和沙文主义的棱镜来透视第二次世界大战。每个国家都认为自己的子民是无辜的受害者，而很少记得美国流行卡通动物形象Pogo的一句名言："我看到了敌人，敌人就是我们自己。"[1]

看客

旁观者效应的存在，表明集体冷漠可能成为社会的一个严重问题。当他人面临危难之时、迫切需要帮助之时，社会上却存在着一种不作为或者低回应的集体倾向，好像事情根本不曾发生或是慢慢就会过去一样。

这种现象侵蚀着人们的行动欲望，消解着对社会不公的反抗。人们积极地把自己同其他人的麻烦隔绝开来，变成旁观者，束手无策地坐在那里目睹权利的受损。

一个旁观者，既非恶行的加害者也非受害者，却有着见证的机会或做证的责任。做证，意味着为受害者一方带来具备道德权威的无私的声音。

罪行——无论是一起行凶抢劫还是一场大屠杀——的旁观者，有时的确会出来做证，然而有时也逃避做证。迟迟不愿做证的旁观者会问自己这样的问题：我自己会受到伤害吗？我会不会被牵连进复杂的事件？

有时旁观者并非利益无关者。如果抢劫的受害人是我的朋友，或者来自同一所学校，或者属于同一个族群，那又会如何？如果发生了大屠杀的那个国家恰好和我有生意合作，又该如何？在这些情形下，我虽然是个旁观者，但我旁观的事情并非与我的利益全然无关。

鲁迅将旁观者称为"看客"，对此深为担忧。人人都熟知鲁迅因为看到中国人围观枪毙犯人的场景而决定弃医从文的故事，"……因为从那一

---

[1] Kelly, Walt (1972). *Pogo: We Have Met the Enemy and He Is Us*. New York: Simon and Schuster.

回以后，我便觉得医学并非一件紧要事，凡是愚弱的国民，即使体格如何健全，如何茁壮，也只能做毫无意义的示众的材料和看客，病死多少是不必以为不幸的。所以我们的第一要著，是在改变他们的精神，而善于改变精神的是，我那时以为当然要推文艺，于是想提倡文艺运动了"。①

这一段名言已被引用了无数次。对鲁迅而言，冷漠而不是偏见，是中国最麻烦的事情。死刑现场的围观人群几乎和加害者一样令人厌恶。一次偶然的"看客"事件，使得鲁迅决心以毕生精力改变中国人的"国民性"。就围观受害者这种劣根性来说，受害者被视为失败者，固然会加强某些人的幸灾乐祸恶习——见失败者遭受灾祸而高兴，然而，受害者被视为英雄或圣人，也会不期然地彰显另一种恶习，即国人以高标准道德要求受害者的"烈士情节"。大江健三郎在《广岛笔记》中写道："我们局外人，常常希望在每一个角落都能发现一位牺牲的圣者。"②

对于这种"烈士情节"，美国著名的中国研究学者林培瑞（Perry Link）在论中国看客的时候说得极为透彻："如果我们以圣贤标准要求那些并未牺牲的受害者，那不但错误，而且不公平。创痛和凌辱通常不会使人们离圣贤标准更近，而会更远。受害者在压力下会撒谎、欺瞒，也会出卖。旁观者没有权力期待与此不同的事实。……看客想要看到英雄在角斗中获胜的热望甚至可能是更加危险的。……对于一个生活在安全和舒适中的旁观者来说，要求别人充当英雄，甚至当别人不如预想中那般英雄的时候出来大肆批评，都是惹人困惑的和全然不对的。然而，很多中国旁观者恰恰就这样做了，这是一种道德愚钝。生命危险不是剧场表演。渴望烈士的人应当自己去做烈士。"③

---

① 鲁迅：《〈呐喊〉自序》，载《呐喊》，南京：译林出版社，2014 年 [1922 年]。

② Oe, Kenzaburo (1996). *Hiroshima Notes*. New York: Grove Press, 19-20.

③ Link, Perry (2009). "Memory and Ethics." *China Perspectives* No.2:4-16.

林培瑞进一步指出，尽管对受害者富有同情心通常比冷漠更可取，然而，同情姿态也不是没有自身的伦理问题的。哈维尔（Václav Havel）讲过在20世纪70年代的布拉格接待西方"看客"的故事：他们如此热切地想要表示对一个真正的"异议分子"的支持。虽然这种友好姿态让哈维尔心存感激，但他也说到，当西方人问"我们能为你做什么？"的时候，他心里备受挫折。对哈维尔来说，这样问意味着只有异议者而不是提问者的命运受到威胁。哈维尔写道："难道对我的逮捕不是对来访者的一种攻击吗？……难道对布拉格的一个人的毁灭不是对所有人的毁灭？"①

　　读到哈维尔的这一发问，不由得使我们联想到广为流传的德国路德派牧师马丁·尼莫勒（Martin Niemoller）批评德国知识分子在纳粹兴起的过程中毫无作为的那段话："起初他们追杀共产主义者，我不是共产主义者，我不说话；接着他们追杀社会主义者，我不是社会主义者，我不说话；接着他们追杀工会成员，我不是工会成员，我不说话；接着他们追杀犹太人，我不是犹太人，我不说话；最后，他们奔我而来，再也没有人站起来为我说话了。"②

　　其实，尼莫勒牧师所要表达的核心意思就是：人类是一个人类共同体，他人的不幸也就是你的不幸。没有什么比约翰·多恩（John Donne）的著名的诗《没有人是一座孤岛》更好地表达了这种思想："没有人是一座孤岛，/可以自全。/每个人都是大陆的一片，/整体的一部分。……任何人的死亡都是我的损失，/因为我是人类的一员，/因此　不要问丧钟为谁而鸣，/它就为你而鸣。"③

① Havel, Vaclav (1989). "Politics and Conscience." in *Living the truth*, London: Faber and Faber, 149.

② "First They Came-By Pastor Martin Niemoller." https://www.hmd.org.uk/resource/first-they-came-by-pastor-martin-niemoller/.

③ Donne, John (1624/1988). *No Man Is an Island*. London: Souvenir Press Limited.

网络时代的围观

由上可知，围观一词曾经有着诸多的贬义色彩。在很长一个时期，它是看客文化、见死不救、麻木不仁的代名词。

然而，互联网时代赋予围观新的存在方式和存在意义，这是围观在互联网时代的进化结果。这种进化，我称之为一个"围观即参与，分享即表态"的过程：新闻跟帖、博客转帖、推特转推、短信转发，乃至SNS上的文章、照片与视频分享，形式有别，功能各异，但网民每一次简单地点击按键，都等于一次理性的民主投票。一两个人一两次地点击按键并不起眼，但聚沙成塔、集腋成裘，舆论的力量却可以经由"网聚"而产生。

正是这种"网聚"的力量造就了"围观政治"。狂飞2010年10月17日在《南方都市报》撰文《网络时代的"围观政治学"》，引用百度百科解释"围观"："当不明真相的群众久不愿散去时，会招致更多的围观者。被围观者的一言一行都将在众目睽睽之下进行，想要逃走却难以突破层层包围。愤怒而克制的围观者，以非暴力不合作的态度，从未停止寻找下一个围观对象，并通过这种方式逐渐地改变着中国。"

与心理学实验的个案取向不同，在中国的很多情境中，冷漠不只是个人选择，而是与社会的结构条件有关。无动于衷很可能是支配性的价值与政策的产物，而不是个人的麻木无情所致。在这个意义上，"围观政治"是目前中国独有的政治景观，如《南方都市报》2009年7月2日社论《网络围观中有升级公众参与的机会》所说："空有雪亮的眼睛，而没有畅快的言说，乃至决议的行动，只能令参与变成静默的大多数。"

网络围观虽然来自隐约萌动的公共参与精神，但它也仅能称为一种最低限度的公共参与，因为它距离共识之上的决策与行动还非常遥远。然而，我们并不能因此低估网络围观的意义，因为它迥然不同于传统的围观，而是如评论家熊平所说：第一，它与单纯的看客心理不同，表达一种"我在"的立场；第二，它与事不关己不同，表达一种"我知"的诉求；第三，它与暴力革命不同，表达一种非暴力不合作方式，"我能"的博弈。[1]

这样的网络围观中的确有升级公众参与的机会。在《关注就是力量，围观改变中国》中，笑蜀写道："我们总看到一种苦笑，总听到一种声音，'有什么用呢？什么都不会改变'。言论的无力与无助，良知的无力与无助，似乎是普遍现象。但是，现实真如此苍白吗？前途真如此黯淡吗？一个公共舆论场早已经在中国着陆，汇聚着巨量的民间意见，整合着巨量的民间智力资源，实际上是一个可以让亿万人同时围观，让亿万人同时参与，让亿万人默默做出判断和选择的空间，即一个可以让良知默默地、和平地、渐进地起作用的空间。每次鼠标点击都是一个响亮的鼓点，这鼓点正从四面八方传来，汇成我们时代最壮观的交响。"

而且，网络围观的深层意义不仅意味着以上的这些表达，还意味着让人们彼此看见的巨大可能性。艾晓明获得2010年法国"西蒙娜·波伏娃女性自由奖"，她无法办理护照前往巴黎领奖，呈上了自己缺席的发言：《让我们彼此看见——写在巴黎放映之前》。由一个大学教授转变为独立纪录片制作人，她这样阐述自己的心路历程："推动我走上拍摄纪录片道路的，就是黄静遭受暴力案。[2]我唯一的想法是：让我们彼此看见。"刘文瑾说："在现代社会，人的'原罪'往往不是无知，而是'视'而

---

[1] 胡泳：《微博：看客如何实现落地？》，《时代周报》2010年11月25日。

[2] 2003年2月24日，湖南女教师黄静被发现死在宿舍床上，全身赤裸，身上有多处伤痕。尸检报告称其为处女，但现场发现其生前男友姜俊武的精液。湘潭市公安局初步法医检验认为，黄静是因心脏疾病导致急性心肺功能衰竭而死，属于正常死亡。其家人则认为黄静之死是男友暴力强奸未遂导致的。南京医科大学和中山大学法律鉴定中心鉴定，认为不足以确定自然死亡。案件侦办过程中，死者的内衣内裤、病史资料、器官标本等证据神秘消失。2006年法院一审判决，宣判被告人姜俊武无罪。该案件的调查和审判过程得到传媒特别是网络媒体的广泛关注。

'不见'。"①"看见"里面包含了一种不可小视的力量，它是见证的力量，记忆的力量，彼此相顾的力量——在汉语中，"让我们彼此看见"就可以表达为："让我们彼此相顾。"

而互联网将成为彼此相顾者的天然盟友，正如律师对上海"钓鱼执法"案②中的法官对其当事人"你要听话哦"的威胁的著名回答："你所说的每一句话，在24小时内通过互联网将传遍全世界！我告诉你！"③互联网帮助中国网民在追寻新闻真相和实现社会公义的过程中，将所见证的信息用到最能产生影响的地方。

纵观2009年以来的发展，我们可以说，一种可观的围观政治在中国业已形成。它挑战了一种简单化然而却广泛流行的假设，即认为公民行动者通过运用社会性媒体可以迅速地形成大规模动员和社会变革。事实上，这些信息分享工具和渠道带来的将是更加微妙的社会进步。渐进政治的主张者哈维尔经常用的概念有"反政治的政治""无权者的权力""公民的首创精神"等。其实，这说的也就是如何从身边的治理做起。

---

① 刘文瑾：《"让我们彼此看见"：观艾晓明、郭建梅获西蒙娜·波伏娃奖有感》，《二十一世纪》2010 年 4 月号，http://www.cuhk.edu.hk/ics/21c/media/articles/c118-201002018.pdf。

② 2009 年 10 月 14 日晚，在上海打工的 18 岁司机孙中界好心搭载"路人"，却被认定"非法营运"，遭遇"钓鱼式执法"，孙中界愤而断指自证清白。所谓钓鱼执法，又称倒钩执法，指的是行政执法部门有意隐蔽身份，采取手段，候待甚至引诱被执法人做出违法行为，而后将其抓捕的执法形式。此前的 2009 年 9 月 8 日下午，上海市民张晖驾驶轿车，因搭载自称胃痛要去医院的人，被闵行区交通执法大队查获，认定为"非法营运"。9 月 14 日，区交通执法大队做出了行政处罚决定。9 月 28 日，张晖以该行政处罚决定"没有违法事实和法律依据，且程序违法"为由，向闵行区人民法院提起行政诉讼。在处罚被撤销之后，法院曾多次派人找张晖商量，希望能撤诉。一位饱受压力的法官在情急之下，甚至当着其代理律师郝劲松的面高声要求他要"听话"。不过，张晖最终没有撤诉，并成为上海数年来因状告"钓鱼执法"打赢官司的第一人。这一事件引发社会各界对执法公平问题的关注。

③ 转引自何兵博客：《黄江法官：你毁了最高法院多少票？》，2009 年 10 月 28 日，http://blog.sina.com.cn/s/blog_486bea1a0100fam9.html。

任何人可以从任何地方开始，我把这叫作社会变革的"微动力"。

微动力为什么重要？在过去，少数几个动力十足的人和几乎没有动力的大众一起行动，通常导致令人沮丧的结果。那些激情四射的人不明白为什么大众没有更多的关心，大众则不明白这些痴迷者为什么不能闭嘴。而今天，有高度积极性的行动者应致力于降低行动的门槛，让那些只介意一点的人能参与一点，而所有的努力汇总起来则将十分有力。一张明信片、一个电话、一条黄丝带、一束鲜花，也能汇成强大的呐喊。

需要特别强调的是，微动力的精神实质，就是作家冉云飞屡次申明的"日拱一卒，不期速成"。容我引用朱学勤先生《让人为难的罗素》中的一段话对此加以说明："中国人的习惯：不是去造反，就是受招安，要么揭竿而起，要么缩头做犬儒。独缺当中那种既不制造革命又不接受招安，耐心对峙，长期渐进的坚韧精神。作为费边社成员，罗素赞成的实践方式是：每天前进一寸，不躁不馁，既不狂冒进，亦不受招安；面对不良政治，纵使十年不'将'军，却无一日不拱'卒'。"[①]

必须指出，"围观政治"不是完美无缺，也有自己明显的弱点。比如：

短暂性：正如群众的出现是那样的突然，群众的瓦解也是突然的。群众的开放性使群众有可能增多，同时这种开放性是它的危险。在群众中始终存在着面临瓦解的隐忧，群众力图通过迅速增加人数来避免瓦解。只要有可能，它会吸纳一切；但正因为它吸纳一切，它必然会瓦解。同时，群众对议题的注意力广度也是易碎的。

脆弱性：在社会性媒体上发起异议运动具有脆弱性，因为它们无法提供至亲好友间的"强连带关系"，参与者往往缺乏层级纪律，不愿做出实质牺牲且容易迅速退出。

行动惰性：也可以称为"懒人行动主义"，正如一幅漫画所表现

---

① 朱学勤：《让人为难的罗素》，《读书》1996 年第 1 期。

的——左："敌人刚刚已经对我们发射了导弹。阿兵哥，请立即采取紧急反应措施。"右："完成了，长官。我在Facebook上成立了一个抗议社团，并在Twitter设置了一个事件标签。在下周，将把我们的网站和大头贴，都换成黑色系，以表达严正抗议！"

克服这些局限，需要汇细流而成大海，集众智而立伟业。"致广大而尽精微"是《中庸》的一句话，把它颠倒过来，"尽精微而致广大"，就是围观与见证政治的精髓。

信息越流通，社会越强健

在一个技术社会里，广泛的秘密性最终会导致事故的发生和恶化；为了避免技术和社会灾难，自由的信息交流是必须的。

维基泄密：技术与新闻的交叉地

维基泄密创造了一种新的、更开放的新闻模式，或许我们可以将其命名为"竞争性众包"：利用传统媒体的自然竞争，把传统媒体的分析与传播能力与网络社区的审视与纠错结合起来。这台全球性的"泄密机器"不受传统的记者规则以及平衡报道原则的限制，令新闻业不得不重新审视自己的报道习惯。

维基泄密（Wikileaks）网站成了敢于和世界上唯一超级大国的政权和军队对抗的孤胆英雄。2007年4月，它因披露美军在伊拉克阿帕奇直升机上对地面人群开火、造成包括2名路透社记者在内共18人死亡的视频录像而名声大噪；2010年7月，它再爆惊人之举，将其所获得的阿富汗战争情报提供给英国《卫报》、德国《明镜周刊》（Der Spiegel）和美国《纽约时报》进行大幅报道，并在网站上将9.2万份美国军方机密文件公开。这是自1971年五角大楼泄密案后，美国军事史上最大宗的情报泄密事件。

事发后，白宫发言人、美国国家安全顾问、参谋长联席会议主席以及国防部长无不出来强烈谴责维基泄密，称其公开这些信息是"违法行为"，可能危害国家安全。可与此同时，奥巴马政府又宣称泄密文件属于"过时"或"低级别"军事报告，果真如此的话，它们又怎会危害国家安全呢？最可笑的是，他们指责维基泄密不负责任，说这家网站没有跟美国政府联系过；又说鉴于维基泄密本身反对阿富汗战争，所以它不是客观的新闻来源。也就是说，维基泄密刊发的文件都是不值得采信的东西。既然这样，美国政府又何必如临大敌呢？

维基泄密网站的简述自称是一项"跨越多个司法管辖区域,保护泄密者、记者、活动分子等拥有想向公众公开的敏感材料的人士的公共服务"。自从成立以来,维基泄密就在全球致力于获取、公布和保护这样的敏感材料,并把自身的工作建立在一个原则之上:人类共同的历史记录必须是完整无缺的;所有人都拥有撰写新的历史的权利。维基泄密如此自述网站的宗旨:"我们相信,政府活动的透明导致腐败的减少、治理的改善,令民主政体更加强大。所有的政府都会因自己的人民以及世界共同体的监督而获益,而这种监督有赖于信息。"[①]"历史上,信息是昂贵的,无论从人类生活、人类权利和经济学方面来说都是如此。然而随着技术的进步——如互联网与加密术——传播重要信息的风险降低了。……我们相信,不仅需要一个国家的人民来保持其政府的诚实,而且需要其他国家的人民也来监督同一政府。"[②]

毫无疑问,维基泄密的宗旨一定会令其与世界各地的政府发生冲突。它意味着,一个事实上的网络国家(netstate)正在崛起,威胁着现有民族国家。今后几十年,我们将会看到民族国家激烈然而可能是徒劳无功的战斗,企图对一个越来越强大的、单一的全球互联网施加控制。

另一方面,维基泄密所信奉的"所有人都拥有撰写新的历史的权利"也使它注定要和现存的新闻机构产生龃龉。纽约大学的新闻学教授杰·罗森把维基泄密称为"世界上第一个无属国新闻组织(stateless news organization)"。[③]维基泄密的整个架构设计就是跨国界的:服务器设在瑞典和比利时境内,两国都拥有全世界最严密的对新闻消息来源提供保

① "WikiLeaks: About." https://wikileaks.org/wiki/Wikileaks: About.

② "What is Wikileaks?" https://wikileaks.org/About.html.

③ Rosen, Jay (Jul 26, 2010). "The Afghanistan War Logs Released by Wikileaks, the World's First Stateless News Organization." PressThink blog, https://pressthink.org/2010/07/the-afghanistan-war-logs-released-by-wikileaks-the-worlds-first-stateless-news-organization/.

护的法律。同时，它也在美国等多个国家设有服务器。维基泄密的工作团队仅有5位全职人员，目前，公开身份的只有德国的网络工程师丹尼尔·施密特（Daniel Schmitt）和创始人朱利安·阿桑奇。来自全球的数百位记者、工程师、法律人士、视频加密专家，作为志愿者帮助它维持运转，许多人仅参加一小部分工作。这样的架构保证了，如果维基泄密在一个国家遭到打击，服务器可以马上转到另一个国家去，令它得以置身于任何政府或法律系统所能染指的范围之外。

对这种崭新事物，政府不知道该怎么办，传统的媒体也同样不习惯。当三家知名媒体———《卫报》、《明镜周刊》和《纽约时报》拿到维基泄密提供的文件拷贝时，它们遇到一个独特的困境：既无法核实消息来源，也无法阻止这家网站公布材料，不管它们自己是否打算做任何报道。三家媒体唯一能做的是，通过官方来源证实材料的真实性，同时从材料中挑选看上去最可信的部分。最终，我们都看到了以两种形式发出来的信息：具有公信力的传统媒体所做的经过审核的叙事，以及网络风格的在线全文。如果三家媒体的编辑有任何胆怯之处或是盲点，全部会被后者暴露于天下。

《纽约时报》在报道前加了编者按，说明维基泄密在向其提供机密文件时，要求它只有在2010年7月25日才能刊发报道（尽管它提前一个月就拿到了文件），届时维基泄密将会在互联网上公布所有的材料。最有意思的是，编者按也说："应白宫的要求，本报也呼吁维基泄密勿在网上公开任何可能引起伤害的材料。"这里我们看到一种新的力量对比：国家有秘密要守，但却无力阻止秘密的泄露；无属国的新闻组织决定如何披露秘密；而全国性报纸夹在其中，充当为两方牵线谈判的角色。

你不得不佩服维基泄密的出色基础设施和做事策略，例如，有意把阿富汗战争秘密文件提供给少数几家媒体，制造市场稀缺性。现在，假如你是一个拥有爆炸性材料的泄密者，你会选择一家为某国政府法律所限的报纸，还是维基泄密？前者可能会被政府所迫，要求记者交出消息来源，而且你交到报社手里的材料可能上网，也可能不上网；而后者没有固定地址，不惧传票，还会把所有的东西都传上网——并且，它还是信息加密方面的专家。

维基泄密向传统媒体提出的挑战在于：第一，这家以"人民的情报机构"自居的网站开启了一种高科技调查新闻，令新闻业不得不重新审视自己的报道习惯。例如，阿桑奇认为新闻应更像科学，原始数据、事实都应是可公开、可证实的。第二，维基泄密也创造了一种新的、更开放的新闻模式，或许我们可以将其命名为"竞争性众包"：利用传统媒体的自然竞争，把传统媒体的分析与传播能力与网络社区的审视与纠错结合起来。第三，这台全球性的"泄密机器"不受传统的记者规则以及平衡报道原则的限制。尽管阿桑奇号称要搞"科学化的新闻"，但他却又强调，他的使命是要揭露不公正，而不是对一个事件提供不偏不倚的记录。

伦敦城市大学新闻学教授罗伊·格林斯拉德（Roy Greenslade）指出，尽管维基泄密本身或许并不客观，但是它将更多原始素材公之于众的做法将让新闻更加透明。维基泄密自己并不对文件的真实性做出判断，判断取决于读者、编辑和网络社区。张贴虚假材料可以很快被其他用户纠正，用户们的集体智慧可以快速准确地传播、核查和分析。[①]

这意味着，很难把维基泄密归于任何一个传统的媒体种类。该网站的运营者既非新闻人，也不是真正的黑客。他们处在技术与新闻的交叉地带。不论传统媒体和政府是否喜欢，像维基泄密这样的组织正在改变媒体格局，并构成对新闻准则和价值观的根本挑战。

---

① Greenslade, Roy (Jul 30, 2010). "We Should Be Thankful for WikiLeaks." CNN, https://www.cnn.com/2010/OPINION/07/29/wikileaks.roy.greenslade/index.html.

新闻在相当大的程度上已经被技术所取代，怀念过去新闻的黄金时光（如果有的话）几乎没有任何用处。新闻机构如何应对边界的拆除，以及在面临定义不明的情形时是否可以清晰表达自身的新使命，将是未来几年新闻业所面临的关键问题。

揭发者的伟大时刻

斯诺登永久地改写了全球互联网权利与互联网政策的版图格局，尽管他说，他并不想改变社会。"我想给社会一个机会，来决定它是否应该改变自己。"在斯诺登之后，全球的公民们都应该认真思考，我们将来想要生活在一个什么样的世界里。

2014年4月14日，美国《华盛顿邮报》和英国《卫报》因揭露美国政府实施大规模监控的报道获得2014年度普利策新闻奖。获奖者包括格伦·格林沃尔德（Glenn Greenwald）、劳拉·柏翠思（Laura Poitras）、巴顿·格尔曼（Barton Gellman）、埃文·麦卡斯吉（Ewen MacAskill），他们在斯诺登事件报道中厥功甚伟。

两家报纸获得的奖项是普利策新闻奖公共服务奖。普利策新闻奖通常被认为是新闻记者的最高荣誉，而公共服务奖则是其中的大奖。

在斯诺登以间谍罪、盗窃罪、侵占政府财产罪诸罪加身的当口，在斯诺登被当作美国的国家敌人和卖国贼的当口，如此大奖凸显了普利策奖评委会的绝对独立性，以及公共利益高于政府利益的伟大价值观。正如格林沃尔德此前在美国接受另一奖项时所说的，因斯诺登而获奖，反证了斯诺登挺身而出绝对是一件正确的事情，美国应该感激他，而不是用起诉书和几十年的监狱服刑来对待他。

另一位获奖者柏翠思说得好："如果不是因为有人决定要牺牲自己的生命来提供这些信息，我们没有人会在这里领奖。所以这个奖真的是颁给爱德华·斯诺登的。"

美国历史上有名的揭发者丹尼尔·艾尔斯伯格（Daniel Ellsberg，兰德公司军方分析师，因1971年私自拷贝并向媒体提供五角大楼机密文件而青史留名）深刻地意识到斯诺登的重要性。他说，斯诺登文件是美国历史上最重要的泄漏。"斯诺登的吹哨（即揭发不法行为、不当行为和机密）使得我们有可能阻止一场反对美国宪法的'行政政变'。"[①]在这个意义上，斯诺登是真正的爱国者。

有关斯诺登的报道已被誉为一代中最重要的新闻工作。有意味的是，普利策的这个奖也是对揭发者［形象的称呼是"吹哨人"（whistle-blower）］的肯定。揭发者从其社会定义上来说不是职业记者，但伴随着新的传播能力，他们给当代社会带来的震动比新闻记者要剧烈得多。试想破产的安然公司内部一名高管谢伦·沃特金（Sherron Watkins）所经历的事情。2001年，沃特金给少数几位安然公司的执行管理人员及其会计公司发了一封电子邮件，邮件后来被打印出来，加上了"你消灭不了的罪证"（"The smoking gun you can't extinguish"）的标题，成为一份烫手的备忘录，其中详细列举了安然公司用以掩盖其收入与成本真相的危险行为。她富于先见的话——"我感到非常紧张，公司可能在一系列会计丑闻中内曝"——不幸而言中第二年发生的事情。[②]虽然沃特金的电子邮件只发给了安然公司和安达信会计公司的少数人，她却被普遍描述为一名"吹哨人"。在这个无限完美地实现了多人同时抄送的时代，写封电子邮件也意味着公开发布，因为一旦邮件被发出去，就几乎不可能消灭所有的复制件；而任何人

---

① Ellsberg, Daniel (Jun 10, 2013). "Edward Snowden: Saving Us from the United Stasi of America." *The Guardian*, https://www.theguardian.com/commentisfree/2013/jun/10/edward-snowden-united-stasi-america.

② Cornwell, Rupert (Feb 27, 2014). "Enron Auditor Kept 'Smoking Gun' Memo." *The Independent*, https://www.independent.co.uk/news/business/news/enron-auditor-kept-smoking-gun-memo-9156001.html.

只要有一份在手，就可以凭自己的意愿轻松地将其内容告知全世界。

再来看一下阿桑奇的故事，他的维基泄密要干的事情就是无视国家利益发放信息。在和世界上唯一超级大国的国家政权和军队单枪匹马地对抗之后，阿桑奇如此高调地指责传统媒体："我们揭露了不少秘密，但这不是说我们有多么成功——相反，这表明其他的媒体是多么不可靠。五个人的小组向公众公布的秘密比世界其他媒体加起来公布的还要多，这说明什么？可耻！"[1]阿桑奇说记者是让其他人冒风险而自己获取声名的人。他声称，他们让国家、大企业、既得利益者逃脱的时间过长，而黑客和揭发者依赖计算机网络，给复杂的数据赋予意义，目的是让这些数据能被自由获得，后者现在可以比记者做得更好。[2]

这是一个颇具鼓动性的说法，但不见得完全成立。然而，沃特金、阿桑奇和斯诺登的做法显示，虽然他们都不是记者，但他们可能代表新闻的未来。怀有强烈责任感和使命感的普通公民，现在加入崭新的新媒体世界，澄清事实，呈现未经污染的真相，和勇敢的记者在一起。斯诺登作为一个逃亡者依然命运未卜，但他说，希望个人的遭际不会导致公众的注意力从他披露的实质上转移。"我真正想要的焦点，集中在这些文件和其后的辩论上，我希望它在全球的公民中引发思考，我们将来想要生活在一个什么样的世界里。"他还说："我唯一的动机是告诉公众，那些以他们的名义在做的事情，其实正在反对他们。"[3]

---

[1] Samuels, David (Dec 3, 2010). "The Shameful Attacks on Julian Assange." *The Atlantic*, https://www.theatlantic.com/international/archive/2010/12/the-shameful-attacks-on-julian-assange/67440/.

[2] Moss, Stephen (Jul 13, 2010). "Julian Assange: The Whistleblower." *The Guardian*, https://www.theguardian.com/media/2010/jul/14/julian-assange-whistleblower-wikileaks.

[3] Greenwald, Glenn, MacAskill, Ewen & Poitras, Laura (Jun 11, 2013). "Edward Snowden: The Whistleblower Behind the NSA Surveillance Revelations." *The Guardian*, https://www.theguardian.com/world/2013/jun/09/edward-snowden-nsa-whistleblower-surveillance.

这是揭发的本质。斯诺登带来信息给公众，使公众可以合理地要求其领导人的改变。奥巴马本来可以适意地无视监控问题，直到被迫看到这个问题直截了当地砸在他的脸上。斯诺登在普利策奖颁布后的声明中说："这一决定是对所有认为公众应在政府中发挥作用的人士做出的辩护。"[①]

自从《卫报》和《华盛顿邮报》披露NSA的棱镜计划以来，10个月当中，多国政府和公众之间已就安全和隐私问题展开了一场激烈的辩论，斯诺登被迫寻求多地避难，而奥巴马总统不得不建议对美国的监控系统做大幅度的修正。斯诺登永久地改写了全球互联网权利与互联网政策的版图格局，为此，他不仅应当获得普利策奖，甚至获得诺贝尔和平奖也是实至名归。

见解自由和民主的基础是，人们在私下可以相互交流，无论是思想、经验还是观点，而无须担心受到现有权势阶层的报复。通信秘密权是一项基本人权，载入各种宪法、法律和国际宣言中。然而，有效利用大规模监控技术，实际上取消了互联网上通信的隐私权，并因此影响到表达自由。

政府可以出于正当理由对通信进行监控，例如打击犯罪或保护国家安全。但是，由于监控会干扰隐私权和表达自由，它的实施必须按照严格的标准进行：监控必须是有针对性的，基于合理的怀疑，为了达到合法目的而依法展开，监控方式应与目标相称，并且是非歧视性的。这意味着不加选择地收集大量人员的通信完全站不住脚。

保护隐私以及最终的表达自由，将需要个人用户、技术人员、法律专家、公民社会、国际组织、企业和政府的共同行动。没有任何单一的

---

① Farhi, Paul (Apr 14, 2014). "*Washington Post* Wins Pulitzer Prize for NSA Spying Revelations; *Guardian* Also Honored." *The Washington Post*, https://www.washingtonpost.com/politics/washington-post-wins-pulitzer-prize-for-public-service-shared-with-guardian/2014/04/14/bc7c4cc6-c3fb-11e3-bcec-b71ee10e9bc3_story.html.

解决方案能够奏效，需要的是将一国法律的改革、严格的国际标准、强大的隐私保护技术以及企业对用户隐私的承诺串联起来。然而，没有勇敢的个人行动，这样的串联就缺乏突破口。

由于出现了斯诺登，反监控的浪潮才开始汇聚。越来越多的记者披露了各式各样的监控计划，公民社会对大规模监视提出了挑战，企业也越来越多地加强了产品的隐私保护。最重要的是，互联网用户的意识开始觉醒，成千上万的个人用户已采取步骤保护其在线隐私。

斯诺登怀念"一度伟大的互联网"，它是一种技术乌托邦，人们可以在其中自由而匿名地交往，不被发现，也不可治理。他写道："那时，上网是另类生活，大多数人认为那种生活与真实生活是分开的且完全不同。""虚拟的和现实的尚未合并。由每个用户自己决定一方何处终止，另一方何处开始。正是如此情形令人鼓舞：我们拥有想象全新事物的自由和重新开始的自由。"[1]那个技术乌托邦早已不在，问题是，我们能重新开始吗？

① Lepore, Jill (Sep 23, 2019). "Edward Snowden and the Rise of Whistle-Blower Culture." *The New Yorker*, https://www.newyorker.com/magazine/2019/09/23/edward-snowden-and-the-rise-of-whistle-blower-culture.

后斯诺登时代，互联网进入博弈阶段
——答《同舟共进》

　　如果政府想提高自己的执政能力或治理能力，那么懂得把互联网当作常见的民意工具是非常有用的。如果其他渠道不通畅，大家都走一条道，这时官方再在这条道上来个"一夫当关，万夫莫开"的话，其实非常危险。

范式转移：移动互联网浪潮

　　《同舟共进》：20世纪90年代以来，中国互联网的发展速度十分惊人，用户从少数研究机构及研究人员迅速扩大到几乎所有社会成员。这一过程中，中国互联网大致经历了哪几个发展阶段，有哪些特点，呈现出怎样的发展趋向？

　　胡泳：发展阶段，要看用什么标准划分。用技术标准的话，可以划分为门户时代、搜索引擎时代、社交媒体时代；从政策角度划分的话，明显分为"先发展后管理"和"先管理再发展"阶段。

　　就特点来说，中国互联网的发展和政府的一种逻辑有很大关系，简单来说，就是"赶超"逻辑。因为我们是后发国家，错过了工业革命，所以在新技术到来时，政府有一种强烈的冲动，希望通过运用信息技术发挥后发优势。为此，政府做了很多基础设施投资，这一点是值得赞扬的。印度的网民数量比中国少很多，很大原因就是它的基础设施不太好。今天大家上网很方便，其实和这些年政府投入相当多的资金有很大关系。

　　赶超逻辑是经济逻辑，尽可能使中国实现现代化。从这个意义上说，我们的确有一个很好的基础设施和相对自由的创业氛围。由于人口基数大，造成中国出现了大型互联网公司，它们通过产品和服务，使用户的需求得到越来越多的满足，甚至在有些方面还领先于西方的先发国家。这个成绩是客观存在的。

但是从一开始，经济逻辑就伴随着政治逻辑，最典型的是，不仅是互联网，一切"师夷长技以制夷"的做法，都不可避免地造成文化冲突。我们的政治逻辑，一般来讲，就如同邓小平表达的一句话，希望有新鲜空气进来，但不希望苍蝇随之而来。

《同舟共进》：您曾在十七年前出版的《网络为王》一书中展望中国互联网的明天，十七年时间已过，现状是否和您期许的一样？您对中国互联网的未来有哪些预测或期望呢？

胡泳：《网络为王》是在大家普遍对互联网持乐观态度时出版的。它在1997年出版的时候，整个世界对互联网的看法都是如此。大家对新技术赋予更乐观的想象和预期，普遍认为它能带来更多的解放、自由、平等、民主等。

二十年后，不仅中国，全世界互联网也发生了很大变化。今天大家讨论的是安全与自由、隐私与方便、控制与民主之间的取舍等，这意味着，大家对互联网话语空间的想象发生了很大变化。这个变化一方面来自于大家的感觉：所有的机构，不管是政府或是其他，只要不对权力加以制约，就可能导致滥用权力。滥用权力的结果，导致西方在某种程度上已经丧失了互联网的自由精神。比如斯诺登事件出现之后，某国际组织把美国列为互联网的敌人。这就会形成一个反弹，大家会对原来一些乐观的东西进行修正。

同时，互联网的变化也给我们提出一个问题：当时所预想的乐观的东西，都来自希望这个空间是网民的空间，是一种民间力量，你我他获得这个空间之后，可以设定规则，形成自治，这是一种社会力，这个力量可以去平衡传统的政治力和商业力。但二十余年的发展证明，对这两股势力——政治势力和商业势力——根本无法加以抵挡，它们甚至越来越侵占网民的空间。

现在有人提出一个运动口号——"夺回互联网"（take back the Internet）。互联网进入大博弈阶段，以斯诺登事件为标志，进入一个网络治理与网络文化都被挑战的后斯诺登时代：人人都在使用大型互联网公司的服务、应用程序和操作系统，这些公司因之获取了独特的权力地位——要想对用户进行监视，政府将需要它们的帮助。然而，互联网公司及其背后的商业模式又要求用户愿意将敏感的私人数据托付给它们。随着NSA丑闻的披露，用户的这种信任正在消失。

当然，我对后斯诺登时代的博弈并不乐观。在某些地方，斯诺登的揭露所造成的后果是加强政府的监控能力，而不是消灭它。

《同舟共进》：新媒体是随着互联网而诞生的，一定程度上也可以说是互联网的衍生品，对传统媒体和门户网站形成一定的冲击。但所谓的"互联网思维"好像还不太成型，存在泡沫化。您对新媒体的发展趋向怎么看？

胡泳：严格来讲，大的技术范式转移没有几次，很多时候都只是技术渐进式的改良。人们玩博客的时候，就没有人玩论坛了；玩微博的时候，就没有人玩博客了，这些变化虽大，但都不能够叫作范式转移。现在发生的移动互联网的兴起，则可以称得上真正的范式转移。移动互联网和PC互联网差别非常大，门户网站一下子就变成传统媒体了。它们如果不变的话，的确很危险，包括我们熟知的网络视频，如果流量不转移到移动互联网上，份额就会不断下降。

我觉得所谓的用互联网思维卖煎饼什么的是呓语，但背后其所要抓住的东西是现实的，就是移动互联网浪潮。移动互联网使我们生活发生的变化，现在言说都还为时过早。我们不知道它最后还会发展到什么程度。不过，很明显，比如从前我们获取知识的方式是去买一本书；后来不读书了，是去开电脑，登入万维网，打开浏览器，在链接与链接之间像青蛙一样跳来跳去；但是突然有一天，我们发现自己也不那样获取知识了——因为使用了手机的缘故。手机所特有的方式压根就不是浏览器而是APP，像微信这样一个平台、一个工具就可以获得所有东西，可以满足各种各样的需求——从生活到很严肃的学术。这种形态的变换我觉得是范式转移，而这一转移只是刚刚开始，它会产生什么样的新产业、新产品和新服务，值得期待。

技术巨头垄断生活一定会反弹

《同舟共进》：中国互联网公司已经巨头化，如百度、阿里、腾讯，现在已经有了"BAT"这个专有名词了。我们的绝大多数资料在它们面前都暴露无遗。这样的事情逐渐增多后，大家以后会不会对技术反感？

胡泳：今天我们遇到的数据垄断，是人类历史面临的一个新问题。英国作家乔治·奥威尔在《一九八四》里描绘的"老大哥在看着你"的状况，在新技术时代栩栩如生。实际上你的一举一动都被看着，而且都以服务你和便利你的需求为口号。所以，大家对于技术巨头垄断生活的趋势一定会有反弹，只不过要经过多长时间，或者这个反弹力量是否足够大，大到使巨头们不得不正视这种力量，都还是未知数。

中国以"BAT"为代表的大公司现在还处于战无不胜、攻城略地的阶段，这可能是一个阶段发展先后的问题。等所有的东西都尽入它们的"囊中"时，一定会出现反弹。

《同舟共进》：那未来有没有可能出现这样的网络公司，在设计出可使用产品的同时，还能保障隐私，使网络兼具开放性、一定程度的封闭性和隐私性？

胡泳：一般来讲，如果寄希望于大公司良心发现，替用户着想，设计这样一些东西，基本是幻想。大公司一般拥有技术的统治或技术的集权，而且利益会驱动它们设计对公司最有利的产品。

"夺回互联网"运动中有个密码学专家叫布鲁斯·施奈尔（Bruce Schneier），作为技术派，他喜欢自由，挑战权威，反感大公司。他说斯诺登事件出现以后，有三种可能的办法。

第一种，充分暴露目前触目惊心的监控现状。像斯诺登一样，先把问题引爆。斯诺登是个英雄，应该授予诺贝尔和平奖，他让监控这件事情大白于天下，原来我们不知道技术控制我们生活的程度有多深。

第二种，有赖于工程师想办法设计不同的互联网。换句话说，设计隐私优先的缺省值来保护我们，而不是为了满足大公司抓取我们的数据或政府监控我们生活的需要。

第三种，改进全球治理。互联网治理是个超越国际的问题。中国是一种治理方式，美国是另一种方式，我们应该研究一种路径或方法能够展开互联网全球治理。这在某种程度上也是斯诺登造成的一个结果。美国国家安全局（NSA）的所作所为使许多国家滥用互联网的行为合法化了。我们需要找出互联网治理的新方法，使强大的技术国家难以监控所有事情。我们需要向政府和公司要求透明度、监督和问责制。[①]

然而，这三个可能的办法都任重道远。即便技术上改变了缺省值，从设计本身讲，以技术克服技术的滥用，本身就比较困难。但我们也不必盲目悲观，反对的力量始终存在，就像比尔·盖茨就一直有自由软件，有苹果系统就有越狱。总是会有人觉得现状糟糕，不愿意生活在"老大哥"的世界里，问题是这种力量是不是能够集中起来或获得社会的广泛支持，迫使现在的"巨头们"做出改变。

---

① Schneier, Bruce (Sep 15, 2013). "Take Back the Internet." https://www.schneier.com/blog/archives/2013/09/take_back_the_i.html.

不互联，就无法深思

《同舟共进》：目前网民出现从微博到微信的转移，形成比较私密的圈子，会不会对公共表达和讨论空间造成影响？

胡泳：实际上，这种转变不完全来自技术本身，每一种技术使用的范围和达成的目标是不一样的。管理问题是最核心的，其次才是技术设计问题，这两者是连带的。在中国，技术设计是在管理前提之下完成的。举个简单的例子，微信朋友圈状态为什么不可以转发，其实是不让转发，设计转发只需要加一个按钮。微信公众号一天发一条的设定，也是人工设置的。

把使用范围和达成目标这两点因素都剔除后，其实我们使用的技术工具需要多样性。如果你是一个好的技术应用者，应该把技术应用整理成符合你自己需要的组合，应该有多种渠道、手段和方法。一方面，对你来讲，会有更多的向世界表达或开展社交的通道；另一方面，组合越多，其实也保证了大家的生活不会轻易被某一种势力所控制。

客观地讲，微博、微信的方式方法和影响不一样，没有孰优孰劣之分，它们应该都是你工具组合里的一部分，应该同时用，在不同的地方会产生不同的效果。

《同舟共进》：这样的话，会不会影响到人们的深思？尤其是微博上，人们好像是碎片化思维。您不久前在朋友圈提到汪丁丁论及"互联和深思的对立"，但您却认为"不互联，就无法深思"，能谈谈这一点吗？

胡泳：这牵涉到更复杂的问题，甚至牵涉到互联网的哲学问题。首先，过去我们熟知的知识形态，最好的象征可能是书。大家都知道，读书就意味要思考，思考要遵循思路。如果我是作者，我就要把书的思路都想清楚，有开头有结尾。换句话说，你要了解我的看法，把我的书都读完了，才能明白我之所以最后得出某个结论，是因为有前面的一二三四的铺垫。这是我们所熟悉的一个知识获取的过程。这个过程必须沿着给你提供知识的那个人的思路走。这是一种强制性的思维模式，而在整个过程中，知识像一个容器，是包着的，封闭的。

互联网给我们带来的则是你在整个过程当中可以随时分叉，因为互联的核心是链接，可以通过链接，随时分叉出新的路径。这就可能导致知识的碎片化，但是它也造成一个新景观，知识不太像一个容器，它是四面漏风的，多孔的，更像是通道。这是典型的互联网模式。

这样导致的结果，固然可以说是碎片化——"一英里宽，一英寸深"，浅薄的知识可能导致注意力难以集中，无法深思。然而与此同时，人类也从来没有遇见过一种新的知识方式给我们造成的无限可能性：只要你能上网，有电脑，你面对的就是整个人类的知识，知识第一次向全人类开放，并且唾手可得。

互联网知识解放的意义是非常巨大的。在这个时候，最终取决于你，看你是不是一个好的学习者和掌握知识的人。所有的知识不仅仅是你家书架上所能容纳的，而是来自广泛的网络，并散落在网络里，所以不互联就没法深思。

互联与深思，一定会有相当长时间的争辩，很可能谁也说服不了谁，双方都能举出很多例子证明自己是对的。但我愿意从更长的时间段来看这个问题。

多孔社会不能用堵的思维治理

《同舟共进》：这也就是互联网带来的不确定性。有人认为这种不确定性是一种美好，有人认为这会带来一种焦虑，造成无安全感，您怎么看？

胡泳：现在生活在所谓的"后现代社会"，安全感本来就是虚幻的。你不可能安全，因为你的生活变得格外复杂。我们不太可能完全跟社会脱节，而一旦在社会里，生活的复杂性一下子就扩大了。复杂性的背后就是不确定性，复杂的系统本身就蛮危险的。像我父母那一代，他们不愿意在电脑上转账，认为很危险，怎么知道那背后是什么人呢？他们非要去柜台看到那个营业员，然后把钱实实在在地给柜员才放心。他们不能想象钱其实是个比特流，在他们看来比特流意味着风险很大。在后现代社会，变化是难以控制的，追求安全和追求确定性变得比以往更加困难。

《同舟共进》：在社会层面，不确定性恐怕是政府最为焦虑的，安全和确定性更是政府所追求的，这是不是成为政府和互联网之间的分歧之源？

胡泳：政府治理不能停留于固有思维，在古代，信息和人员的流动几乎都是可控的。到了现代，大家不再像过去那样安土重迁，而是开始离开熟悉的村庄，在江湖上行走，风险和不确定性也随之产生。

随着货物、人员、资本、信息的流动，政府不可能以古代的方式管理一个幅员辽阔的社会。我们会遇到像SARS这种的传染病，如果不加以控制的话，它不仅会影响全国，而且会影响全世界。社会的各个要素和此前不一样了。全能型政府施行古老的社会动员方式、采取强力的手段等做法已然不可行。

《同舟共进》：前些年，网络问政开启了一个不同于以往的自下而上的"对话时代"，从这个角度看，中国网络问政、政务微博和微信等是不是也算是一种应对呢？

胡泳：我觉得这都是值得鼓励的。在新的交流通道上应该有政府的身影显现，初显的模样可能不好看，但可以慢慢转变。政府鼓励官员多上微博，多上微信，这没有什么不好。从根本上说，牵涉到一个治理理念的问题。当面对一个多孔的社会，还能不能用堵的思维来治理，这可能是核心的问题。

如果政府理念没有扭转过来，遇到不可控因素增多的时候，就容易陷入老的思路：第一，会觉得万马齐喑的时候比较好管；第二，会认为以前的管理方法最有效，而不是在开放的环境下通过互动、回应来自民间的舆论压力做调整。

反过来说，互联网在某种程度上是很好的民意采集、衡量的工具。如果政府想提高自己的执政能力或治理能力，那么懂得把互联网当作常见的民意工具是非常有用的。如果其他渠道不通畅，大家都走一条道，这时官方再在这条道上来个"一夫当关，万夫莫开"的话，其实非常危险。因为互联网是当下的民意机制，这个民意机制其实形成某种压力政治。如果网络问政能够完成的只是某种"化妆术"，不能通过采集民意、根据民意调整政策或调试某些做法，从而提高执政能力，政府将陷入被动地位。

《同舟共进》：最后一个问题，在更深远的意义上，互联网对于形成和塑造全新的社会起到哪些作用？

胡泳：其实我在2008年写的《众声喧哗》中，提出了互联网给中国带来的三条伟大改变，这三条到今天基本上还是成立的。

第一，互联网造成信息的民主化。随着信息出口的增多，大家都不再是闭目塞听。如果没有互联网，相当多的东西，哪怕你生活在这片土地上，都是不了解的。

第二，一个跨阶层、跨地域的公共领域的形成。就是你获得信息后，有一个地方可以讨论。最典型的就是，有了互联网之后，不再有地方性新闻，都是全国性新闻。这些年，我们知道了很多从来也不会知道的地名，如乌坎、石首等。地方性新闻变成全国性新闻，才有可能形成全国性讨论，民意政治往往在这里显现。包括动车事故以后，形成了强大的舆论压力。有这样的互联网空间存在，大家讨论后，形成某种舆论，在这个意义上说，互联网使中国的民意"现身"，真正有了舆论这种东西。

第三，民众通过互联网获得了组织自己的手段。这种组织可以是很广义的，甚至包括有人喜欢看美剧，就做字幕组，满足大家很大的需求，还包括通过互联网发起的各种活动，如公益等，甚至包括QQ群、微信群，都是一种组织，背后会带来社会的黏性、社会的植被、社会的团结。只有有了这些东西，一个社会才是比较健康的。

（原载《同舟共进》2014年第10期。采访者：张天潘　元彦芳）

人类 "灾难时代" 的最初

战争曾经是恐怖的衡量准绳，现在不是了。切尔诺贝利作为近代历史中代价最昂贵的灾难事件，真正开启了人类灾难的历史。这个灾难时代，有关技术的不可见后果，有关社会的组织方式，有关政体的合法性，有关人类的价值体系，当然——有关永恒的人性。

2015年诺贝尔文学奖授予了白俄罗斯作家斯维特兰娜·阿列克谢耶维奇（Svetlana Alexievich）。

阿列克谢耶维奇的母语是俄语，她出生于苏联的乌克兰，成长于苏联的白俄罗斯。诺贝尔文学奖的颁奖词称："她以复调式写作，为我们时代的苦难和勇气树立了丰碑。"[①]评委们认定她创造了"一种新的文体"，因其真诚地描写新时代人性的苦难，她作品中非虚构的真实记录比任何一部文学作品都具有纯粹的文学性。

瑞典皇家科学院终身秘书萨拉·丹纽斯（Sara Danius）把阿列克谢耶维奇的著作形容为"一部情绪史"，或者也可以叫作"一部灵魂史"。[②]在她的作品中，可能没有哪一部比《切尔诺贝利的悲鸣：核灾难口述史》

---

① Bausells, Marta (Oct 8, 2015). "Everything You Need to Know about Svetlana Alexievich, Winner of the Nobel Prize in Literature." *The Guardian*, https://www.theguardian.com/books/booksblog/2015/oct/08/everything-you-need-to-know-about-svetlana-alexievich-winner-of-the-nobel-prize-in-literature.

② Alter, Alexandra (Oct 8, 2015). "Svetlana Alexievich, Belarussian Voice of Survivors, Wins Nobel Prize in Literature." *The New York Times*, https://www.nytimes.com/2015/10/09/books/svetlana-alexievich-nobel-prize-literature.html.

（*Voices from Chernobyl: The Oral History of a Nuclear Disaster*，1997）[1]更贴切地符合上面的描述。在切尔诺贝利核事故30周年之际重拾这本书，我们可以深刻地感知，为什么说阿列克谢耶维奇的"复调书写"是对我们时代的苦难和勇气的纪念。它比小说或者新闻作品更有力量，是因为阿列克谢耶维奇让人物说话，而不是为他们说话。这有点像《美国人民的历史》一书的写法[2]，阿列克谢耶维奇深入社会的最根本层面，并使之浮现出来。

这本口述史是阿列克谢耶维奇十年心血的结晶，她在事故发生不久，就到达"禁区"和"隔离区"——核反应堆的污染区，冒着身体危险和巨大的政治风险，遍访上百位受到核灾影响的人，其中包括无辜的居民、消防员以及那些被征召清理灾难现场的志愿者。她倾听了老师和孩子们，倾听了预言者与科学家，倾听了愤怒斥责官方蠢举的人们，也倾听了官员。所有这些人的故事并没有随着时间的流逝而褪色，他们至今仍生活在恐惧、愤怒和不安中。

读罢全书，你会发现讲述切尔诺贝利故事的人，不可能变得不哲学化。他们在大脑里翻找，试图找到理解降临到他们眼前的末世场景的途径。不匹配的神话或是现成的话语体系都被拿来使用，战争、国族、共产主义、上帝，这些大词反复出现，使得全书中的许多谈话具有一种梦游和呓语般的气质，它们痛入骨髓地揭示了20世纪的技术和社会危机是什么样子。

---

[1] Alexievich, Svetlana (1997/2005). *Voices from Chernobyl: The Oral History of a Nuclear Disaster*. Trans. Keith Gessen. Dalkey Archive Press. See also Alexievich, Svetlana (2016). *Chernobyl Prayer: A Chronicle of the Future*. Trans. Anna Gunin & Arch Tait. Penguin Modern Classics. 中译本见 S.A. 阿列克谢耶维奇：《切尔诺贝利的悲鸣》，方祖芳、郭成业译，广州：花城出版社，2015年；另见《切尔诺贝利的祭祷》，孙越译，北京：中信出版集团，2018年。

[2] 霍华德·津恩：《美国人民的历史》，许先春译，上海：上海人民出版社，2001年。

阿列克谢耶维奇在她的冷静记录过程中创造了一个词，她说自己力图避免"恐怖的平庸化"（the banality of horror）。她通过聚焦事物的细节来实现这一点，因为细节不会变成陈词滥调。

口述史的开头和结尾来自两位受难者的遗孀。第一个叙述者的丈夫是最早赶赴现场的消防员之一，"他们穿着平常的衬衣就走了，没有人警告过他们，上面只是说着火了"。事后这位消防员被送往莫斯科一家安全的医院，妻子跟去了。医生告诉她："这不是你的丈夫。它是一个高度污染的放射性物体……"妻子怀着身孕，但她不愿离开。护士们出于同情，违反规定留下了她，她看着自己的爱人一片片瓦解，14天后死去。她产下一个女婴，数小时后就夭折了。之后她又结了婚，现在，她和她的儿子都身罹绝症。

这位妈妈如此回忆女儿死去的场景："她看起来很健康。胳膊，腿。但她有肝硬化，先天性心脏疾病。过了4天他们告诉我她死了。'我们不能把她交给你。''你们什么意思，不能把她交给我？是我不能把她交给你们！'"

类似的描述，书中俯拾皆是：

我的女儿六岁，我陪她入睡，她在我耳边说："爸爸，我要活下去，我还很小。"而我以为她什么都不懂……我们把她放在门上，我父亲躺过的那扇门。直到他们带来一只小棺材，很小，就像一个放大洋娃娃的盒子。

医生说不能把我生下来。为什么我不应该被生下来？那我该去哪里？高高地在天上吗？还是在别的星球？

丈夫死后，年轻的妻子老做同一个梦，梦见他走在自己身边，但赤着双脚。她跟一位牧师谈起这事，牧师要她去买一双拖鞋，把它们放在一个陌生死者的棺木里，留个字条知会她的丈夫。但是，陌生人如何才能找到她丈夫呢？"他会找到的，"牧师说，"他们都在同一个世界里。"至少这个想法还挺有人情。一个两年后故去的现场清理者的遗孀说，切尔诺贝利的受害者到那个时候，甚至在墓地都不受欢迎。"想象一下！死人也害怕死人。"他必须被火化。没有友好的拖鞋传递。

关于切尔诺贝利的书有很多，但这场灾难实则是人类的文字无法描述的。一位被采访者说："切尔诺贝利提出的问题首先是一个自我认识的问题。"美国《出版人周刊》（*Publishers Weekly*）评论《切尔诺贝利的悲鸣》，"充斥着对命运的无奈、刻骨的勇气以及浓厚的黑色幽默……如同不可磨灭的 X 光透视着俄国人的灵魂"。——当然还有他们的身体。

彼时的俄国人的精神大多出自一种文化，可以称其为"伟大成就的文化"。在祖国的伟大成就面前，个人的牺牲只是一种献祭。总共有超过 50 万人参与了切尔诺贝利的清理工作。他们中最多的是军人（有些刚从阿富汗战场下来），此外还有司机、矿工、建筑工人、各行业的专业人士等。

军人没有专业防护地暴露在辐射之下。在最先进的机器人都会因高辐射发生故障的反应炉屋顶，他们赤手空拳去清扫，因而得了"绿色机器人"的称号（因为他们的军装是绿色的）。当他们死去，他们的名字会被用来命名一条街道、一所学校，或者是一个军事单位，但只是在他们牺牲以后——这些军人就像机器人一样被彻底利用了。他们的确是英雄，因为他们拯救了欧洲。但阿列克谢耶维奇问道："他们到底是英雄还是自杀者？或者是受害者？"

到今天，大部分受访者对这一问题的答案还是第一个选项。苏联的工农兵拜物教赞扬力量和坚持，有不计其数的奖状、奖金和勋章可以颁发给服务于集体的工作者，他们被认定是无私奉献的一代。一位摄影师说："在共产主义之下，只考虑个人的小天地是不爱国的行为。"参加清理工作的人每天读报，报纸上是这么写的：《切尔诺贝利——成就巨大的地方》《反应堆被制服了》，还有《生活还在继续》。一位士兵回忆，政治委员们带领手下读报，强调由于有"高度的政治觉悟和精心组织"，灾难后仅仅四天红旗已经插上四号反应堆。"政委说，我们必须打赢这场仗。可敌人是谁？原子？物理学？宇宙？"

讲述者说，那面红旗一个月后就被放射性物质腐蚀了。于是部队又插上一面旗，这面旗子坏掉，再插上一面。接下来，他转而对阿列克谢耶维奇讲起了笑话："想听笑话吗？一个囚犯从监狱逃脱，跑进了切尔诺贝利30公里区。他们抓住他，把他带到盖革计数器旁边。他的'光亮'四射，他们不能把他继续关在监狱里，不能带他去医院，不能让他和任何人有接触。"讲完后，他反问听众："你为什么不笑？"

书中有这么一段："很多年前，我的祖母看到《圣经》里描述说，世界上会有一段时间，万物都欣欣向荣、开花结果，河里有很多鱼，森林有很多动物，但是人类无法使用那些资源，无法繁衍后代，不能传宗接代。古老的预言就像可怕的童话，我当时不相信有那种事。"

阿列克谢耶维奇说，"这些人已经看到了对其他人仍是未知的东西。我觉得我在记录未来"。我认为她说得很对。《来自切尔诺贝利的声音》抓住了人类"灾难时代"（age of disasters）的最初。战争曾经是恐怖的衡量准绳，现在不是了。切尔诺贝利作为近代历史中代价最昂贵的灾难事件，真正开启了人类灾难的历史。这个灾难时代，有关技术的不可见后果，有关社会的组织方式，有关政体的合法性，有关人类的价值体系，当然——有关永恒的人性。

没有信息的自由流动，就无法管理风险社会

在一个技术社会里，广泛的秘密性最终会导致事故的发生和恶化；为了避免技术和社会灾难，自由的信息交流是必需的。

2016年4月26日，是切尔诺贝利核事故30周年。1986年4月26日深夜1时23分，在苏联乌克兰普里皮亚季市切尔诺贝利核电站，一场拙劣的技术试验引发石墨着火，爆炸击穿屋顶，50吨放射性燃料进入大气层。瞬间，一道强烈的蓝白光线射向夜空，那道光比电影场景还美，人们竟抱着孩子，拥出家门来观看这异象。

他们不知道自己看到的实际上是一幅末日异象，因为切尔诺贝利核事故是历史上最严重的核电事故，也是人类迄今最惨烈的科技悲剧。

根据国际原子能机构的测算，这次灾难所释放出的辐射线剂量是二战时期爆炸于广岛的原子弹的400倍以上。[①]核辐射尘污染过的云层飘往苏联西部的部分地区、西欧、东欧、斯堪的纳维亚半岛、不列颠群岛和北美东部部分地区。乌克兰、白俄罗斯及俄罗斯境内均受到严重的核污染，超过33万名居民被迫撤离。引发的死亡和长期的健康影响在30年之

---

① Choi, Charles Q. (Mar 15, 2011). "The Worst Nuclear Plant Accident in History: Live from Chernobyl." *Scientific American*, https://blogs.scientificamerican.com/guest-blog/the-worst-nuclear-plant-accident-in-history-live-from-chernobyl/#:~:text=On%20April%2026%2C%201986%2C%201,the%20International%20Atomic%20Energy%20Agency.

后还是争议极大的话题。[①]

联合国提供的一个数字称，近840万人受到切尔诺贝利辐射影响，他们和他们的后代将为此遭受毁灭性的后果。[②]而在事故中心地，大自然接管了一切，唯有麋鹿、羊和野猪在奔跑，因为要过数万年以后，这里才会重新适合人类居住。

经济上，这场灾难在过去30年里造成的损失约为7000亿美元，是近代历史中代价最昂贵的事故之一。[③]政治上，灾难发生于苏联在世界上仍举足轻重的时期，苏联社会的表面平静突然被打破：在祖国的技术奇迹被大肆吹嘘的年代，事情竟然可能出大错。

可以说，作为一起无数人为之受难、却无人为之负责的事故，切尔诺贝利核灾难敲响了苏联的丧钟。苏联当局被迫改变过去的强硬路线。事故发生五年后，苏联轰然解体。

在白俄罗斯作家斯维特兰娜·阿列克谢耶维奇的非虚构著作《切尔诺贝利的悲鸣：核灾难口述史》中，一个救治切尔诺贝利儿童项目的负责人说："那个伟大的帝国瓦解了，四分五裂。首先是阿富汗，然后是切尔诺贝利。当这个帝国倒下后，我们发现自己一直都是一个人。"

对切尔诺贝利灾难，有各种各样的原因总结。有人归之于反应堆设计缺陷，有人归之于行业管理不善，更有人上升到苏联的体制：核电站从设计、管理到日常运营都极度草率马虎，是苏联高度僵化和无能的官僚体制种下了恶果。

---

① Blakemore, Erin (May 17, 2019). "The Chernobyl Disaster: What Happened, and the Long-Term Impacts." *National Geographic*, https://www.nationalgeographic.com/culture/topics/reference/chernobyl-disaster/.

② 国际切尔诺贝利灾难纪念日，https://www.un.org/zh/observances/chernobyl-remembrance-day。

③ Samet, Jonathan M. & Seo, Joseph (Apr 21, 2016). "The Financial Costs of the Chernobyl Nuclear Power Plant Disaster: A Review o f the Literature." https://uscglobalhealth.files.wordpress.com/2016/01/2016_chernobyl_costs_report.pdf.

灾难固然可怕，更令人感觉荒诞的是政府在灾难发生后的信息处理方式。

虽然时值戈尔巴乔夫（Mikhail Gorbachev）刚刚提出"公开性"的时期，人们还是在上级长官的行为而不是在媒体的报道中寻求真相。

白俄罗斯科学院核能研究所的首席工程师克哈诺夫去到隔离区，发现当地的农民依然在种地，妇女依旧在哺乳，孩子们一如既往地坐在沙坑里玩耍。食物被放置在露天环境里，它们已经称不上是食物了，而是辐射污染的副产品。

他问领导该怎么办。领导回答说："带上你们的测量结果。看电视。"而在电视上，戈尔巴乔夫安抚民众说："我们已经迅速采取了行动。"

当党领导服着碘片到现场视察时，有人确保他们在专门新铺的三层沥青上迈动方步，而同一时刻，当地储存的700千克浓缩碘却被锁在仓库里，没人敢拿出来发放给民众用于防辐射。原因是没有收到上级长官的命令。

国家安排投放到当地的防毒面具，也没有发放给民众。为什么？地方官员解释：为了避免造成恐慌。一位大学教师回忆："事故发生后的最初几天，图书馆里所有关于辐射、关于广岛和长崎的书，甚至就连有关X射线的书都消失了。有人说这是从上面传达下来的命令，如此一来，人们就不会恐慌了。"

政府甚至要求医疗人员，不要对被核辐射污染的志愿清理者使用"急性辐射综合征"的诊断，而是用其他术语代替。

甚至灾难都首先是由外国人披露的。

瑞典核电站工作人员首先测到他们的工作服上出现了放射性粒子，追踪其来源，发现位于乌克兰-白俄罗斯边境。在污染云层向西部和北部大肆飘散的时候，苏联官方毫无动静。将近三天之后，塔斯社才发布了一条简讯，承认事故的发生。苏联也因此丧失了快速获得国际救援的机会。

一名当时的核能研究所所长对阿列克谢耶维奇说："这是一个权力的国家,而不是人民的国家。国家永远排在第一位,而人民的性命轻如鸿毛,几乎没有任何价值……人民对上级领导的畏惧远胜于对原子的恐惧。每个人都在等待上级下达指令,他们在等待上级的电话,可是没有一个人主动地为自己做点什么……"

另一位口述者说:"收音机里什么都没说,报纸也一样。可是蜜蜂知道。有两天,它们没有一只飞出来。"

当局派出了军队,他们带着枪,但是靶子是什么呢?难道是饱受污染的红树林?克格勃也在污染区展开搜捕,为的是发现那些不存在的敌人:颠覆国家政权的人和外国特务。

记者之后的调查表明,干部的孩子早早就被疏散了,而一些工作人员在工厂死去,因为他们没有被下令离开。

从信息流通的角度来看,在一个技术社会里,广泛的秘密性最终会导致事故的发生和恶化;为了避免技术和社会灾难,自由的信息交流是必需的。

苏联当局在事故后的掩盖行为,出发点是为了防止恐慌,却在民众心头留下严重的不安,增加了他们对其他事故的长期关注。也就是说,一起事故发生后,尽管让公众停留在黑暗中可能会在短期内有所帮助,但长期来讲却会令公共事故的关注度大为增加。它给一个国家留下的创伤更多体现在不可见的一面:政府公信力的丧失,民众的怀疑与恐惧,对缺乏透明度的痛恨,点点滴滴汇聚到一起,造成了苏联的一个根本性的裂纹,而这道裂纹终于无法弥合。

归根结底,切尔诺贝利代表了苏联公民与国家之间的关系的根本性转变。爆炸发生前,大多数苏联人都并非心怀不满的持不同政见者;他们相信苏联体制,原谅它的缺陷,认定在其范围内可以实现更加美好的未来。但切尔诺贝利之后,这个体制不仅看起来可能是无法弥补的,而且充满了巨大的危险。因为每一个公民的安全都危在旦夕。

戈尔巴乔夫后来说，他认为切尔诺贝利灾难是往苏联这副巨棺上钉的一颗大钉子。[①]

切尔诺贝利之后，苏联在崩溃前还挣扎了好几年。1991年圣诞夜，苏联国旗从克里姆林宫上空缓缓降下，历史上最大的帝国之一从地球上消失了。

1990年，已经来日无多的苏联政府承认，在切尔诺贝利事故处理上需要国际援助。1991年，联合国建立切尔诺贝利信托基金。2016年12月8日，联合国大会通过决议，决定将每年的4月26日设立为"国际切尔诺贝利灾难纪念日"。

---

① Williams, Matthias (Apr 24, 2016). "There's No Place Like Home, Even in the Chernobyl Disaster Zone." Reuters, https://www.reuters.com/article/us-chernobyl-anniversary-returnees/theres-no-place-like-home-even-in-the-chernobyl-disaster-zone-idUSKCN0XL09E.

群体对话与
群体行动

在人类历史上第一次，我们的交
流工具支持群体对话与群体行
动。社交网络赋予个人前所未有
的权力去影响世界。

两种社会资本

欲积聚强大的社会资本，广度与深度必须并举。在构建社会性网络之时，一个富于挑战之处，是在一个主要培养团结型资本的地方设计产生桥接型资本的可能性。

社会资本：包容与排斥

"社会资本"一词很有煽动力，一个原因在于它暗含着一种堪与金融资本相比拟的权力的增长。用经济学的语言来说，资本是财富与资产的积蓄。社会资本即任何大型群体中使成员之间互相支持的那些行为和准则的积蓄。根据罗伯特·普特南（Robert Putnam）的说法，"物质资本指的是实物，人力资本指的是个人的属性，而社会资本指的是个人之间的联系——社会网络以及由此产生的互惠和信任的规范"。[1]

社会资本有可能转化为其他形式的概念，极大地吸引了那些急于快速解决长期结构性问题的政策制定者，导致了对在社会资本匮乏的地区建立或重建社会资本的重视。例如，普特南认为，拥有"良好"社会资本存量的社区更有可能从较低的犯罪率、更优的健康状况、更高的教育成就和更好的经济增长等方面受益。从政治学的角度看，社会资本涉及社区和地区层面的公民参与和信任，以及这种参与和信任又会如何

---

[1] Putnam, Robert (2000). *Bowling Alone: Collapse and Revival of American Community*. New York: Simon & Schuster, 19.

促进公民对政治制度的信任。詹姆斯·塞缪尔·科尔曼（James Samuel Coleman）则以功能来定义社会资本。在这一定义中，社会资本被视为一种可资利用的资源，它的存在鼓励了某些行动，从而促进互利目标的实现。个人被吸引到以高水平的未尽义务为特征的社会结构中，而有效的制裁可以确保义务得到遵守。此外，家庭和社区的社会资本在创造下一代的人力资本（此处被定义为个人的技能和能力）方面发挥着关键作用。[①]

基于上述推演，在相关的政策倡议中，往往隐含着这样一层内涵：经济繁荣不仅取决于经济，而且还取决于社会资源。例如，对中国来说，其发展所需要的不仅仅是金融和人力资本，社会资本的丰裕同样是个必要条件。社会资本可以鼓励新的投资，并使现有的投资更进一步；它是将经济和物质资本的利益连接到边缘化社区的黏合剂。

然而问题在于，很少有社区表现出高水平的社会资本的经验证据。普特南通过一些宏观层面的指标来操作这一概念，如报纸读者人数和志愿组织成员人数。但从经验层面上来讲，社会资本的定义更多来自它的缺失而不是它的存在。正如弗吉尼亚·莫罗（Virginia Morrow）所指出的，这种方法的主要弱点是社会资本的概念成为一种"赤字理论综合征"，它被定义为特定社区所缺乏的东西，而不是揭示社会进程和社会结构的分析工具。[②]

普特南的工作暗含这样一个观点：架设社会资本的桥梁可以为获得其他形式的资本如金融或人力资本铺平道路。这种乐观主义也出现在科尔曼的工作中，正是这种乐观主义使他们有关社会资本的观点与布尔迪厄（Pierre Bourdieu）的不同。在布尔迪厄的论述中，经济资本被放在首

[①] Coleman, James Samuel (1988). "Social Capital in the Creation of Human Capital." *American Journal of Sociology* 94 (supplement): S95-S120.

[②] Morrow, Virginia (1999). "Conceptualising Social Capital in Relation to the Well-Being of Children and Young People: A Critical Review." *The Sociological Review* 47(4): 744–65.

352

位，认为此种形式的资本为文化和社会资本提供了有效的途径。经济上有特权的个人有足够的财力来资助文化资本的发展，并以其特权地位创造社会资本。[①]然而，在普特南和科尔曼的版本中，社会资本被赋予了与经济和文化资本同等的地位。事实上，这里存在着一种错位的乐观主义，即认为社会资本可以在某种程度上弥补其他两种资本，或在某些情况下为获得其他形式的资本奠定基础。从某种意义上说，这是本末倒置的。一些研究已经证明，与其他地区相比，社会资本丰富的地区在经济上通常表现不佳。[②]

还有，政策制定者想象建立社会资本是解决各种长期问题的良方，却没有相应地关注在这一过程中可能出现的"特定条件"的复杂性。比如，围绕"社区关怀"倡导社区护理，可能利用支持性社区网络和家庭关系的美好形象，使政策能够从昂贵的社区护理转移到廉价的社区护理，在此中发挥了妇女在社会中的无偿的、理所当然的角色，并进一步忽视了被排除在这些网络之外的人。在这种情况下，"社区"的概念，就像社会资本一样，可能建立在包容与排斥的网络之上。然而，在普特南有关社会资本的著述中，社区的概念却被赋予了非常积极的内涵，传达了一种基于个人知识和面对面接触的个人之间的有益的、友好互动的形象。实际上，社会资本常常产生于一个非常不稳定的基础，它将"我们已经失去的世界"浪漫化了。

一些学者在对普特南的工作进行批判时提出，在某些情况下，社会资本会成为个人行动和选择的制约因素。这是因为社会资本可能来自排

① Bourdieu, Pierre (1986). "The Forms of Capital." In Richardson, John (Ed.) *Handbook of Theory and Research for the Sociology of Education*. New York: Greenwood Press, 241–58.

② Matthews, Ralph (1983). *The Creation of Regional Dependency*. Toronto: University of Toronto Press; Richling, Barnett (1985). "You'd Never Starve Here: Return Migration to Rural Newfoundland." *Canadian Review of Sociology and Anthropology* 22(2):236–49.

斥他人获得资源的机会。[1]正是为了回应这样的挑战，普特南区分了团结型（排他性）和桥接型（包容性）资本。团结型资本（bonding capital）是一个相对同质的群体内部联系与信任的加深；桥接型资本（bridging capital）则是相对异质的群体之间联系的增多。团结型资本存在于通常同质化的群体中，如家庭、朋友、工作团队、合唱团、犯罪团伙和体育俱乐部等。它不仅是一种社会黏合剂，在群体内建立信任和规范，而且还可能增加对群体外成员的不容忍和不信任。桥接型资本存在于连接其他分离的、往往是异质的群体的纽带中，使不同的群体能够分享和交换信息、资源，并帮助协调不同利益的行动。虽然这两种形式的社会资本可能表面上会被认为是相互竞争的，但普特南相信，它们不是"非此即彼"的。两种资本可以协调运作，因而构成了社会资本衡量的不同层面。

建立社会资本：广度与深度并举

桥接型资本通常被认为比团结型资本更有可能产生积极的外部性。在这方面，普特南通俗地在"过日子"和"出人头地"之间做了一个相关的区分。团结型资本涉及封闭网络中的信任和互惠，有助于在日常生活中过好日子。相比之下，出人头地则是通过横向联系来促进的，这种联系采取的是桥接型资本的形式。从理论上讲，与不同的人交往所获得的积极经历对普遍信任的发展有更大的影响，而与那些在特征、态度或行为方面同自己相似的人发展关系，则不易产生这种结果。也就是说，与同质群体之间的互动和信任相比，在多元化群体中的成功合作经验更容易被转移到异质的外部世界。显然，这并不意味着团结的群体（如一个人的家庭）一定是不好的。事实上，有证据表明，大多数人得到的社

---

[1] Portes, Alejandro & Landolt, Patricia (May-June 1996). "The Downside of Social Capital." *The American Prospect* 26: 18–21.

会支持主要是来自纽带关系，而不是桥梁关系。

这一主张得到了社会心理学关于群体间关系或种族间态度的研究的支持。这方面的工作表明，具有共同的种族、民族或其他突出特征的人创造了一种内群体的偏见，通过这种偏见，合作、信任和感情最容易在这个群体的其他成员身上得到发展。然而与此同时，有关共同身份的强调也助长了对外群体的敌意。换句话说，可能会产生一种"我们与他们"的思维方式，在这种思维方式中，一个群体在其成员当中发展了强大的社会联系和普遍的信任，却通常倾向于将自己与其他群体区分开来，甚至避免接触或不信任其他群体的成员。社会心理学家已然证明了，"未能直接接触或持续了解不同种族、民族或阶级背景的人，会加强自身的偏见"。[①]

团结型资本发生在同质化的人群中，它通常是狭隘的，只对那些拥有内部通道的人有利。虽然它可以作为特定群体的有效资源，但其利益是有限的。促进这类资本发展的因素，如紧密的信任和团结，最终可能会阻止群体成员中的开拓者充分发挥潜力，达到他们的目标。他们可能会被家庭和社区的要求所束缚，而只有当他们破除这些束缚，能够与更广泛的社会中的其他人建立联系时，才会取得成功。换句话说，他们需要发展桥接型资本。

有关团结型和桥接型资本的差异，一个非常好的示例就是美国前民主党候选人霍华德·迪安（Howard Dean）的总统竞选。迪安本来是互联网政治竞选史上的传奇：在2003年底，迪安所获资助最多，受到公众关注也最多。人们普遍认为他处于领先地位，以至于到处都在谈论他竞选成功的必然性，然而迪安的竞选却失败了。他做到了许多成功的竞选者都应成就的事情——得到媒体报道，成功募款，激发民众，甚至令潜在

---

① Marshall, Melissa & Stolle, Dietlind (2004). "Race and the City: Neighborhood Context and the Development of Generalized Trust." *Political Behavior* 26:125-153.

的选民向竞选工作者和民意调查人确认，时间一到就会为迪安投票。然而选举的时间到来了，他们却没有这样做。迪安的竞选活动竟没有使他成为任何选民群体的第一选择。

迪安的竞选活动向他的支持者——尤其是年轻人——出色地传递了一个信息，那就是他们的活力与热情能够改变世界。这使迪安最热忱的支持者之间产生了团结型资本，他们从参与竞选中感受到价值，并且到最后，参与变得比目标更为重要（对于一个需要赢取选票的行动，这可谓相当严重的弱点）。

然而活动可能走得太过了。"太过"的意思是人们没有考虑到这样一个事实：那些操办竞选的狂热的少数人和无动于衷却真正投票的多数人之间存在很大的差别。迪安的竞选活动意外地发起了一场关于有激情的少数人的运动，而不是致力于获取选票。比较一下奥巴马的竞选，你就可以明白增强桥接型资本的意义。

团结型资本通常具有较强的排他性，而桥接型资本则包容性较好。前者通常发生在小群体内部，而后者发生在小群体之间。迪安的竞选活动在团结型资本方面做得非常之好——聚集起热忱的支持者，并募集了数百万美元的资金，然而让人们为候选人投票需要的却是桥接型资本，即试图与富有魔力的小圈子之外的那些人交流。

其实，物以类聚、人以群分的影响存在于每个社会系统中（McPherson, Smith-Lovin & Cook, 2001）；[①]技术并不能将我们从社会偏好或者偏见中解放出来。比如，出色的社会网络学者达纳·博伊德（Danah Boyd）指出，MySpace和Facebook这两大社会关系网络的用户群反映了美国阶级社会结构的分界。Facebook创建之始就是给大学生用的，因此当它向高中

---

① McPherson, Miller, Smith-Lovin, Lynn & Cook, James M. (2001). "Birds of a Feather: Homophily in Social Networks." *Annual Review of Sociology* 27: 415-444.

生打开虚拟之门，它仍是表现为给那些要上大学的孩子用；而用博伊德的话来说，MySpace 则始终是"那些因为是怪人、疯子或同性恋而在学校为群体所排斥的孩子"的家。[1]

来自不同群体的个人之间的社会互动和共同合作经验的形成，能够促进一种更广泛意义上的身份认同，它既有助于减少对内群体的偏见，又有助于发展对外群体的包容。所以，欲积聚强大的社会资本，广度与深度必须并举。在构建社会性网络之时，一个富于挑战之处，是在一个主要培养团结型资本的地方设计产生桥接型资本的可能性。桥接型资本是你可以联系到的人群的范围，团结型资本则是你的社会关系的深度。

一种资本需要另一种资本的存在和运作

普特南相信，以计算机为媒介的交流取代了面对面互动，并不适合社会资本的形成。他的看法主要基于四个原因。第一，面对面互动比在线互动带有更多的背景信息，因为此种交流伴随着高度的非语言沟通。第二，面对面互动可以把不同的人聚集在一起，而网上的互动则往往是在志同道合的人之间进行的，普特南称之为"网络巴尔干化"。第三，互联网的使用存在数字鸿沟，它只允许精英成员的互动，而不是一般公众的互动。第四，互联网更有可能成为一种娱乐方式，而不是沟通方式。

我们依次讨论这些差异，并阐明为什么在线互动确实可以促进社会资本的发展。

首先，普特南认为，在线互动无法促进社会资本，因为缺乏非语言线索和信息，而非语言线索和信息构成了人与人之间交流的很大一部分。

---

[1] boyd, danah (May 23, 2009). "MySpace Vs. Facebook: A Digital Enactment of Class-Based Social Categories Amongst American Teenager." International Communication Association (ICA) Conference, Chicago IL.

就这样的交流差异而言，我们同意普特南的观点。然而，并没有任何研究从经验上表明，非语言交流对于社会资本的形成或社会信任和合作的建立有多大的必要性。

第二，关于网络巴尔干化，普特南的观察与我们有相当大的一致性，即在互联网诞生之初，大家普遍认为它是一个多元化和理性沟通的虚拟空间，能够促进协商与合作，然而此种对于网络公共领域的理想期望并没有能够实现。最近的研究表明，互联网上的公共讨论相当分裂，甚至到达极化的程度。

网络巴尔干化的一个典型例子发生在总统选举期间美国人的在线政治辩论中。在线讨论遵循两党模式，其中意识形态相兼容的在线用户倾向于更频繁地相互引用，而不是提及对方。然而，证据也表明，社交媒体上由于政治意识形态而产生的交流隔离在很大程度上取决于所讨论的问题，显示这种隔离在政治问题的讨论中更常见，但在公众有关其他问题的交流中却不那么明显。

第三，尽管数字鸿沟问题仍然存在，但最近的证据表明访问方面的差距正在缩小。此外，线下互动也并不能为精英之外的讨论提供任何保障。其他因素，例如地理隔离，可能比互联网接入不均对社会融合的影响更大。

最后，尽管一些学者（如莫罗佐夫）[1]同意普特南对互联网在娱乐方面的潜力大于交流可能性的断言，但也有很多证据表明互联网的交流和动员力量。[2]

---

[1] Morozov, Evgeny. (2011). *The Net Delusion: How Not to Liberate the World*. London: Penguin.

[2] Ward, Stephen & Gibson, Rachel (2009). "European Political Organizations and the Internet: Mobilization, Participation, and Change." In Andrew Chadwick & Philip Howard (Eds.) *Routledge Handbook of Internet Politics*. New York: Taylor & Francis, 25-39.

与普特南的认识相反，社交网络有促进社会化和互动的具体条件。社交网络当然存在加强网络巴尔干化的一面，但它也有可能促进不同群体之间的讨论，特别是由于在线联系不受直接社区的约束，创造了跨越传统地理界限的沟通可能性。在线联系之所以可能促进个人和群体间沟通，原因在于，在离线的、面对面的沟通中出现的那些最初的障碍（性别、种族/民族、地理位置等），在在线沟通中变得不那么明显。

所以，没有任何先验的理由表明社会资本不能在网上存在。但网上和网下互动的形式或特征的不同，是否会产生不同形式的社会资本？回答是肯定的。例如，网上联系可能更多基于信息的传递，而不是互动者的个人特征，如地理位置、性别、种族，甚至更重要的是，还必须去看互动者认识谁。由于互联网的动态性质，在线联系可能不像面对面建立的联系那么稳定或持久。在网上建立联系所需的参与程度可能低于在线下所需的参与程度，这也会对互动者所能调动的资源类型产生影响。最后，格兰诺维特（Mark Granovetter，1973）提出的弱关系和强关系的分类，[①]在线上与线下可能不是以同样的方式运作。在线联系的强度可能最好由互动的数量和它所传递的信息的频率和质量来衡量，而不是由建立联系的人的个人特征来衡量。

总之，在社交网络中，两种社会资本都可能形成。关于团结型资本，在线互动有能力将志同道合的人聚集在一起，并在他们中间形成小而密集的群体。从积极的方面看，这意味着社交网络可能比预期的更有潜力促进信任和互惠的建立。然而，它也可能导致普特南所说的"网络巴尔干化"，即局限于群体的内部联系，不允许群体成员接触更多不同的信息，因此把外群体排除在一边。

---

① Granovetter,Mark S.(1973). "The Strength of Weak Ties." *The American Journal of Sociology 78*: 1360-1380.

就桥接型资本而言，其结果是有条件的。桥接型资本可以通过那些旨在建立不同联系的人的存在而形成。小群体之间的联系并不是随机或有机地发生的。网上互动的横向和自发性质可能不足以在没有意图的情况下产生桥接型资本。换言之，桥接型资本的实现必须是有意识的行为。

普特南声称，健康的社会在协调中促进了团结型和桥接型资本的形成。一种资本需要另一种资本的存在和运作，因此，它们之间的相互作用创造了信任、对多样性的欣赏，以及不同社会群体之间的沟通。他的话的前半部分是可以证明的：网上的联系似乎能够很容易地创造出团结型的社会资本。然而，我们马上意识到，需要集中更大的精力在群体之间建立桥梁。普特南提出的理想环境，即团结型资本和桥接型资本共同运作，需要社会性网络参与者的有意和努力。

让这个世界上的人们自己组织起来

我们期待一个更加个人化、更富人情味的互联网，然而它不是没有风险的。人们分享了更多的信息，但并不一定意味着大家也分享了理解，也不意味着人们越来越紧密。

Facebook现象

Facebook是什么？大卫·柯克帕特里克（David Kirkpatrick）的企业传记《Facebook效应：看Facebook如何打造无与伦比的社交帝国》（*The Facebook Effect: The Inside Story of the Company That Is Connecting the World*，2010）在Facebook上有一个主页，读者讨论区中有人贴了一个问题：Facebook难道比性还要流行吗？回答者说：我访问Facebook的次数比做爱多，所以答案是肯定的。

Facebook是全球最大的社交平台，也许是历史上由完全不同的人聚合在一起的速度最快的团体。《Facebook效应》问世当年的7月22日，Facebook全球活跃用户突破了5亿大关。对于一个仅有6年历史和1400名员工的社交网站来说，这是一个里程碑式的纪录。这里的活跃用户指的是在过去30天内访问过Facebook的用户。事实上，Facebook可以夸耀的是，注册用户有一半以上每天都登录网站。而且，用户平均每天在Facebook上花费1小时的时间。在当时，这些都是极为惊人的数据。

在PC互联网时代，Facebook也是世界上访问量第二大的网站，一度还抢占过Google的第一宝座。Facebook也是至今互联网上最大的分享网站。进入移动互联网时代，Facebook建成一个以分享与沟通为核心功能的庞大社交集团。2012年第三季度，Facebook活跃用户数超过10亿，成为有史以来第一个达到10亿用户规模的社交网络。截至2020年第二季度，Facebook拥有超过27亿活跃用户。[1]2020年第三季度，Facebook披露，每个月有31.4亿人在使用至少一种公司的核心产品（Facebook，WhatsApp，Instagram或Messenger）。[2]这架轰隆作响的社交战车还在飞奔向前：每天增加50万个新用户，每秒新增6份个人资料。58%的美国成年人使用Facebook，世界范围内这个比例是26.3%。[3]

Facebook效应可以即刻集结一群同好，他们共同喜爱的可能是一则新闻、一首歌或一个YouTube视频。根据Brandwatch提供的数据，每个月，普通用户喜欢10篇帖子，发表4条评论，点击8个广告；每一天，Facebook生成4 PB新数据，Hive是Facebook的数据仓库，现在拥有300 PB的数据；每天的视频观看时间为1亿小时；超过2500亿张照片已上传到Facebook，相当于每天3.5亿张照片；用户平均拥有338个朋友，每分钟产生400万个赞。

30%的互联网用户每天使用Facebook超过一次。用户平均每天在网站上花费20分钟。在美国人花费在移动互联网上的时间中，Facebook占据了22%，而Google和YouTube则占据11%。2亿人使用Facebook Lite，

① Clement, J. (Nov 4, 2020). "Facebook: Number of Monthly Active Users Worldwide 2008-2020." Statista, https://www.statista.com/statistics/264810/number-of-monthly-active-facebook-users-worldwide/.

② Clement, J. (Nov 4, 2020). "Monthly Active Users of Any Facebook Product 2020." Statista, https://www.statista.com/statistics/947869/facebook-product-mau/.

③ Smith, Kit (Jan 1, 2019). "53 Incredible Facebook Statistics and Facts." Brandwatch, https://www.brandwatch.com/blog/facebook-statistics/#:~:text=Facebook%20adds%20500%2C000%20new%20users,it%20several%20times%20a%20day.

该程序用于发展中国家的慢速连接。[①]

正是因为这些骄人的战绩，扎克伯格才敢于不带夸张地声称："我们拥有整整一个世代里最具威力的信息分发机制。"[②]当你将20亿以上用户的资料整合在一起，不仅了解他们住在哪儿，朋友是谁，还知道他们对什么感兴趣，在线上做什么，那么，你不仅是在运营一家公司，而且是在打造"互联网基因工程"。这项基因工程能够做的事情太多了。比如，通过信用点和虚拟货币，Facebook可能跨越国界，成为一个全球化的经济体；又如，通过Facebook Connect，Facebook企图控制我们在网上的所有社交体验，其俄罗斯大股东将此比喻为"在世界范围内给人们签发护照"，这种护照指向的是一种全球公民身份。Facebook不是移动系统却胜似移动系统，因为从平台吸引力来说，其社交集团丝毫不逊色于苹果与谷歌的操作系统。

所有这些都意味着，Facebook会超越仅仅一个"网站"和一种"社交应用"，它把自己看作全球村里的城市广场，正在改变着我们对社区、邻里和整个星球的认识。

扎克伯格现象

马克·扎克伯格是谁？这个总蹬着橡胶凉鞋、套着T恤衫和毛绒夹克的大男孩，怎样把哈佛集体宿舍的一个想法办成了一家惊天动地的公司？二十多岁的他没有拿到大学文凭，却创办和掌管了全世界最大的社交网站。他是如此少年得志，以至于保罗·艾伦（Paul Allen）评价说："我无法在世界历史上找到一个先例，这么年轻的人却拥有这么大的影响力——

---

① Smith, Kit (Jan 1, 2019). "53 Incredible Facebook Statistics and Facts." Brandwatch, https://www.brandwatch.com/blog/facebook-statistics/#:~:text=Facebook%20adds%20 500%2C000%20new%20users,it%20several%20times%20a%20day.

② Kirkpatrick, David (2010). *The Facebook Effect: The Inside Story of the Company That Is Connecting the World*. New York: Simon and Schuster, 217.

等一等，只有一个人，那就是亚历山大大帝（Alexander the Great）。"①

扎克伯格的Facebook个人页面上这样描述自己的兴趣："开放，打破现状，革命，信息流，极简主义，造物，去除对一切不要紧的东西的欲望。"②Facebook的创始人是一个哲学与实践的奇异混合体。

首先，扎克伯格是一个"产品天才"。从一开始在哈佛寝室里敲敲打打，到Facebook取得巨大成功，扎克伯格始终希望能使自己的注意力集中在媒体与用户互动的产品上，在他看来这才是Facebook的真正价值所在。他永远把产品管理当作自己的首要工作。"技术公司实际上是产品公司。许多最重要的决定都可以归结为你为你所服务的人群提供什么。"③正是因此，最成功的科技公司的领导者们最关注的永远是产品。在史蒂夫·乔布斯去世后不久的一次PBS采访中，扎克伯格披露说，乔布斯曾就他应该如何在Facebook创建一个管理团队提供建议，该团队"致力于打造高质量的和美好的事物"。④

产品的背后是用户体验，而用户体验的背后是扎克伯格独特的经商哲学。柯克帕特里克有句总结很让人震动："让网站有趣比让它赚钱更重要。这样的声明在Facebook不长的历史中始终掷地有声。"⑤在书中我

---

① Allen, Paul (May 25, 2007). "Prediction: Facebook Will Be the Largest Social Network in the World." paulallen.net, https://www.paulallen.net/2007/05/25/prediction-facebook-will-be-the-largest-social-network-in-the-world/.

② Kirkpatrick, David (2010). *The Facebook Effect: The Inside Story of the Company That Is Connecting the World*. New York: Simon and Schuster, 11.

③ Cutler, Kim-Mai (Jul 21, 2010). "Live-blog: Zuckerberg and David Kirkpatrick on the Facebook Effect." *VentureBeat*, https://venturebeat.com/2010/07/21/live-blog-zuckerberg-and-david-kirkpatrick-on-the-facebook-effect/.

④ "What Advice Did Steve Jobs Give to Facebook's Mark Zuckerberg?" CNN, https://www.cnn.com/2011/11/08/tech/innovation/jobs-advice-mark-zuckerberg/index.html.

⑤ Kirkpatrick, David (2010). *The Facebook Effect: The Inside Story of the Company That Is Connecting the World*. New York: Simon and Schuster, 33.

们可以看到扎克伯格思考的完整链条：做最好的、最简单的、让用户以最方便的方式分享信息的产品——用户的体验和增长比盈利更重要，将Facebook看作是一个永远需要不断完善的项目，而不是一台赚钱机器。一句话：追逐用户而不是金钱。

正是因为怀着这样的坚定信念，扎克伯格才勇于拒绝来自维亚康姆、微软、雅虎、Google等巨头的并购橄榄枝，因为驱使他的不是致富欲望。否则，他早就可以把公司卖掉，在20多岁的年华成为一个游手好闲的退休亿万富翁。

驱动他的是什么呢？传记作者说，在扎克伯格的词典中，有这样一些常见词汇：开放、透明度、信任、联系、分享。"一个透明度高的世界，其组织会更好，也会更公平。""你必须得善良，才能得到人们的信任。在过去，人们从来不指望商业公司能够善良，我认为这种观念正在改变。"Facebook的目标是"帮助人们理解他们身边的世界"；让人们了解更多身边人的信息会"制造出更多的关心"，"在全球化的世界里人们之间的距离应该更近"。当记者追问Facebook为何会成功，扎克伯格的回答是："如果你提供了更好的分享信息的方式，就会改变人们的生活。"这些想法对扎克伯格而言，是核心价值观，它们深刻影响了Facebook这家公司的气质。

扎克伯格在2007年的一次采访中，解释了Facebook为何不断拒绝大公司的收购邀约："我们不看重钱。对于我和我的同事来说，最重要的是我们为人们创造了一个开放的信息流。成为一个大集团下属的媒体公司对我来说不是一个吸引人的主意。"[①]

扎克伯格坚称自己运作Facebook为的是给用户提供一种服务，帮助

---

① Jones, Rhett (Nov 14, 2016). "Facebook Has Thought About The Election And Decided It's Not To Blame." *Gizmodo*, https://www.gizmodo.com.au/2016/11/facebook-has-thought-about-the-election-and-decided-its-not-to-blame/.

他们过上更加开放和彼此互联的生活。所以他常常在公司里说，他的目标绝不仅是创造一家公司。一个不想创造公司的人却成就了一家杰出的公司，我们或许可以将此称为"扎克伯格悖论"。在哈佛，扎克伯格不过是个热爱编程的天才小伙，他和他的朋友们并不是像MBA教科书通常所描写的那样开始创业：构思商业计划书，绘制各种业务增长图表，研究市场利润趋势。他们既没有做过市场分析，也没有撰写过行动纲要，也许正是因为在他们的头脑里从来没有装过那些何为好企业的教条，他们才做到了一门心思关注用户需求，最终催生了一个充满偶然性的商业帝国。

命中之战：Facebook VS Google

当然，如果事情纯属偶然，就要把一切归于命运了——Facebook闻名硅谷的"F8开发者大会"就巧妙地意喻着"命运"（fate）。显而易见，就连命运也自有其必然性，比如，Facebook与Google命中注定要有一战。

这场大战发生的一个证据就是，一开始有人企图否认战事的存在。2010年，Google的CEO埃里克·施密特（Eri Schmidt）驳斥两家公司正起冲突的说法，尽管Google正在努力开展社交服务。首先，施密特认为，Facebook与Google眼下并没有直接竞争广告市场，说两家公司是对手"在数学算法上就不对"；其次，Facebook正在带来越来越多的网络用户，这对Google只有好处。施密特说，Facebook用户比其他服务的用户更多使用Google产品，两家不会互斥，"赢家在哪里都会赢"。[①]

他的话听上去像是对一家傲慢的后起之秀的吹嘘的不屑一顾，毕竟，Google就好比世界重量级拳王，每个人都想夺取其头上的桂冠。但在仅仅几年内，Facebook已经从毛头小子般的蝇量级选手成长为一个合法的挑战者。战火逐渐燃烧：Facebook挖走了好几位Google的要角，从首席运

---

① 胡泳：《命定之战》，《中国企业家》2010年第16期，132页。

营官到大厨都来自 Google；员工中有将近10%的人曾效力于这家搜索巨人。而就施密特的两点反驳来看，第一，Facebook 完全可以凭借自己的用户网搭建整合多个网站的广告网，这将直接冲撞 Google 的 AdSense 业务；第二，Facebook 与 Google 之战根本不是产品和服务之战，而是入口之战，互联网正从大众化入口（如门户和搜索引擎）转向个人化入口（如社交网络）。当年，雅虎的信息中枢曾经是互联网用户的第一入口，Google 凭借自己强有力的搜索引擎，把互联网的前门硬从雅虎手中拿下，雅虎此后一直都在努力复原。而互联网的下一个前门在哪里？ Google 的人不会傲慢到迟钝的地步。

施密特自己也承认，互联网正变得"社交化"，对社会网（the Social Web）制高点的争夺，甚至对搜索引擎的争夺，都远远没有结束。[1]Google 与 Facebook 之战不仅进行得如火如荼，而且正在演变为有关互联网未来的全面战争，涉及网络的结构、设计和用途。施密特有个词用得很准确：Facebook 的互联网"算法"的确与 Google 不同。

在过去十年里，Google 的算法统治着互联网——遵循着严格而有效的方程式，对在线活动的每个字节进行语法分析，最后建立起一幅不带感情的世界网络地图。然而，扎克伯格却预见到一个更加个人化、更富人情味的互联网，在那里，由朋友、同事、同伴和家人组成的网络成为信息的主要来源，人们通过彼此披露内心而建立互信和丰富人生，就像在线下一样。扎克伯格把这种情形命名为"社交图谱"（social graph）[2]，用户将通过这样的图谱寻找医生，了解最好的相机，或是雇佣员工——这和 Google 搜索的冷静逻辑相差不可以道里计。这是对人类如何在网络中遨游的一种

[1] McCarthy, Caroline & Krazit, Tom (Feb 3, 2010). "Google Struggles with Social Skills." *Cnet*, https://www.cnet.com/news/google-struggles-with-social-skills/.

[2] Kirkpatrick, David (2010). *The Facebook Effect: The Inside Story of the Company That Is Connecting the World*. New York: Simon and Schuster, 217.

完全不同的思考，在这种思考中，Facebook才是互联网的中心。

扎克伯格对此的认识毫不含混。在《Facebook效应》中，他说得十分坦率："我给大家描绘两个场景，和硅谷中的两间公司有关。当然，实际情况没这么极端，但他们代表两个极端。一个场景是Google，主要在取得和追踪已有信息。他们称为爬网。他们爬网，取得网络上的资料放入他们自己的系统。他们想打造Google地图，于是他们派出拍摄车辆，认认真真地去拍你家，然后做出Google街景系统。他们利用他们搜集整理的用户资料做广告。他们通过DoubleClick和AdSense的Cookies追踪用户的上网记录。他们就这样建立了一套用户对什么感兴趣的档案。

"另一个场景是在我们公司。通过允许人们分享他们想分享的东西，给他们提供优秀的工具控制如何分享，人们可以获得越来越多的共享信息。可是，想想那些在Facebook上人们不想分享的内容，好不好？你可不想这样的信息被爬网、被索引——比如你和你家人的度假照片，你的电话号码，所有发生在公司局域网里的事儿，所有私人短信和邮件。所以，很大一部分信息变得越来越透明化了，但是仍然有另外一大部分不可以对所有人开放。"①

Facebook的信息不对Google搜索开放，这正是Google的软肋所在。在Facebook上发生的事情只存在于它的数万台服务器中。它们几乎构成了第二个互联网，其中的数据量非常可观。然而任何想要读取这些数据的人只能通过Facebook，公司把这些数据设为专有，屏蔽了Google的爬虫。这是Google的一个巨大盲点，并且，这个盲点还在不断扩大。如果一个最大且增长最快的网站中的数据对Google禁止使用，那么，Google还怎么能够宣称自己的目标是"组织全世界的信息"？

---

① Kirkpatrick, David (2010). *The Facebook Effect: The Inside Story of the Company That Is Connecting the World*. New York: Simon and Schuster, 323-324.

虽然所谓的社会性搜索（social search）永远取代不了传统搜索，Facebook的确打开了新的发现空间。2009年5月的东京会议上，Google的一个产品经理非常罕见地公开对媒体承认，当信息来自某个朋友时，用户会觉得更加可靠，而Facebook有潜力在这一方面帮助用户做得更好。而在2009年底的一次公开露面中，施密特谈到Google面临的许多挑战，其中最大的挑战之一就是：解决如何搜索、索引和呈现类似于Facebook服务中的实时社交媒体内容。施密特称此问题为"这个时代的大挑战"。[1]

Facebook不仅尝试击穿Google的膝盖，它还开始与Google搜索引擎正面竞争。它在不断改进自己的搜索工具，并鼓励用户在站内使用Google的宿敌微软的必应搜索。而Facebook搜索不会仅仅局限于自身。因为Facebook好友们会传播站外链接，用户最终可以把Facebook搜索作为通向网络的大门，这就构成了对Google的直接威胁。一件新闻发生后，为何要听取Google News算法的推荐，而不是听从朋友的指引？Facebook企图取Google而代之的野心已经昭然若揭。

Google与Facebook对阵时有个不利的地方：Facebook与人息息相关，而Google关注的是数据。Google一直未能成为互联网社交风潮中的大玩家，尽管它十分渴望这样做，其原因在Facebook董事会成员彼得·泰尔（Peter Thiel）看来，在于Google的深层价值观出了问题。"Google的模型认为，信息和组织来自全世界的信息是最重要的事情。而Facebook的模型从根本上是不同的……让这个世界上的人们自己组织起来，才是最重要的事情。"[2]

---

[1] Kirkpatrick, Marshall (Oct 27, 2009). "Google's Eric Schmidt on What the Web Will Look Like in 5 Years." *The New York Times*, https://archive.nytimes.com/www.nytimes.com/external/readwriteweb/2009/10/27/27readwriteweb-googles-eric-schmidt-on-what-the-web-will-l-68067.html.

[2] Kirkpatrick, David (2010). *The Facebook Effect: The Inside Story of the Company That Is Connecting the World*. New York: Simon and Schuster, 325.

算法的背后是广告

不同的算法，导致了 Google 与 Facebook 在与公司成败命运攸关的一个领域内的短兵相接：广告。

表面上看来，两家公司井水不犯河水。毕竟，这两个网站为最终用户提供的服务目的完全不同。一个是搜索引擎，另一个是社交网络。网络冲浪者使用前一种服务查找特定信息，而使用另一种与朋友、家人和专业同行进行交流，或者对于许多用户来说，Facebook 是自我推广、编排日常生活并发布自拍照的场所。

要了解为什么 Facebook 成为 Google 唯一的真正竞争对手，就必须熟悉两家公司用来赚钱的模型。正如大多数人所知，当有人使用 Google 地图选择两地最佳行进路线时，它什么钱也没赚。同样，当用户登录 Facebook 并向全世界宣布他吃了什么早餐时，Facebook 也不会赚钱。Google 和 Facebook 为绝大多数用户免费提供服务。

那么钱从哪儿来呢？ Google 和 Facebook 每年赚取数十亿美元的方式是向广告客户收取高额费用，将他们的产品或服务展示在大批用户面前。每天，Google 搜索者和 Facebook 发布者都为两个庞大的用户平台间接产生收入；其服务吸引的访问者越多，他们对广告客户的需求就越多，这可以转化为对广告客户收取更多费用的能力。

在移动互联网出现之前的大部分时间里，Google 凭借其 AdWords（关键词竞价广告）主导了在线广告市场。鉴于 Google 在网络搜索者中的巨大影响力，广告商通过向 Google 付费以吸引用户访问其网。AdWords 的模型是按点击付费（pay-per-click），Google 在给定搜索字符串的赞助结果列表中显示广告客户的消息，该广告客户为每位用户对广告的点击付费。关键字越具有竞争性，越有利可图，谷歌对关键字广告的收费越高。

从 21 世纪的第一个十年末开始，Facebook 意识到可以利用其数百万的每日访问者来竞争 Google 的广告收入。它启动了 Facebook Ads 计划，使广告商可以为自己的消息显示在用户的信息流中而付费。Google 的广告客户会根据特定的搜索字符串来定位用户，在 Facebook 上做广告的公司则会根据其个人资料中的特定信息来定位用户。例如，发布大量有关体育讯息的 Facebook 用户，可能会在其消息流中看到许多与体育相关的广告。这就是 Facebook 的定向广告（targeted advertising）模式。

Google 仍然是在线营销的领导者，但 Facebook 正在大步向前。从 2019 年 Q2 季度财报来看，Google 母公司 Alphabet 的广告收入为 326 亿美元，Facebook 为 169 亿美元。许多广告商选择投靠后者，认为 Google 的推广成本过于高昂，其模式也不再具有吸引力。虽然一连串的搜索引擎竞争对手都被 Google 成功击退，但来自搜索世界之外的另一家互联网巨头却以令人印象深刻的步伐进入市场。两家的较量集中体现在移动上：Google 的增长主要得益于它的核心业务——移动搜索——依然强劲，占据了 96% 的市场份额。而在 Facebook169 亿美元的广告中，移动广告收入为 156 亿美元，占总广告收入的 94%，足以说明移动广告对 Facebook 的重要性。其中有一个重要的变化是移动视频广告创收比例持续攀升，目前已占到其视频广告的 50% 以上，很多品牌都在开发让用户停不下来的视频内容。[①]

随着智能手机逐步侵蚀笔记本、台式机产品利润，并渐成全球最重要的计算设备，数字广告业务正在迅速发生改变。作为 Google 在广告市场上的强劲对手，Facebook 正迅速从这一转变中获利。像 Facebook、

---

① Williams, Robert (Jul 26, 2019). "Alphabet Revenue Tops Estimates as Google Ad Sales Jump 16%." Mobile Marketer, https://www.mobilemarketer.com/news/alphabet-revenue-tops-estimates-as-google-ad-sales-jump-16/559569/; Williams, Robert (Jul 25, 2019). "Facebook's Q2 Revenue Jumps 28% as Mobile Ads Power Growth." Mobile Marketer, https://www.mobilemarketer.com/news/facebooks-q2-revenue-jumps-28-as-mobile-ads-power-growth/559486/.

Snapchat 或 Pinterest 这些能够长时间吸引用户的服务，将很可能在网络广告市场占据统治地位。当然，Google 可以凭借 YouTube 抵挡上一阵子。

Facebook 的移动故事

Facebook 向移动的转型是一个非常精彩的商业故事。Facebook 在 2012 年上市后不久就跌破发行价。为此，美国著名财经杂志《巴伦周刊》（*Barron's*）做了一个预言，说 Facebook 被高估了，合理的股价应该是 15 美元。[①]直到 2013 年 7 月 31 日，它才重回发行价，显示扎克伯格移动第一的战略开始奏效。

移动战略挽救了 Facebook。"马克会告诉你，在明白移动设备的重要性方面，他做得太晚了——但当这个问题变得明显起来，马克就明白了它的重要性，也明白了该如何解决这个问题。"Facebook 前董事会成员、《华盛顿邮报》前出版人唐·格雷厄姆（Don Graham）如是说，"他以令人难以置信的速度，从细节入手，改变了该公司的方向，这不是用一个行动做出的，而是以 20 个行动——而且如果你逐季度去看 Facebook 利润里百分之多少是来自移动端，我简直不敢相信它改变的速度这么快。"[②]

2020 年，上市 8 年以后再看 Facebook，我们见证了它在移动互联网时代的空前成功。截至 2020 年第二季度，Facebook 月活用户（MAU）增长至 27 亿，成为当之无愧的全球社交霸主，日活用户（DAU）高达 18.2 亿，占月活用户的 66%。[③]8 年后，Facebook 的股价超过 270 美元，狠狠地

[①] Bary, Andrew (Sep 24, 2012). "Still Too Pricey." *Barron's*.

[②] Manjoo, Farhad (Nov 2, 2018).《为什么扎克伯格不会下台》，纽约时报中文网，https://cn.nytimes.com/technology/20181102/mark-zuckerberg-facebook/。

[③] Clement, J. (Nov 4, 2020). "Facebook: Number of Daily Active Users Worldwide 2011-2020." Statista, https://www.statista.com/statistics/346167/facebook-global-dau/#:~:text=During%20the%20third%20quarter%20of,percent%20of%20monthly%20active%20users.&text=With%20over%202.7%20billion%20monthly,most%20popular%20social%20network%20worldwide.

抽了《巴伦周刊》的脸。到2021年6月28日，Facebook股价首度突破1万亿美元，成为继苹果、微软、亚马逊及Google母公司Alphabet之后第五家达成此一里程碑的美国上市公司。[①]

2012年4月，Facebook在上市之前做了一件事，花了10亿美元，以现金加股票的方式，收购了Instagram。[②]Facebook为什么愿意为Instagram投钱？因为Instagram提供了Facebook两样急需的东西：一种是照片的需求，另一种是移动的需求。这个举动说明，一旦扎克伯格洞察了移动的大趋势，出手是非常稳、准、狠的。

而WhatsApp是一个远比Instagram更成功的收购故事。2014年2月，Facebook以160亿美元的价格收购即时通信工具WhatsApp，其中40亿美元为现金、120亿美元为Facebook股票。此外，还承诺给创始人团队30亿美元的4年行权限制股，加上期权交易规模，收购价达190亿美元。

当时WhatsApp月活用户超过4.5亿（Facebook的用户规模是其3倍），是全球化程度最高的即时通信服务，公司成立5年不到，员工仅有50人，其中32人是工程师。[③]2013年，这家公司亏损1.3亿美元，收入只有区区

---

① Rodriguez, Salvador (Jun 28, 2021). "Facebook Closes Above $1 Trillion Market Cap for the First Time." CNBC，https://www.cnbc.com/2021/06/28/facebook-hits-trillion-dollar-market-cap-for-first-time.html.

② Rushe, Dominic (Apr 9, 2012). "Facebook Announces $1Bn Purchase of Mobile Photo Network Instagram." *The Guardian*, https://www.theguardian.com/technology/2012/apr/09/facebook-buys-instagram-mobile-photo.

③ Goetz, Jim (Feb 19, 2014). "Four Numbers That Explain Why Facebook Acquired WhatsApp." Sequoia Capital, https://www.sequoiacap.com/article/four-numbers-that-explain/; Edwards, Jim (Feb 20, 2014). "Why Facebook Had No Choice But To Pay $19 Billion For WhatsApp." *Business Insider*, https://www.businessinsider.com/why-facebook-paid-19-billion-for-whatsapp-2014-2.

1000万美元。[1]转眼之间，它却成为有史以来最大的高科技收购中的耀眼明星，相当于每个员工创造了3.2亿美元价值。这是知识工作者在网络时代财富创造的惊人例子。它也是公司平台化价值创造的杰出典范。

收购之时，Facebook有自己的即时通信产品Messenger，在Facebook好友之间的聊天中被广泛应用。然而Facebook希望WhatsApp能够突破边界，成为Facebook用户和所有联系人的沟通工具，再加上Instagram，打造一个全球最大的移动即时通信平台。即时通信应用程序已然成为社交媒体的最前沿。

在监管当局批准以后，Facebook由于股票上涨，实际的收购价达到220亿美元，相当于在WhatsApp的每个用户身上花费55美元。[2]这一收购价也是Instagram所花费的20倍还多。也就是说，仅仅两年后，Facebook消灭对手、囊取用户的成本就翻了20倍。这显示了用户规模在互联网平台中举足轻重的地位。对这些平台来说，首先要有用户增长，其次才是获利。并购之后，由于两家公司共享通过互联网服务增强全球连接性的使命，可以同时获得高速增长。通过收购WhatsApp，Facebook的触角可以接近数十亿人，而在如此规模的市场中，Facebook肯定会找到最终获利的方法。

我们来追踪一下扎克伯格的战略逻辑：WhatsApp由于其全球化影响力，可以推动Facebook在互联网连接稀少但广泛使用即时通信的发展中市场的增长。Facebook随后会获得这些移动用户群的访问权。与这些地区的WhatsApp用户建立联系，也将有助于Facebook的Internet.org计划，

[1] Wagner, Kurt (Oct 28, 2014). "Facebook Paid $19 Billion for WhatsApp, Which Lost $138 Million Last Year." *Vox*, https://www.vox.com/2014/10/28/11632404/facebook-paid-19-billion-for-whatsapp-which-lost-138-million-last-year.

[2] Oreskovic, Alexei (Oct 7, 2014). "Facebook's WhatsApp Acquisition Now Has Price Tag of $22 Billion." Reuters, https://www.reuters.com/article/us-facebook-whatsapp/facebooks-whatsapp-acquisition-now-has-price-tag-of-22-billion-idUSKCN0HV1Q820141006.

目的是把世界上尚未"入网"者中的三分之二人口连上网。

　　同时，收购是Facebook的避险法则。随着电话变得过时而数据讯息盛行，Facebook作为万维网巨头，将从WhatsApp中受益。这就是扎克伯格用公司市值的十分之一来购买即时通信程序的原因，比Google的出价几乎翻了一番。①这样，他成功地使公司脱离了在移动时代其他高科技竞争对手的控制。

　　并购结果如何呢？ 2020年3月，WhatsApp月活用户达20亿。这个数据，2016年是10亿，2018年是15亿。②到2020年10月，用户每天通过WhatsApp移动应用程序和Web客户端发送1000亿条消息。③这是令人印象极为深刻的增长，考虑到Facebook收购WhatsApp时已然庞大的用户体量，以及它还拥有后者的直接竞争对手Messenger。

　　WhatsApp仍然没有带来广告收入，但此次收购确实使Facebook成为世界上最受欢迎的即时通信服务。与此同时，Instagram用户在2018年突破10亿大关，把只有1900万用户的图片分享竞争对手Snapchat远远甩在后边。④这意味着用户将慢慢离开Snap和Skype等单一产品竞争对手，而选择Facebook运营的众多服务。

① Deutsch, Alison L. (Mar 18, 2020). "WhatsApp: The Best Facebook Purchase Ever?" Investopedia, https://www.investopedia.com/articles/investing/032515/whatsapp-best-facebook-purchase-ever.asp.

② Clement, J. (Apr 30, 2020). "Number of Monthly Active Whatsapp Users as of 2013-2020." Statista, https://www.statista.com/statistics/260819/number-of-monthly-active-whatsapp-users/#:~:text=As%20of%20March%202020%2C%20WhatsApp,U.S.%20dollars%20in%20February%202014.

③ Singh, Manish (Oct 30, 2020). "WhatsApp Is Now Delivering Roughly 100 Billion Messages a Day." *TechCrunch*, https://techcrunch.com/2020/10/29/whatsapp-is-now-delivering-roughly-100-billion-messages-a-day/.

④ Constine, Josh (Jun 21, 2018). "Instagram Hits 1 Billion Monthly Users, Up from 800M in September." *TechCrunch*, https://techcrunch.com/2018/06/20/instagram-1-billion-users/.

Facebook另一起引人注目的收购，是在2014年7月以20亿美元将虚拟现实公司Oculus VR纳入旗下。在联合声明中双方表示："我们将开发下一代计算平台，重新想象人与人之间的交流方式。"[1]虽然Oculus目前的主要市场是在游戏上，但扎克伯格显然在对社交的未来下一个长期的战略赌注。

他说："想象一下，在比赛中坐在赛场的旁边，在触达全球的教室里同其他学生和老师一起学习，或者与医生面对面远程咨询——所有这一切，你只需在家里戴上护目镜即可。"换句话说，Facebook之所以购买Oculus VR，是因为它希望开发人员也可以为其创造很多非游戏体验，当然会内置社交网络（最终是广告）。"通过真实在场的感觉，你可以与生活中的人们分享无限的空间和体验。想象一下，不仅可以与你的朋友分享生活片段，而且可以分享整个体验和冒险经历。"扎克伯格在博客中写道。[2]

扎克伯格甚至将虚拟现实与智能手机进行了比较。这表明，就像在移动设备上出现了在PC上完全没有意义的新应用一样，VR也会激发出新的想法。

从2012年开始，经过数年的重大收购和业务分拆，扎克伯格组建了一个高科技行业并不多见的大企业集团，拥有诸多相对独立又相互关联的业务，并通过庞大用户、开发支持与营收前景吸引着数目庞大的开发者。它已花费超过224亿美元购买Instagram等竞争对手，这只是我们所知的，还有许多未披露成本的收购。[3]今天，Facebook、Instagram、WhatsApp、Messenger，每项业务都有10亿用户以上，以至于扎克伯格

[1] Constine, Josh (Jul 21, 2014). "Facebook's \$2 Billion Acquisition Of Oculus Closes, Now Official." *TechCrunch*, https://techcrunch.com/2014/07/21/facebooks-acquisition-of-oculus-closes-now-official/.

[2] Zuckburg Facebook status, Mar 26, 2014, https://www.facebook.com/zuck/posts/10101319050523971.

[3] Smith, Kit (Jan 1, 2019). "53 Incredible Facebook Statistics and Facts." Brandwatch, https://www.brandwatch.com/blog/facebook-statistics/#:~:text=Facebook%20adds%20500%2C000%20new%20users,it%20several%20times%20a%20day.

在 2015 年 Facebook F8 大会上骄傲地宣称："Facebook 是一个应用家族（Facebook is a family of APPs）。"[1]

扎克伯格的内心和你我的关系

然而，日渐庞大的 Facebook 却令扎克伯格在相当大的程度上丧失了初心。与扎克伯格此前不断宣称的开放、透明、信任相反，Facebook 近年深陷隐私丑闻（最近的一起是剑桥分析公司）、广告丑闻（歧视性广告、可疑指标）、安全丑闻（数千万用户的账户暴露在安全漏洞之下），以及关于使用 Facebook 可能对心理健康有害的指责。更严重的是，Facebook 还与全球民主的破坏发生了联系，比如它在 2016 年美国总统大选期间，成为俄罗斯传播虚假信息的载体。此外，联合国调查人员表示，在缅甸的种族灭绝中，Facebook 发挥了作用；它还同印度、南苏丹和斯里兰卡的暴力有关。[2]

2019 年 6 月，美国联邦贸易委员会对 Facebook 展开单独的反垄断调查，或许会提起诉讼。[3] 9 月，在司法部长威廉·巴尔（William Barr）的敦促下，美国司法部也打算调查 Facebook 的反垄断问题。[4] 拆分 Facebook 的声音不断，有多个群体一直敦促美国联邦贸易委员会将 Facebook 旗下

① Claburn, Thomas (Mar 26, 2015). "Zuckerberg At F8: Facebook Is A Family Of APPs." *InformationWeek*, https://www.informationweek.com/mobile/mobile-applications/zuckerberg-at-f8-facebook-is-a-family-of-apps/d/d-id/1319629.

② Manjoo, Farhad (Nov 1, 2018). "How Mark Zuckerberg Became Too Big to Fail." *The New York Times*, https://www.nytimes.com/2018/11/01/technology/mark-zuckerberg-facebook.html.

③ Kang, Cecilia (Oct 22, 2020). "F.T.C. Decision on Pursuing Facebook Antitrust Case Is Said to Be Near." *The New York Times*, https://www.nytimes.com/2020/10/22/technology/facebook-antitrust-ftc.html.

④ Bartz, Diane (Sep 26, 2019). "U.S. Justice Department to Open Facebook Antitrust Investigation: Source." Reuters, https://www.reuters.com/article/us-facebook-probe-antitrust/u-s-justice-department-to-open-facebook-antitrust-investigation-source-idUSKBN1WA35M.

的三款APP独立出来形成全新的公司。一种有力的质疑声音也开始出现：Facebook还应该由扎克伯格来管理吗？

一时半会，扎克伯格不会走下舞台，如同《纽约时报》所承认的，由于扎克伯格对Facebook股权的全面支配，加上员工对他的崇敬，高管对他的忠诚，要么扎克伯格解决Facebook的问题，要么就谁都解决不了。所以，我们现在比以往任何时候都更需要了解扎克伯格的内心世界，这并不是缘于我们有多少对名人的窥视欲，而是因为，他的内心世界是隐藏不得的。Facebook为首的社交网络已彻底改变了互联网世界里的人际关系定义，以及人们对隐私的概念和要求，甚至形成了一种崭新的文化现象。扎克伯格如此年轻，却如此有权力，全人类都有必要了解其商业哲学。

扎克伯格想要创造并统治一种截然不同的互联网。如果说Google和其他搜索引擎想索引的是信息，Facebook想索引的则是人们脑中所想。这样的计划要获得最好的运行，人们就必须愿意把更多的个人信息呈交给Facebook。然而，有谁能够判定，扎克伯格对透明度与开放性的理解是不是过于简单和天真呢？他相信，如果人们变得更加透明和开放，世界会变成一个更加美好的地方。可是，对于许多人来讲，因透明而付出的代价是他们能够承受的吗？或者说，如果你不是扎克伯格那样的幸运儿和成功者，难道你也应该相信他所说的，没有什么东西不可暴露？

事态的发展是无情的。扎克伯格原来说他相信没有隐私，世界会变得更好，然而我们已然看到社会为他的愿景所付出的代价。人们的私密信息可能被怀有恶意的人员广泛使用，以之操纵众人的政治见解、知识习惯和消费方式。Facebook将数据（相当于内在自我的X射线）变成了我们所不知道的商品交易。

还有，Facebook一度的使命是"使人们有能力分享，令世界更加开放和彼此连接"（To give people the power to share and make the world more open and connected），这一使命假设只要实现了这两点，自然会产生有益的结果。然而，从最近的现象来看，人们越来越难以相信上述假设，例如唐纳德·特朗普（Donald Trump）的总统竞选，当时他在大多数民意调查中都输了，而在社交媒体参与度的大多数指标上均获胜。更多的分享和连接造成的却是更大的分裂。2017年6月22日，扎克伯格宣布，仅仅连接世界还不够，Facebook的新使命是"使人们有能力建立社区，令世界更加紧密地联系在一起"（Give people the power to build community and bring the world closer together）。[1]此前，在一封题为《建立全球社区》的公开信中，Facebook首席执行官马克·扎克伯格承认了公司旧使命的盲点和所造成的严重缺陷。他说，展望未来，公司将考虑与人建立联系后会发生什么，并设法更好地管理这些影响。扎克伯格写道："在这样的时代，我们在Facebook上能做的最重要的事情就是发展社会基础设施（social infrastructure），使人们有能力建立一个为我们所有人服务的全球社区。"[2]

扎克伯格在总共5800多个单词的信中提到"社会基础设施"14次，却从未描述它是什么。他称公司会采取更多措施来消除虚假讯息，同时花很大篇幅讨论了社交平台导致群体极化的方式。"如果这种情况持续下去并且我们失去共识，那么即使我们消除了所有虚假讯息，人们也只会强调不同的事实，以适应他们的极化观点。"

扎克伯格终于承认了关于世界上最大的社交网络的一个最令人不安的事实。人们分享了更多的信息，但并不一定意味着大家也分享了理解，也

---

[1] Coren, Michael J. (Jun 23, 2017). "Facebook's Global Expansion No Longer Has Its Mission Statement Standing in the Way." *Quartz*, https://qz.com/1012461/facebook-changes-its-mission-statement-from-ing-its-mission-statement-from-sharing-making-the-world-more-open-and-connected-to-build-community-and-bring-the-world-closer-together/.

[2] Zuckerberg, Mark (Feb 17, 2017). "Building Global Community." https://www.facebook.com/notes/mark-zuckerberg/building-global-community/10103508221158471/.

不意味着人们越来越紧密。Facebook的挑战是如何发挥社区潜力，帮助持有各种背景和观点的成员通过建立共识发生联系。这将有助于人们以新的视角参与进来并意识到不同的问题，令个人有足够的带宽向外看，超越狭窄的环境和心态，将在线社区的活动转化为现实世界的进步。

Facebook被迫转变，而扎克伯格对网络世界的认识也似乎在发生180度大转弯。2019年3月，扎克伯格在一则帖文里说："当我思考互联网的未来时，我相信以隐私为中心的交流平台将变得比今天的开放平台更重要。隐私使人们能够自由地做自己，并更自然地建立联系，这就是我们建立社交网络的原因。"[①]

这还是同一个扎克伯格吗，在2010年他曾信誓旦旦地说，隐私不再是一种社会规范。[②]怕就怕，这并不是扎克伯格对隐私的重新评估，而只是一种面对可能的高昂成本和严厉监管而不得不实行的公司防御。按照扎克伯格指出的新方向，Facebook将推动用户转向即时通信服务，而远离时间线上的消息流。这些服务将获得端到端加密（由Facebook决定端点在哪里），并且帖子将越来越多地发布在临时故事而不是永久内容中。

然而，抛开那些宏大的美好社会的叙事，我们也不难窥见Facebook转型中扎克伯格的精明算计。受到威胁的不仅仅是Facebook、Instagram和WhatsApp上用户的隐私，还有公司的利润率。首先，Facebook、WhatsApp和Instagram之间的数据合并，将使反垄断机构更难将它们视为彼此独立的实体并进行拆分。其次，关于交流应该更多地在"起居室"而不是"市政厅"内进行的建议，是为了解决Facebook作为发布平台的问题，包括

---

① Zuckerberg, Mark (Mar 7, 2019). "A Privacy-Focused Vision for Social Networking." https://www.facebook.com/notes/mark-zuckerberg/a-privacy-focused-vision-for-social-networking/10156700570096634/.

② Johnson, Bobbie (Jan 10, 2010). "Privacy No Longer a Social Norm, Says Facebook Founder." *The Guardian*, https://www.theguardian.com/technology/2010/jan/11/facebook-privacy.

对内容审核、宣传活动和"假新闻"等令人望而生畏的管理难题。如果把当前的社交网络广播模式推入一系列封闭的房间，则可能更易于控制。扎克伯格的新设想对于Facebook可能滥用个人数据创建广告市场的紧要议题只字未提。

由于许多原因，Facebook当前的危机是前所未有的。它被指责破坏了民主，毒害了严肃新闻；最糟糕的是，它被拖入了公众的视野，用户突然意识到：Facebook通过收集和售卖大量个人信息建立了庞大的广告业务，而事实证明，它的业务已对隐私、选举甚至用户的心理健康造成了损害。Facebook现在承诺在收集个人信息方面将更加透明，但是，它如何既做到如此，又保持业务的持续繁荣呢？

新的事态发展在某种程度上已令Facebook的神话烟消云散。它也向扎克伯格提出了一个极其严肃的问题：Facebook的使命到底是出于道德考量还是生存本能制定的？在此问题上，恐怕扎克伯格需要更多的灵魂摸索。哪怕Facebook实现了其公司目标，对它的20多亿用户又有什么益处？世界上的人们能够自己组织起来吗？组织起来以后，又可以做些什么？Facebook是基于人们分享个人信息并牺牲隐私的决定而建立的，但至今为止，它没有能够有意义地解释它所带来的回报的价值。也许它最终不能。

彼得·泰尔在强调Facebook可以帮助世界上的人自我组织的时候，曾经信誓旦旦地说："在我看来，对好的全球化至关重要的一件事情是，在某种意义上，人类对技术保持着掌控，而不是相反。无论是经济上、政治上还是文化上，可以说在一切方面，公司的价值都源于一个理念：人是最重要的。"[1]这段话在今天听来充满了讽刺，因为对于扎克伯格领导下的Facebook来说，人的重要性仅仅在于他是个行动的数据体。

---

[1] Kirkpatrick, David (2010). *The Facebook Effect: The Inside Story of the Company That Is Connecting the World*. New York: Simon and Schuster, 325.

烛光少女的团结力量

当十几岁的小姑娘们无须专业组织就能"组织"一场令政府焦躁异常的抗议时，我们进入了一个全新的领域。

2003年，美国多个牛肉源被发现带有疯牛病菌，其后韩国便禁止从美国进口牛肉。韩国是美国的第三大牛肉出口市场，因此这项禁令成了两国政府间的敏感问题。最终，在2008年4月，韩国总统李明博（Lee Myung-bak）和美国总统乔治·布什（George Bush）通过磋商决定重新开放韩国对美国的牛肉市场。5月，美国牛肉重返韩国市场的消息一经披露，韩国民众就在贯穿首尔市中心的绿化带——清溪川公园——举行了公开抗议。抗议以烛光守夜的形式开始，公园里有很多人过夜。此次抗议持续时间长（100多天），涉及面广（参与者达上百万人），成为韩国自1987年争取恢复民主选举以来最大规模的抗议示威。[1]

这些抗议者的参与使守夜行动成为韩国首例家庭式抗议；长达一个多月的时间里，很多人举家出现在公园，经常还带着婴幼儿。然而，最不同寻常的却是参与抗议的民众构成：60%~70%的参与者——包括初期的组织者——都是青少年，特别值得关注的是十几岁的小女孩。[2]这些

---

① Pang, Huikyong (Jan 2013). "The 2008 Candlelight Protest in South Korea: Articulating the Paradox of Resistance in Neoliberal Globalization." https://scholarcommons.usf.edu/cgi/viewcontent.cgi?article=5939&context=etd.

② Ok, HyeRyoung (2011). "New Media Practices in Korea." *International Journal of Communication* 5:320-348.

"烛光女孩"（candlelight girls）年纪太小而没有选举权，她们不是任何政党的成员，而且她们中的大多数人在此之前也没有参与过任何公众性的政治活动。无论哪个国家的政府在调查威胁国家安全的可能因素时，他们都不会担心十几岁的小女孩。那她们究竟来自哪里呢？

韩国政府曾试图指责一些政治外围团体和试图挑衅的代理人蓄意破坏韩美关系，然而此次抗议游行的规模如此巨大，持续时间如此之久，很快便令政府之前的解释显得空洞无力。这些孩子是怎么变得激进的？致力于研究青少年行为和通信技术交叉关系的南加州大学文化人类学家伊藤瑞子（Mizuko Ito）引用一个13岁烛光女孩的话，解释了小姑娘们参加抗议的动机，这位女孩说："是因为东方神起我才来这儿的。"

"东方神起"既不是一个政党组织，也不是一个热衷政治活动的团体，而只是一个男子乐团，他们俊朗潇洒，大多对政治漠不关心，也鲜有对外交政策的言论发表，即便是抗议性的音乐也没有发表过。然而他们却是韩国女孩儿们的重要聚焦点。当韩国市场重新向美国牛肉打开大门时，拥有近百万粉丝的乐队网站"仙后座"在公告版面上发布了这一消息，而很多抗议者就是率先由此得知此事的。

"是因为东方神起我才来这儿的"和"东方神起让我来这儿的"并不是一回事！东方神起的网站或多或少向这些小女孩们提供了一个可以随心所欲讨论包括政治在内的所有问题的平台。她们开始焦虑，为围绕着重新开放韩国市场可能造成的健康和政治问题而感到焦虑。女孩子们认为李明博政府"辱没国家尊严，危害民众健康"，对此妥协行为惊恐万分，满心愤懑，于是她们聚集在一起，决定要对此采取些行动。

当因年幼而没有选举权的孩子们出现在街道上反对政府政策时，这一举动着实撼动了政府——此前政府习惯于享受缺乏公众监督的高度行事自由。在大规模抗议事件中，李明博政府的声望大打折扣。2008年2月接近75%的支持率，仅在5月一个月内骤然跌至不到20%。

到了6月，抗议仍然没有结束，李明博政府终于决定镇压抗议游行。一时间，网络上到处都是警察用水枪和警棍袭击和平抗议人群的景象；成千上万的观众在线观看警察踢打十几岁小姑娘头部的视频。镇压与李氏政府的初衷大相径庭，而且对韩国警察的谴责之声四起，甚至蔓延到国际社会，亚洲人权委员会和大赦国际组织都开始着手调查此事。由于暴力镇压，抗议得到更多的关注，规模也更加壮大。

6月10日是20世纪80年代韩国军国主义政府结束、重新恢复民主制的纪念日。在临近2008年纪念日时，针对疯牛病的示威活动呈现出一种全面的反政府抗议的趋势。无奈之下，李明博总统在电视上公开向全体国民道歉，并不得不迫使所有内阁成员辞职，重新议定从美国进口牛肉的限制协议。至此，抗议活动才结束。

整个抗议活动，正如伊藤瑞子所形容的：

> 孩子们的烛光抗议不仅仅联结于日常生活的具体条件（比如教育制度的体验与食品安全问题），更源于共享同一媒介社群而凝结成的团结力量……尽管孩子们在网上所做的很多事都被看作是琐碎而无关紧要的，但正是这些事练就了他们相互团结、相互交流的能力，最终，他们动员起来。……不是独特的媒介表达形式，而是如何将这种媒介表达和社会行为绑定在一起，造就了这独一无二的历史性时刻，也造就了当今崛起的一代。①

此处的媒介共享不仅仅是内容，关键在于内容与游戏和社交行为相关——换句话说，内容只是发出邀请，让参与者卷入收集、策略和交易

---

① Ito, Mizuko (Feb 24, 2009). "Media Literacy and Social Action in a Post-Pokemon World." http://www.itofisher.com/mito/publications/media_literacy.html.

活动。正是这种点对点交流与流行文化的结合，才能形成力量动员孩子们去做一些事情。具备类似特质的媒介可被称为病毒式媒介或传染性媒介。对于孩子们来说，使用这类媒介可以积累社交货币。媒介扮演社交黏合剂的角色，使用者凭一种共同语言彼此认知，确认同一文化世界的伙伴关系。

就像任何其他形式的语言一样，社交团体成员之间的共享词汇要求某种读写能力——一种能够阅读和解码语言以及表达自己的能力。流行文化从来不是一种为人们被动吸收的东西。书籍、电影、电视、音乐等都是我们吸收的媒介，也是我们日常社交活动的一部分，在社交中我们赋予媒介流行以意义。但如今，对媒介的吸收采取了制作更多媒介的形式，反过来，媒介也成为更多媒介制作的来源。

通过媒介制作，人们在社交世界中确定自己的位置，进行交流并实现地位的提升。数代人以来，人们一直围绕书籍、电视、音乐和电影等媒介进行社交，并经常利用媒介内容和角色来创造深厚的个人身份。当前的交互式数字媒介的不同之处在于，个性化与重混构成参与的实际前提。

数字化重混文化的兴起表明一个重要事实：人们可以自由地适当使用、重新使用、重新构造和分发媒介，并将其作为日常交流的一部分。商业媒介早已成为我们日常词汇、文化和想象力中不可或缺的一部分。今天的年轻人与他们的先辈不同的地方在于，他们期望深入挖掘媒介的内涵与外延，将其挪用为自我表达的手段。当然，在很多时候，这些年轻人不仅是重混，也在创造。

通过研究青少年的媒介表达和社会行为之间的关系，伊藤瑞子提出一个重要的问题：当我们想到媒介素养、技术素养和信息素养时，可能会倾向于将注意力集中在我们认为的"严肃"用途上。青少年能够使用计算机吗？对数字内容，他们可以制定适当的搜索、存储与处理策略吗？他们会参与新闻和在线讨论吗？如何培养他们的反思与批判能力？

这些当然都是重要的问题。然而，如果我们换一个角度思考就可以发现，当今的媒介和信息素养也许首先与社会交往和文化认同联系在一起。年轻人的媒介表达可能涉及政治问题，也可能是纯粹的八卦或者追星，但无论是什么，都与社会归属感有关。这是关于共享文化和社会实践的交流，它可以实现新形式的创造性表达。

社交网络与乌克兰抗议运动①

社交网络赋予个人前所未有的权力去影响互联网。他们利用这一新工具做什么，怎么做，和谁一起做，都是可以由他们自行决定的事情。诚然，仅仅凭借社交网络的技术变革无法完成社会变革，但不可否认的是，互联网确实愈来愈成为政治民主化和社会变革实现的重要场域。

从 Maidan 到 Eruomaidan

2013年11月起，乌克兰掀起了一场名为"Euromaidan"的大规模抗议示威活动。

抗议活动的起因是乌克兰总统亚努科维奇（Viktor Fyodorovich Yanukovich）中止同欧盟签署政治和自由贸易协议。数万民众走上街头进行抗议，要求政府和欧盟签署协议、亚努科维奇下台、提前举行选举等。抗议期间民众和警察多次爆发大型冲突，造成数百人死亡。②

"Euromaidan"中的"Euro"指欧洲，"Maidan"在乌克兰语里的意思是公共广场，是人们传统上聚集起来庆祝节日和参与公共活动的地方。③抗议者用"Euromaidan"作为标签表达自己的诉求，在Facebook和Twitter等社交网站上，均有以此命名的主页或者标签。

---

① 与李娜合写。

② 《背景资料：乌克兰局势主要大事回顾》，新华网，2014年2月20日，http://news.xinhuanet. com/world/2014-02/20/c_119420888.htm。

③ Goldstein J. (Dec 2007) "The Role of Digital Networked Technologies in the Ukrainian Orange Revolution." Berkman Center Research Publication, http://cyber.law.harvard.edu/sites/ cyber.law.harvard.edu/files/Goldstein_Ukraine_2007.pdf.

事实上，2004年，同样是11月，乌克兰人进行过一次名为"橙色革命"（因反对派"我们的乌克兰"政党联盟使用的代表色而得名）的反对选举舞弊的抗议活动，那次抗议活动中，有一个名为"Maidan"的组织。该组织成立于2000年12月20日，由数位精通技术、倡导民主的公民创立，他们使用互联网作为组织工具进行抗议活动。其网站的口号是："你能够改变你所生活的世界。你现在就可以行动。在乌克兰。"①

Maidan在"橙色革命"中扮演了重要角色：他们通过网络和组织成员以及海外捐赠者保持联系，该网站存档的20GB的资料也成为记录这场革命的重要资料来源。由于Maidan等网站的作用，橙色革命被誉为"历史上第一次线上大规模组织起来的运动"。②

然而，Maidan的建立者安德里·伊格纳托夫（Andriy Ignatov）却说："仅有网站不能产生一个行动主义分子组织（activist organization）。"Maidan更重要的工作是，在现实世界中组织针对选举的监察培训——他们一共组织了27场，几乎覆盖了乌克兰每个地区。该组织的成员有频繁的线下会议。对于Maidan来说，网络是一个信息传播的工具，但是"集中的、自上而下的领导，才是成功完成任务的关键"。③

与Maidan不同，2013年的Euromaidan抗议活动并没有自上而下的领导系统，更没有频繁的线下会面。但抗议者却举行了数万人参加、长达数月的抗议活动，并且在国际上引起了极大关注和支持。

从Maidan到Euromaidan的变化是怎样发生的？答案可能就在十年间迅速发展起来的社交媒体中。

---

① http://eng.maidanua.org/.

② McFaul M. (2005). "Transitions from Post Communism." *Journal of Democracy* 16(3):5.

③ Goldstein J. (Dec 2007) "The Role of Digital Networked Technologies in the Ukrainian Orange Revolution." Berkman Center Research Publication, http://cyber.law.harvard.edu/sites/cyber.law.harvard.edu/files/Goldstein_Ukraine_2007.pdf.

社交媒体如何推动乌克兰的社会运动

社交媒体的动员机制

社会学家查尔斯·梯利（Charles Tilly）提出过一个社会运动的"动员模型"。他认为一个成功的社会运动由以下因素决定：运动参与者的利益驱动（interest）、运动参与者的组织能力（organization）、社会运动的动员能力（mobilization）、个体加入社会运动的阻碍或推动因素（repression/facilitation）、政治机会或威胁（opportunity/threat）、社会运动群体所具有的力量（power）。[①]

在这些因素中，社交媒体首先在动员上扮演了重要角色。

在乌克兰抗议活动初期，社交媒体使信息得以迅速传播。一项社会调查显示，大量抗议者第一次了解到抗议活动的信息都是在网络上，49%来自Facebook，35%来自VKontakte（俄语版的类Facebook社交媒体），51%来自新闻网站。更重要的是，抗议者认为Facebook和网络新闻是比电视更为可靠的信息来源，更愿意接受来自社交网络的信息。[②]

社交网站传递的信息是多元化的，有冲突中抗议者受伤的图片，有激动人心的文字，还有大量现场冲突的视频，这些都会在视觉和听觉上刺激使用者，影响他们的情绪，促使他们声援或者加入抗议活动。[③]

从Web 1.0时代到Web 2.0时代，一个重要的变化在于人的主动性在

---

① 赵鼎新：《社会与政治运动讲义》，北京：社会科学文献出版社，2006年，第21页。

② Onuch, Olga (Jan 2, 2014). "Social Networks and Social Media in Ukrainian 'Euromaidan' Protests." *The Washington Post*, http://www.washingtonpost.com/blogs/monkey-cage/wp/2014/01/02/social-networks-and-social-media-in-ukrainian-euromaidan-protests-2/.

③ 据纽约大学社交媒体与政治参与实验室的调查报告，Facebook上分享次数最多的链接包括：乌克兰政府的狙击手枪杀抗议民众的视频，以及医疗人员在独立广场排成一行、救助伤者的视频。见纽约大学社交媒体与政治参与实验室（SMaPP）报告《2013年—2014年乌克兰抗议》，2014年2月28日，http://smapp.nyu.edu/reports/Ukraine_Data_Report.pdf。

不断增强，从被动的接收者转变为主动的内容提供者。他们既是街头抗议的示威者，也是现场直播的记者，这使得传递和接受信息的门槛大大降低。在"Euromaidan"运动中，一位22岁乌克兰女性奥丽亚·沙特纳（Olya Shatna）就用智能手机直播她在基辅独立广场的抗议行动，她认为"一只手录像，另一只手拍照，然后和人们交谈，向他们提问，并且直播出去——这就是新型报道的最佳方式"。[1] 奥丽亚·沙特纳们是社交媒体时代社会运动动员的重要一环。在"Euromaidan"的 Facebook 主页上的40多个视频中，很多视频甚至连一分钟都不到，使用手机拍摄的画面也十分粗糙。但是这些来自普通人的现场报道（关于抗议者的诉求和政府对抗议者的暴力镇压等）却增加了信息的可信性，让"一小部分情绪波动的人可以影响那些更为谨慎的人，让他们关注并且加入"。[2]

在社交网络上，每个人都可以自由地张贴自己所写的新闻故事，从而打破了传统媒体对于信息的垄断。一位参加过"橙色革命"的乌克兰记者认为，"社交媒体在事件形成过程中扮演重要角色"的原因是："过去的媒体提供一个过滤器。如果一件事出现在头版或者是晚间新闻上，会被认为是重要的，反之则不然。但是今天任何人都可以发声——不论是一个心烦意乱的母亲还是一个改革型的记者。甚至在一个腐败独裁的国家，也没有人需要获得许可。"[3] 在一场风险极大的抗议运动中，信息的自由流通对于动员来说至关重要。极易被国家机器所控制的传统媒体垄

---

① "Ukraine: Streaming Scenes from the Streets." Aljazeera America, Feb 14, 2014, http://www.aljazeera.com/indepth/features/2014/02/ukraine-streaming-scenes-from-streets-2014214205747633548.html.

② 纽约大学社交媒体与政治参与实验室（SMaPP）报告《2013 年—2014 年乌克兰抗议》，2014 年 2 月 28 日，http://smapp.nyu.edu/reports/Ukraine_Data_Report.pdf.

③ Satell, Greg (Jan 8, 2014). "If You Doubt That Social Media Has Changed The World, Take A Look At Ukraine." *Forbes*, http://www.forbes.com/sites/gregsatell/2014/01/18/if-you-doubt-that-social-media-has-changed-the-world-take-a-look-at-ukraine/.

断地位的丧失，"从根本上对国家的控制形成了挑战，国家再也不能随心所欲地控制信息的流动，在某种程度上降低了国家镇压的能力"[1]，从而促进了社会运动的政治机遇的形成。[2]

但是，动员机制并非仅止于此。十年前"橙色革命"时，人们同样可以通过Maidan这样的网站、《乌克兰真理报》、电视频道5和手机短信等获得信息，信息出口并不缺乏。[3]乌克兰抗议运动中，社交网站在动员这一环节更重要的作用是完成了"公共话语"的构建，形成了"一般化信念"。[4]一个社会问题只有在它获得进入公共话语论坛的渠道时，才能激发抗议活动。研究发现，信息不是由孤立的个体而是由在非正式圈子里、在初级群体中以及在朋友网络中与他人互动的人们所加工的。为了证实信息的可靠性，尤其是在所涉及信息十分复杂时，人们倾向于和重

---

[1] McAdam, Doug, McCarthy, John D. & Zald, Mayer N. (Eds.) (1996). *Comparative Perspectives on Social Movements: Political Opportunities, Mobilizing Structures, and Cultural Framings*. Cambridge, UK: Cambridge University Press, 3.

[2] 政治机遇是社会运动形成的一个重要因素，指的是通过影响人们对成功或者失败的期望，始终如一地——但不必是正式地或永久地——为集体行动创造动机的政治环境因素。参见西德尼·塔罗：《运动中的力量：社会运动与斗争政治》，吴庆宏译，南京：译林出版社，2005年，第102页。

[3] Kyj, Myroslaw J. (2006). "Internet Use in Ukraine's Orange Revolution." *Business Horizons* 49(1):73.

[4] 来自斯梅尔塞（Neil Joseph Smelser）的加值理论。斯梅尔塞认为，所有的群体性行为、社会运动甚至革命的发生，都是由六个方面的因素相互作用产生的：有利于社会运动产生的结构性诱因，由社会结构衍生出来的怨恨、剥夺感或压迫感，一般化信念的产生，触发社会运动的因素或事件，有效的运动动员，社会控制能力的下降。这些因素孤立出现的时候也许并不足以导致群体性事件发生，但当它们按照一定的顺序出现时，它们的价值就会被放大，群体性行为出现的可能性就大大增加。首先出现的是结构性因素，但结构性的社会不满必须转化为某种一般性的社会意识才能起作用。这就涉及了"一般化信念"：群体行为的参与者必须对他们诉求的社会问题达成一种一般性的共识，这个共识的产生要被所有参与者清晰理解并赞同。而对一个社会问题产生共识的过程再造、深化甚至是夸大了人们对剥夺感或者压迫感的怨恨。参见赵鼎新，《社会与政治运动讲义》，第三章。

要的人讨论并且比较自己的解释。人们也愿意与那些志趣相投的个体比较他们的观点。

通常，在自己的社会网络尤其是自己的友谊网络中互动的一群个体，是相对较为同质性的，相互之间差别并不大。这些社会比较的过程产生了对情景的集体定义。[①]社交媒体提供的正是这样一个"公共话语论坛"。Facebook就是一个典型的同质性强的友谊网络，当抗议活动发生，人们通过点赞、评论相互交流想法，最终产生了一个对于抗议活动的共同想法。

看看Euromaidan页面上最受欢迎的Facebook帖子就可以证实这种判断：自创建以来，页面上有2000条更新的帖子，获得了将近5万条评论和超过100万的赞，这些内容被分享了超过23万次。许多帖子提供了对新闻的更新，并且产生了激烈的讨论，但页面同样也还被用于为抗议者们提供重要的后勤信息。例如，有些帖子标有可以得到免费茶水以及可以进入温暖空间位置的地图，同样，也有一些是关于抗议者将会在哪里聚集的信息。最重要的是，人们通过这一信息进行互动。他们在这种互动当中获得了对抗议活动的阐释方式和描述社会运动的话语体系。比如，抗议者们表示比起电视来说更相信社交网络，因为社交网络提供了"有关情绪和正在发生什么事情的大体情况"。[②]下图显示了Facebook主页自创建以来每天评论、分享、点赞的数量：[③]

---

① 戴维·A. 斯诺和罗伯特·D. 本福特（David A. Snow and Robert D. Benford）：《主框架和抗议周期》，见《社会运动理论的前沿领域》，艾尔东·莫里斯、卡洛尔·麦克拉吉·缪勒主编，刘能译，北京：北京大学出版社，2002年，第105页。

② Onuch, Olga (Jan 2, 2014). "Social Networks and Social Media in Ukrainian 'Euromaidan' Protests." *The Washington Post*, http://www.washingtonpost.com/blogs/monkey-cage/wp/2014/01/02/social-networks-and-social-media-in-ukrainian-euromaidan-protests-2/.

③ 纽约大学社交媒体与政治参与实验室（SMaPP）报告《2013年—2014年乌克兰抗议》，2014年2月28日，http://smapp.nyu.edu/reports/Ukraine_Data_Report.pdf。

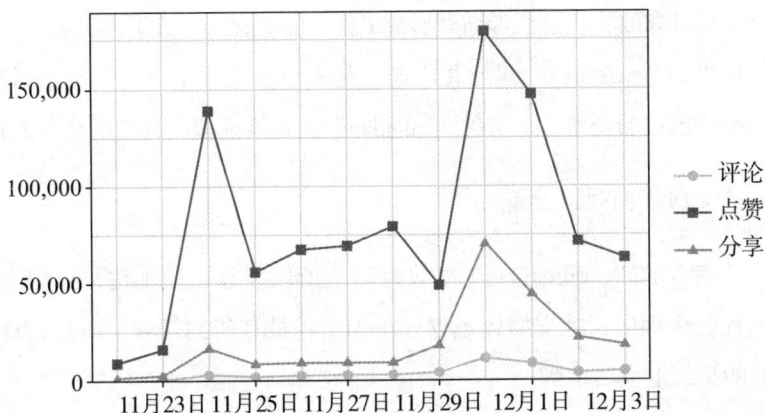

Facebook 公共主页上与乌克兰抗议活动相关的用户活动

数据来源：纽约大学社交媒体与政治参与实验室

　　大量的互动最终形成了人们一套共同的话语体系。据调查，30岁以下的抗议者中，在解释参加抗议的理由时，经常会使用比如"自由""加入欧盟""全球人权"这类媒体语言，而且反复提到"独立的乌克兰不是苏联的孩子"，他们需要为了"民主"而奋斗。同时，反映在口号和标语上的抗议诉求也遵循着一定的模式：Facebook 上第一次出现的一个标语或口号，也会在抗议人群中经常出现。在采访的过程中，抗议者承认是从Facebook 上看到了一些标语或者口号，从而激发了他们的想法（比如著名的UKRAINEUKRAINE标语）。

　　对于获取抗议活动的最新信息，社交媒体和互联网站起到了无可替代的作用，包括上面提及的"抗议语言"。人们一旦加入他们的朋友和家人，走到街上参加抗议活动，就可以运用这些元素想出他们自己的"抗议语言"。[1]这种"一般化信念"和语言框架的形成至关重要，通过在社交网站

────────────────

① Onuch, Olga (Jan 2, 2014). "Social Networks and Social Media in Ukrainian 'Euromaidan' Protests." *The Washington Post*, http://www.washingtonpost.com/blogs/monkey-cage/wp/2014/01/02/social-networks-and-social-media-in-ukrainian-euromaidan-protests-2/.

的反复提及和放大，抗议者渐渐形成了统一的信念，形成了内聚力。

过去的"maidan"，即公共广场，是人们散发传单、进行热情讨论、形成一致想法的场所。而现在，"maidan"正在被虚拟的社交网络所取代。

社交网络的组织功能

乌克兰的"Euromaidan"抗议运动之所以引起广泛关注，还因为在这场社会运动中，社交媒体不仅仅承担了动员宣传的任务，而且在社会运动的组织上大展拳脚。

在"橙色革命"时代，不同抗议点的人们仅能通过手机短信了解双方的需求。而在Web 2.0和社交媒体的时代，用户从一对一变为多对多，这种交互性使得抗议活动在没有一个明确的组织机构和严密的层级制组织的情况下依然得以有序进行。

Facebook是各种组织活动的主要地点。随着抗议事态的发展，官方的Facebook主页会提供实时更新。在2013年12月11日警察在基辅中心发动的整个清场夜里，Facebook主页每隔10到15分钟就会更新一次，详细叙述警察的行动、警察所在的地点，以及基辅独立广场的动态。[1]

Facebook的交互式地图是这次抗议运动组织的亮点。通过Facebook，抗议者创建了一个提供事无巨细的具体信息的交互式地图，包括去哪里领一碗汤、最近的流动厕所在哪里等。在地图上，人们使用图标标示临时医院的位置，指明食物领取处、问询处、有淋浴设施的浴室，以及休息区、教堂和路障。双击图标，一张图片、还有一个在这个特定站点所需物品的清单会弹出。例如，一个医院站点会弹出那里需要水、遭受催泪弹之后冲

---

[1] Metzger, Megan (Dec 11, 2013). "As Police Raid Protests in Ukraine, Protesters Turn to Twitter and Facebook." *The Washington Post*, http://www.washingtonpost.com/blogs/monkey-cage/wp/2013/12/11/as-police-raid-protests-in-ukraine-protesters-turn-to-twitter-and-facebook/.

洗眼睛的无菌生理盐水、消毒湿巾和护唇膏。点击厕所，会告诉你那里需要厕纸，还有一条提醒每一个人保持良好卫生习惯的重要性的信息。[①]

另外，Facebook主页也发布事态的进展，比如利沃夫（乌克兰西部主要城市）市民组织前往基辅，参加那里的抗议活动。Facebook主页还提供一些后方信息，比如什么地方爆发了抗议者与警察的冲突、什么地方比较平静等。其目的是让人们尽量加入抗议活动，同时也是为了让人们把急需的医疗用品送到医疗中心。[②]

随着清场行动的进行，抗议者马上建立了一个题为"帮助到达广场"的Facebook主页[③]，其目的是为了组织乌克兰其他地区的民众前往基辅，参加抗议活动。在这个主页上，抗议者可以发布各种信息：比如有人说自己需要搭车；有人称自己可以捎人，并公布自己的相关信息——包括来自哪里，汽车内有几个座位，以及联系方式等。无论是Facebook还是Twitter，用户们都发布消息称，来自乌克兰各地的民众准备加入基辅的抗议活动。[④]

这种组织方式只有在用户生产内容（UGC）和基于人际传播的"多对多"交互型社交网站上才可能实现。从Maidan到Euromaidan，显示了社交媒体的新型应用及其威力。

---

① Talaga, Tanya (Feb 5, 2014). "How Social Media Is Fuelling Ukraine's Protests." *Toronto Star*, http://www.thestar.com/news/world/2014/02/05/ukraines_revolutionary_movement_euromaidan_stays_organized_with_social_media.html.

② Metzger, Megan (Dec 11, 2013). "As Police Raid Protests in Ukraine, Protesters Turn to Twitter and Facebook." *The Washington Post*, http://www.washingtonpost.com/blogs/monkey-cage/wp/2013/12/11/as-police-raid-protests-in-ukraine-protesters-turn-to-twitter-and-facebook/.

③ https://www.facebook.com/helpgettomaidan.

④ Metzger, Megan (Dec 11, 2013). "As Police Raid Protests in Ukraine, Protesters Turn to Twitter and Facebook." *The Washington Post*, http://www.washingtonpost.com/blogs/monkey-cage/wp/2013/12/11/as-police-raid-protests-in-ukraine-protesters-turn-to-twitter-and-facebook/.

抗议者如何利用不同的社交媒体

社交网站种类繁多，在产品设计上也各有千秋。这使得抗议者在利用社交媒体进行信息传播活动时会采取不同策略。

Facebook主要是建立在"强关系"（如亲人、好友等）之上的社交网络，同质性较强。而Twitter和YouTube等媒体则是建立在"弱关系"之上的，例如Twitter上的某个被关注者与其关注人可能在现实生活中并不认识，却有可能来自世界各地。弱关系有助于跨越群体的界限，在异质性较强的群体之间保持信息沟通，从而取得更多的外界资源，扩大社会运动动员的广度；强关系则有助于信任、忠诚等情感的产生，从而强化群体内部的凝聚力，增强社会运动动员的密度。

在抗议初期，Facebook的使用频率较高，且官方的Euromaidan主页的语言为乌克兰语。因为Facebook的设计是基于人际关系，相互关注者多为朋友和家人等"强关系"，在进行有风险的抗议活动时，家人或者是密友的劝说和陪伴可以带来安全感。[①]因此，在运动初期使用Facebook传播抗议信息，可以吸引更多的乌克兰人加入抗议活动。随着抗议活动的深入，出现了更多的Facebook主页，满足各种特定的需求，比如帮助被捕的抗议者获得法律援助，在暴力升级后协调医疗救助等。

然而，运动经过一段时间之后，Twitter成为一个更加活跃的抗议讨论地点。2014年2月18日，数千名示威者举行号称"和平进军"的示威活动，与维护秩序的防暴警察和内卫部队军人发生激烈冲突，其后24小时，使用抗议话题标签发送的推文数量大约为25万条，这大大超过了抗议活动最初几周发送的推文总数量；此外，每小时发送的推文数量也达到了高

---

① 《华盛顿邮报》网站刊载的调查显示，线下的社交网络在信息传递上也发挥了重要作用：47%的抗议者从朋友那里获取重要信息，18%的抗议者信息来自同事，15%来自亲属。这从另一个侧面显示了强关系的重要性。http://www.washingtonpost.com/blogs/monkey-cage/wp/2014/01/02/social-networks-and-social-media-in-ukrainian-euromaidan-protests-2/。

峰，为每小时3万条。① 虽然用户推送的地点大多在乌克兰，但是他们基本都使用了英语。这显示出，抗议者在使用Twitter来向世界各地传达抗议活动的信息，以此吸引国际社会的注意。

　　抗议者是在有策略地使用社交网络，另一个更明显的例子是Twitter用户的注册。据乌克兰社交媒体使用者在2013年9—12月公开注册Twitter账户的分布数据，用户注册的明显高峰正好与抗议活动的开始时间吻合。换句话说，那些贴有#EuroMaidan标签的都是Twitter的新用户。这表明抗议活动化作激励乌克兰人使用Twitter的巨大推力，或许是因为看到了在各种抗议活动中Twitter的巨大作用，乌克兰人受到了启发，认识到此种社交媒体的战略潜力，尤其是在国外沟通方面的作用。②

　　以上情况说明，乌克兰抗议者运用Facebook生产面向国内受众的内容，而Twitter则成为他们向国际社会传递信息、争取支持的工具。

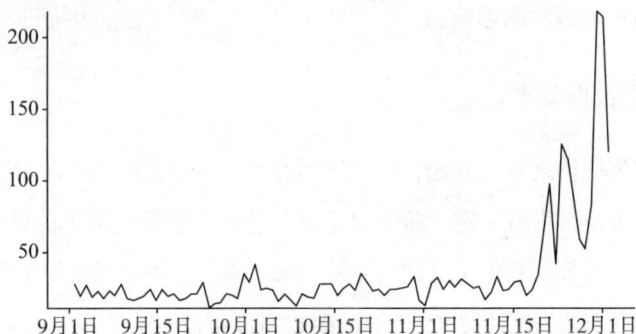

2013年9—12月每日新注册的来自乌克兰的 Twitter 账户

数据来源：纽约大学社交媒体与政治参与实验室

---

① 纽约大学社交媒体与政治参与实验室（SMaPP）报告《2013 年—2014 年乌克兰抗议》，2014 年 2 月 28 日，http://smapp.nyu.edu/reports/Ukraine_Data_Report.pdf。
② Barberá, Pablo & Metzger, Megan (Dec 4, 2013). "How Ukrainian Protestors Are Using Twitter and Facebook." *The Washington Post*, http://www.washingtonpost.com/blogs/monkey-cage/wp/2013/12/04/strategic-use-of-facebook-and-twitter-in-ukrainian-protests/.

YouTube也是抗议者们赢得国际支持的重要阵地。例如YouTube上点击量高达800多万的名为"我是乌克兰人"的视频。[①]在悲壮的背景音乐中，一位美丽的乌克兰女子用带有口音的英语，陈述着这次抗议运动的事情经过。在陈述过程中，还夹杂着大量警察与抗议者暴力冲突的画面、爆炸的画面，等等。美女不断重复着"free"这个词语，希望看到视频的人将在乌克兰发生的运动告诉周围的朋友和所在的国家政府，为他们提供支持。两分钟的视频中，使用国际通用的英语，有美女的激情呼吁，有暴力场景的视觉刺激，也有悲壮背景音乐的听觉刺激，使得这个视频在YouTube上广为传播。而结尾处的请求更是表明这个视频的目标受众是外国人。这样精准的定位使得抗议活动的信息广为传播，在赢得国际支持方面起到了重要的作用。

在技术进步推动社会运动的同时，社会运动的参与者有策略地利用社交网络扩大运动的影响力。

Twitter能否推动革命?

从"阿拉伯之春"开始，社交网络在社会变革方面的作用就引起了学者的广泛关注。带有一定"技术决定论"色彩的学者认为互联网内嵌着自由、社群、平等、利他主义和民主等价值，对社交网络时代可能带来的民主化期待很高。他们将2009年的伊朗政治危机命名为"Twitter革命"，仿佛通过社交网络就可以颠覆一个威权国家的时代已经到来。

那么，社交媒体改变世界的时代到来了吗?

似乎也并非如此。首先，一些学者认为，从社交网络产品设计本身来讲就无法真正有效完成社会运动的动员。格拉德威尔（Malcolm Gladwell）认为Twitter只是关注了我们从来没有见过的人，是弱关系；即

[①] https://www.youtube.com/watch?v=Hvds2AIiWLA.

使是Facebook这样的社交媒体仍然算不上"强关系",因为你所加的"好友"实际上只是生活中的熟人。①这种说法不无道理,在"Euromaidan"运动当中,据调查,第一次参加大型抗议活动的乌克兰人,都收到了来自密友或者家人推动他们前往抗议的短信、电话或者是电邮。②虽然社交网络承担了部分组织的功能,但是乌克兰抗议运动还是要有组织者和积极分子才能实现。确定去参加有危险的抗议活动之时,仅仅通过社交网络,人们无法获得安全感,还是要借助短信、电话和邮件,需要有亲密关系者的陪同。

其次,社交媒体仍然可能被国家机器控制。例如,在伊朗"绿色革命"中,伊朗革命卫队宣布对互联网实行管制,要求网站和博客作者删除敏感内容。当局封锁和驱逐媒体,导致伊朗国内局势不能及时传递出去,而伊朗民众则利用新兴的网络工具如Twitter、Facebook、YouTube和代理服务器等进行对抗,将示威和政府镇压的实况报道出去。此外,要使用网络必须通过互联网服务提供商,这些服务提供商也有强大的力量可以阻止民众上网。"在埃及,跨国通信公司沃达丰就和其他几家移动电话运营商一起被政府责令切断网络服务,以防止抗议者们相互沟通。只有在发送支持穆巴拉克的信息时才可以重新开启链接。它们自然服从政府禁令。"在社交媒体层面,Facebook和其他社交网络可以"随意驱逐用户并对通信交流施加限制"。③国家机器和资本仍然可以紧紧把控互联网。

最后,新的技术可以被抗议者使用,同样也可以被反对抗议者所使

---

① Gladwell, Malcolm (Oct 4, 2010). "Small Change: Why the Revolution Will Not Be Tweeted." *The New Yorker*, https://www.newyorker.com/magazine/2010/10/04/small-change-malcolm-gladwell.

② Onuch, Olga (Jan 2, 2014). "Social Networks and Social Media in Ukrainian 'Euromaidan' Protests." *The Washington Post*, http://www.washingtonpost.com/blogs/monkey-cage/wp/2014/01/02/social-networks-and-social-media-in-ukrainian-euromaidan-protests-2/.

③ 琼尼·琼斯:《社会媒体与社会运动》,《国外理论动态》2012年第8期,第45页。

用。在乌克兰抗议活动中，一些抗议者的智能手机上就接到了来自乌克兰政府的信息："亲爱的用户，您已经被登记为一场大规模动乱的参与者。"①据《纽约时报》报道，抗议者认为政府使用了来自广告行业的尖端科技以对抗议者进行政治分析（political profiling）。乌克兰的三家移动电话运营商Kyivstar、MTS和Lifecell都否认自己向政府提供了定位信息，也不承认短信是它们发的，Kyivstar表示那也许是该地区的一座"海盗"无线发射塔所为。②登记真实身份的社交网络极易泄露个人隐私，而抗议者利用社交网络发起的各种活动也很容易被监控，这可能加剧抗议者的政治风险，降低其参与意愿。

社交媒体无法为我们提供一条民主化的捷径。技术不是孤立存在的，仍然有政治、经济和社会的语境限制。因此，仅仅依靠技术进步无法推动整个社会的变革。乌克兰抗议运动的国际背景和乌克兰社会的政治、经济因素仍然是社会运动形成的关键原因。

但社交网络的出现所带来的政治文化的确具有革命性意义。社交网络带来了一种新的政治文化：没有中心，因此也就没有中央权威。③在社交网络时代，个人从社会条件中解放出来，个人的意义被放大，以至于《时代》杂志将2006年的封面人物定为"你"，并以大字标题写道："是的，就是你。你控制着信息时代。欢迎来到你的世界。"在这期杂志里，莱夫·格罗斯曼写道："这是一则关于规模前所未有的群体协作的故事，

---

① Merchant, Brian (Jan 21, 2014). "Maybe the Most Orwellian Text Message a Government's Ever Sent." *Vice*, http://motherboard.vice.com/en_ca/blog/maybe-the-most-orwellian-text-message-ever-sent.

② Kramerjan, Andrew E. (Jan 21, 2014). "Ukraine's Opposition Says Government Stirs Violence." *The New York Times*, http://www.nytimes.com/2014/01/22/world/europe/ukraine-protests.html?_r=1.

③ 曼纽尔·卡斯特：《认同的力量》，曹荣湘译，北京：社会科学文献出版社，2006年，第159页。

也是一则关于包罗万象的知识纲要维基百科、有着百万频道的人际网络YouTube 以及网上都市 MySpace 的故事。它还是一则有关多数人从少数人手中夺取权力并不求回报地相互帮助的故事，一则有关这一切不但将改变世界、还将改变世界变化的方式的故事……它其实是一场革命……一次建立新型国际理解的机会。这种理解不是政客与政客之间的，也不是伟人与伟人之间的，而是公民对公民、个人对个人的。"[①]

　　社交网络赋予个人前所未有的权力去影响互联网。他们利用这一新工具做什么，怎么做，和谁一起做，都是可以由他们自行决定的事情。需要再次强调，仅仅凭借社交网络的技术变革无法完成社会变革，但不可否认的是，互联网确实愈来愈成为政治民主化和社会变革实现的重要场域。如何把社交网络的技术整合进社会变革的进程中，当是摆在所有国家面前的崭新课题。

---

① Grossman, Lev (Dec 25, 2006) "You—Yes, You—Are TIME's Person of the Year." *Time*, http://content.time.com/time/magazine/article/0,9171,1570810,00.html.

我们占领
——一个社会运动的生成

在这种新型的社会运动中，要避免对"戏剧性时刻"的期待心理。不会有某个"革命性的时分"的到来，而只有不停顿的反叛。最重要的是从现在开始，创造每日每时的变化。

舞女与铜牛

在纽约，我每天早晨乘地铁时会在地铁口拿一份免费的*Metro*（地铁报），它自称"纽约头号免费报纸"。由于是纽约本地的报纸，所以它很关心"占领华尔街"运动，我也得以在每天去工作的路上，跟踪一些关于这场运动的最新信息。

2011年10月17日的封面标题是*"Occuspy"*，报道的是一位布鲁克林居民在抗议中自愿充当卧底，向FBI和纽约警察局（NYPD）传送情报的故事。这位居民名叫汤姆·瑞安（Tom Ryan），从事的职业是私人安全咨询顾问，他说他只是为了让纽约人拥有安全的纽约。在一封邮件中，他给一位NYPD警探发警告说，抗议者打算冲击一场警务处长出席讲话的新闻发布会；另一封邮件则报告说，抗议者计划和工会领袖联手，以增强运动的影响力。

事情披露后，警方拒绝对此发表评论，但一个消息源指出，瑞安的所谓"情报"在公开信息中都能找到。抗议运动的发言人帕特里克·布鲁纳（Patrick Bruner）把瑞安鄙视为"告密者和特务"，并说他的行为"既不诚实，也徒劳无益"。自从瑞安在BigGovernment.com

网站①上公布了他的发现以后，他接到了几百个死亡威胁，一个人说："我要切断你的喉咙，你这个企业雇佣的婊子。"

我对这个故事感兴趣的地方是瑞安对《地铁报》的一段自述。他说："这场运动如此庞大。他们只是不断地说他们想有自己的（开罗）解放广场。你不知道他们想要什么，还有他们有能力做什么。每个人都有不同的议程。"看完这段，我在想，如果瑞安的"特务"活动让他得以发现运动的领导人，他会毫不犹豫地把这个人的情况报告给警方，以便警方提前采取措施。可问题是，占领华尔街运动的领袖在哪儿啊？

Ketchup，一个娇小的22岁的芝加哥女孩，一头红发，戴着大大的红框眼镜，在2011年9月17日的下午到达曼哈顿下城的祖科蒂公园（Zuccotti Park）。她的全部家当是：一顶帐篷，一个带轮子的旅行箱，价值40美元的食品，一本霍华德·津恩（Howard Zinn）的插图本《美国人民的历史》（*A People's History of the United States*），还有一个睡袋。她没有购买回程机票，不知道自己会加入一场什么样的活动中，不认识抗议者中的任何人。她做了这样的一个率性决定，只因她读到了那本号召占领华尔街的加拿大杂志《广告克星》（*Adbusters*）。

一切都起源于一个现在已经十分著名的广告如下图所示。

2011年7月中旬，《广告克星》号召从9月17日开始占领华尔街，并制作了一幅性感十足的海报：一位芭蕾舞女站在铜牛身上起舞，背景是戴防毒面具的警察和烟雾。身后来势汹汹，脚下庞然大物，舞者轻盈曼妙。制作者的指向十分明显：以优雅对抗野蛮，以轻盈对抗暴力，以梦想对抗现实。强与弱的对比，力与美的反差，给人的审美体验极为震撼；文字上洗练无比，海报上方是醒目的红字："我们统一的要求是什么？"下方用黑字写着：占领华尔街，从9月17日开始，带着你的帐篷。

---

① 该网站现在导向 https://www.breitbart.com/politics/。

《广告克星》发布的"占领华尔街"海报

    《广告克星》发出这样的号召并不稀奇。在过去20年里,它一直致力于"文化干扰"(culture jamming)。这一主张起源于20世纪80—90年代的反消费主义运动,目标是破坏和颠覆主流的文化制度,特别是企业广告。《广告克星》的联合创始人和总编辑凯乐·拉森(Kalle Lasn)原本就是一位广告创意人,现在却以"反广告"为业,通过创造伪装的广告以解构真实产品的广告信息。在2006年柏林的一次广告设计创意大会上,拉森号召广告从业人员反叛自己的职业。"我们创造酷,又打破它"(We are the cool-makers and the cool-breakers),拉森说,"我们是决定一本杂志外貌的人。我们是创造电视的感情和语调的人。我们也是把握互联网的得失出入的人。我们比其他职业都更加拥有改变世界的力量。"[1]

---

[1] Kaste, Martin (Oct 20, 2011). "Exploring Occupy Wall Street's 'Adbuster' Origins." NPR, https://www.npr.org/2011/10/20/141526467/exploring-occupy-wall-streets-adbuster-origins.

当然，拉森在把广告人视为文化革命的先锋方面，可能走得稍远了一点。无论如何，拉森在年轻人中产生了巨大影响，并且，他懂得怎样发起一场运动。拉森先是把7月的这期杂志通过邮件群发给其"文化干扰者"网络的9万多名成员，同时，7月13日，《广告克星》在自己的网站上发布博文，号召"转变革命策略"，汇集成千上万的人到下曼哈顿，"架起帐篷、厨房，以及和平的路障，把华尔街占领上几个月。一旦到了那里，用喧哗的众声不停地重复一个简单的要求。"博文署名"文化干扰者总部"，也第一次推出了#OccupyWallStreet的Twitter标签。①

博文强调说，这场抗议将不会有任何领导者。并且，那个"统一的要求"到底是什么，要等抗议者聚集了足够庞大的人群以后，再由这个人群决定。你会发现，这篇博文精确地预见了其后占领华尔街运动的发展路径。

"占领"：在公共空间安营扎寨

《广告克星》经由社会性媒体制造了一个文化基因（meme）。特别是杂志制作的"舞女与铜牛"的海报，使得该文化基因爆炸式传播，即便抗议者缺少明确的诉求，但这一基因令许多感受到自身梦想破灭的人找到了表达的空间。

很重要的一点是有关"占领"概念的提出。像任何一场运动一样，运动的传播需要一个火种。在这场运动中，"占领"概念就是日后令野火在全球蔓延的火种。当然，"占领"并不是《广告克星》的首创，占领华尔街运动非常明显地继承了"阿拉伯之春"以及其后西班牙和希腊民众以"愤怒者"（indignant）的名义在公共空间安营扎寨的举动，"占领"实际意味着到达某个公共广场或公园，"收复"这些本属于民众的空间，在

---

① http://www.webcitation.org/63DZ1nIDl, Jul 13, 2011.

那里建立组织总部，然后展开各种各样的活动。

　　然而《广告克星》把"占领"概念放大和凸显，其关键意义在于，抗议不是发生在某一天的，也不是一次性结束的，相反，它每天发生，全天发生，永无止歇，人们因此有机会实际注意到这场运动的存在。过往常见的情形是，如果抗议在某一天发生，等你知道了这件事，你卷入它的机会已经过去了。"占领"则不然，它使得抗议具有了永续性，这也就是《广告克星》所说的"革命策略"转变的意义所在。"占领"实际上取得了比一次传统的示威游行大得多的影响。

　　《广告克星》提出占领华尔街，地点也极具象征性。从某种意义上说，华尔街和纽约股票交易所就像美国的市镇广场，其重要性可能仅次于华盛顿的国家广场。《广告克星》性感的号召令立刻得到了好些反资本主义和激进的左翼团体的响应，数千名抗议者在9月17日那一天，企图占领华尔街并"给银行家带去正义"，但纽约警察把这条美国最知名的街道用路障和检查站封锁起来，并宣布帐篷非法。抗议者随即将距离华尔街几步之遥的祖科蒂公园变成了一个城市露营地，并把这个公园称为"自由公园"（Liberty Park）。

　　这个公园在曼哈顿金融区是个很受欢迎的地方，因为它在摩天大楼环伺之中，是一片难得的空地。"9·11"袭击发生后，这里遍布世贸中心的残骸。抗议者所找到的这块纽约的"解放广场"（Tahrir Square）令人心悸：它恰好处在两个灾难区域的中间——后面是在2001年恐怖袭击后化为废墟的"归零地"（Ground Zero），前面是几年后又在金融巨骗的袭击下坍塌并燃烧的华尔街。这两场灾难深深定义了21世纪不安的美国。

　　根据occupywallst.org网站的解释，"占领华尔街"运动是"一场没有领导者的抵抗运动，不分肤色、性别与政治信念。我们只有一个共同点：我们是不想再忍受1%的贪婪与腐败的99%。我们使用'阿拉伯之春'的革命策略实现我们的目的，鼓励非暴力，以最大限度地保障所有参与者的安全"。

占领运动不可阻挡地从纽约向美国各地蔓延。看看Twitter上的标签就知道了：从一开始的#OccupyWallStreet，已经发展到#OccupyDC，#OccupyBoston，#OccupySF，#OccupyLA，#OccupyChicago……最后是#OccupyTogether。在Facebook上，开始只有一个与占领有关的专页，后来迅速增加到100个以上。一位美国网民在Opendemocracy网站上写道："美国革命已经来临了，土豆却还盘踞在家里的沙发上。可不可以抬起你的屁股，上街，否则美国革命就被人民力量完成了……爱、智慧、真相和非暴力是关键。"

10月15日，一个叫"十月十五"的网站号召全球的人们在10月15日同时走上街头和广场举行示威。"让政客和他们为之服务的金融精英懂得，是我们，人民，决定着我们的未来。我们不是政客和银行家手中的玩物，他们也不代表我们。"网站随后声称，有87个国家的951座城市发生占领活动。

华尔街掀起的这一波"占领"浪潮，终于席卷全球。无论在世界各地的哪个街头，人们都有一种共同的愤怒，认为全球经济已经成了由金融大佬把弄的"庞氏骗局"。人们意识到，如果一个体系中，投机性的金融交易每天都增加1.3万亿美元（这是所有商业交易总和的50倍）[①]，而根据国际劳工组织（ILO, International Labour Organization）报告，"在35个有统计数据的国家，将近40%的寻找工作的人都有一年以上的时间找不到工作"[②]，那么，这个体系一定出了巨大的问题。

[①] 这还仅仅是1995年的数字，见 Berend, Tibor Iván (2013). *Case Studies on Modern European Economy: Entrepreneurs, Inventions, Institutions*. New York: Routledge, 83.

[②] Kollewe, Julia (Oct 1, 2010). "Global Unemployment to Trigger Further Social Unrest, UN Agency Forecasts." *The Guardian*, https://www.theguardian.com/business/2010/oct/01/job-market-recession-social-unrest-ilo.

无领袖、无纲领的新型社会运动

在自由公园的四周，到处都是摩天大厦，金融巨子们把它们巨大的阴影投在这块小小的空地上，仿佛对这块地上存在的人群不屑一顾。他们忙于玩弄金钱和生命，让政客、媒体和司法机构随着它们的曲调起舞；忙于吸纳全世界的资源来豪赌和投机；忙于摧毁我们这个星球的生态系统以牟取暴利。精英统治者认为所有在他们的领地之外的人都是边缘性的和不可见的。甚至就在占领运动发生数月之后，他们还在疑惑，抗议者到底想要什么？他们的诉求清单在哪里？为什么他们不能够向我们呈现具体的目标？为什么他们不能形成一个议程？

"我们到了公园"，Ketchup叙述她第一天的经历，"有一阵子到处都乱糟糟的。每个人都抢着说话，谁也听不见谁。然后有个人说，我们应该围成圆圈，谈谈下面该做什么，并想想自己能够做什么。所以大家围成了不同的圈子。每个圈子里有个记笔记的人。每人轮流说话，发表意见。大家对什么是优先的问题产生争论。"

Ketchup说，在小圈子的会议结束以后，她感到沮丧，因为局面有点混乱，她没有朋友可以倾诉，也不知道下面会发生什么，所以心情不佳。可是接下来，一位社会学教授给了她很多教育，她和很多其他人——学生、老师、艺术家、活动分子——组织了"纽约城大会"（New York City general assembly），来协调整个纽约的行动。这个"纽约城大会"也不是凭空诞生的，它起源于一场纽约人反对削减预算的行动，活动分子从8月起就在一些公共公园里每周讨论一次，并在纽约市政厅组织过为期三周的抗议。现在，他们决定在一个更大的范围内实验一种没有领袖的、水平化的决策过程。

根据警方的规定，占领者不能使用麦克风，因为他们的露营未经批准。警方本来是想让抗议者难以讨论，但没想到占领者弄出了更大的声响——他们发明了"人体麦克风"（people's mic）。这种人体麦克风的工作过程很简单：一个人在小圈子里讲话，他每讲短促的一句，围拢的人就集体重复这句话。后来知名导演迈克尔·摩尔（Michael Moore）到自由公园和大家交流时说："我热爱人体麦克风。这不仅仅是我的声音、他或她的声音，而是我们大家的声音。就让我们用这样的方式展开我们的运动吧。不要让运动被政客所占领。"

不知道是谁想出的这个点子，但"人体麦克风"在第一次召开纽约城大会时就派上了用场。Ketchup说，那场大会其实也很混乱，人们甚至都不知道大会是用来干吗的。大家讨论运动的立场和要求，七嘴八舌，众口不一，最后有人说，让我们分成工作组吧，这样更有效率一些。

第一天晚上9点半的时候，大会决定，成立不同的工作组。就寝组负责寻找纸板，好让参加的人员有地方睡觉。突发事件组要决定，如果警察采取行动，大家该怎么办。一个重大决定是，如果大家被冲散了，第二天10点在公园重新聚集。还有一个组叫作艺术与文化组，这表明占领者从一开始就做了长久的打算，这个组的任务是发掘有艺术能力的人才。然后是食品组，不用说，负责筹集食品。直接行动组筹划直接的、可见的行动，例如游行。最后是安全组，因为警察是最有可能伤害占领者的人，所以这个组实际上是对付警察的团队。他们轮流值班，确保24小时都有警戒。

经过大会和工作组这样的双重划分，职能就很明确了：大会负责大的、事关全体的决策，工作组负责日常管理和组织。每个工作组都可以自行决策。很快，出现了更多的工作组。媒体工作组、财务工作组、卫生工作组、法律工作组、教育工作组、医疗工作组、公关工作组、外联工作组、网络工作组，等等，不一而足。这些组每天协调各种事情，从怎么处理垃圾到如果有人违反了不得吸毒的规定怎么办。

此外，还兴起了各种各样的美国人称之为Caucus的核心会议。例如，有色人种可以召开自己的核心会议。一个核心会议给予运动中那些不同的亚群体以安全交流的空间。它也是一种赋权行为，如果更大的群体决定采取某种这些亚群体认为不符合自身利益的行动，他们可以阻止那样的行动。有时候在一个亚群体发起抵制之后，大家还能达成共识，但一个严重反对（paramount objection）就真的很严重了，人们可能会以退出运动来表示反对。

"纽约城大会"在它的网站上这样定义自己："纽约城大会是一个公开的、参与性的和水平组织的过程，我们借此提升能力，把自己构建为公共空间中的一种自治性的和集体性的力量，以此应对我们深陷其中的经常性的时代危机。"这个宗旨写得颇为拗口，但值得注意的是，它强调自己是一个过程而不是一个组织。在大会上，所有的委员会都参加讨论，分享想法。它对所有其他想参加的人也是开放的，任何人都可以在会上发言。大会并没有一个突出的领导人，只有一些主持人主持日常性的交流，会后由志愿者更新会议纪要，并写下其他一些组织者需要了解的信息。议题的达成是通过协商一致的决策（consensus decision-making）方法来实现的，既寻求大多数人的同意，也努力解决或者减轻少数人的反对。

也许抗议者采纳的最重要的规则是：非暴力。不管警察可能怎样粗暴地对待抗议者，后者都奉行不还击的手段。Ketchup 说："那些往守法的妇女抗议者脸上喷辣椒水的警察，期望被喷的人旁边的男男女女发起一场骚乱。因为他们能够对付骚乱。可是，他们无法对付带着相机的非暴力的抗议者。"

在这种形式的抵抗中，我们看到对旧式的政党政治的拒绝，对激进多样性的拥抱，以及对自下而上的民主的新形式的坚持。抗议者甚至犹豫要不要提出正式的诉求，因为那可能意味着承认他们所极力反对的政治阶层的合法性。同时，避免明确的政策纲领，也有助于扩大运动对更多群体的吸引力。正是为此，他们才到处打出"我们是99%"的口号。

除了明确的纲领，运动也缺乏众望所归的领袖。这样做显然也是经过深思熟虑的。首先，有领导就意味着有层级，而等级制恰好是同抗议者的立场背道而驰的，他们追求的是包罗广众。其次，运动一旦出现领导人，很容易成为警察的靶子，或者各种利益集团收买的对象。

这样一种崭新的社会运动缺乏终局，它不会因为达成了某个特定的运动目标，就烟消云散。它所要改变的是这个世界的统治体系，而运动者意识到，这将是一场长期斗争，所以，只要他们在场，只要能够引发人们的关注，只要有越来越多的人认识到斗争的存在，就构成了最好的斗争策略。可以说，抗议者的占领运动只要持续着，他们也就在真正实现自己的目标。

占领的一代

"占领华尔街"运动引发了许多了争议，其中一个争议是，它究竟算不算一场社会运动。有人认为抗议者不过是一群邋遢的嬉皮士和一群失败的窝囊废，美国众议院共和党领袖埃里克·康托尔（Eric Cantor）更是直斥他们为"暴民"。[①]即使是那些对抗议者抱着同情态度的人也觉得这个运动不成形。"一种情绪上的呐喊和一个运动之间是有区别的。'占领华尔街'示威是情绪上的呐喊，区别在于组织和清楚的表达。"[②]美国驻联合国前任大使安德鲁·扬（Andrew Young）对占领运动如此评价。扬对社会运动似乎是有发言权的：当年作为一名南方的年轻牧师，他参加了南方基督教领袖会议（the Southern Christian Leadership Conference），并因参与亚拉巴马州和佛罗里达州的示威活动而被捕入狱。

---

① Kroll, Andy (Oct 7, 2011). "House GOP Leader Eric Cantor Calls Occupy Protests 'Mobs'." *Mother Jones*, https://www.motherjones.com/politics/2011/10/occupy-wall-street-eric-cantor/.

② "Activists from Past Social Movements Critique Anti-Wall Street Protesters." AP, Oct 9, 2011, https://www.foxnews.com/us/activists-from-past-social-movements-critique-anti-wall-street-protesters.

然而知名的社会运动理论家、康奈尔大学教授西德尼·塔罗（Sidney Tarrow）却批评扬说，扬有关占领运动缺乏真正的势头的评论是错误的，原因在于他把20世纪60年代的民权运动拿来作为理解"占领华尔街"运动的先例。两者之间并无可比性，"占领华尔街"完全是一种新型的社会运动。

　　塔罗认为，不像其他运动，"占领华尔街"遍及全美的集会没有明确的选民，提出的政策建议寥寥无几，其支持者的结构布局也不停变换。"它是崭新的，是一种表示'我们在此'的抗议，抗议者是在用自己的存在表示：'承认我们吧！'"[①]

　　如果你来到抗议者的营地，仔细地倾听他们，而不是戴着有色眼镜打量他们，你就会理解其中传递的这种讯息。当然，抗议者有一些普遍的共识，比如结束企业人格（corporate personhood）、反对金钱政治和把最无耻的银行家送进监狱，但"占领华尔街"以及它在全美燎原的姊妹运动，更多地与存在感相关，而不仅仅关乎一两个政治议题。当两大党竞相争取"1%"的少数的金钱的时候，这些"99%"的大多数被剥夺了在一个假定的民主中产生任何影响的能力，所以他们要夺回他们的国家，用一种最简单的方式开始：从身体上"重新占领"美国。

　　在从2011年年初开始的世界各地的反抗活动中，很多人在谈论社会性媒体的组织力量，比如Twitter、Facebook。然而当埃及政府在1月份关闭了互联网和手机信号之后，埃及的运动仍然在持续。所以，令穆巴拉克（Hosni Mubarak）下台的阶段性因素最终并不是某个新的Twitter标签，而是由传统工会组织的全国大罢工。互联网可以帮助某个社会运动，但它无法取代现实的人之间的现实关系，以及人们通过长期共同的工作所

[①] Tarrow, Sidney (Oct 10, 2011). "Why Occupy Wall Street Is Not the Tea Party of the Left." *Foreign Affairs*, https://www.foreignaffairs.com/articles/north-america/2011-10-10/why-occupy-wall-street-not-tea-party-left.

建立起来的那种现实的信任。

这也是占领运动很特殊的地方：它试图发展出一个自我持续的社区，先是组织起来，然后生存下去，其后再以一种有机的、自下而上的方式逐渐明晰自己的诉求。克莱·舍基曾经提出过一个"科斯地板"的概念，凡是那些对某些人有价值，但以任何机构的方式来做都太昂贵的有组织行为，皆可称为"落到了科斯理论的地板底下"（lying under a Coasean floor）。[①]直到最近，处于这个地板底下的行为都只能是小规模的，因为扩大规模，意味着需要支付作为机构存在的昂贵成本。然而，当交易成本突然瓦解，甚至很大的群体行动也不必依赖于一个必然产生管理成本的正式组织。群体行动终于可以突破正式组织的范围，那些具有松散结构的群体，可以出于非营利目的、不受管理层指挥而运行。

对社会运动而言，这意味着维持一个有效抗议群体的最小规模可以戏剧性地下降。即使是小规模的活动，现在也具有了广阔的延展性，由于各种群体行动的成本降低如此之快、幅度如此之大，从前那些藏在地板下的行为现在也可能突然壮大，从而受到关注。传统媒体报道占领运动的一个误区正在于，它们总是试图依靠计量参加人数来决定报道的重要性，然而公众的想象力与抗议者规模间并不存在线性关系，运动在社会想象上可以占据比现实中更大的空间。以往，也许需要大游行才能吸引媒体的注意力，现在不一定了，只要群体行动能够占据公众的想象。

新型社会运动的可延展性也体现在它是可复制的。如果一个相对小的然而却具有广泛的网络联系的群体可以占领华尔街，那么，类似的群体为什么不可以在地方中心展开同样的行动？运动向全球的蔓延当然在某种程度上可以归功于社会性媒体。"占领华尔街"运动有一个媒体组，

---

① Shirky, Clay (2008). *Here Comes Everybody: The Power of Organizing Without Organizations*. New York: Penguin, 45.

经营Occupytogether.org网站，进行24小时不间断的流媒体直播，维持Twitter、Facebook和Tumblr上的信息流，并同其他地方的类似占领活动展开Skype对话。然而，同样在发生的一个过程是，很多人到纽约亲历了抗议，然后决定回到家乡发展类似的活动。

所有这一切表明，只要有足够好的理念、强大的打动人们心弦的情感，并且熟知如何使用社交网络，一切都有可能。"占领华尔街"运动缺乏组织，也没有领导，但它几乎完全通过网络，利用Twitter、Facebook与Meetup等平台，就动员了全球数以万计的人。

平均年龄只有二十几岁的抗议者熟练地使用各种网络工具：比如Vibe，这是一个允许人们匿名张贴文字、照片和视频的平台，尤其适合在集中的时间段和较短的距离内使用，这使它成为集会应用的极佳工具；比如WePay.com，一个快速筹款平台；比如流媒体的视频直播，依靠很便宜的相机和高速无线连接，抗议者不间断地向全世界放送自由公园的实况；各种网站也层出不穷，从We Are the 99 Percent，到Parents for Occupy Wall Street，再到Occupy Together，甚至戏仿的Occupy Sesame Street，不一而足。

塔罗说，"我们在此"这类性质的运动往往会迅速爆发，也可能同样快速地消失，或分化成由特定主张和特定利益所构成的支流运动。现在预言"占领华尔街"究竟会向哪个方向发展仍然为时过早。但有一点是肯定的：通过身体上占据美国权力的象征性中心并拒绝离开，华尔街的抗议者们创造了一种自己的声音在美国的政治进程中被听到的崭新方式。用塔罗的话说："这预示着美国的草根社会出现了一股要求改变的新力量。"[1]

---

[1] Tarrow, Sidney (Oct 10, 2011). "Why Occupy Wall Street is Not the Tea Party of the Left." *Foreign Affairs*, https://www.foreignaffairs.com/articles/north-america/2011-10-10/why-occupy-wall-street-not-tea-party-left.

历史上，美国的年轻人总会被社会赋予各种各样的命名：从一战后"迷惘的一代"，到二战后"垮掉的一代"，如今，美国资本主义经济危机催生出崭新的一代，他们可以叫作"占领的一代"。

许多像Ketchup这样的年轻人的目标十分清楚，可以用一个词概括：反叛。这些抗议者不是来和体制合作的。他们没有向国会请求改革选举。他们知道选举是场戏，他们发现自己的方法，让自己的声音得到传播，并展示自己的力量。他们对两党制并不抱幻想。他们也知道媒体不会放大他们的声音，所以他们成立了自己的媒体。他们知道经济只为寡头服务，所以他们要着手建设自己的社区体系。如知名记者克里斯·海杰斯（Chris Hedges）所说，这是一场重新收复美国的运动。[①]

这个目标是权力精英无法理解的。他们无法想象有一天他们不再能够掌控人们的生活。他们相信，也试图让人们相信，全球化和不受约束的资本主义好比自然法，拥有永久的动力，从不改变。他们不知道，反叛在成功阻止资本主义毁坏我们的星球和这个星球上生活的人们之前，永远不会停止。这就是为什么这些精英永远在问，占领运动的诉求是什么。他们不明白正在发生的一切，因为他们"既聋又傻且瞎"。

Ketchup说："世界再也不能行进在当下的道路上。它是不可持续的。"这是一代年轻人的心声。

没有尾翼的导弹

"占领华尔街"运动形成了一个另类社区，它拒绝以利益为导向的资本主义企业的等级制结构，在向当权者表示抗议的同时，它也在向他们

---

① Chris Hedges (Oct 26, 2011), "Occupy Wall Street Wants to 'Reverse the Corporate *Coup d'Etat*'." *The Nation*, https://www.thenation.com/article/chris-hedges-occupy-wall-street-wants-reverse-corporate-coup-de-tat/.

演示一个真正的民主是什么样的：它是人们之间的自由探讨，而不是对利益的角逐。事实上，即使警方驱散了广场和草坪上的露营者，权力精英也仍然打输了这场战争，因为运动的远见和结构已然镌刻在曾经活动于公共空间的成千上万的人的脑海里，而给予了人们一份如何反击贪婪和腐败的蓝图，而这份蓝图可以在全美的城市公园和广场上复制，甚至可以复制到全世界。

"占领华尔街"运动不是某种思想库报告，写满精心研制过的政策要点，并附加一大堆数据。它是一场没有领袖的运动，对现实的抨击可能简单至极，缺乏政治策略上的精妙性，甚至会被边缘因素分心和贬低。然而，这场运动的要旨不需要精妙、严谨、细微。它是要把政治强行拖往一个不同的地方，在那里存在充沛的能量，可以令变革发生。

可以说，"占领华尔街"运动已然胜利了，它改变了美国政治辩论的方向，改变了议程，迫使媒体正视现实。突然之间，关于平等、公平、正义、收入分配以及问责等议题，这些一个世代都被忽视的议题，现在成了中心，成了前沿。美国人从单维度的关于如何削减赤字和削减多少赤字的讨论，深入到了那些关于社会结构的核心议题。通过强行施加这种讨论，"占领华尔街"运动迫使很多人对关键问题避无可避，要么就会显得琐屑不堪。

当然，伴随着公民行动的发自肺腑的情感不仅会带来变革政治所需的能量，也会由于其自身的不稳定和不连贯而很容易招致嘲笑。然而，在每一场社会运动中，关于正义、道义对错的情感都是运动强有力的打火石。只有到了运动后来的阶段，诉求和战略才会渐次显露。所以，那些有关占领运动不成形、不深刻的批评，或许是对的，但也完全不相关。批评者没有认识到一个政治转折点的到来。他们没有意识到，公众对占领运动投以关怀和支持，是因为当政治和经济坏到这步田地时，需要有人带着激情甚至愤怒来表达自己的挫折感。

2011年11月15日凌晨，纽约警察对"占领华尔街"运动的大本营自由公园实施突袭清场，occupywallst.org网站马上发表声明说：你无法对一个实现时刻已经来临的想法予以清场（You can't evict an idea whose time has come）。进入严冬，"占领华尔街"的影响还会持续吗？它还会激发公众的想象力吗？它会变形为一个目标更加具体的运动，形成更加有效的策略吗？这些都是目前还难以回答的问题。有时候，这场运动看上去好像没有尾翼的导弹，充满了潜在的能量和希望，但却可能射往完全无法预计的方向。

最终，在这种新型的社会运动中，要避免对"戏剧性时刻"的期待心理。不会有某个"革命性的时分"的到来，而只有不停顿的反叛。最重要的是从现在开始，创造每日每时的变化。

占领华尔街：公共艺术还是公共过程？

作为公共过程的社会运动需要规模的扩大化，而规模的扩大意味着需要某种程度上的等级制——就连 Linux 和维基百科这样的开源项目也有历经多次迭代而发展出来的领导结构。与此前的运动不同的是，现在的运动中存在社交媒体，它到底能不能帮助解决这个古老的问题呢——让一个运动成长壮大，同时保持其核心的气质风貌？

《广告克星》的联合创始人和总编辑凯乐·拉森宣称："我认为人类在这个星球上的实验已经撞到了墙上。"[①] 他对现代资本主义所造成的环境和心理代价深感痛心，认为世界走到这一步，广告人员难辞其咎。

为此，他号召广告人反其道而行之，充当文化革命的先锋。《广告克星》杂志本身建立在发达的资本化社会的广告技术可以用来颠覆资本主义结构的前提之上，长期以来，它精于制造简练有力的战斗口号，并引发各式各样的抗议。但"占领华尔街"的动议与该杂志的其他尝试非常不同，这一次《广告克星》精准地命中了靶子，它在全体美国民众当中激起了一种原始的神经性反应，为在经济大衰退之后无就业的复苏所带来的沮丧情绪提供了一种统一的表达。

"占领华尔街"这个短语，就像任何出色的广告概念一样，非常吸引人和鼓舞人，为横跨各种事业和各个城市的多方面的不满提供了一个容

---

① Kaste, Martin (Oct 20, 2011). "Exploring Occupy Wall Street's 'Adbuster' Origins." NPR, https://www.npr.org/2011/10/20/141526467/exploring-occupy-wall-streets-adbuster-origins.

易识别的共同点。拉森的文化反抗主要体现在颠覆主流叙事上，而并不在于制定有条理的制度来与现存制度对抗。当面对"占领华尔街"运动未能制订连贯一致的行动计划的批评时，他轻松地回答："他们成功地在美国发起了关于美国的重大对话……没有什么比这更好的了。"[①]

即便缺乏清晰的诉求，由《广告克星》传播的"占领华尔街"的文化基因却体现了社会运动的一面，即社会运动作为公共艺术（activism-as-public-art）。"占领"概念引发了关注，造就了流行，并变成了人们谈论破碎的梦想的试金石一样的东西。它所引发的意象和语言在人心中产生了极大的共鸣。

然而，社会运动还有另外一面：作为公共过程的社会运动（activism-as-public-process）。这个区分是年轻的社会运动研究者大卫·卡普夫（David Karpf）做出的，他认为社会运动的组织可以分为两种：一种，像"文化干扰者"所做的那样，对当代社会提出激烈的批评，特别是要对企业的不正当势力予以曝光。另一种，是社区组织者所相信的，需要在改善人们的生活、改变权力的均衡方面取得可见的胜利，赋予人们一种自我力量感。前者所从事的是作为公共艺术的社会运动，后者从事的是作为公共过程的社会运动。[②]公共艺术和公共过程各有其位置，但会把一场运动带往不同的方向。

文化干扰者通常不是好的组织者，而是好的发起者。这也就是为什么在自由广场上，你几乎见不到来自《广告克星》的人。在那里活跃的是传统的活动分子和社区组织者，这些人曾经卷入过形形色色的进步事业当中。随着事件的进展，占领运动越来越剥去"文化革命"的外衣，

---

① Stackpole, Thomas (Nov 12, 2011). "Meet the Ad Men Behind Occupy Wall Street." *The New Republic*, https://newrepublic.com/article/97353/adbusters-kalle-lasn-occupy-wall-street.

② Karpf, David. (Sep 19, 2011). "Ontologies of Organizing-Why #Occupywallst Was Doing It Wrong." https://www.shoutingloudly.com/2011/09/19/occupywallst-doing-it-wrong/.

开始逐渐获得组织支持。这样的好处在于，即使对于激进分子也需要规则。组织工作完全不同于攫取眼球的"文化干扰"。真正的活计在于"和一个人谈，再和一个人谈，再和另一个人谈"。它缓慢，困难，常常吃力不讨好，但却意义深植，可能带来深刻而长远的结果。

占领运动获得组织支持的一个例证是工会的进入。纽约的一些极其重要的工会——医疗、教育、交通、通信系统的工会——都参加了2011年10月5日的大游行。这对整个运动来说，既是好事也是坏事。工会，作为专事运动的组织，比公园里的年轻人更加精通组织之道，这有助于运动声势的扩大。然而，如果运动迅速扩大，集体决策将变得更加易碎，而且更趋意识形态化。在反越战示威中，当"学生争取民主社会"（Students for a Democratic Society，SDS）①的规模突然膨胀时，其最初领导者发现他们很难跟上所有新加入和不熟悉的人，因而无法维系核心的信任纽带。何况"占领华尔街"运动还没有什么特别明显的领导。

新加入的组织群体都曾承诺同民主党一起工作，毫无疑问也会愿意把占领运动的能量和势头据为己有。所以，公园里的年轻人担心的问题是，怎样在新的外来压力之下，还能够"保持过程的纯洁"。运动所声称的那种"水平的、自治的、无领导的、在协商一致基础上不断修正的"民主，眼下还处于一个微妙的实验性阶段。

到目前为止，运动成功地建立了一个彼此信任的活动社区，大家各自贡献自己的技能，并且能够就目的和手段达成一些最基本的共识。然而，工会的进入造成了新的挑战：它们能够提供支持者和资源，但它们是完全不同的组织。它们有着从上而下的等级制结构，并且拥有自身的

---

① "学生争取民主社会"是美国的学生运动组织，是新左派的主要代表之一。该组织在20世纪60年代中期迅速发展和扩大，在1969年的最后一次集会上解散。几十年来，它一直对学生组织产生重要影响。它所提倡的参与式民主、直接行动、激进主义、学生权力、小额预算和组织结构，在当前美国学生活动中都有不同程度的存在。

筹款基础。这意味着有些事情它们可以公开说，另一些事情则必须藏在桌面下。相比之下，占领运动者则通常是想说什么说什么，整个运动都建立在一个分散化的基础之上。所以，运动下一步面临的挑战在于，如何既实行直接民主，又能够团结那些带有运动者比较排拒的组织形式的群体。

在工会那一边，有些工会领导人已经认识到，劳工运动需要向占领运动学习，开掘年轻人的能量。他们承认，这场运动影响和激励了非常多的人，而这是劳工运动在过去很多年都没有能够做到的。虽然他们也曾发起过多次抗议活动，但几乎都没有引起社会上的太大注意，尽管他们可能动员了比占领运动多得多的人上街。例如，2010年10月华盛顿的一场劳工集会吸引了十余万人，但也没在媒体上掀起多大动静。

这其中的原因，既包括工会未能提出在更广大的民众中引起共鸣的诉求，也包括工会日趋老化，往往只能代表老一代工人，缺乏年轻人的活力。但不可忽视的一点是，工会本身不够民主，工会的领导人喜欢聚光灯，这和占领运动的民主性和分散性形成了鲜明的对照。

问题是，作为公共过程的社会运动需要规模的扩大化，而规模的扩大意味着需要某种程度上的等级制——就连 Linux 和维基百科这样的开源项目也有历经多次迭代而发展出来的领导结构。与此前的运动不同的是，现在的运动中存在社会性媒介，它到底能不能帮助解决这个古老的问题呢——让一个运动成长壮大，同时保持其核心的气质风貌？观察这个进程本身是激动人心的。

数字化社群在中国的兴起

数字化社群不同于线下的小型社群或大规模社群，它是扎根于网络空间的独特的社会组织形式。虽然数字化社群本身是虚拟空间的一部分，但它所牵涉的人际关系却是真实的。在增进社会联结、提升社会团结性方面，它与线下的社群拥有同样重要的作用。而由于其不同于过去社群的特点，数字化社群毫无疑问在丰富着中国社会的异质性。

提高社会联结的紧密度

网络社群从最早的BBS、QQ群到后来的SNS、微博和微信，其影响和作用一步步扩大。即时通信应用和网络社区的活跃，表明互联网在显著增加社会联结的紧密程度。借助即时通信应用，尤其是移动互联网上的即时通信，人们沟通的成本进一步降低，彼此可以随时随地建立联系。如今人们关心的不再是沟通的不便，而是沟通太方便而可能导致私人空间缩小。

如果说即时通信应用主要是增加强关系的沟通频度，那么网络社区则建立起更多的弱关系连接。在社交网络上，更多的人际关系建立起来，社会中人们的横向联系比过去更加活跃了。这使得人们的想法和经历可以在更广的范围被共享，即使关系较疏远的人也可以借助社交网络而找到共同点，关系建立的门槛降低了。

这方面的一个证明是网络兴趣社群的不断发展。兴趣社交成为社交领域的大趋势。2015年8月6日，在首届"中国互联网移动社群大会"上，腾讯QQ联合企鹅智酷发布的《中国移动社群生态报告》披露，在移动社群中，同事朋友类关系群占比超三成，而兴趣群占比高达66.4%。[①]从腾讯科技针对"95后"的研究报告中可以看到，兴趣化社交在互联网新生代"95后"的社交网络中占据了极大的比重，兴趣化社群将会是下一代社交网络的一个趋势。[②]

创造讨论敏感话题的机会

社群除了能通过兴趣建立连接外，也能通过内容建立连接。从本质上来看，社交其实就是寻找话题、建立连接的过程。通过垂直化内容连接起来的社群具有蓬勃的社交活力。

此类垂直社群为人们创造了讨论敏感问题和被忽视话题的机会。少数语种的网站、同性恋社区网站、关注工人问题的网站、残疾人社区，以及那些为病人寻求帮助的网上社区等一些应运而生的网站，增强了人们对这类问题的兴趣。

具体的例子包括专注于宣传西藏文化、艺术，为藏族知识分子提供支持的藏人文化网（Tibetcul.com）；普及血友病常识，为患者及患者家庭提供援助的血友之家（Xueyou.org）；倡导"以传播为导向的行动主义女权"，即通过自身行动促进性别平等及女权主义声音的传播和诉求的达成的女声网（www.genderwatch.cn，后因故停更），等等。这些小群体利用网站、微博、微信和邮件组交流信息、协调行动，他们展开的讨论和交流已经扩大到主流媒体，并且提高了人们对此类问题的认识。

社会群体如农民和农民工也通过利用互联网吸引媒体和公众的关注来保护自己的权益。例如，2010年，浙江省宁海县16位农民因土地争端

---

① 《数据揭秘"群社交"：中国移动社群生态报告》，企鹅智酷，2015 年 8 月 6 日，http://13tech. com.cn/wp-content/uploads/2015/08/group-social-network-report-by-tencent-201508.pdf。

② 《"95后"新生代：社交 & 娱乐喜好数据报告》，腾讯科技，2017 年 8 月 17 日，https:// m.21jingji.com/article/20170817/herald/61e1eef52040e3ae04dff3500c951230.html。

问题向当地政府寻求帮助未果，在当地的宁海在线论坛及全国社交网站天涯论坛发布帖子，声称如果政府不提供帮助，他们将在随后的星期六集体自杀。他们的这一举动促使当地政府出面对争议展开调查。[①]

增加社会关系的透明度

对于任何一个社群来说，确保对成员的可见以及成员之间的可见，是增强认同感的必要方式。对社群的信任和认同往往建立在这种可见性上。

网络社群的透明度往往很高。在BBS中，网友可以回顾过去的所有讨论，所有对话都记录在案；在淘宝平台上，买家和卖家的信誉和评价也公之于众，以提升用户对平台的信任。在社交网络中，News Feed形式则是通过将好友动态公开，来提高人们对彼此的了解。几乎所有网络社区都保持着较高的透明度，通过建立成员之间彼此的信任以及成员对社区的了解，来提升社群内部的认同感。

许多微信群都致力于建立自己的群规，有的还有由社群活动积极分子组成的群议会，以保证社群沟通的有序性，厘清社群的内外边界。在对群体内交往产生的各种纠纷及其解决之中，网络社群得以形成自治能力，从而逐步改善社会的基质。

通过主动参与而强化认同

主动的认同比被动的认同更具持久力。而在数字化社群中，人们往往是主动参与不同的社区。当人们参加豆瓣的摄影交流小组，或在微博上关注有关长跑的账号，他们都是基于自己的兴趣或需要而主动地参与之中。在人们正式参与网络社区的活动之前，或许他们已经对这个社区

---

① 《浙江宁海16户村民因征地纠纷发帖相约自杀》，腾讯新闻，2010年11月15日，https://news.qq.com/a/20101115/000997.htm。

怀有心理上的亲近，这是从认同感出发寻找社区的过程。

由于越来越多的网络行为倚赖于主动获取，而人们常会关注那些他们已经赞同或感兴趣的内容，因此网络社区本身可能会强化一个人的认知和兴趣结构。一个喜欢足球的人，可能会在网络社区中经年累月地关注足球的信息，从而更喜欢足球。认同感通过主动的参与过程而得到强化，这是数字化社群中常见的现象。

因此，数字化社群很可能比线下的社群更具有团结性，同时也更难形成单一的大规模的网络社群。加入社群的主动性和认同感的强化，只会导致网络空间中的不同社区朝着多元的方向各自发展，因而数字化社群一定是多元的社群集合。

跨地域的社群

在社会交往中，人们一直拥有跨越地域限制的冲动，很大程度上正是这种冲动促成了社群流动性的提升和规模的扩大。然而，线下的大规模社群始终无法摆脱地域的限制，因为社群成员必须在地理相近的情况下才能实现高效的沟通。因此，即使点对点的沟通早已实现了跨地域交流，但社群基本上还是扎根于特定地点的。

很多时候，地域既是本地认同的基础，又是更大范围认同的阻碍。本地的认同感越深，对其他地区的排斥力也就越大，因而不可避免地影响到更大社群的团结性。在中国，地域是个争议性十足的话题，例如北京较为封闭的社会资源和上海强烈的本地认同，都广受诟病。地区间的矛盾有时也会影响到中国整体社会的普遍认同。

数字化社群改变了这一局面。在网络空间，由不同地域的人们所组成的社区早已不是新鲜事，这意味着社群这一形态可以摆脱地域所施加的障碍。跨地域的数字化社群将更广范围的人们联结在一起，摆脱了地点的标签，实际上增强了社群的影响力。由此，数字化社群超越了熟人社区的紧密联结的社群，在广度和深度上都可以达到新的高度。

感性的、情境的、日常生活的社群

任何社群的建立都必须符合这样一个原则：它所耗费的成本必须低于其所实现的价值。在过去，社群本身往往肩负着某个特定的使命，使命驱动着人们克服沟通的障碍、支付组织的成本来组建某个特定的社群。因而社群本身意味着理性的、正式的组织，拥有明确的目标和手段。贴近日常生活而存在的群体往往规模很小，以此来减低团体本身的组织成本。

计算机和网络技术的普及大大降低了人们集聚的成本，社群的建立变得非常容易，结果是大量非使命驱动的社群建立起来。在豆瓣上，人们聚在一起讨论某一本书或者某部电影的得失，这些探讨可能不具备专业和深度的水平，但并不妨碍人们参与讨论。因此，围绕书籍和电影的业余社群在豆瓣上活跃起来。在糗事百科（www.qiushibaike.com）中，人们彼此分享尴尬和搞笑的故事，而这也形成了一个异常活跃的社区。人们因为更多感性的理由而参与社群，在他们参与时，没有使命感在驱动着他们。人们可能就某一个突发事件在微博上讨论起来，即使不以得出共识和提出解决方案为目的，但社会讨论依然可以开展。数字化社群不再囿于理性的、正式的、目标驱动的形式，从而提高了社群的活跃度。

共同体的复归

数字化社群最初是对线下社群的补充，如今它越来越凸显重要性。网络上的社群比线下社群更具有活跃度和认同感，而这种认同感实实在在地影响着线下的人们。因此数字化社群的繁荣绝不仅是网络空间的繁荣，更对社会的团结性具有重要的作用。借助数字化社群，社会中的人们实现了"再部落化"，更广范围的社会联结紧密地建立起来，人们彼此之间有更多的机会来增进理解和认同，社会的团结性因此可以得到提升。

然而，数字化社群在增进社会团结的同时，并没有打造一个人人平等的乌托邦。数字化社群的活跃并不意味着成员的普遍活跃，相反，少数的活跃分子和沉默的大多数是很多社群的共有特征。网络社群的活跃度普遍体现出不均衡的分布，越活跃的参与者数量越少，而绝大多数参与者的活跃度都普遍很低，二者呈现出幂律分布的特点。

　　幂律的现象在自然界非常普遍，但它出现在社群之中则值得引起警惕。人类普遍具有追求公正的诉求，而幂律则暗示着极少数人占据大多数资源，多数成员则相对匮乏。这种极不均衡的状况可能导致社会的断裂。同样，数字化社群的活跃是否只是表象的活跃，它在多大程度上反映了社会成员的普遍状态，仍需进一步考察。

　　综上所述，数字化社群的繁荣是对大规模社群自身缺陷的一种补充，它平行于线下社群而体现出多元、活跃、更具团结性的特征。线下的大规模社群在创造社会财富和鼓励个人自由的同时，却削弱了社会成员之间的横向联结和彼此的认同感，使得社群团结性的降低成为规模扩大的代价。随着互联网的不断发展，跨地域、多元化的数字化社群在网络空间建立起来，为人们增强联系纽带、加强彼此了解提供了机会。在这里，人们自发地寻找迎合自己兴趣和需求的社区，并很可能在参与的过程中强化自己的认同感。而越来越多的人主动参与到数字化社群之中，则有利于积累大规模社群所匮乏的社会资本。最终，前工业时代团结的小型社群的某些特点可能会回归，但不同于以往的是，信息时代的社群将在大规模、跨地域、多元化的基础上实现共同体的复归。